西　華　大　學
四川省人民政府文史研究館　蜀學研究中心　主辦

蜀學

第十三輯

西南交通大學出版社
·成都·

圖書在版編目（ＣＩＰ）數據

蜀學. 第十三輯 / 西華大學，四川省人民政府文史
研究館，蜀學研究中心主辦. —成都：西南交通大學出
版社，2017.9
ISBN 978-7-5643-5718-4

Ⅰ. ①蜀… Ⅱ. ①西… ②四… ③蜀… Ⅲ. ①文化史
—四川—文集②巴蜀文化—文集 Ⅳ. ①K297.1-53
②K872.71-53

中國版本圖書館 CIP 數據核字（2017）第 217966 號

SHU   XUE
蜀　　　學（第十三輯）

西　華　大　學
四川省人民政府文史研究館　　　蜀學研究中心　　　主辦

責任編輯 / 楊岳峰
助理編輯 / 鄭麗娟
封面設計 / 何東琳設計工作室

西南交通大學出版社出版發行
（成都市金牛區二環路北一段 111 號創新大廈 21 樓　　610031）
發行部電話：028-87600564
網址：http://www.xnjdcbs.com
印刷：成都蜀通印務有限責任公司

開本　185 mm×260 mm
印張　18.375　　字數　450 千
版次　2017 年 9 月第 1 版　　印次　2017 年 9 月第 1 次

書號　ISBN 978-7-5643-5718-4
定價　45.00 圓

賀《蜀學》續刊

　　《蜀學》乃西華大學與四川省人民政府文史研究館共創之蜀學研究中心主辦。第一輯於 2006 年 9 月由巴蜀書社出版發行，至今已逾 10 年，出刊 12 輯。其間，雖編委會人員頻繁更替，但《蜀學》愈辦愈好，成爲傳播弘揚蜀學之重要平臺。今應邀爲即將出版之第十三輯致發刊辭，余甚欣喜，特賦詩以賀。

一

月輪飛轉十年回①，
半畝方塘②蜀鑒開。
小有輕霜終化解，
視通萬里③築高臺。

二

盛世輝光燦彩虹，
芳菲國學壯東風。
西華史館再聯袂，
文苑爭看萬朵紅！

【注釋】

① 輪飛轉十年回：意爲《蜀學》創辦逾 10 年出刊 12 輯。

② "半畝"句：化用宋朱熹《觀書有感》詩"半畝方塘一鑒開"句。

③ 視通萬里：南朝梁劉勰《文心雕龍·神思》："寂然凝慮，思接千載；悄焉動容，視通萬里。"

蔡　競

二〇一七年八月十九日

目　錄

古蜀人族屬源流考論①

李　釗　施維樹

引　言

自 20 世紀 40 年代初期巴蜀文化作爲一個科學命題得以確立以來，創立古蜀國的蜀人族屬問題一直就是學術界討論的熱點。其中，對其源流的討論，基本存在"蜀地本土説"和"外來遷入説"兩種觀點。前者以徐中舒、童恩正等諸位先賢爲代表。1960 年徐中舒先生在《巴蜀文化續論》一文中指出，古蜀國蜀族屬於《史記》《漢書》所稱的"西南夷"範疇②；童恩正先生認爲，古蜀國蜀族源自生活在岷江上游山谷"依山居止，累石爲室"的氏族③。"外來遷入説"以鄧少琴、孫華、李修松等諸位先生爲代表。鄧少琴先生認爲《蜀王本紀》《華陽國志》所載"蜀之先蠶叢氏"源自甘肅青海河湟流域的氐羌部族④；在孫氏看來，先後執掌古蜀國的蠶叢氏、柏灌氏、魚鳧氏、杜宇氏四個政權均來自黃河下游地區以鳥爲祖神標記的古族，而開明氏則是來自中原伊洛地區以黿、鱉爲祖神標記的庸族的一支⑤；李氏認爲開明氏來自山東夷族的一支⑥。這兩種觀點或是著眼於五個部族的考察，或是選擇其一予以疏證，均有類似表述，限於篇幅，不再一一枚舉。

需要特別指出的是，造成這種學術爭議的原因固然是多方面的，但其中最爲重要的還是古蜀史研究所依據的傳世文獻和考古發現這兩類基本資料的特殊性。首先，從文獻記載來看，由於"蜀之先……不曉文字"⑦，古蜀缺乏自我的歷史記載和文獻傳承。⑧現存文獻有關古蜀史迹的記載大多是漢晉士人根據古史傳説整理而成的，對其所載歷史的真實性，學術界多持質疑態度。一則因撰寫理念與撰寫

---

① 本文屬於四川省哲學社會科學重點研究基地"地方文化資源保護與開發研究中心"課題"科學發展觀視野下的地方文化資源保護機制研究（12DFWH004）"研究成果之一。
② 徐中舒：《巴蜀文化續論》，《四川大學學報》（哲學社會科學版）1960 年第 1 期。
③ 參見童恩正：《古代的巴蜀》，重慶出版社 1998 年版，第 63-65 頁。
④ 參見鄧少琴：《巴蜀史迹探索》，四川人民出版社 1983 年版，第 135-138 頁。
⑤ 孫華：《蜀人淵源考》，《四川文物》1999 年第 4、5 期。
⑥ 李修松：《"鱉靈"傳説真相考》，《安徽大學學報》（哲學社會科學版）2002 年第 5 期。
⑦ [宋]李昉：《太平御覽》卷 888，中華書局 1960 年版，第 3945 頁。
⑧ 目前學術界普遍認爲，古蜀人曾發明創造了自己的文字系統，這種古蜀文字在文字構成條例上與漢字有共同基礎，其分支遠在殷周以前；是我國現存先秦古文字中除漢字以外唯一可以確定爲文字且尚未被解讀的古文字系統，起源於蜀，其後傳播到川東和湘西。（詳見徐中舒：《論巴蜀文化》，四川人民出版社 1992 年版，第 47 頁；李學勤：《論新都出土的蜀國青銅器》，《文物》1982 年第 1 期；段渝：《巴蜀古文字的兩系及其起源》，《成都文物》1991 年第 3 期等。）

體例的關係，對史料的選取和內容的記載多有走樣。如正史類的《史記》《漢書》遵從中原古史系統的理念，將古蜀國歷史歸入“西南夷列傳”，而無蜀國傳記，即是例證；二則與古蜀國存續的年代相隔久遠，導致歷史記憶多有湮佚。如由漢晉蜀人撰寫的地方史志類的《蜀王本紀》《華陽國志》亦因“產生于秦並巴蜀之後中原主流文化與蜀文化交互碰撞的社會文化背景之中”[①]，難免帶有蜀人的主觀溢美意識。這種由“蜀人口頭傳說，經過漢晉時代的文學家加以撰述”的“蜀的歷史”，“其中當然有許多是信史，其中屬於輾轉傳述增益之詞，也是不能免的。”[②]因此，該類資料在一定程度上也有“不經之言，難以爲信史”[③]。其次，從考古資料來看，成都平原衆多古蜀國遺址出土的考古實物都沒有提供足以證明古蜀王朝身份認同的確切證據。文獻記載和考古發現所提供的關於古蜀國史迹的兩條綫索並沒有實現真正的“交匯”。考古發現雖然可以證明古蜀國的存在歷史，但卻不能證明文獻記載的蠶叢、柏灌、魚鳧、杜宇、開明五個王朝的演進序列。可以説，無論是文獻記載，還是考古發現，均不能詳實地説明古蜀國的發展史迹。這無疑爲我們瞭解古蜀國的族群歸屬造成了極大的困難。換言之，文獻記載古蜀國由蠶叢氏、柏灌氏、魚鳧氏、杜宇氏、開明氏組成的歷史發展序列如何與考古發現形成對位關係，或者説二者如何相互驗證，進而如何利用考古發現探討古蜀國的族群屬性，就成爲我們首先要解決的問題。目前學術界通行的方法是根據考古出土實物的器形、功能及其所代表的社會文化內涵，運用民族學、人類文化學、社會學的相關理論，推測與文獻記載的上述五個王朝的關聯，從而推論古蜀國的族群歸屬。

正是基於對古蜀研究資料的這種認識，本文綜合文獻記載、考古發現和學界研究成果認爲，古蜀國蜀族是由最初生活在這片土地上的氐羌族群與持續遷入的黄帝族群及其他周邊族群不斷融合而成的。這種族群融合至少前後經歷了三次：第一次是蜀山氏與黄帝部族的融合，蜀族初步形成，其對應的王朝是蠶叢氏、柏灌氏和魚鳧氏；第二次是杜宇氏治蜀期間，初步形成的蜀族與來自雲南昭通地區濮族的融合；第三次是開明氏治蜀期間，已然形成的蜀族與來自荊楚地區的楚族再次融合。秦滅巴蜀之後，蜀族又融匯在中華民族演進的歷史長河中。

一　“蠶叢及魚鳧”：蜀山氏與黄帝部族的融合

按照文獻所記，古蜀國的前三代蜀王蠶叢氏、柏灌氏和魚鳧氏是由最初生活在岷江山谷、而後隨著經濟的發展進入川西平原的氐羌族群和黄土高原的黄帝部族融合而成的分支，根據考古資料亦可推證。

---

① 李釗：《試論杜宇、開明王朝的嬗替與先秦時期蜀地農業發展的關係》，《西南民族大學學報（社　科版）》2015 年第 9 期。

② 徐中舒：《巴蜀文化初論》，《四川大學學報》（哲學社會科學版）1959 年第 2 期。

③ 屈小强、李殿元、段渝：《三星堆文化》緒論，四川人民出版社 1993 年版。

（一）蠶叢、柏灌、魚鳧的主要史迹與族屬

《太平御覽》卷 888 引《蜀王本紀》云：

> 蜀王之先名蠶叢，後代名曰柏濩，後者名魚鳧。此三代各數百歲，皆神化不世。其民亦頗隨王化去。王獵至湔山，便仙去，今廟祠之於湔。時蜀民稀少。[1]

古蜀人最早部族是蠶叢氏，最初活動區域在岷山山谷中，宋人章樵《古文苑》注揚雄《蜀都賦》引《蜀王本紀》云："蠶叢始居岷山石室中。"[2]岷江上游茂縣北部的疊溪，有蠶陵山，相傳因蠶叢之葬地而得名。秦滅巴蜀，於武王元年（前 310 年）在此設湔氐道，西漢武帝元鼎六年（前 111 年）始置蠶陵縣，《漢書》卷 28《地理志》載："蜀郡有蠶陵縣。"[3]此後直至民國，行政區劃雖幾經變更，但"蠶陵"一名始終被保留下來，今天疊溪古鎮仍然有"蠶陵重鎮"之稱。因此，最早建立古蜀國的蠶叢氏最初活動區域當在岷江上游的山谷之中。

"蠶叢"稱號的由來，自古有多種說法，其主要史迹還是"教民蠶桑"。五代前蜀杜光庭在《仙傳拾遺》中稱："蠶叢氏王蜀，教人蠶桑，作金蠶數千。每歲首出之，以給民家。每給一，所養之蠶必繁孳。"[4]這一說法雖然帶有神話性質，但也不無道理，蜀錦深厚的歷史底蘊無疑得益於早期養蠶業的發展與興盛。宋人祝穆《方輿勝覽》進一步補充說："成都，古蠶叢之國，期民重蠶事"，"蜀王蠶叢氏祠，今呼爲青衣神，在聖壽寺。昔蠶叢氏教人養蠶，作金蠶數十，家給一蠶。後聚而弗給，瘞之江上，爲蠶墓"[5]。

柏灌氏，漢晉之世文獻記載相對闕如，唐宋資料記載略爲詳實。唐代蜀人盧求在《成都記》中說："蠶叢之後，有柏灌。柏灌之後，有魚鳧。皆蠶叢氏之子也。"[6]按盧氏說法，柏灌氏是蠶叢氏後代。南宋蔡夢弼《成都記》則進一步指出："柏灌氏都于瞿上，至魚鳧而後徙。"蔡氏將柏灌氏的活動區域明確地指向瞿上。"瞿上"，羅蘋注爲："在今雙流縣南十八里。"[7]按此所考，柏灌氏的活動區域已經進入成都平原。但此兩條記載來源不明，後人多不采擷。近年來，有學者根據民族史志資料和人類文化學理論，找到了柏灌氏活動區域已經在成都平原的新的考察方法。他們認爲柏灌是一種水鳥，柏灌氏即是以此種水鳥爲圖騰和族名的部落。[8]成都平原水網密布，水系發達，適宜發展漁獵經濟。在采集經濟占主導地

① [宋]李昉：《太平御覽》卷 888，中華書局 1960 年版，第 3945 頁。
② [宋]章樵：《古文苑》卷 4，光緒丙戌江蘇書局影印本，第 82 頁。
③ [漢]班固撰，[唐]顏師古注：《漢書》卷 28，中華書局 1962 年版，第 1598 頁。
④ [宋]高承：《事物紀原》卷 8《舟車帷幄部》，中華書局 1985 年版，第 306 頁。
⑤ [宋]祝穆撰，[宋]祝洙增訂，施和金點校：《方輿勝覽》卷 51《成都府路》，中華書局 2003 年版，第 899 頁。
⑥ [清]董誥：《全唐文》卷 744，中華書局 1983 年版，第 4540 頁。
⑦ 馮廣宏：《柏灌考》，《文史雜誌》2008 年第 2 期。
⑧ 屈小強、李殿元、段渝：《三星堆文化》，四川人民出版社 1993 年版，第 53 頁。

位的前提下，利用水鳥捕魚所獲取的食物較之單純的采集應該是相對豐富和穩定的。從這個意義上講，柏灌氏在繼承蠶叢氏采集經濟的基礎上，又利用水鳥捕魚，漁業得以發展，並逐漸成爲重要的社會生產方式。部落的活動區域也隨之從利於發展采集經濟的山谷遷入水網密布、利於發展漁業的平原地帶。這一推論應當是成立的。

　　魚鳧氏，《蜀王本紀》言：“魚鳧王田於湔山，得仙，今廟祀之於湔。”《華陽國志·蜀志》稱：“魚鳧王田於湔山，忽得仙道，蜀人思之，爲立祠。”①顯然，常氏的記載源於《蜀王本紀》。關於此條史料的解讀，學者一般認爲“湔山”應近“湔水”，在今都江堰轄區內。②而對於“田”字，則傾向於“漁獵墾牧”說③。近年來，林向先生經過考證提出了兩條重要觀點：①“田”字不能排除耕種說，因爲“湔山”位於岷江峽谷進入成都平原的邊緣，“這種山前面水的環境正有利於發展原始農業”；②《華陽國志》言魚鳧王“仙去”，“蜀人思之”，並在湔山“爲立祠”。能夠建廟立祠是定居農業高度發展的重要證據。④

　　由此推測，從社會經濟形態來看，蠶叢氏尚處於采集經濟階段，柏灌氏處於采集和漁獵並重階段，魚鳧氏則處於漁獵與初始農業階段。北宋黃休復《茅亭客話》稱：“古蠶叢氏爲蜀主，民無定居，雖蠶叢氏所在致市居。”⑤黃氏所言“民無定居”，當指蠶叢氏時期蜀地處於采集經濟階段，由於采集所提供的食物遠遠不如農業經濟穩定，人們住所多根據食物供給的地點而定。黃氏所言大體符合蜀地遠古社會的實際發展狀況。

　　再看蠶叢氏、柏灌氏和魚鳧氏的族屬，學術界主流觀點認爲，三者皆是興起於岷山河谷氐羌大系統中的一支。⑥氐羌，作爲部族之名，古籍文獻往往並稱：如《詩經·商頌·殷武》：“昔有成湯，自彼氐羌，莫敢不來享，莫敢不來王。”⑦《今本竹書紀年》：“成湯十九年，氐羌來貢”“武丁三十四年，氐羌來賓”⑧。《山海經·海內經》：“氐羌乞姓。”⑨童恩正先生據此推測，氐羌原本可能是一種民族的不同稱謂。⑩按照童先生的解讀，氐羌當是臣服於殷王朝的方國，但對於其具體方位，歷來注家並無統一共識。《史記·西南夷列傳》稱：“西南夷……皆氐

---

① [晉]常璩：《華陽國志》卷3《蜀志》，齊魯書社2010年版，第27頁。
② 劉琳：《華陽國志校注》，成都時代出版社2007年版，第91-92頁。
③ 任乃强：《華陽國志校補圖注》，上海古籍出版社1987年版，第119頁。
④ 林向：《〈蜀王本紀〉與考古發現》，《四川大學學報（哲學社會科學版）》2011年第5期。
⑤ [宋]黃休復：《茅亭客話》卷9《鸞龍骨》，文淵閣四庫全書電子版。
⑥ 賈雯鶴：《魚鳧考》，《社會科學研究》2009年第5期。
⑦ [清]方玉潤撰，李先耕點校：《詩經原始》，中華書局1986年版，第653頁。
⑧ 王國維：《今本竹書紀年疏證》。
⑨ [晉]郭璞注，[清]郝懿行箋疏，沈海波校點：《山海經》，上海古籍出版社2015年版，第434頁。
⑩ 童恩正：《古代的巴蜀》，重慶出版社1998年版，第63頁。

類也，此皆巴蜀西南橄外蠻夷也。"①《漢書·西南夷列傳》未對該條史料作任
何改動，可見氐族分布在巴蜀地區是兩漢時期世人的普遍看法。關於"氐"的本
義，徐中舒先生考證認爲，"氐"即低下、地底之意，氐族即指"居於水濱或低
下平原的部族。"②關於氐、羌的關係，任乃强先生引曹魏魚豢《魏略·氐傳》
的記載説：魏晉人所謂氐，衹是多種羌支民族居於蜀隴山谷間已傾向與漢族融合
者之統稱，並非他們自稱爲氐。氐、羌是生活在西南地區的最古老民族，二者不
僅同源，而且是大部分西南民族的族源。③又進一步指出："氐者，居於低地之
羌也。岷江、大渡河、金沙江諸河谷，比較羌族居住之高原地方低暖，宜於種植，
而交通不便。地理既異，經濟生活不同，民俗隨之變化，形成新的支派。"④按
此解讀，蠶叢氏、柏灌氏和魚鳧氏三代蜀王應當是同一族群中先後統治過蜀國的
不同名號的部落，其政權變更僅是統治權在族群內部落間的轉移而非異族間衝突
或融合的結果。⑤

（二）蜀山氏與黃帝部族的融合

蜀地土著氐羌與黃帝部族的融合，多見於漢晉文獻記載，並在唐宋時期成爲
士人共識。成書於戰國晚期、由西漢劉向整理的《世本》云："黃帝娶於西陵之
女，謂之嫘祖，產青陽及昌意。"⑥西陵，即蠶陵，在岷江上游、今茂縣北部的疊
溪。《水經注·江水》官本刻作西陵，清人沈炳巽認爲，此處"西陵"是"蠶陵"
之誤。⑦按沈氏所考，黃帝所娶西陵氏女即是蠶陵氏女。《史記·五帝本紀》載：
"黃帝居軒轅之丘，而娶於西陵之女，是爲嫘祖。嫘祖爲黃帝正妃，生二子，其
一爲青陽，青陽降居江水；其二爲昌意，降居若水。昌意娶蜀山氏女。"⑧上引《事
物紀原》卷九《農業陶漁部》載："黃帝元妃西陵氏始養蠶。"⑨可證，源出氐羌
的西陵氏（蜀山氏）與黃帝部落存在婚姻聯盟的關係，並由此成爲蜀族的族源。
上引《世本》説："蜀之先，肇於人皇之際。無姓。相承云：黃帝后。"《史記·
三代世表》載："蜀之先肇於人皇之際。黃帝與其子昌意娶蜀山氏女，生帝嚳，
立，封其支庶於蜀，歷虞、夏、商，周衰。先稱王者蠶叢。"又言："蜀王，黃
帝后世也，至今在漢西南五千里，常來朝降，輸獻於漢。"⑩可見，蜀國最早的部
族蠶叢氏乃是黃帝部族與蜀山氏部族聯姻的後代。

---

① 《史記》卷116《西南夷列傳》，中華書局1959年版，第2991頁。
② 徐中舒：《巴蜀文化續論》，《四川大學學報》（哲學社會科學版）1960年第1期。
③ 任乃强：《四川上古史新探》，四川人民出版社1986年版，第3-21頁。
④ 任乃强：《華陽國志校補圖注》，上海古籍出版社1987年版，第222頁。
⑤ 屈小强、李殿元、段渝：《三星堆文化》，四川人民出版社1993年版，第59頁。
⑥ [清]茆泮林輯：《世本》，中華書局1985年版，第5頁。
⑦ 《水經注集釋訂訛》卷33。
⑧ [漢]司馬遷：《史記》卷1《五帝本紀》，中華書局1959年版，第10頁。
⑨ [宋]高承：《事物紀原》卷8《農業陶漁部》，中華書局1985年版，第326頁。
⑩ [漢]司馬遷：《史記》卷13《三代世表》，中華書局1959年版，第487頁。

二　“望帝春心”：蜀族與濮族的融合

較之前三代蜀王，文獻關於後兩代蜀王杜宇氏、開明氏的記載明顯豐富得多。如杜宇氏，上引《太平御覽》卷888引《蜀王本紀》云：

> 後有一男子，名曰杜宇，從天墮，止朱提。有一女子，名利，從江源地䖥葟出，爲杜宇妻。宇自立爲蜀王，號曰望帝，治汶山下邑郫，化民往往復出。望帝積百餘歲。[1]

《華陽國志·蜀志》載：

> 後有王曰杜宇，教民務農，一號杜主。時朱提有梁氏女，游江源，宇悦之，納以爲妃。移治郫邑，或治瞿上。七國稱王，杜宇稱帝，號曰望帝，更名蒲卑。自以爲功高諸王。乃以褒斜爲前門，熊耳、靈關爲後戶，玉壘、峨眉爲城廓，江、潛、綿、洛爲池澤；以汶山爲畜牧，南中爲園囿。會有水災，其相開明，決玉壘山以除水害。帝遂委以政事，法堯舜禪授之義，禪位於開明。[2]

《水經注·江水注》引東漢末年來敏《本蜀論》説：

> 望帝者，杜宇也，從天下。女子朱利，自江源出，爲宇妻，遂王於蜀。[3]

三段史料合觀，《蜀王本紀》言杜宇氏“從天墮，止朱提”；《水經注》稱杜宇氏“從天下”，皆認爲自外來。三書對杜宇氏與生活在江源地區的朱利部族聯姻也認識一致。徐中舒運用語言學理論，認爲“朱利”“原爲藏語牧場之意”，“朱利是出自江源一個以牧業爲主要經濟形式的部落中的牧女”。[4]任乃強亦言：“女利自是蜀族女子，蜀族自是由江源發展而來。”[5]“江源”，王炎認爲，實爲“江原”，即秦蜀郡之朱亭，又稱朱邑，在今崇州境内。[6]

關於杜宇氏的來源，學術界的解讀基本上有兩種觀點：一種認爲杜宇氏是外來入蜀的族群；另一種則認爲杜宇氏是源出岷山氐羌的蜀族内部部落的一個分支。《華陽國志·蜀志》說杜宇直到東晉時期被蜀人一直奉爲“農祀杜主”，徐中舒指出這種現象與周人崇祀后稷如出一轍。[7]顯然，在蜀人看來，杜宇猶如周人之后稷。后稷即傳說中的周朝始祖，《史記·周本紀》説后稷“好耕農，相地之宜，

---

① [宋]李昉：《太平御覽》卷888，中華書局1960年版，第3945頁。
② [晉]常璩：《華陽國志》卷3《蜀志》，齊魯書社2010年版，第27頁。
③ [北魏]酈道元著，譚屬春、陳愛平點校：《水經注》卷33《江水》，嶽麓書社1995年版，第489頁。
④ 徐中舒：《論巴蜀文化》，四川人民出版社1981年版，第141頁。
⑤ 任乃强：《四川上古史新探》，四川人民出版社1986年版，第82頁。
⑥ 王炎：《“杜宇”、“朱利”史實考辨》，《社會科學研究》2006年第2期。
⑦ 徐中舒：《論巴蜀文化》，四川人民出版社1982年版，第11頁。

善種穀物稼穡，民皆法則之"①。后稷被後世尊爲農神主要是因爲他擅長因地制宜和栽培穀物，即精通穀物耕種技術，並能夠根據自然地理環境和穀物的生長屬性選擇適當的農業生產方式。也就是說，擅長因地制宜、精通農作物耕種技術，是"農神"身份判定的兩條最爲重要的依據。兩相對照，杜宇既然被蜀人尊爲農神，那麼他也應當具備這兩個基本條件。《華陽國志·蜀志》說杜宇"教民務農"並"以褒斜爲前門，熊耳、靈關爲後戶，玉壘、峨眉爲城廓，江、潛、綿、洛爲池澤，汶山爲畜牧，南中爲園苑"②。遵循這種理解，杜宇"教民務農"，應當是向蜀人傳授農業生產技術。對於後一段史料，學術界一般將其理解爲杜宇爲鞏固其統治疆域而實施的軍事區劃措施之一。但細細品讀，這未嘗不是杜宇爲促進蜀地農業發展而采取的因地制宜發展農業的措施之一。"江、潛、綿、洛"，是貫穿成都平原的主要河流，它們所造就的"池澤"，爲成都平原帶來肥沃沖積土壤的同時，也使得自流灌溉或引流灌溉這種節省勞動力、又能保證農作物充足用水量的勞作方式成爲可能，大大優化了成都平原的農業生產條件。再看"汶山爲畜牧"，《華陽國志》說汶山郡"土地剛鹵，不宜五穀，唯種稗麥……多牛馬"，兩條史料可相互印證。這足以說明，杜宇入主蜀地之後，不僅能夠指導蜀民農業生產技術，而且還能夠根據蜀地的自然地理環境實施農業生產區劃，並由此被蜀人尊爲"農神"。

上文已述，杜宇進入蜀地後，與生活在江源（今崇州）一帶的朱利部族聯姻，其統治區域當以成都平原爲核心。寶墩遺址出土的穀物類植物遺存，充分證明了在寶墩文化時期，成都平原已經形成了以稻作爲主，兼植粟、黍等旱地作物的相對穩定的農業結構。③但是，進入稻作農業階段並不代表當時蜀民已然掌握了先進的水稻種植技術。常璩說"杜宇稱帝""教民務農"，"這當然不是事實"④。因爲在上古社會，農業生產技術是勞動人民田間地頭生產經驗的積累和總結，作爲帝王身份的杜宇是不可能掌握這種生產技術的。但我們並不能就此否定常氏所言的歷史真實性，這裏面也包含著一些特定的歷史資訊：① 杜宇應當不是個人之名，而是部族之名。這種用個人之名的私名來代替某一部族共名的記載手法在我國古代典籍文獻中較爲常見。如古史傳說中的黃帝、顓頊、帝嚳等，其生存年代之所以能夠突破平常人的生命極限，其實就是將同一部族內部部族首領的私名借用作其部族的名稱即共名的緣故。因此，杜宇當是指杜宇氏部族；② 杜宇氏部族應當來自當時稻作農業發展水準相對較高的區域，並且掌握了高於蜀地的水稻種植技術；③ 杜宇氏部族進入蜀地之後，通過與江源朱利部族的聯姻，將這種高於蜀地的水稻種植技術在成都平原漸次推廣開來，契合了成都平原農業發展的需求；④ 推動了成都平原農業發展的杜宇氏部族，不僅藉此抬高了統治威望，而且

① [漢]司馬遷：《史記》卷 4《周本紀》，中華書局 1959 年版，第 111 頁。
② [晉]常璩：《華陽國志》卷 3《蜀志》，齊魯書社 2010 年版，第 27 頁。
③ 陳濤等：《四川新津寶墩遺址的植矽體分析》，《人類學報》2015 年第 2 期。
④ 童恩正：《古代的巴蜀》，重慶出版社 1998 年版，第 70 頁。

進一步夯實了統治基礎，並最終打敗了魚鳧王朝，成爲成都平原的實際掌控者。

另一個需要討論的問題就是杜宇氏部族的來源。綜合考古發現和學術界研究成果，我們認爲，杜宇氏部族當爲來自昭通地區的古濮人。"濮"作爲一個部族或方國的名稱，最早記載見於《尚書·牧誓》，跟隨武王伐紂"西土之人"，有"庸、蜀、羌、髳、微、盧、彭、濮"八個部族或方國。學術界一般認爲，商代"濮"的生活區域，在今江漢地區，後來有一部分西遷至川、滇、黔地區包括昭通一帶。[1]他們擅長水稻種植，曾在江漢地區發展出成熟的稻作農業。杜宇"教民務農"，即是將更成熟的水稻栽培及種植技術帶入蜀地。[2]這一觀點，在考古學上亦可得到印證。20世紀末至21世紀初，考古工作者在與雲南昭通接壤的貴州中水吳家大坪遺址先後兩次發現了大量新石器時代晚期炭化水稻實物標本[3]，證明了至少在距今3500年前後，雲貴高原已經進入稻作農業階段，爲破解我國雲貴高原稻作農業起源之謎帶來了曙光。[4]

另外，成都平原的考古發現亦可提供這方面的思考。三星堆遺址出土的高達近4米、其上綴滿果實與禽鳥的青銅神樹，象徵權力、地位和身份的黃金權杖，鏤刻人頭魚鳥的奇妙圖案，世界上已發現的最大的真人全身青銅塑像遺迹黃金面罩等大量金製品的嗜好與應用，與傳統的華夏文明迥然不同。這一切均表明巴蜀史前文明很可能迥異於中原的文化淵源，也可佐證巴蜀原住民的民族性質[5]，即可以排除杜宇氏來自中原地區的可能性。成都十二橋文化遺址中曾發現一枚骨笄，其文化屬性初步認定屬於濮系族群。[6]學術界一般認爲，三星堆文化以及稍晚於三星堆文化的十二橋文化的創造主體當爲杜宇王朝。[7]由此，可以認爲，杜宇治蜀期間，古蜀國族群的性質是在蜀山氏與黃帝部族融合後形成的蜀族與來自雲南濮族再度融合而形成的新的"蜀族"。

三　"鱉靈王蜀"：蜀族與楚族的融合

《太平御覽》卷888引《蜀王本紀》云：

> 荊有一人，名鱉靈，其屍亡去，荊人求之不得。鱉靈屍至蜀，復生，蜀王以爲相。時玉山出水，若堯之洪水，望帝不能治水，使鱉靈決玉山，

① 童恩正：《中國西南民族考古論文集》，文物出版社1990年版，第92頁。
② 段渝：《成都通史·古蜀時期》，四川人民出版社2011年版，第208頁。
③ 王小梅：《夜郎考古：3000年前水稻遺存之謎待揭》，《貴州日報》，2002-10-21，http://gzrb.gog.cn/system/2002/10/21/000280324.shtml。
④ 《我國有望破解雲貴高原稻作農業起源之謎》，農博網，2005-03-17，http://news.aweb.com.cn/2005/3/17/10374463.htm。
⑤ 張波：《另一半戰爭史：從春秋戰國到南北朝》，中國工人出版社2014年版，第55頁。
⑥ 四川大學博物館、成都市博物館：《成都指揮街周代遺址發掘報告》，載《南方民族考古》第1輯，1987年。
⑦ 趙殿增：《三星堆考古發現與巴蜀古史研究》，《四川文物》1992年第1期。

民得陸處。鱉靈治水去後，望帝與其妻通。帝自以薄德，不如鱉靈，委國授鱉靈而去，如堯之禪舜。鱉靈即位，號曰開明奇帝。生盧保，亦號開明。天爲蜀王生五丁力士，能徙蜀山。……蜀王據有巴蜀之地，本治廣都，後徙治成都。[①]

鱉靈，一稱鱉令，取代杜宇氏建立新的王朝後又被稱爲開明氏。文獻關於其史迹的記載主要圍繞治水而展開。如前所述，蜀地特殊的地理環境決定了穩定蜀地社會發展的核心問題在於治水。誠如蒙文通先生所指出的："成都平原，總須經過治水纔能居住，也必須在農業發展時纔能顯得重要。"[②]這一觀點是相當精確的。原本已佚、內容僅散見於他書徵引的《蜀王本紀》以及《漢書》《水經注》《華陽國志》等諸書所載，杜宇王朝後期蜀地"玉山出水""會有水災""蜀水不流""堰江不流""蜀沉於海""蜀民墊溺"等現象應是當時成都平原頻繁遭受洪水之害的真實描述。《蜀王本紀》將這一時期蜀地遭受的洪水比作傳說中堯舜時期的洪水，可見該時期水害之大。這一點亦可得到考古發現的印證。成都十二橋文化遺址中發現的十二橋、方池街、指揮街等十多處遺址中，均發現有被洪水沖刷淹沒的痕迹。顯然，治理水患維繫著蜀人的生存，消除水患自然就成爲蜀人的最高利益追求。面對如此頻繁的洪水之災，杜宇氏作爲蜀國的最高統治者卻"不能治"。開明氏比杜宇氏具有更強的治水能力，對後者取而代之也成爲一種歷史必然。

與杜宇氏不同，對於開明氏的族源，文獻記載清楚明確，爲"荊人"。任乃強先生指出，開明氏蜀王之族是從長江中游的荊楚地區來的。楚又稱荊，"《春秋》初書荊，僖元年乃改稱楚"，晉人杜預注解曰："荊始改號曰楚。""《蜀王本紀》稱鱉令爲荊人，則是楚國先民之族。""荊人即楚族的先代，治理澤田，開渠放水，建築堤防"，是其專長。而從川西高原遷入平原的氐羌部族，儘管與來自雲南地區善於發展稻作農業的濮族融合，但"不精於治水之術，賴鱉靈教之，此鱉靈治水之實義也"。[③]可見，開明氏治蜀時期，古蜀國的族群組成是在蜀山氏與黃帝部族、蜀族與雲南濮族先後兩次融合基礎上形成的"新蜀族"與來自荊楚地區楚族的融合。

結　語

綜上所述，創造古蜀文明的古蜀國族群主體——蜀族是由最初生活在岷山山谷而後進入成都平原的氐羌部族與持續遷入蜀地的華夏及其他族群不斷融合而成的。這種族群融合至少經歷三次：第一次是蜀山氏與黃帝部族的融合，蜀族初步

---

① [宋]李昉：《太平御覽》卷888，中華書局1960年版，第3945頁。
② 蒙文通：《巴蜀史的問題》，收入《巴蜀古史論述》，四川人民出版社1980年版，第79頁。
③ 任乃強：《四川上古史新探》，四川人民出版社1986年版，第93-98頁。

形成，其對應的王朝是蠶叢氏、柏灌氏和魚鳧氏；第二次是杜宇氏治蜀期間，初步形成的蜀族與來自雲南昭通地區濮族的融合；第三次是開明氏治蜀期間，已然形成的蜀族與來自荊楚的楚族再次融合。古蜀文明中所體現出的開放、相容、和諧等特性大概與這種持續的族群融合不無關係。秦滅巴蜀之後，不斷融合而成的蜀族又融匯在中華民族演進的歷史長河中。

作者單位：李劍：西華大學人文學院
　　　　　施維樹：成都信息工程大學銀杏酒店管理學院

邊地重鎮

——戰國秦漢時期的嚴道

鄒家興

　　秦漢時代的嚴道，是其時青衣江流域最重要的一個縣級政區，治所在今滎經，曾受到中原王朝持續數百年的直接統治。據調查，今滎經縣城西側 1.5 千米的古城遺址就是戰國秦漢時期的嚴道古城。嚴道古城及其周圍大量戰國秦漢墓葬群的發現與發掘，凸顯了嚴道在戰國秦漢時期作爲邊地重鎮的特殊地位。20 世紀 80 年代以來，這些發現已受到有關學者的重視，其意義與價值也得到了一定程度的研究和闡發。本文則從嚴道與内地的關係、多族群文化交流兩方面略作探索。

一　嚴道古城及其附近的戰國秦漢墓葬群

　　民國十七年《滎經縣志》載，"縣西三里爲古城坪"；又 1974 年古城坪宋墓中出土的買地券稱這里爲"古城勝地"。[①]根據這些綫索，考古工作者推測古城坪的古城遺存就是嚴道古城，並從 1974 年開始對古城及其周圍的古遺址展開了多次調查和發掘。

　　嚴道古城地處滎河南岸的第三階臺地上，高出河面約 40 米，西面臨河，南面靠中峻山，東面爲打鼓溪，北面有陡坡，地勢相當險要。古城由主城和子城兩部分組成，主城呈方形，東西長 400 米，南北寬 375 米。子城建築在主城西北的第二階地上，與主城相粘聯，低於主城 3~5 米，東西長約 300 米，南北寬 200~270 米，建造時間與主城相近或略晚。主城與子城的殘餘夯土牆内及城内地面均包含漢代遺物，當爲漢代所築。[②]

　　嚴道古城及其附近已發現有戰國秦漢墓葬 9 處，時代從戰國早期延續至東漢晚期，分別爲曾家溝戰國墓群、南羅壩戰國墓群、烈太戰國巴蜀墓、同心村戰國巴蜀墓群、高山廟秦漢墓群、牛頭山東漢墓群、青下壩東漢墓群、水井坎溝東漢岩墓群、高粱灣東漢岩墓群等。下面逐一對已發掘相關墓葬的情況作一簡要介紹。

---

① 趙殿增等：《嚴道古城的考古發現與收穫》，《中國考古學第五次年會論文集》，1985 年，第 60 頁。
② 趙殿增等：《嚴道古城的考古發現與收穫》，《中國考古學第五次年會論文集》，1985 年，第 61 頁。

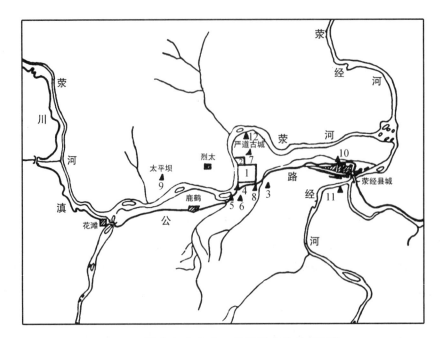

圖一　嚴道古城遺址及其周圍墓葬位置圖①

說明：1. 古城主城；2. 古城子城；3. 曾家溝春秋戰國墓；4. 高山廟秦漢墓；5. 高粱灣東漢岩墓；6. 水井坎溝東漢岩墓；7. 青下壩東漢磚室墓；8. 宋慶元三年墓；9. 烈太巴蜀墓；10. 同心村巴蜀墓；11. 南羅壩村戰國墓；12. 牛頭山東漢磚室墓。

曾家溝戰國墓群：共發掘了 11 座，其中 7 座墓有簡報發表。這批墓葬均為豎穴土坑墓，大部分有棺槨，槨外填白膏泥，有的有頭箱或邊箱或龕狀二層台。隨葬器物漆、竹、木、陶器及銅印章等，其中一件漆奩盒上刻有"成中（造）"二字。墓葬時代為戰國早中期。②另外 4 座於 1983 年被發掘，出土了陶、銅、漆、木器等文物 30 餘件，包括十一件精美漆器。其中一件漆雙耳長盒外底有銘文"番陽官"。③

南羅壩戰國墓群：共發掘了 11 座，均為長方形豎穴土坑墓，其中 M11 底部呈弧形，且發現有炭化木材痕迹，發掘者估計其葬具為船棺。隨葬器物以陶器為最多，超過 270 件，銅器 54 件，此外有料珠、骨器等。墓底還發現大量漆器殘痕。陶器主要有豆、圜底罐、平底罐、釜、缽等，銅器包括戈、矛、劍、鉞、鍪、釜、盆、斧、斤、削、鑿、雕刀、鐲、銅飾、銅泡、銅印。墓葬時代可能在戰國中期前後。④

① 參見趙殿增等：《嚴道古城的考古發現與收穫》，《中國考古學第五次年會論文集》，1985 年，第 58 頁。此處增加南羅壩村戰國墓群和牛頭山漢墓群。
② 四川省文管會：《四川滎經曾家溝戰國墓群第一、二次發掘》，《考古》1984 年第 12 期；《四川滎經曾家溝 21 號墓清理簡報》，《文物》1989 年第 5 期。
③ 陳顯雙：《滎經縣曾家溝出土一批戰國時期的重要文物》，《四川文物》1984 年第 1 期。
④ 滎經嚴道古城遺址博物館：《四川滎經南羅壩村戰國墓》，《考古學報》1994 年第 3 期。

烈太戰國土坑墓：發掘了 1 座，由於毀壞，葬具不明。出土器物有銅印章、削刀、蓋弓帽、銅牌飾、扣飾、銅環、銅泡、銅鈴，陶器均殘碎。其中有七枚巴蜀圖語印章。[①]

同心村巴蜀墓群：1984 年年底到 1985 年年初發掘了 6 座，5 座戰國中晚期墓，1 座漢墓，均爲長方形豎穴土坑墓。出土器物包括陶器、銅器和石器。陶器有豆、盤、罐，銅器包括矛、劍、鉞、箭鏃、釜、鍪、斤、斧、鑿、銅鈴、銅泡、橋形飾、扣飾等。器物帶有不同文化因素。[②]1987 年清理了 4 座，均爲長方形豎穴土坑墓，時代可能爲戰國中期，略早於之前發掘的 5 座戰國墓。出土器物 53 件，采集銅器 4 件。陶器有豆、罐、小罐、釜等，大多殘碎，無法修復。銅器有戈、矛、劍、鏃、敦、鍪、斧、削、雕刀等。[③]

高山廟秦漢墓群：1977 年清理了 3 座，均爲土坑木槨墓，一棺一槨，槨内有隔板分出足廂和棺室。槨室以白膏泥填封。隨葬品以漆器爲主，銅器、陶器次之，也有少量木、竹器。其中一漆圓盒上有朱書“王邦”二字和烙印“成亭”二字，另有 9 隻耳杯亦朱書“王邦”二字。[④]2010 年清理了 10 座，其中土坑墓 2 座，土坑木槨墓 7 座，磚室墓 1 座。出土隨葬器物逾百件，以漆木器爲主，還有陶器（包括彩繪髹漆陶器）、青銅器、錯銀銅器、銀器錢幣、印章等。除磚室墓屬東漢時期外，土坑墓、土坑木槨墓的時代當在西漢初年。[⑤]

牛頭山磚室墓：共清理了 4 座，發掘時已垮塌，破壞嚴重。出土器物有陶器、銅器、鐵器等，此外約 2 000 枚五銖錢。陶器包括罐、甕、甑、釜、缽、缸、雞、狗等，銅器有銷、鍪、缽、牌飾等，鐵器有釜和刀。其時代可能爲東漢初年。[⑥]

水井坎溝岩墓：該處有岩墓近百座，共發掘了 5 座。5 座均爲單室墓，其形制與四川各地同類墓葬相似，由狹長型墓道和長方形墓室、棺台、龕室等組成。出土隨葬品以陶器爲多，另有少量鐵器、錢幣等。陶器包括罐、甕、釜、甑、缽、侍俑、雞等。這五座岩墓排列緊密有序，沒有打破現象，應是開鑿時間很接近的族墓葬。根據墓葬的設施和隨葬品推測，5 座墓的時代爲東漢初期到中期。[⑦]

嚴道位於四川盆地的西部邊緣，成都平原與川西南山區的交通線上，自古及今都具有較重要的戰略地位。上述嚴道古城遺址及大量戰國秦漢墓葬群的調查與發掘，爲我們重新認識嚴道在戰國秦漢時期的經濟社會發展和跨地域、多民族的文化交流情況提供了重要資料。這些資料充分證明了嚴道在戰國秦漢時期作爲邊裔重鎮的特殊地位。

---

① 李曉鷗、劉繼銘：《四川滎經縣烈太戰國土坑墓清理簡報》，《考古》1984 年第 7 期。
② 四川省文管會、滎經嚴道古城遺址博物館：《四川滎經同心村巴蜀墓發掘簡報》，《考古》1988 年第 1 期。
③ 滎經嚴道古城遺址博物館：《四川滎經縣同心村巴蜀墓的清理》，《考古》1996 年第 7 期。
④ 滎經古墓發掘小組：《四川滎經古城坪秦漢墓葬》，《文物參考資料》第 4 輯，文物出版社，1981 年。
⑤ 資料來源：四川文物考古研究院：《滎經縣高山廟墓地發掘工作簡報》，四川文物考古研究院考古動態網站，2010-12-12，http://www.sckg.com/archaeology/201112/119.html。
⑥ 李炳中：《滎經縣牛頭山發現漢墓》，《四川文物》1995 年第 2 期。
⑦ 四川省文管會等：《四川滎經水井坎溝岩墓》，《文物》1985 年第 5 期。

二　中央王朝的統治

　　戰國時期，嚴道迅速興起，並走向繁榮興盛，一直延續到秦、兩漢。關於嚴道的始建時間，文獻記載並不一致。《太平寰宇記》：“秦始皇二十五年滅楚，徙嚴（莊）王之族以實此地，故曰嚴道。”①據此，秦國曾於滅楚之後，把楚莊王的子孫遷到此處，並設立嚴道進行管理，即嚴道始建於公元前 223 年。而《史記·樗里子甘茂列傳》云，“秦封樗里子，號爲嚴君”，司馬貞索隱以爲“嚴君是爵邑之號，當是封之嚴道”，則嚴道始於公元前 312 年。②又徐中舒認爲嚴道原以岷山莊王居此而得名，岷山莊王是楚莊王的後裔，楚國派駐嚴道的總督。③若果如此，楚國在春秋戰國之際就已經領有此地，並加以開發利用。趙殿增等人根據古城周圍墓群的特徵，認爲古城當“始於春秋晚期，繁榮於戰國、秦、兩漢，衰敗於魏晉”。④

　　據嚴道古城附近的曾家溝墓葬資料可知，至遲在戰國早期，楚國人的勢力已經進入這一地區。曾家溝墓葬群的葬制帶有典型的楚文化特徵，墓主人當是楚人或其後裔。該墓葬群的另一個重要特點是，隨葬品以漆木器爲主，基本無隨葬銅兵器，顯然墓主人的活動具有非軍事性。他們的目的，很有可能如徐中舒所説的是爲了設立黃金轉運據點。

　　戰國中期開始，巴蜀勢力進入這一區域，並維持了較長時間的控制。南羅壩、烈太、同心村等地巴蜀墓葬均出土了具有典型巴蜀文化特點的銅兵器，以巴蜀式戈、矛、劍、鉞爲基本組合。戈、矛的骹上和劍身飾虎、手、花蒂紋等多種巴蜀文化特色紋飾。類似兵器在以成都平原爲中心的各地巴蜀文化墓葬中廣泛出現，應是蜀國軍功貴族階層的標識性陪葬物。嚴道可能作爲蜀國的一個邊疆要塞被駐守。蜀國在戰國中期較爲強盛，曾與秦、楚發生戰争，取代楚人在嚴道的統治也在情理之中。

　　秦滅巴蜀後，也加强了對這一地區的控制，並進一步向西南夷地區開拓。《華陽國志·南中志》載：“周赧王元年（前 314 年），秦惠王子通國爲蜀侯，以陳壯爲相，置巴郡，以張若爲蜀守，乃移秦民萬家以實之。”⑤此萬家秦民之中或有一小部分進入嚴道地區。秦又封樗里子於嚴道，則此地儼然已成爲秦國的一個邊疆重鎮。秦惠王十四年，“丹、犁臣”，武王元年，“伐義渠、丹、犁”。⑥學者多

---

① 《太平寰宇記》卷 77《劍南西道》。
② 《史記》卷 71《樗里子甘茂列傳》。
③ 徐中舒：《論巴蜀文化》，四川人民出版社 1982 年版，第 177 頁。
④ 趙殿增等：《嚴道古城的考古發現與收穫》，《中國考古學第五次年會論文集》，1985 年，第 63 頁。
⑤ 《華陽國志》卷 4《南中志》。
⑥ 《史記》卷 5《秦本紀》。

認爲丹、犁是戰國時期生活在漢代沈黎郡（今漢源）範圍内的少數民族[1]，伐丹、犁當是以嚴道爲根據地，翻越大相嶺向南開拓。

西漢司馬相如對漢武帝説："邛、筰、冄、駹者近蜀，道亦易通，秦時嘗通爲郡縣，至漢興而罷。"[2]邛即邛都，主要在今安寧河流域；筰即筰都（《後漢書》寫作莋都），在今大渡河中游地區；冄、駹在今岷江上游地區。司馬相如所謂的"秦時嘗通爲郡縣"，當指秦在邛、筰地區設立嚴道，在岷江上游地區設立湔氐道。從秦滅六國時到漢初，嚴道變成了罪人流放地。秦滅楚，徙楚莊王之族於此。漢初淮南王長因謀反被廢，流放嚴道邛都。

繼秦代設立嚴道之後，漢代在青衣江及大渡河中游地區增設郡縣，雖然建制和治所幾經變動，但對這個地區的統治貫穿始終，產生了重要影響。《後漢書·南蠻西南夷列傳》："莋都夷者，武帝所開，以爲莋都縣（今漢源）……元鼎六年，以爲沈黎郡（今漢源）。至天漢四年，並蜀爲西部，置兩都尉，一居旄牛，主徼外夷；一居青衣，主漢人。"[3]司馬相如略定西夷後，漢武帝在青衣江和大渡河中游地區增設了青衣（今蘆山）、徙（今天全）、莋都（後改氂牛，今漢源），與嚴道一同屬蜀郡管轄。至元鼎六年（公元前 111 年），設沈犁郡，轄上述四縣。天漢九年（公元前 97 年）又廢郡，改設兩都尉：一居旄牛主管大渡河流域的莋都等西南夷；一居青衣主管在青衣江流域的漢人，包括嚴道縣，仍屬蜀郡。東漢安帝分置蜀郡蜀國，轄此四縣，靈帝又改爲漢嘉郡。[4]這些政治設施鞏固了兩漢時期中央王朝對青衣江和大渡河中游地區的長期統治，在相當程度上維持了地區穩定，有利於當地社會經濟的發展和各民族文化的和平交流。嚴道一直處於這個地區的中心位置，數百年建制不曾變更，族群衝突帶來的影響也較弱，成爲該地區漢文化最穩固的據點。

蜀漢和西晉繼續東漢的四縣建制，但由於蜀地多次擾攘不寧，漢族王朝對這個地區的控制減弱，嚴道走向衰落。到東晉時期，李雄據蜀，少數民族大量湧進青衣江流域，嚴道城被完全荒廢。[5]

三　西蜀經濟帶的一個端點

在整個戰國秦漢時期，嚴道在經濟地位上也很重要。《史記·貨值列傳》："巴

[1] 段渝：《跨生態的文化和政治擴張：古蜀與南中諸文化的關係》，《西南民族大學學報》2005年第 2 期。
[2] 《史記》卷 117《司馬相如列傳》。
[3] 《後漢書》卷 86《南蠻西南夷列傳》。
[4] 《後漢書》卷 86《南蠻西南夷列傳》。
[5] 《元和郡縣志》卷 33《劍南道》。

蜀亦沃野，地饒卮、姜、丹沙、石、銅、鐵、竹、木之器。"①巴蜀之富饒，早在戰國時期就已聞名，到漢代更盛，而嚴道則是巴蜀經濟區中的一個重要工農業生產點。

漆器是戰國秦漢時期蜀地的代表性手工業產品，除了在四川境內，還在湖北、湖南、貴州等地墓葬中出現，其分布在一定程度上可以反映出蜀地的經濟網路。榮經曾家溝戰國早中期墓群中即出土有成都平原製造的漆器，其中一件漆奩盒上刻有"成中（造）"二字。位於川北的青川郝家坪戰國晚期墓和榮經的古城坪秦墓均出土有"成亭"印記的漆圓盒。②有學者指出，"成亭"是戰國至秦成都巴蜀漆器的主要作坊之一。③榮經和青川出土的漆器在器形、裝飾、印記和髹漆工藝等方面都與成都平原出土的漆器表現出高度的一致性。這表明，從川北地區往南穿過成都平原抵達嚴道所在的青衣江流域地區，在戰國秦漢時期已形成了一條暢通的經濟通路，或可稱爲西蜀經濟帶。嚴道則是該經濟帶的南部端點。從嚴道繼續向南翻越大相嶺，可通往犛牛、越巂等地，構成西蜀經濟帶的南部延伸綫，是西南絲綢之路的重要綫路之一。

在這條西蜀經濟帶上，冶鐵、鑄銅都是重要的產業活動。臨邛巨賈卓氏"即鐵山鼓鑄，運籌策，傾滇蜀之民，富至僮千人。田池射獵之樂，擬於人君"④。嚴道又有銅山，是西漢重要的產銅區。漢文帝寵臣鄧通，因爲被相者目爲"當貧餓死"，文帝於是"賜鄧通蜀嚴道銅山，得自鑄錢，'鄧氏錢'布天下"⑤。臨邛和嚴道成爲當時重要的冶鐵和鑄銅中心，是秦漢西蜀經濟帶的重要組成部分。陳直曾指出，在西漢初期中央朝廷直轄的十五個郡中，祇有蜀郡嚴道是產銅地區，因此嚴道在西漢初年的經濟發展中地位至爲重要。⑥嚴道還是西漢的貢橘產地，漢政府設置有專門的官員管理嚴道橘園。陳直指出："西安漢城遺址中出嚴道長、嚴道之印、嚴道橘園、嚴道橘丞、橘監等封泥最多。"⑦

在西漢時期，嚴道與成都平原乃至於都城長安都有頻繁的人員、物資和文書往來。此地成爲了在漢文化完全籠罩下的邊地重鎮，從西漢初到東漢時期的多處大規模墓群都表現出比較完整的漢文化特徵。陳直總結說：

> 嚴道縣在西漢時爲罪人流放之地，《史記》淮南厲王徙蜀郡嚴道是也。
> 嚴道有銅礦，《鄧通傳》所謂賜山鑄錢是也。再加以有朱橘之貢獻，太后之

---

① 《史記》卷129《貨殖列傳》。
② 四川省博物館、青川縣文化館：《青川縣出土秦更修田律木牘——四川青川縣戰國墓發掘簡報》，《文物》1982年第1期。
③ 李昭和：《戰國秦漢時期的巴蜀髹漆工藝》，《四川文物》2004年第4期。
④ 《史記》卷129《貨殖列傳》。
⑤ 《史記》卷125《佞幸列傳》。
⑥ 陳直：《漢書新證》，中華書局2008年版，第166頁。
⑦ 陳直：《漢書新證》，中華書局2008年版，第145頁。

湯沐俱薈集於此縣，故官書往來最爲繁密也。[①]

　　嚴道能長時期與内地保持政治、經濟、文化上的緊密聯繫，除了其經濟地位重要，也與秦漢對青衣江流域維持長期有效的控制有關。自秦國設立嚴道直至東漢末，中原政治力量對這個邊裔地區的行政統治長達五百年，堪稱奇迹。

四　多元文化的更迭消長

　　青衣江流域在古代是一個多民族交匯地區，《史記・西南夷列傳》："自巂以東北，君長以什數，徙、筰都最大。"集解引徐廣曰："徙在漢嘉（今蘆山）。筰音昨，在越巂（今西昌）。"[②]筰都即莋都。這是這一地區在西漢時期的族群分布情況。武帝設立徙、莋都兩縣均直接用少數民族稱號命名，表明這兩縣應該是這兩個少數民族聚居的地方。它們一南一北夾著嚴道，對嚴道的文化產生過或多或少的影響。我們還没法確定徙、莋都是否曾占據嚴道地區。根據現有的考古發現，這兩個民族的文化可能在戰國中期纔開始對嚴道地區產生明顯影響，並且在整個戰國秦漢時代都不占主流。

　　根據嚴道古城周圍戰國秦漢時期墓葬群的特徵，嚴道在文化上主要表現出來自内地的不同文化的更替。從戰國到東漢的不同墓葬群呈現出一個文化更迭的序列：戰國早中期的楚文化、戰國中晚期的巴蜀文化、戰國晚期及秦的秦文化、漢代不同時段的漢文化。下面略爲分析。

　　徐中舒先生曾認爲，嚴道始於春秋中期的岷山莊王，是楚國爲開采和運輸雲南黃金的中轉站。其具體觀點未必準確，但春秋戰國時期楚國勢力曾經滲入這一地區則有迹可尋。滎經曾家溝戰國早期墓群明顯帶有楚文化墓葬的特徵，如使用白膏泥填塞槨室四周；Ⅱ形木槨内放置木棺；坑内帶有熟土二層台；隨葬器物多置於頭部龕狀二層臺上，類似春秋楚墓的頭盒等。但這些墓葬同時帶有本地的特點，如多隨葬罐、圜底釜等陶器。[③]

　　到戰國中期，典型的巴蜀文化進入這一地區，代表性的墓葬有南羅壩戰國墓葬和同心村戰國墓葬。南羅壩 M11 墓底有船棺遺迹。兩處墓葬出土的陶器以矮圈足豆、圜底罐和圜底釜爲基本組合，具有巴蜀文化的特徵。銅器中的柳葉形劍、長胡三穿戈、短骹式矛等兵器，釜、環耳鍪等容器，斤、斧、鑿等工具以及巴蜀圖語印章等，都是戰國時期巴蜀文化墓葬中的常見器物組合。

　　戰國中後期蜀人雖然在嚴道占據了統治地位，但該地文化存在多元混融現

① 陳直：《漢書新證》，中華書局 2008 年版，第 145 頁。
② 《史記》卷 116《西南夷列傳》。
③ 四川省文管會：《四川滎經曾家溝戰國墓群第一、二次發掘》，《考古》1984 年第 12 期；《四川滎經曾家溝 21 號墓清理簡報》，《文物》1989 年第 5 期。

象。兩處墓葬中少數民族的文化因素都清晰可見。烈太土坑墓則表現出兩種文化平分秋色，以至於難以判定墓主人的族屬。南羅壩、同心村兩處墓地及烈太土坑墓中出土的銅鐲、銅泡、銅飾件等均爲川西石棺葬文化的特徵性器物。

據考古發現，嚴道北側的青衣江上游地區有石棺葬文化人群長期活動，其南側大渡河中游也發現有多文化因素混合的少數民族墓葬。這與文獻對少數民族分布的記載可以相互印證。

寶興縣隴東發現的戰國秦漢墓葬主要有1985年發掘的102座東漢墓，絕大部分使用石板[①]；1991年發掘的65座戰國中晚期墓，全部在墓表積石[②]。這兩處墓葬都應歸屬於石棺葬文化系統，墓葬形式和隨葬品都表現出游牧民的特色，與川西各地發現的石棺葬有許多共通之處。但這些墓葬中也存在許多巴蜀文化和漢文化因素，體現出不同文化相交融的特徵。學者多認爲這是青衣羌人的遺物，青衣羌自戰國中期進入青衣江流域，在該地區生活繁衍達數百年。《水經注》載："公孫述之有蜀也，青衣不服，世祖嘉之，建武十九年以爲郡。安帝延光元年置蜀郡屬國都尉，青衣王子心慕漢制，上求內附。"[③]

大渡河中游地區的戰國秦漢墓葬主要有石棉永和墓葬、漢源市榮遺址墓葬和桃坪遺址墓葬，時代從戰國中晚期延續到東漢。這些墓葬以土坑墓爲主，東漢出現磚室墓。隨葬品的特徵是多元文化混融，很難根據某一種文化因素判斷其族屬。來自巴蜀文化及後來的漢文化、石棺葬文化、安寧流域先秦文化的因素在這裏彙聚，多民族文化融合的現象明顯。

與這兩個地區相比較，雖然少數民族文化曾經在嚴道滲透，造成一定程度上的文化融合，卻始終沒有取得主導地位。從戰國至秦，嚴道地區的巴蜀文化和秦文化都比較突出地占據著統治地位，表明內地人群在嚴道的統治較爲穩固。

兩漢時期，漢文化在嚴道占據了絕對的統治地位，其他類型的文化因素幾乎不見。這與漢代嚴道經濟地位提升及漢王朝對青衣江和大渡河地區統治的加强密切相關。

結　語

嚴道古城及其周圍大量戰國秦漢墓群的發現和發掘，使嚴道在戰國秦漢時期的發展形態引起關注。結合考古資料和文獻記載，我們大概可以得出以下認知：楚人在春秋戰國之際進入嚴道地區，到戰國中期，蜀人在此確立了統治地位。秦滅巴蜀後，在該地設立嚴道，兩漢設嚴道縣。自秦設嚴道迄於東漢滅亡，秦人和

---

① 四川省文管會、寶興縣文化館：《四川寶興隴東東漢墓群》，《文物》1987年第10期。
② 四川省文管會等：《四川寶興漢塔山戰國土坑積石墓發掘報告》，《考古學報》1999年第3期。
③ 《水經注》卷36《青衣水注》。

漢人在嚴道留下了大量社會、經濟、文化遺迹。

　　嚴道在秦漢時期成爲西蜀邊疆的一個重鎮，在政治經濟中曾發揮重要作用。在政治上，嚴道是秦漢王朝開拓西南夷的一個重要據點。在經濟上，嚴道成爲戰國秦漢時期西蜀經濟帶的一個重要端點，曾對西漢的經濟發展產生關鍵性影響。嚴道與成都平原乃至於關中地區存在密切的人員、物資和文化往來。

　　從戰國到兩漢，楚文化、巴蜀文化、秦文化和不同時段的漢文化依次進入嚴道地區，並占據主流。在一段時期內，嚴道也受到少數民族文化的明顯影響。戰國時期的巴蜀墓葬中曾出土有部分石棺葬文化器物，呈現出多元文化融合的特點。

作者單位：四川大學歷史文化學院

亦論“揚雄至京、待詔、奏賦、除郎的年代問題”

紀國泰

關於揚雄離蜀進京後的入仕經歷，《漢書·揚雄傳·贊》有如下一段記載：“初，雄年四十餘，自蜀來至游京師，大司馬車騎將軍王音奇其文雅，召以爲門下史，薦雄待詔，歲餘，奏《羽獵賦》，除爲郎，給事黃門，與王莽、劉歆並。哀帝之初，又與董賢同官。”①

這段文字引發了後世衆多學者的質疑：據《揚雄家牒》載，揚雄生於漢宣帝甘露元年（前 53 年），如果他至京時“年四十餘”，則最早也當在漢成帝永始四年（前 13 年）；而大司馬車騎將軍王音死於永始二年（前 15 年），豈有王音“召以爲門下史，薦雄待詔”的可能？

由於揚雄“至京”時間存在問題，導致其待詔、奏賦、除郎等與入仕相關的其他事件的時間也發生了問題，以致研究者衆説紛紜，令人莫衷一是。當代學者楊福泉先生於 2002 年發表《揚雄至京、待詔、奏賦、除郎的年代問題》一文予以討論，不少觀點給人以啟發，但亦有不少值得商榷的地方。筆者不揣淺陋，撰“亦論”一文公諸同好，且盼有幸得到方家及時賢的指正。

一　關於揚雄“至京”年代的分歧意見

由於揚雄自蜀入京時的年歲與王音的卒年緊密相關，所以研究者大多把關注的目標集中到與王音有關的人物或事情上。在論及揚雄“至京”年代時主要有以下幾種説法：

（一）王音乃王根之誤

倡此説者爲司馬光。《資治通鑒·考異》卷一“揚雄待詔”條下，司馬光注云：“時王音卒已久，蓋王根也。”②

針對司馬光的説法，臺灣學者李周龍先生評論説：“温公以爲‘音’乃‘根’之誤字，以孚合‘雄年四十餘，自蜀來至游京師’之説。然根之拜大司馬驃騎將軍在元延元年十二月庚申，考陳援庵《二十史朔閏表》，元延元年十二月庚申是二十七日；而子雲則於次年正月即從上甘泉作賦，距根拜大司馬僅三日。夫子雲素

---

① [漢]班固：《漢書》，中華書局 2007 年版。
② [宋]司馬光：《資治通鑒》，中華書局 2007 年版。

無捷才，而《甘泉》一賦篇幅廣大，鋪陳其事不厭其詳，豈是三日之內所能寫就？溫公之説，顯爲失實。況'車騎'與'驃騎'不同，誤認'馮京'爲'馬涼'，亦難免貽笑後人也。"①

筆者按：李氏駁溫公之論，唯"車騎"很難訛作"驃騎"可采，其餘不足爲據。

（二）王音乃王商之誤

倡此説者爲近人陸侃如。陸侃如在《揚雄與王音、王商之關係》一文（載《大公報·文史週刊》第 39 期）中提出"王音乃王商之誤"的説法，其主要依據是"音與商形近易訛"。

針對陸氏的説法，李周龍評論説："商、音二字固形近易訛，然'衛'字恐難誤作'車騎'，蓋二者實不相侔也……況班固時近揚雄，親見揚子雲《家牒》與劉歆《七略》，所言必不差謬矣！"②

筆者按：漢成帝陽朔三年（前 22 年）八月，大司馬大將軍王鳳卒，九月，王音繼任大司馬，封車騎將軍；揚雄時年 31 歲。成帝永始二年（前 15 年）正月，王音卒，三月，王商繼任大司馬，封衛將軍；揚雄時年 37 歲。成帝元延元年（前 12 年）十二月辛亥，王商卒，十二月庚申，王根繼任大司馬，封驃騎將軍；揚雄時年 40 歲。可見，溫公、陸氏爲合於揚雄"年四十餘"自蜀入京的記載，故有以上二説。但是，誠如李周龍氏所説，二説均不合常理，是不足采信的。

（三）"約辭"説

倡此説者爲王先謙。王氏在其《漢書補注》中説："《三史拾遺》曰：'雄以天鳳五年卒，年七十一，則成帝永始四年，年始四十有一。而王音之薨，乃在永始二年正月。使果爲音所薦，則游京師之年，尚未盈四十也。'竊以爲雄之至京師，當在音卒之前年，固未及四十，而史稱四十餘者，約辭也。"③

筆者按：王音卒時，揚雄年 38；以史載王音"召爲門下史，薦雄待詔"等事來看，揚雄至京之年與王音卒年，至少應有一年至兩年的距離。換言之，照情理推測，至京時的揚雄不過三十五六歲。將三十五六歲稱作"年四十餘"，絕非史家筆法。因此，"約辭"説亦有悖情理，難以令人信服。

（四）"時日訛亂"説

持此説者爲李周龍。李氏在其《揚雄學案·年譜》中説："子雲自蜀來游，當在三十八歲，王音召以爲門下史，又薦爲待詔。疑其時手續繁雜，行政遲緩，故久久未見召，於是蜀人楊莊乃復爲之薦。及雄赴待詔之時，或已永始三年。時音

---

① 李周龍：《揚雄學案》，臺灣師範大學國文研究所博士論文，1979 年 5 月臺灣出版，郫縣子雲學校 2008 年翻印。
② 李周龍：《揚雄學案》，臺灣師範大學國文研究所博士論文，1979 年 5 月臺灣出版，郫縣子雲學校 2008 年翻印。
③ 李周龍：《揚雄學案》，臺灣師範大學國文研究所博士論文，1979 年 5 月臺灣出版，郫縣子雲學校 2008 年翻印。

死已久，而子雲亦已年屆不惑矣！事後追憶，人名易記，而時日則難免訛亂。遂含糊言之，謂‘年四十餘’。”

筆者按：此説與“約辭”説相近，但李氏所述理由更加不近情理。其不近情理者有三："待詔"非朝廷正式官員，何用“手續繁雜”方得召見？此其一。王音乃一人之下、萬人之上的大司馬，其“薦雄待詔”必直陳皇帝，焉有“行政遲緩”尚需“蜀人楊莊乃復爲之薦’的道理？此其二。修史無不是“事後追憶”，《漢書》所載他人事蹟尚且年月日不差，罕有“訛亂”；而揚雄是班固極其敬重之人，且揚雄之殁距班固之生僅十五年，豈有“時日則難免訛亂。遂含糊言之”的道理？

（五）“三”字誤作“四”字

倡此説者爲清人周壽昌。周氏在其《漢書注補正》中説：“古四字作亖，傳寫時由三字誤加一畫。應正作‘三十餘’始合。”①

針對周説，李周龍評論指出：“使子雲果於三十二歲游長安，則與下文‘歲餘，奏《羽獵賦》’不符。此其失審也明矣！”②

楊福泉則贊成周説，他説：“揚雄寫奏《甘泉》《河東》二賦的時間應該在漢成帝永始四年，並由此推斷：揚雄至京的年齡，今傳《漢書》本傳贊文説‘四十餘’確實錯了，應是‘三十餘’。先爲王音門下史，後得王音和楊莊舉薦，於永始二年或三年待詔。”③

筆者按：流傳至今的古代文獻，大多迭經後世傳抄刊刻，其文字之衍脱訛誤在所難免。故周説不無道理。但是，李周龍的質疑也值得注意。李氏認爲，如果揚雄是 32 歲至京，時當成帝陽朔四年（前 21 年），而他考定揚雄奏《羽獵賦》是在成帝元延年二年（前 11 年），故曰“則與下文‘歲餘，奏《羽獵賦》’不符”。李氏是將“歲餘”理解爲揚雄至京一年多時間。楊福泉的“推斷”是：揚雄三十餘歲時“游京師”，做王音“門下史”數年，於永始二年或三年“待詔”，永始四年寫奏《甘泉》《河東》二賦。楊氏的“推斷”，是將“歲餘”理解爲揚雄“待詔”後的一年多時間，這是跟李周龍很不一致的地方。

以上五種分歧意見，可謂見仁見智，也足以説明揚雄“至京”的年代問題，確實是一個很值得探討的問題。

二 揚雄“至京”年代考證

我們發現，討論揚雄“至京”年代的古今學者，總是把王音作爲關注點，卻

---

① 李周龍：《揚雄學案》，臺灣師範大學國文研究所博士論文，1979 年 5 月臺灣出版，郫縣子雲學校 2008 年翻印。
② 李周龍：《揚雄學案》，臺灣師範大學國文研究所博士論文，1979 年 5 月臺灣出版，郫縣子雲學校 2008 年翻印。
③ 楊福泉：《揚雄至京、待詔、除郎、奏賦的年代問題》，《上海大學學報》2002 年第 1 期。

忽略了對《漢書·揚雄·贊》全文的分析理解,尤其是忽略了其中"給事黃門,與王莽、劉歆並"一句話所傳達的資訊。筆者認為,正確理解"給事黃門,與王莽、劉歆並"一句的含義,是開啟揚雄"至京"年代迷宮的鑰匙。

"傳贊"全文包含三層意思:"初,雄年四十餘"至"歲餘,奏《羽獵賦》,除為郎"為第一層,介紹揚雄進入仕途之不易;"給事黃門,與王莽、劉歆並"至"恬於勢利乃如是"為第二層,贊美揚雄"恬於勢利"的高尚人格;其餘文字為第三層,介紹揚雄主要的學術成就及其影響。

常見的《漢書》版本,總是將"給事黃門,與王莽、劉歆並"一句話歸入上文(如中華書局 2007 年 10 月版)。這樣的標點,極易使人對"給事黃門,與王莽、劉歆並"產生錯誤的理解。正確的標點是:要麼讓這句話單獨成句(在"除為郎"後面改逗號為句號),要麼讓它跟"哀帝之初,又與董賢同官"成為並列複句(將"劉歆並"後面的句號改為分號)。要知道為什麼要這樣改標點符號,就必須瞭解"給事黃門,與王莽、劉歆並"這句話的含義。

那麼,"給事黃門,與王莽、劉歆並"究竟是什麼意思呢?

很多人會說:因為王莽、劉歆都當過黃門侍郎,揚雄"除為郎"以後,不就跟他們一樣了嗎?

如果真是這樣的意思,就該在"劉歆"之後加上"董賢",不必另起一句"哀帝之初,又與董賢同官"。可見,"並"雖然有"並列"(即"同官")的意思,但在這裏並非指"同官"。何況這裏還有"給事黃門"一句絕非多餘的話。

漢代宮庭設"宦者署",黃門郎、待詔都是其屬員,在宦者署做事就叫"給事黃門"。《漢書·楚元王傳》載劉歆事云:"歆字子駿,少以通《詩》、《書》能屬文召,見成帝,待詔宦者署,為黃門郎。"[1]如果"給事黃門"一定是指黃門郎在宦者署做事,那就沒有必要加上"哀帝之初,又與董賢同官"一句,祇需在"劉歆"之後加"董賢"即可。

須知"並"字除"並列"一義外,還有"一起"的意思。細揣文意,此處"並"當是"一起"的意思。換句話說,"給事黃門,與王莽、劉歆並"是說:揚雄曾經跟王莽、劉歆一起在宦者署共事。

如果能夠確定揚雄與王莽、劉歆一起"給事黃門"的時間,這對推定揚雄"至京"的年代無疑會大有幫助。

《漢書·王莽傳》載:"陽朔中,世父大將軍(王)鳳病,莽侍疾,親嘗藥,亂首垢面,不解衣帶連月。鳳且死,以托太后及帝,拜為黃門郎,遷射聲校尉。"[2]《資治通鑒·成帝紀》載:"陽朔三年八月丁巳,鳳薨。九月甲子,以王音為大司馬、車騎將軍。"[3]這兩則史料告訴我們:王莽憑著對叔父王鳳的孝順,於漢成帝陽朔三年被授以黃門郎,正式進入仕途;同年九月,王音繼任大司馬,封車騎將軍。

---

① [漢]班固:《漢書》,中華書局 2007 年版。
② [漢]班固:《漢書》,中華書局 2007 年版。
③ [宋]司馬光:《資治通鑒》,中華書局 2007 年版。

可見，王莽“給事黃門”開始於陽朔三年（前 22 年），時年 24 歲。至於“遷射聲校尉”的確切時間，史書沒有記載。不過，以王莽此時的背景來看，他任黃門郎的時間絶不會太長，有可能最多兩年甚或一年。永始元年（前 16 年），王莽已受封新都候、遷騎都尉光禄大夫侍中，時年 30 歲。

揚雄與王莽一起“給事黃門”，祇能是以“待詔”的身份，並非“同官”，而且祇可能是在陽朔三年之後、鴻嘉元年（前 20 年）之前。

劉歆任黃門郎“給事黃門”的時間較長。據《漢書·楚元王傳》記載，劉歆任黃門郎始於漢成帝建始年間（前 32—前 28 年），至漢哀帝建平元年（前 6 年）繼父親劉向任中壘校尉爲止，長達二十餘年。

所以，考察揚雄“給事黃門，與王莽、劉歆並”從而考定揚雄“至京”的時間，關鍵是在考察王莽任黃門郎的時間上。

筆者認爲，揚雄自蜀至京的時間，不會早於陽朔二年（前 23 年），也不會晚於鴻嘉元年（前 20 年），最大的可能是陽朔三年末或陽朔四年初。根據如下：

第一，據《漢書·揚雄傳》記載，揚雄在蜀時著《反離騷》《廣騷》《畔牢愁》等多篇辭賦。其中《反離騷》尚有“漢十世之陽朔兮，招搖紀于周正”[1]。可見，成帝改元“陽朔”之初，揚雄尚在蜀地。以他寫作《廣騷》等其他作品所費時日來計算，寫成《反離騷》之後，應該還在家鄉逗留了大約一年時間，所以陽朔二年尚未進京。

第二，如前所述，陽朔三年秋天，王莽任黃門郎。以他任黃門郎一年或兩年計算，如果揚雄晚於鴻嘉元年進京，便沒有可能跟王莽一起“給事黃門”。以揚雄進京後，曾被王音“召以爲門下史”還有一段時間，揚雄於陽朔三年（前 22 年）“至京”的可能性最大。陽朔三年，揚雄 31 歲。

揚雄於陽朔三年“至京”，王音“薦雄待詔”事應在陽朔四年。爲什麽如此肯定？因爲如果陽朔四年揚雄尚未獲得“待詔”身份，他就沒有可能跟王莽一起“給事黃門”了。傳稱“拜爲黃門郎、遷射聲校尉”，説明王莽升遷速度之快，“黃門郎”不過是他入仕需走的一個程式而已。西漢很多不是由“明經”入仕的人，大多是通過任“黃門郎”或“待詔”這個途徑進入仕途的，不僅王莽是這樣，劉歆、董賢、揚雄等人，莫不如此。黃門郎這個“程式”，劉歆走了 20 多年，揚雄走了 30 多年；而董賢祇走了不到一年。那王莽能走多長時間？不會超過一年吧。

按理説，分析到這裏，揚雄“至京”的年代應當是可以確定了；但是，如果揚雄是陽朔三年游京師，陽朔四年被王音薦爲待詔，那麽，“歲餘，奏《羽獵賦》”的記載又變得很難理解了。

爲什麽很難理解？因爲關於揚雄“四賦”的寫作年代，儘管學術界一直存在諸多分歧，但是仍然有個比較一致的説法：《甘泉》《河東》《羽獵賦》三賦爲成帝元延二年（前 11 年）作，《長楊賦》爲元延三年作。傳載“薦雄待詔，歲餘，奏

---

① [漢]班固：《漢書》，中華書局 2007 年版。

《羽獵賦》"。揚雄待詔後的"歲餘",當是成帝鴻嘉元年(前 20 年),這跟《羽獵賦》的寫作時間差了整整十年。

這該如何解釋呢?

筆者認爲,最大的可能是"歲餘"前面脱漏了一個"十"字,即"歲餘"應當是"十歲餘"。流傳至今的古代文獻,衍脱訛誤比比皆是,數目字的錯訛尤爲常見。究其造成錯訛的原因,大率有以下幾個:要麼因爲誤"三十餘"爲"四十餘"在先,再版時編校者感覺"至京"時間與"奏賦"時間不合,故將"十"字删去;要麼因爲古書沒有標點符號,各人的理解和斷句往往有所不同,編校者受錯誤理解文意的影響,便直接將"十"字删去;要麼因爲出版刊刻時即漏刻了"十"字,以訛傳訛,一直至今。

有人可能會説:西漢時的"待詔"連官階都沒有,"黄門郎"也不過相當於現今的"科級幹部";揚雄"待詔"以後畢竟是皇帝身邊的御用文人,何至於要花上十年時間纏挣到一個"黄門郎"的職位呢?

要知道,漢代讀書人步入仕途的正道是所謂"察舉""征辟",有點類似於前些年的推薦考大學和現在的人才招聘。但是被"察舉""征辟"的人,必須具備一個條件,即享有"明經"的聲譽。"明經"即通曉儒家經術,而是否"明經",主要看儒生所作"章句"文章是否符合朝廷經學博士的要求。青少年時代的揚雄,儘管"少而好學""博覽無所不見""默而好深湛之思",但是偏偏瞧不起那些追名逐利的"經學博士",於是"不爲章句,訓詁通而已"[1]。這樣,揚雄就成了沒有專業文憑的"社會青年"。

同樣是"社會青年"的王莽、劉歆、董賢,一個是外戚,一個是貴族,一個是皇帝的"情人"。他們不僅入仕的起點高,一幹就是黄門郎;而且升遷的速度驚人,以至"權傾人主"。而揚雄僅僅是一個平民出身的文學青年,賞識他文學才華的王音死去之後,他就連一點靠山也沒有了。加上揚雄又極不"識相",身份卑微,卻總是憂國憂民。漢成帝爲求子嗣,不惜祭祀時大事鋪張;爲討趙飛燕姐妹歡心,盡在行幸時亂壞規矩。對此,揚雄不僅不討好奉迎,竟然在"從上甘泉"之後"奏《甘泉賦》以風(諷)"。幸好之後所作的《羽獵賦》總算入了皇帝的法眼,纏使他把戴了十年的"待詔"帽子換成了"黄門郎"。"黄門郎"這頂帽子,別人祇戴一年、二十年,而他揚雄一戴就是三十多年!所以對於揚雄來説,在"待詔"這個位子上一呆就是十年,應當是完全可能的。

班固親自撰寫的《漢書·揚雄傳·贊》這段文字,充滿了作者對揚雄的深切同情和熱烈贊美。同情揚雄仕途的艱難,贊美揚雄人格的高尚,這是贊文的主題。謂王音"奇其文雅",説明揚雄具有真才實學;謂揚雄待詔"十歲餘"纏"除爲郎",説明揚雄仕途的坎坷;用王莽、劉歆、董賢的飛黄騰達與揚雄的"三世不徙官"相對比,贊美揚雄"恬於勢利"的高尚人格。如果不是"十歲餘"而是"歲餘",不僅不能充分説明揚雄仕途的艱難,反而容易被人誤解:揚雄憑著王音的舉薦,很快就進入仕途,完成了由"社會青年"到政府官員的角色轉換。

因此，從尊重歷史的角度上說，今版《漢書》訛"三"爲"四"和脫漏"十"字，不僅造成了"揚雄至京、待詔、除郎、奏賦的年代"等一系列問題的混亂，而且掩蓋了班固撰寫"傳贊"的文意，實在是一種莫大的遺憾。

現將關乎本文討論內容的揚雄"傳贊"的部分文字的數位和標點訂正如下：

"初，雄年三（四）十餘，自蜀來至游京師；大司馬車騎將軍王音奇其文雅，召以爲門下史，薦雄待詔。（十）歲餘，奏《羽獵賦》，除爲郎。給事黃門，與王莽、劉歆並；哀帝之初，又與董賢同官。當成、哀、平間，莽、賢皆爲三公，權傾人主，所薦莫不拔擢，而雄三世不徙官。及莽篡位……

較之今版《漢書》，除改"四"爲"三"和增"十"外，修改標點共四處。修改的四處標點，最關緊要的是兩處：一處是改"除爲郎"後的逗號爲句號，一處改"與王莽、劉歆並"的句號爲分號。改逗號爲句號，避免產生揚雄與王莽一起"給事黃門"時就已經"除爲郎"的誤解；改句號爲分號，纔能使讀者明確"給事黃門，與王莽、劉歆並"跟前面的敘述不在一個行文層次上，纔能照應下句中的"又"字。至於改"薦雄待詔"後的逗號爲句號，是爲了使前後兩句所述內容的時間距離更顯豁。或許這樣纔合乎《漢書》作者表達的本意吧。

三　關於揚雄"奏賦"年代的分歧意見

關於揚雄"四賦"的寫作時間，爭議最多的是《甘泉賦》和《羽獵賦》。前者的爭議，緣於揚雄"至京"年代的分歧意見；而後者的爭議，則緣於《漢書》"成帝紀"與"揚雄傳"記載的不一致。

（一）《甘泉賦》寫作年代的分歧意見

1. "永始三年"說

倡此說者爲托名劉歆的《七略》。《文選·甘泉賦》李善注云："《七略》曰：'《甘泉賦》，永始三年正月，待詔臣雄上。'《漢書》（永始）三年無幸甘泉之文，疑《七略》誤也。"[1]

筆者按:據《漢書·成帝紀》，自成帝建始元年（前 32 年）十二月朝廷"罷甘泉、汾陰祠"以來，迄至永始三年（前 14 年）十月，朝廷都沒有過祭祀甘泉泰畤、汾陰後土的活動，永始三年也沒有成帝行幸甘泉的記載，故李善注曰"疑《七略》誤也"。

2. "永始四年"說

此說的代表人物爲何焯。何在其《義門讀書記》中說："雄生在宣帝甘露元

---

[1] 李周龍:《揚雄學案》，臺灣師範大學國文研究所博士論文，1979 年 5 月臺灣出版，郫縣子雲學校 2008 年翻印。

年，至成帝永始三年爲四十歲。班書贊中言年四十餘，自蜀游京師，王音薦爲待詔，則《甘泉賦》爲四年所上。"①

臺灣學者李周龍對何説首鼠兩端，既説："此説亦不能稱是。蓋何氏未將王音拜大司馬及薨年一考之也。"又説："平心而論，何焯之説最爲可取。焯雖失考王音卒年，然謂《甘泉賦》永始四年，則與李善《甘泉賦·注》同。"②

3. "元延二年" 説

堅持這種説法的學者較多，可以沈欽韓爲代表。沈在其《漢書疏證》中説："《成帝紀》，永始四年正月，元延二年正月、四年正月，俱有幸甘泉事。據此《傳》下云：其三月，將祭後土；其十二月，羽獵。不別年頭，則爲一年以內之事。奏《甘泉賦》，當在元延二年，與《紀》方合。"③

李周龍則表示反對，其理由是："子雲於永始元年至長安，三年待詔，歲餘奏《羽獵賦》，則《甘泉》《河東》《羽獵》三賦，當是永始四年寫進。"④

(二)《羽獵賦》寫作年代的分歧意見

揚雄因奏《羽獵賦》而 "除爲郎"，因此《羽獵賦》成爲揚雄生平中一件大事，受到衆多學者的關注。研究者們發現：據《漢書·揚雄傳》記載，《羽獵賦》描寫的 "校獵" 活動發生在元延二年十二月，《長楊賦》描寫的 "長楊觀獵" 發生在元延三年秋，應該是兩次活動；但是，據《漢書·成帝紀》記載，漢成帝 "元延二年冬，行幸長楊宮，從胡客大校獵"，元延三年没有 "行幸長楊宮" 的活動。對此，研究者們各有説法，其代表性觀點主要有以下三種：

1. "《帝紀》有誤" 説

此説以錢大昕爲代表。錢在其《三史拾遺》中説："《傳》云 '其十二月羽獵'，即《紀》所書 '冬，行幸長楊宮，從胡客大校獵' 也。次年秋復幸長楊射熊舘，則《本紀》無之。蓋行幸近郊射獵，但書最初一次，餘不盡書耳。但（元延）二年校獵，無 '從胡客' 事，至次年乃有之。並兩事爲一，則《紀》失之也。"⑤

筆者按：錢大昕認爲，《帝紀》元延三年不載 "長楊觀獵"，是因爲 "行幸近郊觀獵，但書最初一次"，這是可以理解的；但是把元延三年纔有的 "從胡客大校獵" 記在元延二年冬的 "羽獵" 的名下，這是將兩件事混爲一件事了，是《帝

① 李周龍：《揚雄學案》，臺灣師範大學國文研究所博士論文，1979 年 5 月臺灣出版，郫縣子雲學校 2008 年翻印。
② 李周龍：《揚雄學案》，臺灣師範大學國文研究所博士論文，1979 年 5 月臺灣出版，郫縣子雲學校 2008 年翻印。
③ 李周龍：《揚雄學案》，臺灣師範大學國文研究所博士論文，1979 年 5 月臺灣出版，郫縣子雲學校 2008 年翻印。
④ 李周龍：《揚雄學案》，臺灣師範大學國文研究所博士論文，1979 年 5 月臺灣出版，郫縣子雲學校 2008 年翻印。
⑤ 李周龍：《揚雄學案》，臺灣師範大學國文研究所博士論文，1979 年 5 月臺灣出版，郫縣子雲學校 2008 年翻印。

紀》的失誤。

2.“《雄傳》有誤”説

持此説者爲戴震。戴氏的説法見於錢大昕《三史拾遺》所引，錢氏説：“戴氏震以《本紀》元延三年無長楊校獵事，斷爲《傳》誤。不知《羽獵》《長楊》二賦原非一時所作：《羽獵》在元延二年，《長楊》則三年之秋，子雲自序，必不誤也。”[①]

3.“一事二賦”説

倡此説者爲沈欽韓。沈在其《漢書疏證》中説：“《羽獵》《長楊》二賦，均是（元延）二年冬事。而《傳》次序，一在當年，一在明年，蓋以上賦之先後爲次也。《羽獵賦》序，但言苑囿之廣、泰奢以風（諷）。先聞有校獵之詔，逆作賦，在行幸長楊之前。及雄從幸長楊，親睹搏獸，歸奏此賦，在明年爾。蓋雄於每篇自序作賦之由，故須別起。班但承其文耳，非有誤也。”[②]

筆者按：沈欽韓認爲，《羽獵》《長楊》二賦，不僅都是描寫元延二年冬成帝“長楊觀獵”一事，而且《長楊》不過是《羽獵》的續篇而已。《羽獵賦》作於“長楊觀獵”之前，是憑空想象的產物；《長楊賦》是“長楊觀獵”之後據實補充的內容。兩賦在揚雄序中“跨年”，是因爲奏賦的時間與觀獵的時間“跨年”。

以上三種説法，孰是孰非，姑且不論，聊備參考而已。

四　揚雄“奏賦”年代考證

在確定揚雄“至京”的時間爲成帝陽朔三年之後，揚雄寫奏“四賦”的年代問題就變得簡單多了。我們祇需將《漢書·成帝紀》所載漢成帝的“行幸”活動，跟《漢書·揚雄傳》所載“四賦”的序文相參證，便不難確定“四賦”的寫作年代。

《漢書·成帝紀》載，成帝一年中“正月，行幸甘泉，郊泰畤；三月，行幸河東，祀后土”的情況共四次，分別是：永始四年，元延二年，元延四年，綏和二年。又載：“元延二年冬，行幸長楊宮，從胡客大校獵。”

《資治通鑒·成帝紀》載：“元延二年春正月，上行幸甘泉，郊泰畤。三月，行幸河東，祠后土；既祭，行游龍門，登曆觀，陟西嶽而歸。”

以上史料顯示：元延二年，漢成帝不僅行幸了甘泉、河東，還行幸了長楊宮；行幸河東時，在完成祭祀后土的儀式之後，還游歷了龍門、曆觀、西嶽等地。這是其他年份的“行幸”活動所沒有的。

[①] 李周龍：《揚雄學案》，臺灣師範大學國文研究所博士論文，1979 年 5 月臺灣出版，郫縣子雲學校 2008 年翻印。

[②] 李周龍：《揚雄學案》，臺灣師範大學國文研究所博士論文，1979 年 5 月臺灣出版，郫縣子雲學校 2008 年翻印。

　　再來考察《漢書·揚雄傳》所載"四賦"的序文。《甘泉賦》序曰："正月，從上甘泉，還，奏《甘泉賦》以風。"《河東賦》序曰："其三月，將祭後土……既祭，行游介山，回安邑，顧龍門，覽鹽池，登曆觀，陟西嶽以望八荒……還，上《河東賦》以勸。"《羽獵賦》序曰："其十二月羽獵，雄從……又恐後世復修前好，不折中以泉台，故聊因《校獵賦》以風。"

　　揚雄在"正月"前未署年號和年序，但在"三月"和"十二月"間均有"其"字。據上引《資治通鑑·成帝紀》元延二年三月"既祭……"所云，可知《河東賦》爲元延二年作。誠如沈欽韓所云："不別年頭，則爲一年以內之事。""三月"和"十二月"前的"其"字，猶如今之所謂"該年"。這樣，我們便有理由認爲，《甘泉》《羽獵》二賦，亦爲元延二年作。

　　《長楊賦》繼《羽獵賦》之後作，既曰"明年"，則爲元延三年作無疑。

　　現在的問題是：《帝紀》所載的成帝"行幸長楊宮，從胡客大校獵"是在元延二年冬，並且不載"羽獵"事；而《雄傳》所序從成帝"長楊觀獵"事是在"明年"（元延三年）秋。

　　這究竟是怎麼一回事呢？

　　筆者認爲，元延二年冬十二月的"羽獵"，是爲"長楊觀獵"訓練儀仗隊和安保人員的一次活動。揚雄即已將"羽獵"視爲"長楊觀獵"的開始，或者說視兩事爲一事，故以《校獵賦》名篇。班固理解揚雄用意，爲了避免一事重見，故將"長楊觀獵"繫於"羽獵"活動之年而不單列"羽獵"之事。《漢書》這樣的處理，既非如錢大昕所說："行幸近郊射獵，但書最初一次"，更不是如沈欽韓所說"以上賦先後爲次"。

　　筆者如此解讀的主要依據有以下幾個：

　　第一，《羽獵賦》的命名值得玩味。描寫漢成帝游幸的"四賦"，其他三賦均以游幸地名爲賦名，祇有《羽獵賦》或《校獵賦》是以活動內容爲賦的名稱。這是爲什麼？我們在賦的序和正文中都找不到"羽獵"活動的地點，說明"羽獵"就是在京師長安近郊開展的活動。還有一個佐證是：其他三賦的序文中，都有一個表示跟從成帝行幸歸來的"還"字，唯獨《羽獵賦》序中沒有；因爲觀看"羽獵"並沒有離開長安，所以纔不會用"還"字來表示歸來。何謂"羽獵"？顏師古注引服虔曰："士負羽。"何謂"士負羽"，是說軍士們戴著插有羽毛的頭盔參加活動。這些頭盔上插著羽毛的軍士，不分明是由御林軍充當的儀仗隊嗎？

　　第二，《羽獵賦》的序文暗藏玄機。"四賦"序文中，其他三賦都有表示皇上意義的"上"字，如《甘泉賦》序的"正月，從上甘泉"，《河東賦》序的"上乃帥群臣橫大河、湊汾陰"，《長楊賦》序的"上親臨觀焉"，唯獨《羽獵賦》序中找不到這個"上"字。這是爲什麼？這分明是告訴讀者，皇上並沒有親臨"羽獵"現場，因爲"羽獵"是一種非正式活動。這樣，《漢書·成帝紀》元延二年不載《羽獵》的原因，不就找到了嗎？從《羽獵賦》序末所云"然至羽獵，田車、戎馬、器械、儲偫、禁御所營，尚泰奢麗誇詡，非堯、舜、成湯、文王三驅之意也"來看，被揚雄批評爲"泰（太）奢麗誇詡"的，也全是屬於儀仗隊所需要的物件。至於"三驅"，顏師古注云："三驅，古射獵之等也。一爲籩豆，二爲賓客，三爲充君之庖也。"可見，所謂"羽獵"者，確實衹是一種演習性質的活動。由於這衹是爲"明年"成帝"大誇胡人以多禽獸"的"長楊觀獵"做準備的活動，所以揚雄將它視爲"長楊觀獵"的開始，《漢書》則將它與"長楊觀獵"並爲一事而不單獨記載。應當説，這也是序文謂之"羽獵"而賦名卻是《校獵賦》的原因吧。

第三，《羽獵》《長楊》二賦的諷諫主題一致。

"四賦"都是用於諷諫的作品，但諷諫的針對性不盡相同。針對漢成帝時代的弊端，《甘泉賦》之所"風（諷）"，是祭祀過於鋪張和趙飛燕姐妹過分受寵倖；《河東賦》之所"勸"（鼓勵），是成帝過分寵倖外戚而不思進取；而《羽獵賦》《長楊賦》之所"風"，是校獵嚴重擾民傷農。《羽獵賦》與《長楊賦》的諷諫主題雖然相同，但諷諫所用的手段卻很不一樣。《羽獵賦》是虛寫，話説得很委婉，是在借批評前朝武帝放縱觀游的話題之下，表示自己"恐後世復修前好"的擔心；並且借歌頌明君對待觀游的表現（"罕徂離宮而輟觀游，土事不飾，木工不彫，承民乎農桑"）來表達自己的希望（"立君臣之節，崇賢聖之業，未皇苑囿之麗、游獵之糜也"）。《長楊賦》是實寫，話説得很直白，不僅在序文中直陳"是時，農民不得收斂"的擾民後果，而且在賦文中借"子墨客卿"之口，幾近憤怒地指出："今年獵長楊……此天下之窮覽極觀也。雖然，亦頗擾于農民……豈爲民乎哉！"揚雄所作"四賦"中，《羽獵賦》"虛寫"的成分最重，可謂"極麗靡之辭，閎侈巨衍，竟於使人不能加也"①，加之諷諫的主題較隱晦；因此，"帝反縹縹有淩雲之志"②，揚雄也纔得以因奏此賦而"除爲郎"。很可能因爲兩賦諷諫主題的一致性，揚雄纔會將描寫"羽獵"場面的文章命名爲《校獵賦》，以顯示"羽獵"與"長楊觀獵"在時間上的延續性；而《漢書》將元延三年的"長楊觀獵"繫於"羽獵"舉行的元延二年，則是爲了顯示"羽獵"和"長楊觀獵"的同質性。這應當是《漢書》"並兩事爲一"的原因和依據，而不是所謂"失誤"。

通過以上考證之後，我們完全有理由認爲：《甘泉賦》《河東賦》《羽獵賦》寫奏於漢成帝元延二年，《長楊賦》的寫奏時間爲元延三年；揚雄"除爲郎"的時間在元延二年或者三年，考慮到"羽獵"在年末歲尾的"十二月"，最大的可能是元延三年（前10年）"除爲郎"。

必須強調説明的是，對《傳贊》的行文目的來説，"歲餘"前面脱漏的"十"字非常重要。沒有了這個"十"字，揚雄衹不過是借重權勢者的力量順利步入仕途的讀書人，無法讓人感受到一個平民知識分子入仕的艱辛。哪怕經王音這樣的高官舉薦，也是在做了"十歲餘"的待詔之後，纔因爲所奏《羽獵賦》稱了皇帝心意而被"除爲郎"，其入仕之艱辛便不能不令人同情了。介紹揚雄的入仕經歷，

---

① [漢]班固：《漢書》，中華書局 2007 年版。
② [漢]班固：《漢書》，中華書局 2007 年版。

爲什麼要提到王莽、劉歆、董賢？這不僅因爲他們都跟揚雄一樣做過黃門侍郎，更因爲他們三人，一個是外戚，一個是貴族子弟，一個是皇帝的"情人"。他們的平步青雲以至"權傾人主"，跟揚雄的入仕艱難以及"三世不徙官"，正好形成鮮明的對照。但是漏掉這"十"字以後，對照所應當產生的感染力便大大地減弱了。

還必須強調說明的是，當筆者按照"給事黃門，與王莽、劉歆並"順藤摸瓜一步步追尋下去，發現王莽祇可能在陽朔三年或者四年跟揚雄一起"給事黃門"的時候，簡直驚呆了！因爲這一發現，是以無可辯駁的歷史事實，證明自蜀入京時的揚雄確實是"年三十餘"，而不僅僅是因爲"傳寫時誤加了一畫"將"三"字誤作"四"字那麼簡單。有了這一發現，纔使筆者進一步發現"歲餘"至"除爲郎"應當獨立成句；否則，上下文的銜接會存在邏輯上的毛病（見前面的相關分析）。這樣，纔又根據《羽獵賦》的寫作年代與"至京"年代之間的間隔，得出"歲餘"應當是"十歲餘"的結論。補上"十"字之後，細讀原文，纔發現這個"十"字在這段文字中的重要作用。

結　語

在討論揚雄"至京、待詔、除郎、奏賦的年代問題"的時候，此前的古今研究者，總是把關注的焦點集中到與揚雄有直接關係的王音身上，並且大多就事論事地來討論問題。本文轉變思路，避開揚雄"年四十餘"與王音卒年的矛盾，採用探討揚雄與王莽一起共事的年代的方法，得出揚雄自蜀入京時"年三十餘"的結論，從而合理地解釋了揚雄入仕時的其他相關問題。

作者單位：西華大學人文學院

東極真人謝自然之飛升事迹及影響考論[①]

鄒定霞

　　唐代社會的宗教信仰整體而言仍是佛教較占優勢，佛教在教理闡述、寺院數量等方面獲得了長足的發展。但是道教與唐皇室具有本宗的情誼，《舊唐書》本紀記載了高宗給老君隆重封號、立廟之事，除了攀附本宗，更有表明受命之意。因而唐代諸帝在議論道、佛先後的問題時，基於本宗的立場常持“道先佛後”的排列順序。據唐弓《唐代的道教》一文統計，在唐代兩百零七位公主中，有十二位入道，竟無一人爲尼。[②]“上有所好，下必甚焉”，因爲李唐王室的崇道熱潮，民間女子入道便蔚然成風。謝自然是唐代爲數不多的幾位“升仙女真”之一，她的事迹見《雲笈七籤》[③]《墉城集仙錄》[④]《續仙傳》[⑤]和《歷世真仙體道通鑒後集》[⑥]等多部道教經典。

一　謝自然的修行及飛升

　　果州南充孝廉謝寰之女謝自然：

　　　　性穎異，不食葷血。年七歲，母令隨尼越惠，經年以疾歸……貞元三年三月，於開元觀詣絕粒道士程太虛，受五千文《紫靈寶籙》。”……[⑦]（《太平廣記·謝自然》）

　　謝自然天資聰慧、不食葷腥，且自幼表現出極高的道學修養。年僅七歲便開始了道術修行。因爲唐代上清派占據優勢地位的原因，女冠們大多修行上清道法，兼修其他方術。謝自然的道術修行采用多種方法。第一，餌藥辟穀。辟穀法流行於唐朝，是極爲普遍的修行方法。謝自然天生素食，十四歲開始修辟穀法，絕粒

---

① 南充市“十二五”社科規劃 2015 年度青年課題“謝自然飛升故事的傳播及其在川北地區的影響”（課題編號：NC2015C038）；四川省哲學社會科學重點研究基地、李白文化研究中心課題“唐宋蜀道游記研究”（課題編號：LB16-17）。

② 唐弓：《唐代的道教》，臺大歷史研究所碩士論文，1974 年，第 88 頁。

③ 《道藏》第 22 冊，文物出版社、上海書店、天津古籍出版社 1988 年版，第 110 頁。

④ 按《墉城集仙錄》，或題《集仙錄》《集仙傳》。《正統道藏》第 30 冊“洞神部譜錄類”（臺灣藝文印書館影印本，1977 年 1 月初版）載有殘本六卷，《雲笈七籤》卷 114 至卷 116 收此書節本，均未載謝自然事。《集仙錄》“謝自然”條佚文見《太平廣記》和《太平御覽》。

⑤ 《道藏》第 5 冊，第 77 頁。

⑥ 《道藏》第 5 冊，第 478 頁。

⑦ [宋]李昉等：《太平廣記》，中華書局 1961 年版，第 408 頁。

之後，日進一枝柏葉。"七年之後，柏亦不食；九年之外，乃不飲水。"她主要
服食柏葉、茯苓、枸杞、胡麻等，她認爲"凡食米體重，食麥體輕。辟穀入山，
須依衆方，除三蟲伏屍。"（《太平廣記》）

第二，拜師受篆。這是上清派的入道儀式，受篆後纔能取得道籍。謝自然"於
開元觀詣絕粒道士程太虛，受五千文《紫靈寶錄》"，"請程太虛具《三洞錄》"。
程太虛的道法中既有上清經法的"坐忘"之類，又有天師道法的符印。"程太虛
者，果州西充人，幼好道，節操不類于常人。年十五登所居之束山，飄然有凌虛
意……年十八，恃怙俱失，棄資產，居南岷山，絕粒坐忘……每歲農人乞符祈年，
以印印之，則授者愈豐阜……有女道士謝自然授法錄印訖，則密收之。"（《歷世
真仙體道通鑒》）①南充與西充相鄰，同屬果州，謝自然師事程太虛有著地緣上的
優勢。

第三，獨居靜室。謝自然七歲的時候便獨居山頂，"年七歲……乃徙居山
頂"；約十七歲的時候，刺史李堅在金泉山爲其修建了石室。謝自然的靜室，就
連父母都不敢打擾："自然之室，父母亦不敢同坐其床。"（《太平廣記》）隱居
修行是道教最爲提倡的修行方式，山林的獨居一方面可以遠離俗世的喧囂，另一
方面還方便與神真交往。

第四，抄文誦經。謝自然七歲的時候便開始"常誦《道德經》《黃庭》內篇"，
後來"日誦《黃庭經》十遍"（《太平廣記》）。道教認爲，通過誦經萬遍，可以達
到修道成仙、與神溝通的目的。謝自然的誦經是其修道成仙過程中的必修課。

謝自然不僅絕粒坐忘，誦習《黃庭經》，受程太虛的寶錄，還吞金母所送之符：
"九月五日，金母又至，持三道符，令吞之，不令著水，服之覺身心殊勝。"（《太
平廣記》）她的勤奮與努力使之能夠集衆家道法之所長，最終得以修煉成仙：

> （貞元十年十一月）二十日辰時，于金泉道場白日升天，士女數千人，
> 咸共瞻仰。（《太平廣記》）

在數千人聚集的金泉道場，在地方官吏及當地百姓的共睹之下，謝自然完成
了她"白日飛升"的夢想。由此亦可以窺見唐代社會的崇道氛圍，如果沒有普遍
的崇道基礎，這種數千人咸共瞻仰的場景是難以實現的。

二　謝自然"飛升"故事的傳播

謝自然的故事迅速在蜀中流傳開來，隨後傳到長安，引起了朝野上下一片轟
動。因爲白日升天是無上高深之術，彭祖曾曰："白日升天者，此道至大，非君
王所爲。"②（《墉城集仙錄》）謝自然的"飛升"故事除了老百姓的口耳相傳外，
官方與文人在更大程度上起了宣揚作用。

---

①《道藏》第 5 冊，第 340 頁。
②《道藏》第 18 冊，第 198 頁。

（一）官方的參與

貞元六年至七年（790—791）在任的果州刺史韓佾，貞元九年至十一年（793—795）在任的果州刺史李堅，以及當時的劍南西川節度使韋皋，這三位地方長官上表奏聞甚至親筆作傳，讓謝自然升仙一事上達朝廷，下聞里巷。貞元七年九月，韓佾在大方山爲謝自然置壇。貞元九年，李堅在金泉山爲之築室。貞元十年，謝自然在金泉道場飛升之後，“刺史李堅表聞，論褒美之。李堅述《金泉道場碑》，立本末爲傳”（《太平廣記》）。李堅表奏，德宗賜詔褒美之。據《新唐書》卷五九《藝文志三》著録：“李堅《東極真人傳》一卷”。下注真人即“果州謝自然”①。由此可見，最早記録謝自然“白日飛升”事迹的並非道教典籍，而是官方。

因爲地方官員的表彰與上奏，謝自然因爲事迹突出，便受到了皇帝的關注。故有德宗《敕果州刺史手書》②與《敕果州女道士謝自然白日飛升書》③。德宗認爲是李堅治郡有方，民心所向，因此纘聖祖垂光。表彰果州百姓忠義溫良，因而纘有女道士超然高舉，抗迹煙霞。德宗對果州的地方官以及百姓給予了很高的褒獎。李堅將此二書刻石於果州金泉山以表彰謝自然事。

無論是地方官，還是皇帝，平民女子的飛升都讓他們覺得是政治清明、天下太平的象徵。再加上開國皇帝李淵之得天下，應讖當王的創業神話，道教在唐代諸帝的心目中，具有著本宗的情誼。在這樣的環境下，對謝自然事迹的表彰動機就顯而易見。

（二）文人的傳播

謝自然“白日飛升”一事傳到長安後，韓愈作《謝自然詩》以系其事。楊慎在《詩話補遺》中説：“謝自然女仙，白日飛升，當時盛傳其事至長安，韓昌黎作《謝自然詩》，紀其迹甚著。”④楊慎認爲韓愈的這首詩使謝自然的事迹顯揚於天下。《昌黎先生集》卷一收録了這首《謝自然詩》。韓愈此詩所記與史志相符，用文學性的語言生動地再現了謝自然當日白晝飛升的盛況。韓愈作《謝自然詩》是爲了批判謝自然飛升事件的真實性，還是爲了證實白晝輕舉的可能性，我們暫且不論。“須臾自輕舉，飄若風中煙。茫茫八紘大，影響無由緣。”⑤詩歌中作者身臨其境般地感知這次神仙事件，對升仙當日的金泉道場進行的細緻描寫，確實能夠給讀者帶來極大的真實感。鑒於韓愈在當時政壇與文壇的名氣，《謝自然詩》迅速流傳開來。對道教徒而言，謝自然升仙一事更加堅定了他們的信仰。對百姓而言，衆所共見的升仙場景，使他們相信神仙實有。吕希哲就説：“吾讀韓氏謝

---

① [宋]歐陽修、宋祁：《新唐書》，中華書局1975年版，第1509頁。
② [清]李成林修，羅承順纂：《（康熙）順慶府志・圖考》，清嘉慶二十五年刻本。
③ [清]李成林修，羅承順纂：《（康熙）順慶府志・圖考》，清嘉慶二十五年刻本。
④ [明]楊慎：《詩話補遺》第1482冊，文淵閣四庫全書本，上海古籍出版社1987年版，第3頁。
⑤ [清]彭定求等：《全唐詩》，中華書局1960年版，卷336。

自然詩，然後知有神仙也。"①

　　白日飛升，此乃曠古奇事，震驚朝野，不僅韓愈，還有很多文人都爲此作詩。施肩吾作《謝自然升仙》②詩一首，劉商作《謝自然卻還舊居》③詩一首，範傳正作《謝真人還舊山》④詩一首，夏方慶作《謝真人仙駕還舊山》⑤詩一首。

三　謝自然"飛升"故事在川北地區的影響

　　謝自然的故事源遠流長，順慶府一帶留下了許多和謝自然有關的遺迹，至今仍存在許多與她的傳説有關的山名、地名。

　　金泉山，府治西，唐仙女謝自然於此白日飛升，上有石像。宋李宏詩："昔時謝女升天處，此日遺蹤尚宛然。蟬蜕舊衣留石室，龍飛隣水湧金泉。碑書故事封蒼蘚，殿寫真容鎖翠煙。薄暮松顛聽鶴唳，猶疑彷佛是神仙。"⑥據《太平廣記》和德宗的兩道詔書所記載，謝自然的升天處爲金泉山。"碑書故事封蒼蘚"中的"碑書"是指金泉山上那三通有關謝女"飛升"的唐代碑，由此可見石碑在宋代猶存，可惜後來俱毀，碑文尚存於《（康熙）順慶府志》中。"殿寫真容鎖翠煙"中的"殿"即金泉寺的側殿，那裏供奉有謝自然的石像："山上有寺曰金泉，爲謝自然飛升處，有步虛台遺迹，正殿祀真武，側殿祀謝仙石像。"⑦"薄暮松顛聽鶴唳"之"鶴唳"也與謝自然飛升故事相關，順慶府還有兩座山與此相關。

　　一是鶴棲山。"鶴棲山，治西南十里，冀都鎮有碑，略云：唐貞元十年，果州女子謝自然白日飛升，先有雙鶴棲於此山，後飛迎自然，駕之而去。因名其年月與果州石刻不異，《通志》誤載白鶴山。"⑧鶴棲山位於廣安，《興地碑記目》卷四《廣安軍碑記·鶴棲山古碑》也記載了貞元十年謝自然飛升一事。

　　一是鶴鳴山。"鶴鳴山，府治東一十里，相傳謝自然升仙之日，有鶴棲鳴於上，傍有紫雲亭。"⑨鶴鳴山即今南充之白塔山，山上有座建於北宋建隆年間的白塔一座，"白塔晨鐘"爲"古南充八景"之一，再配上仙鶴的傳説，白塔山的旅游資源有待深度開發。

　　相傳謝自然飛升當日不僅伴有鶴鳴，還伴有仙樂："棲樂山，在縣西十里上，有棲樂池，與嘉陵江通。謝自然飛升日，仙樂振響峰頂，因名。舊有禦風亭。"⑩棲樂靈池亦爲"古南充八景之一"，康熙年間的順慶太守、進士袁定遠曾作《詠

---

①　[宋]吕希哲：《吕氏雜記》，中華書局1991年版，第20頁。
②　《全唐詩》卷494。
③　《全唐詩》卷304。
④　《全唐詩》卷347。
⑤　《全唐詩》卷347。
⑥　[明]虞懷忠修，郭棐纂：《（萬曆）四川總志》，明萬曆刻本，卷十。
⑦　[清]袁鳳孫等修：《（嘉慶）南充縣志》，嘉慶十八年刻本。
⑧　[清]李成林修，羅承順纂：《（康熙）順慶府志·圖考》，清嘉慶二十五年刻本。
⑨　[明]劉大謨、楊慎纂修：《（嘉靖）四川總志》，明嘉靖刻本，卷七。
⑩　[清]常明修、楊芳燦纂：《（嘉慶）四川通志》，清嘉慶二十一年木刻本，卷十三。

郡城八景》，其一即爲《棲樂靈池》："莫訝靈池萬古傳，江心水真透山巔。欲知此内相通理，須問當年謝自然。"①爲何棲樂池水四時不涸，且直通嘉陵江，人們無法解釋，最後歸結於謝自然的神力。

本地官員、文士，以及途經川北或游覽川北的文人墨客們均留下了許多題詠謝女的詩歌。宋代的南充推官鞠拯曾作《題謝自然》詩一首："真仙能輕舉，飄緲出塵寰。碑石名常在，松枯鶴不還。風煙殘照外，樓閣翠微間。爲訪休泉去，浮生得暫閑。"②明代進士黃輝作《棲樂山》詩一首："一上飛仙石，飄飄千古情。仙人不可見，秋月繞林生。高池淡無影，獨酌依空明。卻望來時路，微茫煙際城。"③黃輝，四川南充人，明萬曆十七年（1589）進士，官至詹事府少詹事，詩、書與陶望齡、董其昌齊名。黃輝父子三人均爲進士，其父黃子元和他分別給萬曆皇帝和泰昌皇帝當過老師。黃輝這樣的文化名人也爲謝自然留下了詩篇，由此可見謝自然的飛升對南充地方文化的發展起了極大的推動作用。

對道教而言，謝自然作爲一個歷史上真實存在的人物，通過修煉成爲"仙真"，有利於道教神仙可修思想的傳播。對一個有著濃厚崇道氛圍的社會而言，謝自然的"飛升"是對信衆的極大鼓舞。對朝廷而言，一個普通民女能夠通過修道而白日飛升，不僅體現了大唐王室的遠祖老子之教傳不朽，更是暗示了大唐王朝政治清明、天下太平。對川北地區而言，謝自然的飛升在很大程度上促進了地方文化的發展。以上這些因素都使謝自然的"白日飛升"成爲巴蜀道教發展史上的一件大事。

作者單位：川北醫學院管理學院

---

① [清]李成林修，羅承順纂：《（康熙）順慶府志·圖考》，清嘉慶二十五年刻本。
② [清]李成林修，羅承順纂：《（康熙）順慶府志·圖考》，清嘉慶二十五年刻本。
③ [清]常明修、楊芳燦纂：《（嘉慶）四川通志》，清嘉慶二十一年木刻本，卷十三。

"尚意"宗師蘇軾①

王萬洪②

引　言

正史中的蘇軾，是一位政治家而不是文學家，更談不上是書法家③。然而，後人眼中的蘇軾，則主要是一位文學家、書法家，甚至大全才：詩詞文章無所不能，棋琴書畫無所不通，烹飪醫藥無所不精，爲官建設無所不成。蘇軾非常人哉！

生逢北宋晚期黨爭政治的蘇軾，實際上一生仕宦過程的多數時間是在失意、坎坷乃至顛沛、流離中度過的。蘇軾先後經歷紹述之爭、元符黨籍、元祐黨籍等集團性質的大型政治鬥爭和洛蜀之爭、烏台詩案等中小規模的政治鬥爭，主要是以抗爭者、失敗者、沉默者、被迫害者的形象生活於政治舞臺，數次在政治生活中遭遇險境，幾次大禍臨頭：這表明後人眼中的"千古第一文人"蘇軾，實際上不是一個成功的政治家。蘇軾作爲後人眼中的文學家、書法家、繪畫家、音樂家、美食家和茶茗、醫藥、旅游愛好者，他的真實政治智慧是有限的，而不是無窮的，並非實際能擔大任的宰輔之才。

但上述不足放在書法藝術的領域之內，則完全是另外一番景象：因爲政治生涯的挫折太多，蘇軾仕途已絕，一方面沉痛苦悶，無以遣懷，唯作詩文，輔以書畫，作爲在藝術人生中排遣苦悶的方法。以烏台詩案爲轉捩點，蘇軾積極入世、立德立功的情懷被嚴重打擊，這爲他節約了大量的時間、精力，贏得了一個好的心態，恰好有利於藝術創作和理論探索。另一方面，蘇軾參禪悟道、悠游山林、崇尚隱逸，佛家思想和道家思想開始逐漸與儒家入世思想並行、融合，其中又以

---

① 本文是三蘇文化研究院資助專案《蘇軾書論輯注》、四川大學中央高校基本業務專案《巴蜀書法史》、四川省哲社重點基地重點專案及西華大學校重點社科研究專案《宋代巴蜀書法研究》階段性研究成果。

② 王萬洪，男，漢族，1979 年 9 月出生，四川簡陽人，文學博士、歷史學博士後，長於《文心雕龍》與巴蜀書法研究。

③ 《宋史》本傳曰："洵晚讀《易》，作《易傳》未究，命軾述其志。軾成《易傳》，復作《論語說》；後居海南，作《書傳》；又有《東坡集》四十卷、《後集》二十卷、《奏議》十五卷、《內制》十卷、《外制》三卷、《和陶詩》四卷。"另據《宋史·藝文志》的記載，蘇軾共有《易傳》九卷、《書傳》十三卷、《書說》一卷、《論語解》四卷、《東坡詩話》一卷、《蘇沈良方》十五卷（沈括、蘇軾所著）、《前後集》七十卷、《三蘇翰墨》一卷（蘇軾等書）。蘇軾的著作首先是經學著作，其次是奏議策論，再次是詩文詩話。《宋史》本傳對蘇軾的文藝才華隻字未提，善書一事無從談起，祇有《宋史·藝文志》記載有《三蘇翰墨》一卷（蘇軾等書），不能推出蘇軾善書的能耐來。

道家情懷爲主導，這是蘇軾晚期書畫藝術與理論見解超越前期的主要原因。

　　他以過人天賦與貫通詩文、書畫、音樂的綜合修養和罕見的創造力、想象力、藝術傳達力，使得自身書法水準不斷更新變態，最終成爲一代大家；他敢於否認前人陳説、勇於創新理論、不斷提出新見的探索成就，使得宋代書法理論建構起屬於自身的獨特批評話語體系和審美鑒賞體系；他以師友交流的方式突破了傳統學校、應試、館閣之學和家族相傳的書法教育方式，培養了大批書法人才，形成獨特的蘇門弟子群現象；他以高尚的人品、卓越的才華、坎坷的遭遇、豁達的心態、博學的修養、豐富的成果，成爲宋代書法史上影響最大的一家。凡此種種，都在證明蘇軾書法成就的卓越。

　　因此，蘇軾書法藝術的卓越成就不是來自順境，而是來自逆境。他的書法理論見解的變化和創新，與創作緊密聯繫，也是在政治生涯挫敗之後不斷新變，最終達到時代最強音地位的。

　　在第十八屆、第十九屆蘇軾國際學術研討會及第二屆巴蜀文化與湖湘文化高層論壇上，筆者先後提交了幾篇關於蘇軾草書筆法理論的思辨小文，對蘇軾獨標天賦意趣而忽視物象本源的筆法起源論進行了辯證地分析。近年來，筆者不斷整理、校注並深入思考蘇軾的書法理論，對以蘇軾爲代表的"尚意"諸説有了一些新的認識，現在寫在下面，懇請諸位方家批評指正！

一　尚意：宋代書法發展的必然選擇

　　明代王澍《翰墨指南》提出"晉人書取韻，唐人書取法，宋人書取意"的意見，經後人推演、論證、研究，在書法理論史上就有了晉人尚韻、唐人尚法、宋人尚意的定論。比如清人梁巘《評書帖》就説："晉尚韻，唐尚法，宋尚意。"周星蓮《臨池管見》則以爲："晉人取韻，唐人取法，宋人取意，人皆知之。"馮班《鈍吟書要》又將晉人尚韻稱爲用理，説："結字，晉人用理，唐人用法，宋人用意。"劉熙載《藝概•書概》則又提出"晉人尚意，唐人尚法"的不同看法，梁巘又在此基礎上增加了"元明尚態"（《評書帖》）的新論。在此基礎上，周星蓮以爲："吾謂晉書如仙，唐書如聖，宋書如豪傑。學書者從此分門別戶，落筆時方有宗旨。"梁巘則論述得更爲具體準確："晉書神韻瀟灑，而流弊則輕散。唐賢矯之以法，整齊嚴謹，而流弊則拘苦。宋人思脱唐習，造意運筆，縱橫有餘，而韻不及晉，法不逮唐。元、明厭宋之放軼，尚慕晉軌。"那麼，尚韻、尚法、尚意，究竟是怎麼一回事呢？

（一）晉人尚韻

　　詳究前人所論，所謂"晉人尚韻"，即是説在魏、晉、南朝時期的書法藝術講究風度韻致。魏晉時代，在文學理論和文學創作上開始了文學的自覺，歷時三百餘年；與之相對應，魏晉時代也拉開了書法藝術自覺的帷幕。晉代開國不久，內亂外患並起,社會動盪不安,但在書法方面,並不因爲社會的動盪而走向衰落,相反,出現了出人意料的高度發展。由隸書衍生出來的楷、行、草書,通過衆多書家的努力實踐而日臻成熟,並被推向藝術的高峰。從此,書法的審美功能已蓋過實用功能,大大增加了藝術創造的自覺性,成爲人們刻意追求的審美載體和最能體現民族特色的藝術形式。

晉書尚韻的風尚廣泛地聯結著那個時代的藝術風格、生命情調和文化精神,特別是哲學、文學和人格理想。晉代是一個戰亂、殺戮的時代,士大夫苦悶、矛盾、思索,卻又充滿激情和濃郁的生命色彩。這時士大夫的精神是思辨探索的,也是自由奔放的。原來占統治地位的經學開始走向衰敗,受到冷落,繼之而起的是以清談、議論、爭辯爲標誌的玄學。表面上,士大夫階層消極、悲觀、歸隱、超脫、逃避現實,宣講"以無爲本",從古代"老莊"隱逸、逍遙、虛靜思想中求活法,實際上熱烈探尋新的生活,張揚人格精神,發現自我價值。與這種矛盾思潮相適應的各種文藝形式逐漸擺脫了儒家思想的束縛,轉向抒發個人的情懷,從追求雕琢綺麗的外在形式美轉向追求內在神、意、風骨、氣韻的志趣美。"晉書之韻"是由這個尚韻時代所孕育、所推出,最終晉人書法又成爲有晉一代審美觀念最集中的體現。

晉人尚韻的書風,是以王羲之爲領袖的藝術群體共同形成的時代書法風格。宋人李心傳以爲:"漢魏以後法書,東晉爲第一;就晉人論之,右軍又爲第一。"[1]尚韻書風是與晉人風神瀟灑、不滯於物的心靈姿貌相適應的。所謂韻,就是韻致、風度。晉代書法氣韻絕俗、風度翩翩,蘊涵著蕭散簡遠、平和自然、圓轉流媚、飄逸飛揚的美,同時亦不乏力度。古代鑒識者對晉書尚韻的風格美頗有體悟。如黃庭堅《題絳本法帖》説:"兩晉士大夫類能書,筆法皆成就,右軍父子拔其萃耳。觀魏晉間人論事,皆語少而意密,大都猶有古人風澤,略可想見。論人物要是韻勝爲尤難得。蓄書者能以韻觀之,當得仿佛。"[2]康有爲《廣藝舟雙楫》也説:"書以晉人爲最工,蓋姿致散逸,談鋒要妙,風流相扇,其俗然也。"二人的分析,有助於人們對於晉書尚韻的風格美的理解。

晉人最能體現"韻"字的書體莫過於行書和小草。對此,宗白華先生帶著他那美學的發現和詩人的激情在《論〈世説新語〉和晉人的美》一文中寫道:"晉人風神瀟灑,不滯於物,這優美的自由的心靈找到一種最適宜於表現他自己的藝術,這就是書法中的行草。行草藝術純係一片神機,無法而有法,全在於下筆時點畫自如。一點一拂皆有情趣,從頭至尾,一氣呵成,如天馬行空,游行自在。又如庖丁之中肯綮,神行於虛。這種超妙的藝術,祇有晉人蕭散超脱的心靈,纔能心手相應,登峰造極。晉人的書法是這種自由的精神人格最具體、最適當的藝

---

①《全宋文》卷六八八一。四川大學古籍整理研究所編纂,曾棗莊、劉琳主編:《全宋文》(全 360 册),上海辭書出版社、安徽教育出版社 2006 年版。本文所引用的《全宋文》資料,不再一一詳細注明編纂者、出版社、出版時間、頁碼等。特作説明。

②《全宋文》卷二三一二。

術表現。這抽象的音樂似的藝術才能表達出晉人的空靈的玄學精神和個性主義的自我價值。"①因爲行書和小草居於楷書與狂草之間，動靜適中，具有中和之美。中和之美需有一種從容不迫的氣度，尤能顯現書家與作品的風度和神韻。這種虛靜、蕭散、簡遠的中和之美與儒家雅正的中和之美還有不同，而是一種"晉人的空靈的玄學精神和個性主義的自我價值"的寫照，是林下風致、玄學精神、個性自由的綜合寫照。因此，晉代書法尊崇"神采爲上，形質次之"（王僧虔語），大都表現出一種飄逸脫俗、姿致蕭朗的風貌。其代表是二王的書法，袁昂在《古今書評》中評王羲之書爲："如謝家子弟，縱復不端正者，爽爽有一種風氣。"説明王羲之書法的風規韻致，是與其人的氣韻、風度一致的。蕭衍在《古今書人優劣評》中評王獻之書爲："絕衆超群，無人可擬，如河朔少年，皆悉充悦，舉體遝拖而不可耐。"二王書法藝術流露出的這種韻味風神，以獨具的藝術魅力，反映出晉代書藝的時代特徵。類似於上述評論的意見，在六朝書論中俯拾皆是，其整體的特點，就是推崇一種風度韻致，追求瀟灑蘊藉之美，與當時盛行的人物品藻和文論、畫論采用的喻體批評一致。

（二）唐人尚法

唐代書法法度嚴謹、氣魄雄偉，表現出封建鼎盛時期國力富强的氣派和勇於開拓的精神，具有力度美和氣象美。唐代一朝書法藝術以楷書成就最高。北朝魏碑楷書和唐代楷書是中國楷書藝術的兩大派系，代表著中國楷書風格史上兩種截然不同的時代風格。當代書學界有識之士曾對二者作比較研究認爲："前者（魏碑）如璞玉，粗糙而自然；後者（唐楷）如名器，精美而雕琢。唐楷揚棄了一切不規範的東西，使其成爲單一、程式化了的書法形式。而魏體正是保留了大量未被揚棄又未經雕琢的原始材料，充滿了生氣和奇趣。"（王玉池主編《中國書法篆刻鑒賞辭典》）這段論述以實事求是的態度，對歷史上曾經出現的"尊魏卑唐"及其流風的矯正作出了重新品鑒。唐人順應書法藝術的發展規律，在晉人楷書和魏碑的基礎上，進一步完善楷書藝術，形成了"唐人尚法"的時代格局。雖然從某種意義上説，尚法的結果確實帶來了唐楷"程式化了的書法形式"，但這"法"不是消極的東西，更不是凝固不變的，而是唐王朝政治統一、國力强盛的時代產物。唐王朝建立以後，大一統的政治時局帶來了空前的文化繁榮，盛唐士人一洗六朝玄虛頹唐的精神狀態，代之以胸襟寬廣、意氣恢宏、充滿了蓬勃向上的豪情。詩歌與書法是他們最適宜表達胸中壯氣的藝術，從而成爲一代藝術精神的集中點，然而，格律嚴整的唐詩風範是與尚法的書風相通的。

唐書大興尚法之風，既是書法的自律性歷程進入到特定階段的必然產物，又是其特定時代條件使然。具體表現在：一是帝王的重視，國家的提倡，以書爲教，以書取士，設立書學，對書法還規定必須合乎"楷法遒美"的要求；二是楷法、

---

① 宗白華：《美學散步》，中華書局 2009 年版，第 254 頁。

碑刻的風行，嚴守法式的唐代楷碑標誌著中國書法史上第三次碑刻高潮，唐代尚法意識深深根植於楷法以及碑刻實踐的肥沃土壤裏；三是書學理論的導向，唐代不少書家寫出書法論著，其中研究"法"的特別多，且趨於系統化，從而在理論上確立了尚法的審美標準；四是和書藝的尚法書風互爲呼應的唐代詩歌也在實踐和理論兩方面步入探索法則的歷程。書法在文化背景和諸多外部條件的激勵下，形成唐書尚法的群體主導傾向，絕不是偶然的。

法，就是法度、規則，指書法的形式規範。它是一個歷史性的範疇。晉人作書雖然注重技法，但他們是循理生法，用法瀟灑自如。唐人則循法求古，用法謹嚴，在法度的範圍內抒情達意。書法被稱爲"法"，可見"法"對書法的重要作用。追溯唐書尚法之源，應該是從隋代開始的。陳、隋間書法家釋智永是王羲之的七代孫，一生專嗣右軍書法。在筆法上，他示人以"永字八法"，此法在當時及後來成爲學習楷書的準則，迄今仍是楷書入門的基本法則。這無疑對初唐書風影響極大，開了唐書尚法的先河。唐代書家對前人的書法進行了總結，在書法結體和用筆方面實行了規範化和精微化。研究筆法與技法的書論層出不窮，歐陽詢著《三十六法》和《八訣》，唐太宗有《筆法訣》，顏真卿《述張長史筆法十二意》，張懷瓘有《用筆十法》和《玉堂禁經》，林韞有《撥鐙四字法》，以及最受後人推崇的《永字八法》和《五字執筆法》等。因此，唐人的楷書表現出大小相等、上下齊平、用筆應規入矩的趨勢，即使是比較自由浪漫的行草書，也逐漸拋棄了晉人兼用側鋒的筆法，而追求純中鋒的用筆。在崇尚法度的風氣之中，出現了森嚴雄厚的"唐楷"和豪放的"狂草"，體現了唐帝國開拓向上的精神。

具體而言，"唐法"一方面體現於初唐書壇對晉人和魏碑楷書做進一步完善的努力，初唐四家中，歐陽詢書"得晉規矩""法度嚴整""人以爲法"，虞世南書"得智永筆法爲多"，小楷"足爲楷法"，褚遂良書"得羲之法最多者，真字有隸法"，薛稷"於書得歐、虞、褚、陸（柬之）遺墨至備，故於法可據"。這是唐代尚法陣容嚴整的開端。另一方面則是盛唐顏真卿於"二王"法外求法所做出變法的成功，以至晚唐柳公權圓滿"唐法"的柳體創作。書法"至中唐，法度森然大備"。顏真卿是變法的傑出代表。歐陽修《集古錄》評其書："筆劃巨細皆有法，愈看愈佳。"蘇軾《孫莘老求墨妙亭詩》中稱："顏公變化出新意，細筋入骨如秋鷹。"①初唐書法守法多於變化，而顏真卿之所以偉大，在於他不但能守法，而且能變古法，自立新法，成爲一代楷則。至於柳公權，初學晉人書法，結合初、中唐諸家筆法，自成一格，因而"書法與世楷模"。可見，唐人尚法體現了守法與變法的統一，既不求法脫，又不爲法束，既統一於法，又多姿多彩。若對唐代書法尚法的群體風格美做概括總結，可謂法度森嚴、端莊整飭、筋骨強健、雄秀勁媚。作爲後世習書範本的歐體、顏體、柳體，最典型地代表了有唐一代"尚法"的三個時期的風格美。

---

① [清]王文誥輯注：《蘇軾詩集》卷三，中華書局 1982 年版。

（三）宋人尚意

　　"尚意"，主要是説宋代書法追求意趣而不拘法度。蘇軾説："詩不求工字不奇，天真爛漫是吾師。"黄庭堅亦説："老夫之書，本無法也，故不擇筆墨，遇紙則書，紙盡則已，亦不計較工拙與人之品藻譏彈。"①米芾説："學書須得趣，他好俱忘，乃入妙，别爲一好縈之，便不工也。"②董逌亦説："書法貴在得筆意，若拘於法者，正以唐經所傳者爾，其於古人極地不復到也。"③這些就充分表明了宋代書家們不泥古法、提倡適意的藝術主張，這種主張在他們的代表作品中，如蘇軾的《黄州寒食詩》、黄庭堅的《諸上座帖》、米芾的《虹縣詩帖》裏得到了充分的體現。這種重主觀、重個性的美學思潮特别强調了書法藝術的抒情功能。這樣，書法藝術就與人的品格性情有了直接的關係，書法的美就不僅在於其外在的形態，更在於其內在的神韻，即它所傳達的情趣、學養、品性、胸襟、抱負等精神內涵。

　　宋代在政治上是個軟弱的時代，已經失去了漢唐那種宏大强盛的氣勢，但在文化藝術領域卻是一個全面發展的時代。文人士子在"兼濟天下"的願望難遂之餘，只求"獨善其身"，以文章、詩歌、藝術來彌補心靈上的失落感。和前代相比，宋代文人兼通詩文書畫的現象極其顯著突出，而且主要是用來抒情寫意的。一朝宋代，漫延著尚意、寫意的時代審美主導傾向，書法尚意、繪畫寫意，"意"在文人筆下跨越門類，互爲滲透，互爲生發。宋書所尚之意，從藝術主體而言，是指書法家的意趣喜樂、個性表達；從藝術客體而言，是指書法作品的隨意而爲、不求工拙。它反映了宋代士人的審美情懷，以及當時的社會風尚和心態，和當時盛行在文藝領域中的關於意境、氣韻的審美觀是相一致的。

　　宋代書法雖然未出現多如晉唐的大家，總的成就也不及晉唐，但宋代書壇蘇、黄、米、蔡四大家，足以與晉唐名家相抗衡。尤其前三人領袖群倫，成爲尚意書風的代表。和楷書以法見長相比，行草書具有以意見長的優勢，最適宜於書家抒情達意，從而成爲宋代尚意書風的主要書體。蘇、黄、米三人在書法實踐方面均以意趣獨特、個性鮮明的行草書稱著於世。蘇軾的書法尚意傾向表現得最爲突出，他在《石蒼舒醉墨堂》中自言："吾雖不善書，曉書莫如我。苟能通其意，常謂不學可。"④在《評草書》一文中又説："吾書雖不甚佳，然自出新意，不踐古人。"⑤他作爲文人書家、文人畫家，這些關於書法的自白旨在一個"意"字，影響了一代書風。黄庭堅的書法，其意更加張顯，别開生面，行草書富於灑脱奔逸、駿爽超邁之意。米芾的行草把外拓的筆意之美發揮到了極致，作書"意足我自足"，更是尚意書風最充分的表現。然而，包含著率意在內的尚意書風，不等於不講究

---

① 《全宋文》卷二三一〇。
② 《全宋文》卷二六〇二。
③ 《全宋文》卷六八二五。
④ [清]王文誥輯注：《蘇軾詩集》卷一。
⑤ 《全宋文》卷一九三九。

書法功力，而作任意縱情的"畫字"或"刷字"。馮班《鈍吟書要》説："宋人作書，多取新意，然意須從本領中來。"此語實在，蘇、黃、米的書藝功夫都是一流的。

宋書尚"意"與晉書之"韻"有相似處，亦有相異處。雖然都是強調性靈、情境，宋人"意"的範圍則廣闊得多，意馬心猿、任情縱橫、自由豪放，爲了心的自足、情的宣洩，不忌險怪、不怕激烈、不拘一端。此"意"是對唐人尚法的否定和發展。説是否定，因爲宋人力求打破唐人拘於法度的僵化形式；説是發展，因爲宋人並非不要法，而是對法的活用，對法的改造，向法中注進了新意，從而表現自我的情趣、個性。所以，宋人書以其獨特的生命情調和文化精神，譜寫了中國書藝風格史上別開生面的新篇章。

每一個時代，社會環境不同、人們的審美欣賞角度不同，又隨著文化的發展融入，書法都有著自己的特點。瀏覽歷代書法，"晉人尚韻，唐人尚法，宋人尚意"爲精闢的總結：晉代書法流美妍媚、風流瀟灑，反映了士大夫階級的清閒雅逸，流露出一種嫻靜美；唐代書法法度嚴謹、氣魄雄偉，表現出封建鼎盛時期國力富強的氣派和勇於開拓的精神，具有力度美；宋代書法縱橫跌宕、沉著痛快的書風，正是在"國家多難而文運不衰"的局面下，文人墨客不滿現實的個性書法，以書達意，表達一種心境，具有意趣美。

在筆者看來，魏晉人追求的審美境界是雅而麗雙贏的效果，書法既講究華美妍麗，還要追求雅正端莊，將二者結合得最好的是王羲之，其代表就是《蘭亭序》。王珣《伯遠帖》是華麗到了極致的作品，妍美流麗，就算放在今天來看，也是華麗書法的經典。王羲之篆隸痕迹很深的那些簡牘，則是學古未變、質樸有餘而妍麗不足的作品，真正能代表他書風特點與個人面目的，就是《蘭亭序》。《蘭亭序》的筆法非常精妙，是以千錘百煉、精妙構思爲基礎而隨意書寫的產物，是端嚴與流麗結合最好的作品。往下發展，魏碑書法雄渾厚重、質樸遒健，但失之於刀刻斧鑿、鋒芒太露，剛硬笨拙太多，稱不上妍麗之美，算不上雅正之作，這是民間書法大興而文人書法失利的一段時期。到隋唐時期，國家統一之後，提倡書法，尊重書學，文人書法復興，碑刻書法繼續延續，匯通魏晉與北朝碑版，唐人開始在大一統的政治局面下大力發展書法事業，唐人尚法針對的是碑刻楷書而言，其實，也有唐人遠離書法法度而追求絕對自由的書法載體形式，這就是歷史上第一次出現的大幅草書，史稱狂草書。在張旭、懷素之前，草書衹有小草書，無論紙張大小、筆墨點畫、章法安排上都是這樣，對雄渾氣象的激越表達方式，就是縱情揮灑的狂草藝術。這是不守法度的產物。唐人楷書尚法與草書自由的矛盾，使得唐代書法在對立的兩個極端都產生了卓越的書法家和書法作品，並產生了大量與之對應的書法理論著作，從書家、書作、理論三方面來看，唐代都是書法興盛發展的歷史時期，唐代是中國書法最興盛的壯年期。

但是，無論是極端討論楷書筆法和結構的理論著作及其書寫實踐，還是追求絕對自由狀態的狂草藝術及其高峰表現，都存在一個共同的問題，那就是：背離了魏晉時代確立起來的雅麗兼備的審美標準。尚法一路過於端正嚴格，雅而不麗；狂草一路過於自由放縱，麗而不雅。在初唐太宗的大力提倡之下，儘管所有書論、書家都念念不忘二王傳統，將王羲之及其作品與筆法作爲最高的書法之神供奉起來，在所有理論探索與創作實踐中都標榜自己是王羲之的法脈傳人，但唐人書法顯然不是雅麗雙贏的作品，而是雅與麗相互背離、無法統一的作品。整體上看，除了孫過庭小草《書譜》追摩傳承魏晉書風之外，唐人書法很難再有魏晉雅麗風韻在。

宋人學唐，但既不是走尚法的楷書之路，也不是走自由的狂草之路，更不是將二者盲目結合起來的中和之路。而是走技術路綫學習唐人、主體修養崇尚意趣、審美風格追逐晉人、書法實踐自成面目的整體路數。這個“整體”的堅實基礎是宋代開明的科舉制度和興盛的文教事業，使得宋代文人士大夫的文化修養、眼界認知、書卷氣質、獨立意識達到歷史最高峰的狀態。在時代追求帖學的大環境中，宋代的文人書法家們各有師法、各有所學、各有所論、各有所著。這種萬馬奔騰的局面，使得宋代書法在學法唐人、追摩晉人的過程中復歸魏晉意韻書風，而能自有新變，追求的不再是雅麗之美，而是意趣所在的清麗之美，這是宋代書法最顯著的時代特徵。即便是南宋書論逐漸復古、僵化到傳統儒家書論書如其人、心正則筆正的老路，也基本保持了書法尚意與清麗之美的追求。

從審美角度看，“宋人尚意”則是對唐代書學思想的背離性選擇。唐代國家統一，政治軍事經濟力量強大，疆域廣闊，文化鼎盛，故而氣象雄強，直接漢朝，唐人書法因而以肥壯爲美，楷隸行草諸體均體現出宏大勁健的時代風格；唐代實現了對漢魏晉南北朝隋代五百多年戰亂的終結，又需要強有力的法度與規矩繩墨之，體現在書法藝術上，就是書法規範法度的正式建立，正楷書法應運而生，因而“唐人尚法”的審美主張實際上是唐代大一統的政治文化背景的必然選擇。但法度的建立又必然帶來約束拘謹的一面，因此，有唐一代，上自帝王，下到民間，無論從創作還是理論的主流來看，都表現爲一分爲二的矛盾特徵：一方面是法度森嚴成爲時代象徵與歷代極則的各家正楷，如歐體、顏體、柳體等；另一方面是狂放不羈、恣肆野逸的狂草藝術，如李白、張旭、懷素等——尚法與背法一直是唐代書法相互矛盾的兩條主綫，並且二者沒有得到中和匯通。唐代對書法法度的探索與建立、對創作的規範與理論研究是進步的，而對書家性情的束縛與統一標準是退步的。宋代書法摒棄了唐人法度規矩過度的一面，因而在楷書成就上不能望唐人之項背；但宋代書法繼承發展了唐人抒情放縱的一面，並對其進行理性約束和自我新變，代表性的蘇、黃、米諸家莫不如是。往上溯源，這是對晉人書法崇尚意趣韻味的一種自覺回歸，因此，“宋人尚意”是一種復古兼以新變的時風。這一特徵同樣有其深刻的時代背景：與唐代相比，宋代疆域狹窄、武力疲敝，但是政治開明、文教昌盛，文人修養居於歷代之最，帝王將相擅長書法者層出不窮，因而宋代書法在法度、力度、氣度上不如唐人，而在抒情寫意與情趣追求方面超越唐人，開啟並形成了文人書法這一書法藝術的主流。蜀人蘇軾是宋代尚意書風的第一理論提出者與文人書法的主要創作實踐者。他在當時直到當代的影響都異常巨大，是書法史上僅次於王羲之、顏真卿的第二號人物（王羲之、顏真卿書法有歷代帝王的極力提倡，方能如是）。

巴蜀書法家和書法理論家在宋人尚意特點的探索、立論並使之最終確立方面做出了最重要的貢獻。蘇軾是宋人尚意的第一理論宣導者和創作實踐者。黃庭堅等人作爲與蘇軾過從甚密的學生和友人，在言行交往、入蜀爲官等方面大受蘇軾等巴蜀人物的影響，是尚意書風的積極參與者和理論提升者，張栻、張孝祥、魏了翁等人是理學思想指導下的積極傳承者。

二　"尚意"書論的提出與時代風格的確立

宋代書法從宋初開始，就爲三百年的發展奠定了兩個基調：文人書法和帖學書法。宋代文教事業發達，其興盛程度爲歷代之冠；科舉制度完善，取士面向全社會。因此宋代書法的主流創作大軍是通過科舉走向仕途的文人士大夫，而宋代士人的整體學術修養也是其他歷代所不可企及的，宋代書法家的學養、見識、書卷氣最盛。帖學書法前論甚詳，在此不述。發展到宋代中期，第一個高舉尚意、尚趣、喜樂、積學書論觀念的人是歐陽修。歐陽修雖然書法不能成爲一流大家，但他詩文爲一代宗師，同時積學好古，編纂《集古錄》一千卷，題跋十卷，詳細鑒賞、評論了前代名碑與名帖，提出了許多有見識、有新意的看法。

首先，他認爲寫字是一個人的業餘愛好，可以修身養性、娛樂身心，於是提出"有暇即學書，非以求藝之精，直勝勞心於他事爾"[1]（《學書靜中至樂說》）、"可以樂而不厭，不必取悅當時之人，垂名於後世，要於自適而已"[2]（《夏日學書說》）、"明窗淨幾，筆硯紙墨皆極精良，亦自是人生一樂，然能得此樂者甚稀"《學書爲樂》等自我看法，並且多次與蘇舜欽、蔡襄一起討論到"學書消日""把玩不倦""極爲可喜"等話題。歐陽修是一個嚴肅的儒家學者，他對佛道二家極爲反感，一直主張正統的儒學思想觀念，而儒家經學的研究前提就是文字學，書法寫得好不好，是衡量一個人學術水準的重要尺度。而自古以來尊崇書法的風氣，熏染了一代又一代皓首窮經、肩擔大任的儒家學者。歐陽修能夠提出上述看法，表明他對於書法的功能有了全新的認識：書法除了公文寫作，還有娛樂消遣的一面，甚至主要是娛樂消遣的一面。所以，他論書特別重視個性心理感受，主張自己的性情爲主，不要對古人亦步亦趨，不要成爲古人書法的奴隸："學書當自成一家之體，其模仿他人謂之奴書。"[3]（《學書自成家說》）在這樣的基礎上，他特別提倡書法家的藝術個性："求悅俗以取媚，茲豈復有天真耶？唐所謂歐、虞、

---

① 《全宋文》卷七三八。
② 《全宋文》卷七三八。
③ 《全宋文》卷七四三。

褚、陸，至於顏、柳，皆自名家，蓋各因其性。”①（《李昱筆説》）

歐陽修主張天真、提倡個性、看中娛樂、隨意消遣的説法，是宋代書論中關於書法娛樂功能、書法個性創造的首出之見，開啟了後代關於尚意、尚趣書風的門徑。他甚至指出學習書法的主要功能就是娛樂解悶，聊作喜好而已，將書法的地位從以前很高的廟堂狀態降下來了，不再嚴肅端莊地對待書法，而是自娛自樂地對待書法。書法不再是妙不可言、神聖高雅的東西，而是普通生活中的游戲娛樂性質的東西。這是宋人解構前人、主張尚意的理論基礎。

此外，歐陽修還主張寫字可以不計較工拙，寫得好不好無所謂：“每書字，嘗自嫌其不佳，而見者或稱其可取。嘗有初不自喜，隔數日視之，頗若稍可愛者。然此初欲寓其心以銷日，何用較其工拙而區區於此，遂成一役之勞，豈非人心蔽於好勝耶？”②（《學書工拙》）既然可以不計較寫字效果的好壞工拙，那麼古人珍藏秘玩的用筆之法也可以不考慮工拙的問題了，於是提出“斜正之間便分工拙”“可以意得”的尚意之説：自己覺得可以，那就行了，不必太計較。所以，歐陽修的書法水準儘管不高，但他在書法理論上的提倡影響是很大的。作爲一代文宗，同時身居高位，是文士書法的積極提倡者和實踐者，他“學書爲樂”“學書消日”“不爲奴書”“各因其性”“不分工拙”“可以意得”“信筆便書”“得意忘形”“必有深趣”等若干散論的提出，使他成爲文人尚意書法理論的先行者。

蘇軾是歐陽修的學生，也是靠歐陽修獎掖、提拔起來的才俊。蘇軾畢生尊敬歐陽修，他不僅經常滿懷敬意地將歐陽修的書法水準吹到遠遠脱離實際品質的地步，還對歐陽修的許多看法忠實地繼承下來、詳加論説、發揚開去。比如論蔡襄書法“爲本朝第一”的意見，蘇軾爲歐陽修宣導了七八次並詳細加以分析論述；再比如蘇軾爲滁州重寫《醉翁亭記》時説自己是歐陽修的學生，這個工作義不容辭，等等。

但從書法理論角度看，蘇軾對歐陽修娛樂、消日、個性、工拙的尚意啟蒙思想吸收並不多。歐陽修不是一個書法家，而是一個書法愛好者，他謙虛地説自己學書法是跟著鑒賞、搜集古代碑帖一路開始的，慢慢地能夠寫字，逐漸有長進。但蘇軾顯然不是這樣的情況，他是一個天賦異稟的文藝天才，自稱爲文寫字全靠天賦，比如《自評文》所説：

> 吾文如萬斛泉源，不擇地皆可出，在平地滔滔汩汩，雖一日千里無難。及其與山石曲折，隨物賦形，而不可知也。所可知者，常行於所當行，常止於不可不止，如是而已矣。其它雖吾亦不能知也。③

歷史上，敢自己説自己的文章猶如“萬斛泉源”“隨物賦形”的人，蘇軾是第一個，也是最後一個。就算是莊子，他也祇能説自己的文章是“無端崖之辭”，

---

①《全宋文》卷七三八。
②《全宋文》卷七四四。
③《全宋文》卷一九三三。

虛辭濫說，所以妙不可言；而蘇軾是覺得自己的才華真是高呀，隨便怎麼寫都行，自然而然，想成什麼樣子都可以，沒有難度，不存在構思的問題①。因此，這段論述，可以稱爲蘇軾文論"尚意"的最佳代表，更是蘇軾宗法道家自然無爲哲學命題而對創作思維進行形象表述的最佳言論。蘇軾不僅有思如泉湧的先天思維能力，更有"隨物賦形"的後天語言表達能力，還有收放自如、一日千里的卓越天賦。事實上，通觀數千年巴蜀文學史與整個古代文學史，能與蘇軾相提並論的傑出文學家，也不過司馬相如、揚雄、李白數人而已；與蘇軾一樣能精通經學、詩、文、書、畫、音律並均能達到第一流大家的人才，千年以降，大約祇有王維接近蘇軾。在道家自然論哲學思想與超邁的個人才華支配下的蘇軾詩文書畫理論，經常出現"體氣高妙"（《書子由超然台賦後》）、"萬竅玲瓏"（《書贈邵道士》）、"人才分限"（《記少游論詩》）等評語，肉體凡胎的普通人是無法達到蘇軾所講的悠然狀態的。

蘇軾《自評文》的核心有兩點：一是天賦奇高，二是隨意而爲。隨意而爲也體現在書法上，就是隨心所欲地寫，不刻意去想寫成什麼樣子。蘇軾《評草書》說道：

> 書初無意於佳，乃佳爾。……吾書雖不甚佳，然自出新意，不踐古人，是一快也。②

歐陽修書法本身不佳，所以主要看書法的娛樂功能；蘇軾書法本身就很好，所以沒怎麼想過該如何寫纔好。完全解脫了構思、效果內外束縛，達到內外和諧、心手相應、隨意爲之的狀態，這種狀態下的書法創作，想不寫好都難。不獨散論，蘇軾還有二十六首論書詩歌，不少作品論述到隨意書寫一事，以《石蒼舒醉墨堂》爲代表。這首詩寫道：

> 人生識字憂患始，姓名粗記可以休。
> 何用草書誇神速，開卷惝怳令人愁。
> 我嘗好之每自笑，君有此病何年瘳。
> 自言其中有至樂，適意無異逍遙游。
> 近者作堂名醉墨，如飲美酒銷百憂。
> 乃知柳子語不妄，病嗜土炭如珍羞。
> 君於此藝亦云至，堆牆敗筆如山丘。
> 興來一揮百紙盡，駿馬倏忽踏九州。
> 我書意造本無法，點畫信手煩推求。
> 胡爲議論獨見假，隻字片紙皆藏收。

---

① 當代寫作學有馬正平先生提出的"非構思寫作學"，就是建立在莊子、蘇軾等人奇妙想象力基礎之上的寫作理論，該理論主張建立一套可以自爲的寫作模型，常人經過思維訓練，也可以達到隨意自爲的狀態。

② 《全宋文》卷一九三九。

不減鐘張君自足，下方羅趙我亦優。

不須臨池更苦學，完取絹素充衾裯。①

這首詩可以看作宋代尚意書法理論的獨立宣言。且不說"興來一揮百紙盡，駿馬倏忽踏九州""我書意造本無法，點畫信手煩推求""不減鐘張君自足，下方羅趙我亦優""不須臨池更苦學，完取絹素充衾裯"這樣的話其他人沒有講過——實際上他們也不敢講——僅憑意造無法、不減鐘張、不須臨池、一揮紙盡這樣的狂態、自信和驕傲，歷史上就沒有第二個人。

蘇軾不是理論先行的空談家，他更是一個實踐創作能跟得上的書法家。《跋王荊公書》説：

荊公書得無法之法，然不可學，學之則無法。故僕書盡意作之似蔡君謨，稍得意似楊風子，更放似言法華。②

"荊公書得無法之法，然不可學，學之則無法"，實際上在説王安石書法是自然天才的表現，是天賦書法，個人面目太强，不是有根基、有傳承的書法。而"盡意作之似蔡君謨，稍得意似楊風子，更放似言法華"句，則是説自己平時寫字就不太認真，比較隨意。竭盡能力專注寫字可以到本朝書法第一的蔡襄的水準，稍得意可以與楊凝式相抗衡（楊凝式是宋代書法家普遍取法學習的對象，是唐代書法到宋代書法的重要過渡），再隨意一點，就是"無意於佳"的狀態，好像是在談論《法華經》一樣③，成佛得道，宏大厚重，永垂不朽。應該是顏真卿、王羲之這樣的級別了。實際上，蘇軾確實在書法史上達到了這樣的高度，名垂千古，成爲一代宗師。由此也可見蘇軾對自己的書法評鑒甚高。

中國書法理論史上論述書法構思的意見很多，從晉代衛夫人、王羲之開始，一直到明清代諸家的書論中，都對"意在筆先"的構思論書寫狀態極爲推崇，筆者曾整理出六十一家之多。其中，王羲之的意見是最經典的看法："夫欲書者，先幹研墨，凝神靜思，預想字形大小，偃仰平直振動，令筋脈相連，意在筆前，然後作字。"（《題衛夫人筆陣圖後》）蘇軾無意於佳、意造無法、隨物賦形的書寫狀態顯然不是王羲之一路而下的意在筆先，預想字形大小，然後精確地傳達點畫結構而作字的傳統意見，這是另一種全新的書法創作思維方法論，即非構思類的自由書寫方法論。所以，蘇軾纔會提出"意造無法""無意於佳"這樣的看法，儘管這衹是他個人的看法，但卻有著觸類旁通的基本事實作爲支撐，他的文章詩詞就是這樣的。天賦高妙，想怎麼寫就怎麼寫，不受那麼多限制，豈不更好？

綜觀書法理論史，蘇軾是第一個明確提出意造無法、無意於佳主張的理論家，

① [清]王文誥輯注：《蘇軾詩集》卷一。

②《全宋文》卷一九三九。

③ 對於"言法華"一説，還有一種理解是認爲言法華是一個僧人，善書，即歐陽修筆下所謂作書不求工拙的風法華。但根據蘇軾先蔡襄而後楊凝式的排列順序，是後者高於前者，故本處采用文中的説法。

這不僅是對歐陽修娛樂書法理論的繼承,更是對王羲之意在筆先書論的解構,是蘇軾在貫通詩文、依靠天賦基礎上獨創的全新書法理論,具有劃時代的意義。

宋人尚意不僅是以非構思筆法論對晉人意在筆先的構思筆法論進行解構,更是對唐人法度謹嚴的楷書世界進行突圍和新變,沒有這樣的理論創造,宋代書法就沒有辦法走出魏晉隋唐兩座高峰的苑囿,就不可能建立起屬於自己的時代標誌。

在蘇軾之外,同時代的名家中還有文同、黃庭堅、米芾、王安中、李之儀、秦觀等人論述過尚意之說,以黃、米兩家對尚意理論有較大貢獻。黃庭堅主要是在尚意的基礎上論興趣、談自然、講韻味、談禪意,是繼承蘇軾之後的新見;米芾則主要是高揚個性解放的大旗,以其怪異孤僻的性格和凌駕一世的狂妄宣揚個性書法,他的理論見解不如蘇、黃二人全面,但成爲宋代書法家個性解放、目中無人的極端代表,《海嶽名言》有一則記錄:

> 海嶽以書學博士召對,上問本朝以書名世者凡數人,海嶽各以其人對曰:"蔡京不得筆,蔡卞得筆而乏逸韻,蔡襄勒字,沈遼排字,黃庭堅描字,蘇軾畫字。"上復問:"卿書如何?"對曰:"臣書刷字。"[①]

在米芾眼中,蔡京、蔡卞、蔡襄、沈遼、黃庭堅、蘇軾等本朝名家"各得一筆"、各取一面、各有所短,只有自己"獨有八面",故稱刷字。刷字就不是寫字,是用刷子塗抹,隨便寫,往哪個方向用力、出鋒、行筆都沒有關係。米芾書法號稱八面出鋒,自評刷字,也算是創作和理論合一的案例。

作者單位:西華大學人文學院

---

① 《全宋文》卷二六○二。

元末至明末湖廣入川移民考察

李映發

在中國移民史上，"湖廣填四川"移民最具特點：持續時間長達四百餘年，跨元、明、清三朝；移民方式爲百姓自由遷徙與政府組織；規模大，每一歷史階段達到數十萬至一二百萬；移民方向爲中國東南部向大西部移民，與歷史上的東向西、北向南、南向北或中原向東北移民迥異；影響深遠，持續地補充四川人口的不足，維持和推進四川社會經濟和文化的發展。其歷史的昨天，乃至成爲今天開創前景旳根基。

"湖廣填四川"的移民中，實際上省籍衆多，他們來自湖廣、江西、廣東、福建、江蘇、廣西、河南、安徽、陝西、甘肅、山西、貴州等十餘省，祇不過湖廣人多成爲主體。本文以湖廣入川人爲考察物件，以窺全貌。

對於"湖廣填四川"移民史的研究，近半個世紀纔在學界引起更多的關注，近二三十年來由於注重經濟史、社會史、人口史、文化史研究而成爲熱門課題。研究向廣度和深度不斷推進，百花齊放，百家爭鳴，各抒己見，不一致的見解引起再探的興趣。湖廣填四川移民，二三十年前的著述多指爲清初的填川移民，近十餘年有學者認爲應上溯至元末明初，也有依據，也順其理。①

不過，論證元末至明末移民入川史籍文獻稍有欠缺，學者多據清至民國的民間家譜、族譜補證。由於這些資料多欠確實精准，於是學術論壇上又浮現一些不一致的問題。本文擬將探究，希圖解讀。

一 湖廣移民入川史實

本文所言"湖廣填四川"移民，指元末至明中後期湖廣省的百姓遷移四川落戶，或者從他省入湖廣落籍而後又遷移入川者。

《元史》卷58《地理志》載，至元二十七年，"立中書省一，行中書省十有一……

---

① 胡昭曦先生説，所謂"'湖廣填四川'這類移民活動，歷史上不祇一次，但以清初年爲突出。因此，一般説的'湖廣填四川'就指的這次"。（胡昭曦：《張獻忠屠蜀考辨——兼析湖廣填四川》，四川人民出版社1980年版，第80頁。）陳世松先生認爲："徑直以明代'湖廣填四川'和清代'湖廣填四川'相稱呼……是兩個不同時代下的移民事件，二者之間既有聯繫也有區別……祇有把二者聯繫起來考察，纔可能深刻揭示'湖廣填四川'的真相和軌迹。"（陳世松等著：《大變遷："湖廣填四川"影響解讀》，四川人民出版社2009年版，第31頁。）

曰湖廣"。元朝於 1290 年設立湖廣行中書省,其地域主要包括今湖北、湖南,後略有擴大到今廣東、廣西及貴州相鄰的邊沿部分地方。明代承襲此制。清康熙三年(1664 年),將其分成兩個省級行政區。又三年後,正式定名左布政使司爲湖北,右布政使司爲湖南,名正言順地分爲兩個省。不過,這兩省的許多事務多有相似相連之處,所以在總督巡按大員的奏摺中和朝廷頒布的文獻中至清中後期仍見有湖廣一詞①。民間稱兩湖地區,一直習慣於呼湖廣舊名。

有了湖廣省,而將其地域內百姓遷入四川落籍稱"湖廣填(實)川",也就名正言順了。

四川自古就是移民大省。遠古,西北民族入岷江流域爲蜀人,湖北枝江流域巴人進入嘉陵江流域以東廣大地區。公元前,秦惠王時"遷秦萬人實川"。秦始皇時遷東方豪俠,六國貴族入川安置。公元三世紀初,西晉末北方持久戰亂,秦甘六郡十餘萬衆"入川就食"。唐朝安史之亂,北方人大量南遷,皇帝也逃入四川。從這些歷史移民事件看,移民的原因有政治的、經濟的、軍事的。元朝、明朝湖廣人遷入四川的原因是什麼呢?大約有如下四種。

(一)避戰亂,求他方安寧爲生

安土重遷是中國人的傳統習慣,中國人歷來故鄉情結深厚。離故土,遷他鄉,多爲不得已的選擇,或是避難、求生存,或是圖優越、求發展。湖廣與四川毗鄰,百姓互往徑捷方便。四川"天府沃土",又偏西部,長江中下游遇災害或戰亂,四川就成爲逃難求生的理想之地。

元末天下大亂,發難地一是在河南,一是在江西。在河南,1325 年息州民趙醜廝起義,1337 年陳州棒胡起義,1351 年韓山童和劉福通在潁州起義,建"龍鳳"政權。在江西,1338 年,袁州(今宜春)僧彭瑩玉(彭和尚)和徒弟周子旺起義,有衆五千人。遭官軍鎮壓,彭瑩玉逃出,1351 年 8 月在蘄州,與鄒普勝、徐壽輝一同起義,建"天完"政權,不久攻下武昌。彭瑩玉傳教深得民心,官軍鎮壓,彭瑩玉、徐壽輝又建政權得勢,於是不少江西人跟隨遷入湖廣。1352 年,郭子興在安徽濠州(今鳳陽)起義,翌年朱元璋加入這支隊伍。1353 年,江蘇張士誠起義,占蘇州,立"大周"政權。這些隊伍一方面反元,一方面又互相攻伐、擴張地盤。長江中下游長期處在廝殺戰亂中。同時,在湖廣襄陽、荊門、均、房、歸、峽等州還有孟海馬的"南瑣紅軍"來去。百姓沒有安寧日子了,生命和家產受到威脅。當此之際,毗鄰的四川相對安定,生存環境亦優越,於是湖廣百姓紛紛自發地遷往落籍。

---

① 嘉慶《四川通志》卷首載,康熙五十二年十月丙子諭曰:"湖廣、陝西人多地少,故百姓皆往四川開墾。"雍正六年二月甲辰上諭內閣:"上年聞湖廣,廣東,江西……。"幾十年後,官方仍在使用"湖廣"一詞。

表 1 避戰亂入川移民示例

姓氏	遷移始祖	年代	原籍	移民原因	落地	附注
新都楊氏	楊世賢	元末	麻城孝感鄉	避亂	新都	民國《新都楊氏家譜》
廣安王氏	王萬嗣	元末	湖廣麻城	避兵入川	廣安	康熙《王氏家譜》
廣安蘇氏	蘇德廣	元末	黃州府	避亂入蜀	廣安	光緒《廣安州新志》
江津江氏	江世禮	元季	黃岡	兵亂避地	江津	道光《重慶府志·氏族》
定遠李氏	李志祥	元末	江陵	避兵入蜀	定遠	《李氏族譜》
資陽羅氏	羅恕	元末	麻城孝感鄉	避亂	資中	《羅氏族譜》
犍爲胡氏	胡受	元末	麻城孝感鄉	避亂	犍爲	《胡氏族譜》
富順陰氏	陰天興	元末	湖廣	因亂避地	富順	《陰氏族譜·世紀》
巴縣粟氏		元末	楚松滋	避亂入蜀	巴縣	道光《重慶府志·氏族》
雙流彭氏		元季	麻城	避徐壽輝之亂	雙流	《彭氏族譜》
廣安蒲氏		元末	黃州府麻城	避亂	廣安州	廣安《蒲氏族譜》
合江張氏		元末	湖北麻城	避亂	巴渝	《張氏族譜》

（二）明夏時期入川移民

元末湖廣大亂，隨州人明玉珍（1329—1366）招集鄉人結寨自保。1352 年，徐壽輝招撫明玉珍入“天完”紅巾軍。鄒普勝的部隊多爲麻城人，統歸於明玉珍率領。1357 年，明玉珍入三峽，占領重慶。1360 年，陳友諒弒徐壽輝自立爲帝，明玉珍脫離“天完”紅軍，在成都自稱“隴蜀王”。1363 年明玉珍在重慶稱帝，國號“夏”，年號“天統”，對四川社會經濟和文化開始進行治理。1366 年，明玉珍死，子明昇即位。1368 年，朱元璋明朝開國，年號“洪武”，開始了統一全國的戰爭。洪武四年（1371 年），明軍入川。六月二十一日，明昇和皇太后及大臣們在重慶朝天門向明軍投降。明玉珍率軍入川和明夏政權治理社會期間，許多湖廣人隨同移居入川。

明朝平定四川後，對明夏政權根基進行剷除。一般移民或散落隱藏民間的軍士落籍爲民者，衹得忌逆而奉明朝正朔，稱洪武二年三年移民入川者，多屬此類情況。

表 2 洪武四年前入川移民示例

姓氏	入川始祖	原籍	年代	落籍地	附注
田氏		楚	洪武戊申（元年）	黔江	光緒《黔江鄉土志·氏族》
王氏	王子宗	麻城孝感鄉	洪武元年	資陽	民國《王氏宗譜》
王氏	王宗	湖廣	元年	仁壽	民國《王氏家譜》
沈氏	沈宗奇	麻城孝感	元年	夾江	夾江畢頭鎮《沈氏墓碑》
譚氏		麻城孝感鄉	洪武二年	石砫	《石砫廳鄉土志》抄本

续表

姓氏	入川始祖	原籍	年代	落籍地	附注
王氏		麻城	二年	巴州東鄉	1994年《宣漢縣志》
楊氏		孝感鄉大石板	二年	渠縣	《楊氏族譜》
王氏		楚	二年	安嶽	光緒《安嶽鄉土志·氏族》
伍氏	伍文清	麻城孝感鄉	二年	資陽	民國《伍氏族譜》
徐氏	徐宗倫	麻城孝感鄉	二年	資陽	《簡西徐氏宗譜》
李氏		麻城	二年	資陽	民國《李氏族譜》
董氏	董三仁	麻城孝感鄉	二年	資陽	民國《董氏族譜》
孫氏		麻城	二年	新寧	1989年《開江縣志》
黃氏		楚	二年	內江	咸豐《黃氏族譜》
胡氏	胡定	麻城孝感鄉	二年	仁壽	民國《胡氏族譜》
何氏	何妙賢	麻城孝感鄉	二年	黎州	民國《漢原縣志》
李氏	李副可	湖南新化	二年	資陽	清《李氏族譜》
胡氏	胡定明	麻城孝感鄉	二年	簡州	民國《簡陽縣志》
郭氏	郭自本	湖廣麻城	二年	天全	民國《漢源縣志》
張吳氏	吳萬一	麻城	二年	犍為	犍為《姓氏調查》
李氏		楚黃州	二年	大竹	民國《大竹縣志》
李氏	李維春	麻城孝感鄉	二年	簡州	民國《簡陽縣志》
趙氏	趙友教	麻城孝感鄉	二年	簡州	民國《簡陽縣志》
史氏	史智賢	麻城	二年	萬縣	史美珩《中華姓氏譜·史姓》
羅氏		閩過麻城	二年	東鄉	1994年《宣漢縣志》
王氏		楚	二年	安嶽	清《安嶽鄉土志》
耿氏		湖廣孝感	二年	隆昌	咸豐《隆昌縣志》
程氏		湖北麻城	二年	巴縣	程有為《中華姓氏譜·程氏》
胡氏	胡彪	麻城孝感鄉	己酉（二年）	簡州	民國《簡陽縣志》
吳氏	吳音旺	麻城孝感鄉	己酉	仁壽、簡州	民國《簡陽縣志》
吳氏	吳廣明	湖廣	己酉	簡州	民國《簡陽縣志》
蘇氏	蘇天茂		己酉	簡州	民國《簡陽縣志》
胡氏	胡志念	麻城孝感鄉	己酉	簡州	民國《簡陽縣志》
陳氏	陳漢東	麻城孝感鄉	己酉	簡州	民國《簡陽縣志》
楊氏	楊惠吉	麻城孝感鄉	己酉	簡州	民國《簡陽縣志》
姜氏	姜存仲	麻城孝感鄉	己酉	簡州	民國《簡陽縣志》
劉氏	劉厰	麻城孝感鄉	己酉	簡州	民國《簡陽縣志》

姓氏	入川始祖	原籍	年代	落籍地	附注
李氏	李天海	麻城孝感鄉	己酉	簡州	民國《簡陽縣志》
劉氏	劉千二	麻城孝感鄉	己酉	簡州	民國《簡陽縣志》
李氏	李愛宇	麻城孝感鄉	己酉	簡州	民國《簡陽縣志》
趙氏	趙喜春	麻城孝感鄉	己酉	簡州	民國《簡陽縣志》
段氏	段卯	麻城孝感鄉	己酉	簡州	民國《簡陽縣志》
甘氏	甘英	湖北隨州	洪武三年	資陽	民國《甘氏宗譜》
樊氏	樊遷	江西遷湖北孝感鄉	三年	宜賓、簡州	民國《簡陽縣志》
吳氏		麻城孝感鄉	三年	威遠	威遠《吳氏族譜》
徐氏	徐彪明	麻城孝感鄉	洪武庚戌（三年）	簡陽	民國《簡陽縣志》

說明：此表46例，特指洪武元年至三年時段，同時期湖廣省外的省籍入川移民不計入此表。

　　洪武元年（1368年）前移入四川之民，修家譜記年代沒有忌諱，可以直書爲元末。洪武元年至三年，四川是明夏政權時期，入川者是自發或是局部的個別組織上川落籍，都可視爲明夏移民。明夏治川時期奉行"與民休養"政策，比之於長江中下游相對安定（朱元璋與"龍鳳""天完""吳"政權連綿大戰），吸引民往。洪武四年，入川移民可能是明夏時移民，六月後，可能是追隨明軍入川者，故不便列入前表。明夏時期移民，僅此前表45例，也可窺見明夏時期湖廣民衆移居四川的盛況。

　　由於明夏滅亡朱明開國，交替的洪武年間，老百姓追隨勝者是歷史傳統，於是家譜族譜多將入川年代記爲洪武初（後世修志修譜者不清楚始祖入川的確切年代，也是情理中事），既寫定爲洪武初，那就可能是明夏時期移民，因避嫌逆而含混其詞，也可能就是洪武四年後的明代移民。洪武共31年，言洪武初，至少應算至洪武十年（1377年）。我們討論明代移民，本可以洪武四年七月或十月後算起至明末，但以洪武十年後就一點不會與明夏時相混。有的志和譜，記爲明初。明初指洪武至宣德年間，即1368至1435年。言明初，當然也包括洪武前四年，所以這類年代入川姓氏，也含有一部分明夏政權時期的移民。

表3　明初遷蜀移民示例

姓氏	入川始祖	原籍	年代	落籍地	附注
黃氏	黃仁朝	麻城孝感鄉	洪武初	中江	民國《黃氏族譜》
歐陽氏	歐陽朝	湖廣武昌府	洪武初	廣安州	光緒《廣安州新志》
徐氏	徐應隆	麻城孝感鄉	洪武初	簡陽	民國《簡陽縣志》
吳氏	吳成龍	麻城孝感鄉	洪武初	仁壽	民國《簡陽縣志》
汪氏	汪義通	麻城孝感鄉	洪武初	簡州	民國《簡陽縣志》

续表

姓氏	入川始祖	原籍	年代	落籍地	附注
袁氏	袁維山	麻城孝感鄉	洪武初	巴縣	民國《簡陽縣志》
汪氏	汪興德	麻城孝感鄉	洪武初	簡州	民國《簡陽縣志》
胡氏	胡友常	楚麻城	洪武初	井研	光緒《井研縣志》
衛氏		麻城	洪武初	井研	光緒《井研縣志》
張氏	張傳力	湖北麻城	洪武初	資陽	清《張氏族譜》
張氏		湖廣麻城	洪武初	東鄉	1994年《宣漢縣志》
戴氏	戴奋昌	楚孝感	洪武初	江津	嘉慶《江津縣志》
牟氏		湖廣麻城	洪武初	墊江	民國《大邑縣志》
彭氏		湖廣黃州	洪武初	隆昌	咸豐《隆昌縣志》
唐氏		湖廣黃州	洪武初	隆昌	咸豐《隆昌縣志》
魏氏		湖廣	洪武初	雅安	清《雅安鄉土志》
周氏		麻城孝感鄉	洪武初	內江	民國《周氏族譜》
王氏		麻城孝感鄉	洪武四年	瀘州	《王氏族譜》
高氏	高先	麻城孝感鄉	洪武年間	墊江	民國《墊江鄉土志》
戴氏	戴龍泉	麻城孝感鄉	洪武年間	墊江	民國《墊江鄉土志》
傅氏	傅祖鑒	湖廣麻城	洪武年間	墊江	民國《墊江鄉土志》
周氏		湖廣麻城	洪武年間	彭縣	1989年《彭縣志》
郭氏		楚	洪武年間	隆昌	《隆昌縣南鄉土志》
彭氏		楚	洪武年間	隆昌	《隆昌縣北鄉鄉土志》
程氏		楚	洪武年間	富順	《隆昌縣北鄉鄉土志》
王氏		楚	明初	富順	清末《富順鄉土志》
羅氏	羅天寶	湖廣	明初	嘉定	光緒《綿竹鄉土志》
王氏	王興秀	湖廣麻城	明初	內江	民國《內江縣志》
羅氏		楚	明初	永川	清末《富順具鄉土志》
陳氏		湖北沔陽	明初	太平	民國《太平鄉土志》
宋氏	宋少文	湖廣麻城	明初	峨邊	尹級和《峨邊縣宗教調查》
湯氏	湯松	湖北	明初	新繁	民國《新繁縣志》
張氏	張萬	楚之麻城	明初	遂寧	光緒《遂寧張氏家乘》
楊氏		湖北麻城	明初	崇州	道光《楊遇春家祭行述》
李氏		湖北麻城	明初	東鄉	1994年《宣漢縣志》
羅氏		湖北麻城	明初	巴州	1994年《宣漢縣志》
丁氏		楚麻城	明初	東鄉	1994年《宣漢縣志》
宗氏		湖北孝感	明初	東鄉	1994年《宣漢縣志》
彭氏		湖北麻城	明初	東鄉	1994年《宣漢縣志》

说明：表中所列舉39例，有的可能是明夏時期移民。同一時期其他省入川移民未列入。

明洪武三十一年間，對社會進行了全面深入的治理，人口流動安置，立戶籍，固居地，定賦役，開國之初的移民已定格。洪武以後至明末，入川移民除有的家譜族譜記載有誤外，與元末明初是不相混的。

表 4　明朝湖廣入川移民示例

姓氏	入川始祖	原籍	年代	落籍地	附注
劉氏		湖北	永樂年間	彭縣	1989 年《彭縣志》
樊氏		麻城孝感	永樂	簡州	光緒《灌縣樊氏族譜》
符氏	符得元	麻城孝感	永樂二年	東鄉	光緒《東鄉縣志》
曾氏		湖廣麻城	永樂十三年	井研	光緒《井研縣志》
孫氏		麻城	宣德年間	東鄉	光緒《井研縣志》
廖氏		麻城	宣德年間	東鄉	光緒《井研縣志》
孫氏		麻城	宣德年間	東鄉	光緒《井研縣志》
廖氏		麻城	宣德年間	東鄉	光緒《井研縣志》
周氏	周加倅	麻城孝感	宣德	簡陽	民國《簡陽縣志》
符氏	符得元	麻城孝感	永樂二年	東鄉	光緒《東鄉縣志》
曾氏		湖廣麻城	永樂十三年	井研	光緒《井研縣志》
稅氏		湖廣黃州	正統三年	犍為	光緒《井研縣志》
李氏	李政之	麻城孝感	正統	簡陽	民國《簡陽縣志》
丁氏		湖廣麻城	成化	大足	1995 年《大足縣志》
王氏	王天琪	湖北歸州	弘治元年	雲陽	民國《雲陽縣志》
徐氏	徐蜀川	麻城孝感	弘治	璧山	民國《合川縣志》
李氏		楚	正德	隆昌	《隆昌縣鄉土志》
楊氏	楊登	麻城孝感	明中期	簡陽	民國《簡陽縣志》
周氏	周然	麻城孝感	隆慶二年	簡陽	民國《簡陽縣志》
顧氏	顧金許	湖廣麻城	嘉靖十四年	黎州	民國《漢源縣志》
張氏		湖廣麻城	嘉靖三十五年	東鄉	1994 年《宣漢縣志》
王氏		麻城孝感	嘉靖	合州	民國《合川縣志》
張氏	張在田	湖廣	嘉靖末	洪雅	光緒《洪雅縣志》
黃氏	黃上千	湖廣	萬曆十七年	黔江	光緒《黔江鄉土志》
晏氏		湘	萬曆	隆昌	光緒《隆昌北鄉土志》
羅氏	羅尚鳳	湖廣麻城	萬曆	富順	富順《羅氏族譜》
楊氏	楊春	湖北麻城	萬曆	雲陽	光緒《雲陽縣志》
殷氏		湖廣麻城	萬曆三年	井研	光緒《井研縣志》
塗氏	塗有根	湖廣麻城	天啟	南溪	民國《南溪縣志》
塗氏	塗鶴林	湖廣麻城	天啟	南溪	民國《南溪縣志》
楊氏	楊登	麻城孝感	明中期	簡陽	民國《簡陽縣志》
向氏		湖南	明	雲陽	民國《簡陽縣志》

续表

姓氏	入川始祖	原籍	年代	落籍地	附注
陳氏		武昌	明	雲陽	民國《簡陽縣志》
章氏		湖北麻城	崇禎三年	南川	光緒《南川縣鄉土志》
汪氏		湖廣麻城	明末	西充	光緒《安嶽縣志》
易氏		湖廣	明末	江津	嘉慶《江津縣志》
張氏		湖廣麻城	明	金堂	金堂《張氏族譜》
蒲氏		胡廣麻城	明	西充	民國《合川縣志》
張氏		麻城孝感	明	合州	民國《合川縣志》
王氏	王鶴鳴	麻城孝感	明末	岳池	民國《合川縣志》
李氏	李長年	麻城孝感	明末	合州	民國《合川縣志》
王氏	王貴還	麻城孝感	明末	合州	民國《合川縣志》
劉氏	劉玉禄	麻城孝感	明末	合州	民國《合川縣志》
王氏	王時重	湖北麻城	崇禎末	雲陽	民國《雲陽縣志》
謝氏		湖廣麻城	天啟	雲陽	民國《雲陽縣志》
王氏	王生態	湖廣麻城	明	南充	民國《南充縣志》
穆氏		湖廣麻城	明	合川	民國《合川縣志》
杜氏	杜元寬	麻城孝感	明末	合州	民國《合川縣志》
陶氏	陶之富	湖北黃州	明	雲陽	咸豐《雲陽縣志》
曾氏		湖廣宜章	明	綦江	1995 年《大足縣志》
陳氏	陳京相	麻城孝感	明末	豐都	1995 年《川黔邊陳氏族譜》
夏氏		湖廣麻城	明	璧山	民國《續修涪州志》
胡氏	胡德璋	湖廣麻城	明	墊江	光緒《墊江鄉土志》
王氏	王應學	麻城孝感	明	崇慶	《蜀西崇陽王氏族譜》
彭氏		湖廣麻城	明末	洪雅	民國《崇慶縣志》
吳氏		湖廣麻城	明末	洪雅	民國《崇慶縣志》
梁氏	湖廣	明末	廣安		光緒《綿竹縣志》
寇氏	寇宣	湖廣	明末	南溪	民國《南溪縣志》
周氏	周應芳	湖廣	明末	南溪	民國《南溪縣志》
彭氏	彭光貴	湖廣麻城	明末	南溪	民國《南溪縣志》
蕭氏		湖廣	明末	巫山	1991 年《巫山縣志》
溫氏		湖廣	明末	巫山	1991 年《巫山縣志》
黎氏		湖廣	明末	巫山	1991 年《巫山縣志》

说明：1. 上表所列 63 例中，也有可能是元末洪武年間入川者，爲後人修譜時所誤。

2. 表中時限，他省百姓移川者亦多，本表不錄。

二　移民歷史討論中的問題

前面四表所例舉者皆爲平民百姓自由遷移入川移民。

（一）流寓官宦軍士落籍爲"次生移民"

在移民史進程中，情況複雜，身份多樣，入四川後變化大。以身份而言，有的入川時爲流寓者、旅游者、商賈、官宦、這些人落籍是自由的；軍士不一樣，軍士入川是有組織的，後來落籍爲民，也是半自由的。若是隊伍被打垮，屯田被破壞，匿入民間落籍纔是自由的。研究中，稱之爲"次生移民"爲妥，以示區別。

1. 流寓"次生移民"

商賈和游歷者，大多數可認爲是平民身份，稱爲移民；而入川爲官宦身份者，可不能稱爲移民入川。落籍爲民後，可納入移民范疇研究其家史族源。因爲他們是自由遷移落藉的，我們稱之爲"次生移民"。

表 5　流寓入川爲移民者示例

姓氏	入川始祖	身份	原籍	年代	落籍地	附注
湯氏	湯伯堅	資州伯	湖北麻城	元	隆昌	《隆昌東鄉鄉土志》
苟氏	苟忠、苟孝	統兵官		元明之際	蒲江	成都文物》1986 年第 2 期
蔡氏	蔡道真	進士官宦		洪武時	隆昌縣	《隆昌東鄉鄉土志》
王氏	王友德	副都御史	楚黃蘄水	建文	大竹	道光《大竹縣志》
張氏	張進虎	黎州守	陝西	永樂	黎州	民國《漢源縣志》
李氏	李智	蓬州學正	湖廣	永樂中	蓬州	康熙《順慶府志》
康氏	康三	貿易入蜀	江南	宣德六年	黎州	民國《漢源縣志》
傅姓	傅文通	官川東		景泰二年	巴縣、南川	光緒《南川鄉土志·氏族》
楊氏	楊啟騰	游歷	湖北	成化年間	江安	民國《江安縣志》
萬氏		璧山知縣		成化年間	黔江	光緒《黔江鄉土志》
李氏	李濟四五人	貿易建昌		弘治八年	黎州	民國《漢源縣志》
徐氏		自楚宦蜀	湖廣麻城	嘉靖初	雙流	民國《雙流縣志》
顧氏	顧金許	貿易	湖廣麻城	嘉靖十四年	黎州	民國《漢源縣志》
梁氏	梁宗節	仕宦入川	山東	明	黎州	民國《漢源縣志》
晏氏		宦蜀	江西	明	內江	1989 年《彭縣志》
游氏	游還朴	宦游入蜀	湖南新化	明中葉	鄰水	民國《簡陽縣志》
楊氏	楊安	宦蜀	河北	明中葉	巫山	光緒《巫山縣志》
陳氏	陳近江	翰林	麻城	萬曆	岳池	光緒《岳池縣志》

姓氏	入川始祖	身份	原籍	年代	落籍地	附注
駱氏	駱湛	官化林	陝西	萬曆	黎州	民國《漢源縣志》
楊姓		官宦		天啟三年	南川	光緒《南川鄉土志·氏族》
鄢氏	鄢迎登	宦游入蜀	麻城孝感	明末	簡陽	民國《簡陽縣志》
陳氏	陳公堂	宦游入蜀	湖廣麻城	明代	簡陽	民國《簡陽縣志》
王氏	王新	官建昌道	湖廣麻城	明	璧山	道光《重慶府志》
嚴氏	嚴袞	慶符教瑜	湖廣麻城	明	慶符	光緒《慶符縣志》
李氏	李喬	官於蜀	湖廣麻城	明	慶符	光緒《慶符縣志》
文氏	文天富	潼川鹽課司	湖廣麻城	明	潼川	嘉慶《三台縣志》
李氏	李大芳	兵部主事	江西	明末	大寧	光緒《大寧縣志》
杜氏	杜三海	蓬州學正	麻城孝感	明	合州	民國《合川縣志》

说明：上表所列28例，並非全是湖廣籍，因爲這類人不多，爲說明問題，故如此作表。

表中所見，流寓官宦入川定居，落籍地多爲較偏遠的州縣。這類人有文化、有資財、有自由，但少在成、渝、嘉、叙、瀘、順、綿、保、巴、萬等經濟發達、交通方便的城鎮之郊或肥沃之區選點落戶。這是因爲：一，這些地方已爲人所占，而戶口土地被《黃册》《魚鱗圖册》嚴格地控制著；二，這類人一般都有遠離政治的心態，圖安閒生活，從《家譜》看，他們的後裔子孫多不發達、多不聞達，因爲他們不像一般貧民入川那樣有求生存、求發展的競爭意識和拼搏精神。

2. 行伍退役落籍的"次生移民"

入川時的身份是軍籍，或因征戰進川，或因屯戍來蜀，以後因爲隊伍被打垮，或因工務、年老退役，或戍所被撤銷，軍屯遭破壞，許多將帥士卒在川就地落籍爲民。如果我們也稱他們爲是"移民入川"，似不妥當，他們應稱爲"次生移民"。

元明清對軍籍、民籍都有嚴格的區分，軍屯、民屯、商屯都涇渭分明。《明史》卷77"食貨"載："凡戶三等，曰民，曰軍，曰匠……其人戶避徭役者曰逃戶，年饑或避兵他徙者曰流民，有故而出僑於外者曰附籍，朝廷所移民曰移徙。"[1]當今論者，將"逃戶""流民""附籍""移徙"入川者統稱爲"填川移民"。本文將附籍者稱爲"次生移民"。《明史·兵志》載："其軍皆世籍。"[2]即父爲軍籍，兒孫皆爲軍籍，代代遞補服軍役。"有匿己子以養子代者，不許。"[3]明代"屯田之制，曰軍屯，曰民屯"，"募鹽商於各邊開中，謂之商屯"。軍屯每軍受田五十畝，官給牛種農具，"收穫貯屯倉，聽本軍自支，餘糧爲本衛所官軍俸糧"。明中期，軍官腐敗，屯田軍逃亡，朝廷多次下令追捕，"勾攝補伍"。由此可見，

---

① 《明史》第七册，中華書局1974年版，第1878頁。
② 《明史》卷90，中華書局1974年版，第2193頁。
③ 《明史》卷92，中華書局1974年版，第2295頁。

軍和民是不能混稱的。那些入川時是軍人身份者，不能混稱爲移民入川；至於後來落籍爲川民者，研究歷史時，應稱其爲"次生移民"，方爲準確。

表6　入川軍人落籍的移民示例

姓氏	入川始祖	簡歷	原籍	年代	落籍地	附注
李氏	李文富	以御林軍征平明昇入川	湖廣麻城	洪武四年	黎州	民國《漢源縣志》
劉氏	劉啟	山海關總兵	麻城孝感	四年	簡州	民國《簡陽縣志》
汪氏	汪仁輔	任參軍	湖廣黃岡	八年	涪陵	汪潔清《汪氏宗支譜》
姜氏	姜明維	征討雲南平定涼山	湖廣麻城	十四年	黎州	民國《漢源縣志》
任氏	任有才	平雲南征涼山	湖廣麻城	十四年	黎州	民國《漢源縣志》
張氏	張察祀	同上守大渡河	湖廣麻城	十四年	黎州	民國《漢源縣志》
黃氏	黃河清	同上	湖廣麻城	十四年	黎州	民國《漢源縣志》
蔣氏	蔣勝	同上	湖廣麻城	十四年	黎州	民國《漢源縣志》
巨氏		同上	湖廣麻城	十四年	黎州	民國《漢源縣志》
陳氏	陳綸	黎州守軍	湖廣麻城	十五年	黎州	民國《漢源縣志》
陳氏	陳漢	元朝萬戶	湖廣	洪武初	南部	道光《南部縣志》
鄧氏	鄧廷霞	振威將軍	湖廣黃岡	洪武初	綿陽	民國《綿陽縣志》
張氏	張近岑	征滇千總守黎州	湖廣麻城	洪武間	黎州	民國《灌縣志》
梁氏	梁光裕	武進士龍安營守	湖廣麻城	洪武間	龍州	綿陽《梁氏族譜》
張氏	張志雄	從軍入川	湖北襄陽	洪武間	昭化虎跳鄉	1994年《廣元縣志》
倪氏	倪陽	重慶衛軍士	湖北	明初	重慶江北	道光《重慶府志》
劉氏	劉朝弼	建義將軍	湖廣麻城	明初	雙流	民國《雙流縣志》
周氏	周克盛	振威將軍	湖廣麻城	明初	內江	民國《內江縣志》
文氏	文的保	從征入川	湖廣	明初	屏山	嘉慶《四川通志》
張氏	張琥	指揮使	湖北黃岡	正德十四年	廣安	光緒《廣安州新志》
武氏		從軍入川	湖廣麻城	明代	東鄉	1994年《宣漢縣志》
魏氏		廣元南河軍屯	湖北孝感	明季	廣元	民國《廣元縣志》

說明：1. 元末至明末，外省籍軍人入川者不少，或征戰，或軍屯。在四川落籍爲民者，本表祇取原爲湖廣籍的將帥兵卒22例。

2. 本文6個表中，有采自譚紅主編《巴蜀移民史》一書中的家譜資料。特此鳴謝。

據歷史記載，軍人入川，元軍滅南宋後在四川實行軍事貴族統治，設立多個萬戶府。萬戶府的軍人可以往來調換駐防和屯田的地方，在一段較長的時期裏留守某州縣。元末統治腐敗，尤其在李喜喜青巾軍入川北川西，明玉珍進川掃蕩蒙元殘餘和平定青巾軍之亂中，元各萬戶府瓦解，原來的軍人可能大部分被新政權吸納改編，也肯定潰入民間落籍爲民，從蒙元兵次生爲移民，《家譜》中記載少見。這一是敗者爲寇的忌諱，一是民族歧視習俗的忌諱，元軍中若是漢人，可能早就轉化爲明夏或明朝的兵或民了，而蒙古兵失去了蒙古主子，只有抱團落籍爲民，四川有好幾處地方多蒙古族後裔，大約來源於此。

元軍從北入川，其軍中少湖廣人，而明玉珍的部隊大多數是湖廣人。明夏政權在重慶建立後，比之於長江中下游地區，四川相對穩定，其軍隊沒受到大的損失，也實行了軍屯，以供軍需。朱元璋統一天下，派湯和爲東路從湖廣溯江而上平夏，傅友德率軍爲北路，從陝入川。東路祇在夔州瞿塘峽打了硬仗，但明夏軍損失並不多，湯和軍一抵重慶，明昇就投降，川東軍隊沒受多少損失。湯和報告："因籍其兵壯置守各要害，得府十一，元帥府八，宣尉慰撫司二十五，州三十七，縣六十七，官吏將士五萬九百九十人，馬騾一萬三千八百餘匹。"[1]傅友德北路軍雖然打了些仗，明夏軍也未被全殲，占領成都得士馬三萬人，湯和駐兵重慶"各遣人招輯番漢人民及明亡士卒來歸者，因籍其壯丁"[2]。明夏軍士一部分改編爲明朝軍隊，但大多數爲民，尤其是軍屯的軍士多爲老弱不能征戰者，祇能落籍爲民。據此，由軍籍生爲移民者應該很多。明夏政權時期，由於湖廣籍士兵在川，四川相對安定，其家熟親友多來四川定居。甚至，有説夏主下詔書移湖廣人來填川，故今有學者據此言"湖廣填川"史由此始。可是，我們在史籍和《家譜》《族譜》中很難發現這類軍籍"次生移民"。究其原因：一是避逆忌諱而改寫，也有少者不忍忽略祖宗功德，記爲洪武元年、二年、三年，或洪武初，或明初即使這類記述者，有的還不一定是軍籍次生移民。那麼，那麼多明夏官員軍士去哪裏了？二是大多數遷走了。最近，陳世松先生在《歷史研究》上揭密，朱元璋爲消除反側勢力，將四川地區明玉珍政權的支持者遷往異鄉。明平夏後，將川北、川西、川南、"小雲南"烏蒙山區等地潰散的"明氏故將丁氏校卒"招輯爲軍，或置各衛以分隸之，或發遣至京師，"軍營充役"，"被簽入軍的明氏莊丁，同收編入衛的大夏散卒一樣，最終難逃被遠徙外鄉的命運"。即被遷徙去了膠東半島的萊州府的昌邑、濰縣等地。[3]

從前表可知，洪武四年後十餘年間，由軍籍落地爲民籍的最多，這是平夏平雲南的明軍。鼎革之際，百廢待興，而這些軍人又是勝利者，擁有較多的落地生根的有利條件，他們從湖廣來，故這類次生移民中湖廣籍人多。

明中期，成化至正德九年（1465—1514年），四川邊境與境內發生大動亂，相

① [明]楊學可：《明氏實錄》，《續修四庫全書》第350冊，第636頁；[清]錢謙益：《國初群雄事略》卷5，中華書局1982年版，第136頁。
② 《明史紀事本末》第一冊卷11，中華書局1977年版，第160頁。
③ 參見陳世松：《明初膠東半島川滇移民由來考》，《歷史研究》2016年第5期，第42-47頁。

繼有川湖交界群山中 150 萬流民起義，川北保寧有劉烈、蘭廷瑞、鄢本恕、廖惠的起義，江津、綦江、蓬州、營山有曹甫、方四、廖麻子、任鬍子的起義。雖然明廷調來鎮壓的軍隊有部分是湖廣籍，但事平兵走，未見有落籍爲移民者，百姓入川者也少見。

湖廣軍人入川者最多的，除了明玉珍軍隊外，就是明末張獻忠的部隊。張獻忠在湖廣長期轉戰，收納湖廣籍丁壯多，編有"麻城營"。張獻忠在川建大西政權，有的軍人轉爲地方官，張獻忠死後，餘部次第被滅、被打散，潰匿入民間者，成爲清初的移民。故上表未見有明末入川軍人落籍爲移民者。

3. 罪徙入川"次生移民"

明代入川落籍爲民者，有一種人入川時是犯罪之人，初到之時，或是被貶謫，但仍爲官吏，或充軍戍守屯田，或直落籍到戶口稀少之區，墾田植稼。由於改朝換代的戰爭，或因四川動亂，造成一方戶少地荒，爲了國家賦役，朝廷曾多次准允遷徙罪謫之人填補戶口。洪武二十年（1387 年），德陽知縣郭叔文上疏："四川所轄州縣，居民鮮少……成都故田數萬畝，皆荒蕪不治，請以遷謫之人開耕，以供邊食，庶少紓民力。"[1]明廷采納了此建議，遷徙一批罪徒落籍墾植。宣德五年（1430 年），大昌知縣徐子善上疏："洪武四年開設縣治，初有民四百戶，後因充軍，死，止餘一百戶，併入大寧縣。永樂初仍復大昌縣，重選籍冊，不滿一百戶……田多荒蕪，稅糧失額，乞如陝西漢中府沔縣事例，發徒流人，連家屬補湊爲民，以供徭稅。"[2]宣宗命刑部、戶部議准："以四川湖廣二布政司，按察司見問徒流人補。"[3]明代判刑處置，笞、杖、徒、流、死五刑。徒刑五等，最多三年，一般在本省區服刑；流刑三等，二千里、二千五百里、三千里[4]，往往是北方、西北方"邊塞苦寒"之地或南方"煙瘴之地"。遷入大昌縣的流罪者是湖廣人。正統二年（1437 年），重慶府奏"所屬南川縣人民稀少……乞將累年負欠糧稅除豁，仍請命本布政司今後民犯徒罪者，連家屬遷發南川縣附籍，撥田耕種納稅"。明廷批准這一請求。這是四川本省人判徒罪者，連同家屬遷往南川，非外省入川移民。有學者論文於此有誤。

同年，四川布政使上奏，重慶府武隆縣"鄉落空虛，乞補編民以承租稅"。戶部議准，以四川、湖廣判徒流的罪囚，連家室遷往爲民。這犯流罪者是湖廣人[5]。

這類從湖廣遷入的流徒罪犯和家屬有多少，未見文獻記載。他們落籍爲四川人，是入川始祖，他們的後裔子孫寫家譜該如何避祖宗之忌諱？今各地發現那麼

① 《明太祖實錄》卷 181。
② 《明宣宗實錄》卷 66。
③ 《明宣宗實錄》卷 66。
④ 《明史》卷 93《刑法一》，中華書局 1974 年版，第 3282 頁。
⑤ 《明英宗實錄》卷 36。

多家譜、族譜，沒有一件言入川始祖是流徙罪囚的册子，編出"解手"故事的是否屬此類呢？

（二）"奉旨入川"史事追尋

在"湖廣填四川"移民史研究中，言移民們"奉旨入川"論頗爲流行。

"奉旨入川"指清代移民入川是符合史實的，因爲康熙、雍正、乾隆三朝皇帝都下有有關的聖旨，有的還下多道詔書，今查史有據，這不是問題.

問題是，元末至明末，有無皇帝頒聖旨、下詔書，移湖廣民入川？這一歷史時期能下聖旨的，一是大夏明氏皇帝，即明玉珍和明昇；一是明朝各代皇帝。

我們先研究大夏明氏當政時有無這類詔書。當今所能見到的史籍、歷史文獻、歷史檔案和考古發掘出土資料，未見有這類文字與遺物。明玉珍帶兵入川，1360年稱"隴蜀王"之前，忙於與元軍與青巾軍作戰，還無暇顧及地方上人口多少的問題，更何況四川社會也兵燹連年。明玉珍稱帝后，一方面忙於立國制度、政權機構建置，一方面致力於"深入不毛"的征討雲南的軍事行動。匆匆四年皇帝運，可以發聖旨詔書，但此時的湖廣已是敵對勢力陳友諒的地盤，想發詔書去家鄉移民也已不可能。明昇稟承父性，"素無遠略，然性節儉"，祇是謹慎守成，即位6年間，內鬥也嚴重，他更不會爲圖強而移外省民入川發展。同樣湖廣是敵對勢力的地盤，如果明夏皇帝有這類詔書，明夏明初時的楊敏（字學可）是四川新都人，他記述明夏歷史的專著《明氏實録》是一定不會漏記的，因爲皇帝頒詔移外省人入川是涉及四川社會的大事件。可見，明夏無此聖旨，所以沒有記載。至於有的家譜說到某兵帥回鄉招民入川，這類是個別行爲，如軍人家屬私自來川歸附一樣，是完全可能的，但不是"奉旨"入川。

我們再來探索明朝有無此事。持此論者，指爲洪武年間朱元璋頒了此類聖旨，下了這類詔書，但未列出直接證據。筆者學明清史，又是四川人，認爲這是大事，多年來一直關注這問題，總盼著一朝發現，然在留心查閱實録、歷史文獻、檔案、明人文集、明代地方志等史料後均無所獲。回頭細研此論所據，一是明朝開國後，朱元璋爲剷除支持張士誠的社會基礎，遷徙三吳富戶去安徽濠州；一是遷貧民入地多的寬鄉耕種。這些聖旨詔書，在實録史籍中都有清楚記載。

明初皇帝下詔的移民政策，全有記載："明初，嘗徙蘇，松，嘉，湖，杭民之無田者四千餘戶，往耕臨濠……徙北平山后民三萬五千八百餘戶，散處諸府衛，籍爲軍者給衣糧，民給田，又以沙漠遺民三萬二千八百餘戶，屯田北平…復徙江南民十四萬於鳳陽…遷山凱撒，潞民於河北，後屢徙浙西及山西民於滁，和，北平，山東，河南，又徙登，萊，青民於東昌，兗州，又徙直隸，浙江民二萬戶於京師……成祖覈太原，平陽，澤，潞，遼，沁，汾丁多田少及無田之家，分其丁口，以實北平，自是以後移徙者鮮矣。"[1]

---

[1] 《明史》卷77《食貨一》，中華書局1974年版，第1879-1880頁。

　　論者舉出的實據，是來源於家譜、族譜。內江《周氏族譜修譜·自序》云："明初，詔以湖廣世族安插入川。"瀘州《王氏族譜》載，先祖從黃州府麻城孝感鄉復陽村，"奉旨入蜀，填籍四川，有憑可據"，於洪武四年八月十四日遷至瀘州安賢鄉安十四圖大佛坎下居住，共計老幼男婦二十二名。這段史料多爲論者力證。倘若仔細分析，洪武四年八月明軍剛平夏氏，四川也還未完全收平，雲南還未平定，此時，朱元璋和四川軍政大員考慮的中心是如何向川西南民族地區和雲南進軍，皇帝此時不會下詔以湖廣人填川的。據此記載，這王氏入川始祖很可能是入川平夏軍士或者和那老幼男婦二十二名一樣是隨軍服務的民工或家屬，入川平夏後完成了任務，於是落籍瀘州。軍隊入川平夏，是皇帝的命令，因此而言"奉旨入川"是合適的。

　　又有民國修的隆昌《黃氏族譜》載："明初，洪武以爲四川乃近西隅夷地……惟孝感鄉人民可以化之，詔飭行，專差逐遣，於是張、郭、陳、韓等十三姓被強制入縣。"這故事有趣，但朱元璋如果如此看重孝感鄉人，就不會派專差強制押解隆昌。寫家譜者，故事都沒編圓。

　　又有民國資陽《陳氏宗譜》載："明太祖起兵時，曾在麻城受人民反對，既而太祖登位，欲將麻城人民盡行殺戮，諸臣懇免不從，劉伯溫再三勸阻，始以流罪入川，並且入川的人盡以繩索系束。"編這個故事者，大概未學習歷史。朱元璋起兵時從未到過麻城，那是徐壽輝、陳友諒的地盤，劉基的奏議言行中也尋不出此議。

　　又有內江《周氏族譜》載："洪武初治，四川空虛，我聖祖仁皇帝下詔令湖廣黃州麻城孝感鄉填實四川，我祖負命繩負其子，入川於紀合鄉落業。"這記載值得研究。聖祖仁皇帝下詔湖廣移民入川確是事實，不過這廟號謚號的皇帝是清康熙玄燁，朱元璋的廟號謚號是太祖高皇帝。由此可見，修譜者是把清代移民故事重疊混淆在明朝那些事裏了。還有民國《蒲江楊氏續修族譜》載：祖先湖廣麻城孝感鄉人，"自明洪武三十二年，奉旨來蜀"。洪武衹有三十一年，哪來三十二年聖旨？明顯錯誤，卻被多個學者引用無疑。

　　這幾套家譜、族譜告訴我們如何認識、研究和利用其中的資料。家譜中記載字派、祖宗世系、家訓、家祭活動的文字最爲可信。至於涉及的社會歷史問題，多爲不經的傳說。修譜者多爲村儒或粗通文字的後代子孫，這就難免正誤皆備。當今治史者，不可輕率全信。

　　又有舉地方志記載爲證者。康熙《安嶽縣志》卷1《戶口志》載："明洪武初，招集四方之人來居之，至洪武十五年，戶始盈千，口乃滿萬。"經過元末明初的多年戰亂，安嶽縣地方人口流失，新朝開國，新地方官上任，招輯逃亡者回鄉，招收流竄流寓者落戶，增加人口，恢復田園，保障賦役，是戰亂後每一個地方官的首務，明初如此，清初亦如此。所謂"招集四方之人"，是指臨本縣的四方，而非外省，一個府州縣官，沒有到四川省外的四方鄰省去招民來耕墾的能耐。那種事必須皇帝下旨，朝廷部署。所以，這史料也説明不了奉旨入川移民一事。

明初皇帝下旨、朝廷實施的大小移民事項都有記載，前述已引證明白。四川是大省，移湖廣民實川涉及兩省，更是大事，倘若皇帝有此類詔書，朝廷有示諭，是一定不會漏記的。

明正德、嘉靖年間，新都楊升庵的祖父楊春和父亲楊廷和都是京官，楊廷和是内閣老臣，楊升庵是狀元、翰林編修，曾博覽皇家文獻檔案，參加《明武宗實錄》的修撰，父子倆都十分關注巴蜀文化，此時距明初百餘年，倘若有移民入川詔書，他們會搜集到資訊的。楊升庵是嘉靖年間撰修《四川總志》的主筆，如有那樣的詔書，一定會載入這部《總志》裏。可是没有，這也説明明初的皇帝没有下過湖廣民遷四川的聖旨或詔書。

（三）移民"解手"故事的真僞追尋

在研究"湖廣填四川"移民史的社會調查中，有不少老人饒有興趣地給你講當年祖宗入川時"解手"的故事。故事説，當年移民被捆綁束手押送，途中拉屎拉尿都要請求押差解開繫手繩索，方便後照舊束手上征途。民國時，筆者是小兒，也常聽到鄰里老人講這故事。近些年，不少學者也對此興趣十足，有多篇解讀文章面世。作爲學術研究，就要追問這"口述歷史"故事是民間俗文學還是真實歷史情景？

清初湖廣填四川是皇帝的聖旨、朝廷的政策，各省貧民自願遷川，地方政府還給入川移民發路引、簽關防，不存在"解手"問題。明朝入川移民，本文前面已考述，元末明初避亂擇地的入川移民是自個的、自由的，不存在"解手"問題。明玉珍的軍隊及其附隨的家屬入川，不存在"解手"問題。明軍平夏入川的軍人和跟隨者也不存在"解手"問題。至於那些流寓官宦入川落籍，更是自由人，與此無關。

檢點史事，最有關者是明朝那些罪徙入川者。倘若進一步考究，罪徙者也不一定全是繩繫入川，一次徙幾百上千上萬，不可能都捆綁著，有吏卒押解是一定的。秦始皇遷六國貴族入川，没有捆綁，有的翻過秦嶺，過廣元就不想走了，於是在昭化一帶落籍，趙國卓王孫、齊國程鄭堅持走到臨邛落籍，楚國嚴氏到滎經落籍。朱元璋遷三吳富戶實臨濠，也没捆綁，有的人還逃回去。楊升庵的入川始祖楊世賢是自由入川的，楊升庵在"議大禮"事件中遭廷杖，成爲嘉靖皇帝不赦的"欽犯"，充軍雲南，押送中没有被捆綁。出北京，經運何，溯長江，入貴州，進雲南，他還一路欣賞水光山色，細觀民俗，在旅舍記錄和寫詩，翻閱他的文集、詩集就明白了。這可能是因爲他是文人，有狀元身份的人。

當然，封建王朝押解犯人是有捆綁帶枷束手的，這是對刑事犯、造反作亂重犯的處置。在明朝罪徙入川犯人中，或許就有這類人。改朝換代，是非移替，這類人後來發達了，以當年的遭遇爲榮、微賤爲傲，編出"解手故事"炫耀門庭。這故事起源於何時？筆者推想，可能是清中期之後。這故事有趣，老少喜聞，傳播開來，傳將下來，遂成爲四川移民史中普及最廣的傳說故事。

（四）明朝湖廣入川移民估量

概覽元末至明末的入川移民情況：自發的，是元末避戰亂入川和明初求沃土而入川者爲多，明中後期爲少；有組織者，以明玉珍軍隊及附屬人員和明軍及附屬人員爲多，罪徙入川的爲少；有組織入川落籍的，以明軍退役者和罪徙者爲多，以明夏軍政人員及家屬爲少。因爲大多數在洪武初年被政府遷移出川；以入川時的身份而論，民多軍多，罪徙次之，官宦最少；以省籍而論，湖廣籍人爲多，江西、陝西人次之，其他省籍人爲少。湖廣人是入川移民中的主體。"自元季大亂，湖湘之人往往相攜入川，爲避兵計。"[①]明玉珍起兵時有衆十餘萬，幾年後"明玉珍率兵襲重慶，稱夏主，孝感鄉人多趁隨之入蜀"[②]。內江《周氏族譜》載："明初，楚人結伴來川者，雖異姓，子孫聯字輩，名以世次爲名，篤世誼也。"宣統《廣安縣志》卷 36 載："廖永忠平蜀，以府縣民或助爲亂，大肆屠殺，復遷麻城人來實茲土。"民國《名山縣新志》卷 5 載："洪武十四年，徙楚實蜀，名山號爲樂郊，來者尤衆。"這幾則史料，足以説明元末明初明玉珍入川、明軍平夏帶來的"湖廣實川"的移民大潮。

洪武五年（1372 年），"户部奏，四川民總八萬四千餘户"[③]。洪武十四年，四川户口爲 214 000 户、1 464 515 口，10 年間增加了 13 萬户，即使平定四川之初，統計不全，較爲草率，漏記二三萬户，10 年間也增加 10 餘萬户。可見入川移民之衆多。（10 年間自然增殖率不大，可略不計）湖廣人是移民主體，讀者自可估量入川湖廣人之多少。

湖廣人入川落籍地，據前面所清單和地方志記載，涉及巫山、涪州、雲陽、黔江、東鄉、大竹、巴縣、南川、瀘州、廣安、綦江、富順、榮縣、內江、隆昌、資中、簡陽、巴州、遂寧、廣漢、崇州、新都、仁壽、犍爲、雅州、名山、洪雅、黎州等數十處。自由移民者多在內地州縣，軍旅落籍者以較偏遠的州縣爲多，成渝及四周富饒之區早被原住民占籍。

倘若與清初移民盛況比較，大有差別。清初的荒蕪程度更爲嚴重。四川"空如大漠"，成渝兩大城市都毀了，荊榛叢生，虎豹橫行，許多府州縣衙門都成爲荊莽修竹林中的瓦礫堆，皇帝也浩歎"蜀有可耕之田，而無耕田之民"。康雍乾三朝皇帝下詔，移湖廣及各省貧民入川。由此而興起的移民大潮，其規模之大，時間之長，移民之衆，影響之巨大和深遠，遠非明朝情景可比。湖廣填四川的"填"字，得到最充分的體現。所以，清中期文史學家魏源在《湖廣水利論》中講道：

---

① 乾隆《巴縣志》卷 17《補遺・藝文志》。
② 康熙《孝感鄉志》卷 6。
③ 《明太祖實録》卷 72。

"當明之季世，張賊屠蜀民殆盡，楚次之，而江西少受其害。事定之後，江四人入楚，楚人入蜀，故當時有'江西填湖廣，湖廣填四川'之謠。"①這是"江西填湖廣""湖廣填四川"一說第一次上書並傳布於世，成爲當今明清移民史研究中的常用語。

四川自古是移民大省，史籍上有兩句話表述移民入川，一是"移民實川"，一是"湖廣填川"。前一句歷史悠久，晉常璩《華陽國志·蜀志》載，秦惠王以張若蜀國守，"乃移秦民萬家實之"。移民"實川"一詞，一直沿用至明代。言清代入川移民，常見用"填川"一詞。康熙七年（1668 年）四川巡撫張德地在奏疏中將二字一並採用，"川中自昔每遭赧難，亦必至有土無人，無奈遷外省人民填實地方"②。關於"實川""填川"二詞的使用，筆者認爲，這不僅是有官方語言和民間鄉老用語、書面語言與口語之別，而且有移民歷史背景的嚴重性，移民規模的宏大，落籍四川府州縣的普遍性，以及對四川社會歷史的巨大而深刻的影響的區別。以此比較，史料載明代麻城孝感民"實川"是貼切的，清代是"湖廣填四川"是如實的。當今，我們研究明清四川移民史，統稱之爲"湖廣填四川"也是言之成理的。

結　語

四川移民史悠久，中國歷史從先秦至而今，幾乎是每一大歷史時段，大戰爭動亂都有外省人遷入落籍於巴山蜀水間。元朝設立湖廣行省，元明清三朝戰亂頻仍，以湖廣人爲主體的多個省的移民遷入四川，於是有了記此歷史的專用詞語——"湖廣實川""湖廣填四川"。

元末明初與明末清初都是移民入川的高潮，二者比較，四川的災情荒蕪在清初更爲嚴重，移民規模及落籍的府州縣在清初更爲衆多，對四川社會歷史的影響、清初更爲巨大深遠，故清代文獻中出現了"湖廣填四川"一詞。對於"實"字與"填"字，按照人們通常的理解，"填"字似來得更爲嚴重、深沉。當今學者研究湖廣填四川移民史，將元末明初一同納入，通稱爲"湖廣填四川"，也是合理的。

由於元末明初移民潮與清初移民潮有較多的區別，例如家譜、族譜中記載的"奉旨入川""奉詔入川"，清代是有的，明夏和朱明王朝有沒有？又如，傳説移民被捆綁束手押送入川，而有了"解手"故事，清初各省平民入川行走是自由的，插占落籍報墾是自由的，沒有捆綁束手押解移民的文字記載，明夏和朱明王朝時有無此類事件？尤其是"奉旨入川"之説，已爲有的學者認可，采納入文；"解手"故事也多從民間流傳到迷霧於學界角落，等等。本文旨意於探討這些問題，希冀於心裏釋疑。湖廣人爲移民主體，於是以考察元末至明末湖廣人移民入川歷史實情，以窺移民大潮全貌，以解謎這些問題。

---

① 魏源：《魏源集》，中華書局 1976 年版，第 388 頁。
② 《明清史料》丙編第 10 本《户部題本》。

　　本文考察後的理解與認識，總結爲以下 3 點：

　　（1）當今流行所説的明夏和明朝移民入川，是將平民百姓與軍隊入川和罪徙入川者全包括在内。筆者以爲，這不妥當。那時代，對於軍籍和民籍，國家是有嚴格的政策區分的，移民應指平民百姓，入川將士後來退出行伍落籍爲民，這是次生的移民，他們的後裔，當今研究可稱其爲移民，稱他們的入川始祖成爲了"次生移民"更爲確切，入川時身份是官宦者和罪囚者，也如此是"次生移民"。

　　（2）明夏和朱明王朝未見有皇帝下旨、下詔移湖廣人或其他省人爲移民入川的直接的文獻文字或文物，個別將領招兵招民工和地方官招民，招緝流寓，這是常見行爲，是個別行爲，而非皇帝下有詔書的國策。將明初在華東、華北、中原的遷移富戶豪强和貧民之事，以度湖廣人入川並與個別將領和地方官的做法聯繫起來，言朱元璋有遷移湖廣民實川的詔書，這是欠説服力的。清初康雍乾三朝皇帝下有聖旨和詔書，清中後期至民國有的修家譜、族譜和方志者迷糊了家族記憶，將清初事混於其中，或者有意增光於入川始祖，以彰顯門庭、傲視於鄉里。我們利用家譜族譜證史補史得綜合研究，細心求證。

　　（3）本文已分别考察了不同身份的人遷移入四川的情況，平民、軍人、流寓的旅游者和商人、官宦落籍爲民都是自由的，没有捆綁束手的情況，他們中不會產生"解手"故事。這種故事最有可能產生在罪徙的"次生移民"中，但不會是全部。一次幾千上萬人的罪徙，押解是一定的，全都捆綁束手是不可能的。所以，以個別或極少以概説全部移民，那是不妥當的。"解手故事"是民間傳説，是民俗文學語言，莫輕易用來論證嚴肅的歷史。

作者單位：四川大學歷史文化學院

"李贄的先驅"

——明代"異人"鄧豁渠及其在思想史上的地位

粟品孝

鄧豁渠（1498—1569），初名鶴，號太湖，出自內江（今屬四川）大族，是明代心學家、內江人趙大洲（名貞吉，1508—1582）的弟子。趙大洲雖好佛，但始終還是儒者衣冠，而鄧豁渠則在學佛參禪後落髮出家。但他不是純粹的僧侶，他出入禪儒，在儒林和禪林都有着廣泛的交游。他有着豐富的面相，曾自我畫像式地寫道：

> 質直似宋儒者，風流同晉世人豪，飄逸類唐人詩思，趨向在羲皇之上，以天地萬物爲芻狗，以形骸容色爲土苴，七情六欲聽其使令，一顰一笑是其變態，做出來驚天動地，收回去斂迹藏蹤。不在於人，不在於天，象帝之先。（第 101 條）①

可見鄧豁渠是一位相當有個性的人物：質直、風流、飄逸、大膽，志趣不凡。其中"以天地萬物爲芻狗……收回去斂迹藏蹤"一段自白，表現出超越"天地萬物"的宏大氣象；而"趨向在羲皇之上""不在於人，不在於天，象帝之先"的表述，則顯示他要徹底擺脫世俗世界的束縛，進到極端自由的"先天"境界。②這種思想性格顯然與常人迥異，難怪時人目其爲"異人""異端"了。

作爲"異人"的鄧豁渠固然得到了不少人的理解，甚至信從，以至時人"尚多惑之"③，但反常的言行遭遇的是更多人的詰難和責罵，以至他的著作《南詢錄》④也長期失傳於華夏大地，直到二十世紀末纔"出口轉內銷"，從日本傳回中國。正因爲如此，鄧豁渠在思想史上長期沒有得到應有的重視。清初大儒黃宗羲在梳理有明一代儒學的《明儒學案》時，雖在《泰州學案》的前言部分簡單論列了其

---

① 鄧紅：《〈南詢錄〉校注》，武漢理工大學出版社 2008 年版，第 72 頁。本書後面凡引該書祇括注條數。
② 所謂"趨向在羲皇之上"，就是力圖超越後天，進到先天的境界。宋儒邵雍詩云"不離日用常行內，直到先天未畫前"，即以伏羲畫《易》作爲先天和後天的分界綫，"羲皇之上"就是指伏羲畫《易》之前的先天境界。"象帝之先"出自《老子》第四章："吾不知誰之子，象帝之先。""象帝"即天帝的祖先，"象帝之先"即指先天的境界，與"羲皇之上"意同。
③ [明]耿定向：《里中三異傳》，見黃宗羲編《明文海》卷三百九十九，影印文淵閣四庫全書本。此據《〈南詢錄〉校注》，第 89 頁。
④ "南詢"一詞，源自佛教《華嚴經》善財童子赴南方求法的故事。鄧豁渠借用爲書名，表明《南詢錄》反映的就是他自己求道的思想歷程。

生平和思想要點，但最後落實在"渠學之誤"的批評上。民國時期哲學史家嵇文甫據此而在所著《晚明思想史論》中將其視爲"狂禪派"中人，僅簡略介紹而已。專門的研究論文直到二十世紀六十年代纔開始出現，目前發表的也衹見有三篇，且全出自日本學界。[①]可喜的是，嶽麓書社 1998 年出版的《中國哲學》第十九輯刊發日本學者荒木見悟先生的《鄧豁渠的出現及其背景》一文的中譯文，以及中國社會科學院黃宣民先生標點的《南詢録》及明代耿定向《里中三異傳》的鄧豁渠傳記（總題名爲《鄧豁渠傳》）。十年後武漢理工大學出版社又出版了《〈南詢録〉校注》一書，最近研究生黃璇又撰寫出題爲《鄧豁渠研究》的論文[②]。這些都爲進一步深入研究鄧豁渠奠定了基礎，提供了方便。

　　本文擬在上述研究成果的基礎上，對鄧豁渠的生平和思想做進一步梳理和討論，期望引起學界更大的關注和更多的研究。筆者認爲，鄧豁渠三教融合，其思想主要是王陽明心學和佛學的結合體，形成了一以貫之思想體系。時人袁宏道曾説："蜀中，高士藪澤也。近代性命之學，始于趙文肅。"[③]作爲大洲（謚文肅）的門人，豁渠也注意性命之學的探求。他在《南詢録》中曾自述其學問大旨説："渠之學，謂之火裏生蓮，只主見性，不拘戒律。"（第 32 條）在該書的自序中又圍繞"性命真竅"的内容和參透途徑加以論説。何繼高在刊刻此書的跋語中贊其"直指性命，直書其所自得"[④]。對豁渠持激烈批評態度的時人耿定向也説"其大旨曰見性"[⑤]。再結合《南詢録》的内容，可以確信對性命之學的探求和驗證，正是鄧豁渠一以貫之的思想。基於這一認識，筆者下面的論述將有別於上述所有的成果，擬圍繞豁渠的性命之學展開，先是叙述其聞道與證道歷程，接着重點探討他的"性命真竅"的豐富内涵及其參透方法，最後聚焦於著名的"異端"思想家李贄的稱贊和辯護來觀察豁渠在思想史上的地位。

一　鄧豁渠的聞道與證道歷程

　　鄧豁渠所著的《南詢録》是從其拜師趙大洲開始寫起的，歷述其思想發展變化的歷程，最後感慨説："聞道容易，證道難。千古聖人，大經大法，非歷盡辛苦，日久功深，不能成就。"（第 113 條）確實，我們在研讀《南詢録》和相關材料的過程中，能夠深深地感到鄧氏求道悟道的艱辛和不易。其間有幾個非常關鍵的節點，下面依次加以論述。

---

① [日]島田虔次：《異人鄧豁渠略傳》，原載《吉川博士退休紀念中國文學論集》，築摩書房，1968年；[日]荒木見悟：《鄧豁渠的出現及其背景》，原載《中國心學的鼓動和佛教》，日本中國書店，1995 年。以上二文由鄧紅先生翻譯成中文，收載其《〈南詢録〉校注》一書，本文以之爲據。現居日本的鄧紅先生最近又發表《試論鄧豁渠的思想傾向》，載《内江師範學院學報》2014 年第 5 期。

② 四川大學 2014 年碩士學位論文，楊世文教授指導。

③ [明]袁宏道：《袁宏道全集》卷二《壽何孚可先生八十序》，明崇禎刊本。

④ 《〈南詢録〉校注》，第 80 頁。

⑤ [明]耿定向：《耿天臺先生文集》卷四《與吳少虞書》，明萬曆二十六年劉元卿刻本。

（一）己亥年（1539）拜師趙大洲，"於事變中探討天機"

鄧豁渠曾自稱："渠自幼質憨，與流俗寡合，即慕修養。既壯，知慕道學，情狀雖累墜，則有凜然與衆不同之機。"（《南詢錄·自叙》）強調他自幼不凡、與衆不同。不過據有關資料，可知他在拜師趙大洲之前還不算太另類。時人耿定向《里中三異傳》就説他"少補邑庠弟子員，屢試列高等"①，即在年輕時曾作爲生員進入縣學，成績優異。後來可能科舉之路不順，祇能以"講舉業"糊口，生活"極窮困"（第 14 條）。關於他早年從事科舉教育和後來轉投大洲的情況，後來李贄曾借"蜀人"之口寫道：

> 上人初爲諸生，即以諸生鳴。其自抱負也已甚，平生未嘗以實學推許前輩，故亦不肯謬以其身從諸生後，强談學以爲名高。雖蜀有大洲先生者，文章氣節，偉然可睹，上人亦未嘗以實學許之。以故，師事趙老者，在朝盈朝，居鄉滿鄉，上人竟不屑往焉。此其負也，其倔强也如此。其尤可笑者，趙老以内翰而爲諸生談聖學於東壁，上人以諸生講舉業於西序，彼此一間耳，朝夕相聞，初不待傾耳而後聽也，雖趙老與其徒亦咸謂鄧豁已矣，無所復望之矣。然鄧豁卒以心師趙老而稟學焉。②

這裏説"上人"鄧豁渠最初比較自負、"倔强"，即便是對已負盛名的同鄉趙大洲，也不予理睬。他和大洲曾在一個地方講學，互爲鄰居，趙講"聖學"，鄧講"舉業"，聲相聞而互不往來，大洲對其也比較失望。這些都符合他自述的"與流俗寡合"的形象。但最終鄧氏還是被大洲的學問折服，放棄"舉業"之教，放下年長十歲的架子，"心師趙老而稟學"，從科舉之學轉向了心學。

關於鄧氏"心師趙老"的情況，《里中三異傳》中的記載大意相同，但在細節上則做了重要補充：

> 鄧豁渠者……初聞里中大洲先生談學，心厭之。已，漸有入，則時時從之游，即大洲家，衆峻拒之，勿爲阻。其家故去邑城三里，而近居，嘗寓一蕭寺中，時往來邑城，就大洲問學。道經家門，過不入，兒女子或見，邀之，牽裾呱呱啼，勿顧也。時父年七十余在堂，室有女逾笄未嫁，又有祖喪未舉，皆不顧。③

較之李贄的記述，這裏主要增補了鄧氏從學大洲時的一些具體情況，特別是把他從學大洲的堅定態度和"不顧"家庭親人的悖倫行爲做了更具體形象的描述。

1. 關於"於事變中探討天機"

上面兩段材料都沒有交代鄧氏從學大洲的具體時間和內容。這方面還是他自

---

① [明]耿定向：《里中三異傳》，見《〈南詢錄〉校注》，第 87 頁。
② [明]李贄：《南詢錄序》，《〈南詢錄〉校注》，第 17 頁。
③ 《〈南詢錄〉校注》，第 87-88 頁。

己的一些論述比較清楚：

> 四十二歲，遇人指點，於事變中探討天機，爲無爲之學。（《南詢録·
> 自叙》）

> 嘉靖己亥正月二十二日，渠于内江聖水崖前禮師，識透天機自運，不
> 假造作，如人上長安大路，機泯神定，是個甚麼消息；神泯天定，又是甚
> 麼消息。先天《易》未畫先玄旨，後天《易》有畫後作用，宇宙内皆神爲
> 之主持，機爲之運用，造化工巧，生生不已。有生即有滅，非究竟法門，
> 且道如何即是？（第 1 條）

一般認爲，這裏的"嘉靖己亥"就是鄧氏"四十二歲"時，所謂的"遇人指
點"和"禮師"都是説鄧氏師從大洲；第二段"識透天機自運"以下的内容，正
是第一段"於事變中探討天機"的具體内容，也就是大洲教示鄧氏的内容。所謂
"天機"，當是指萬事萬物運行的規律。第二段末的"有生即有滅，非究竟法門，
且道如何即是"，非常值得注意。這是在質疑"天機"，鄧氏認爲它並非自己追
求的終極境界。事實上，通觀《南詢録》的全部内容，可知鄧氏多次强調這一點。
如他曾説：

> 天機在人，分分明明，停停當當，活潑、圓融、透徹。當動時自動，
> 當止時自止，加不得一毫人力安排佈置。凡人動靜語默，幹好幹不好是他。
> 其所以生天、生地、生人、生物，春夏秋冬，風雲雷雨，飛潛動植，皆是
> 他在變化。百姓日用，用此也；率性，率此也。此是後天道，若墮其中，
> 即有生滅，難免輪回，縱雖曉得向上事，難以透入。（第 44 條）

這一段主要就是在闡述"天機自運，不假造作"的特點，但段尾"此是後天
道"以下，則明顯是説"天機"還不是超越後天的先天道，若墮其中就免不了生
死輪回，也就不能參透進入"向上事"那種境界。這裏的"向上事"，就是鄧氏
理想的最高境界，後面會有詳述。

《南詢録》第 85 條又説：

> 孔子示人以"一"，據可畫者言之也，指天機而言也。更有畫不出來
> 的，機緘不露，纔是到家。

第 112 條鄧氏與淮翁（疑爲王東涯）之間的書信往來可以説是對上條内容的展
開論述，其中鄧氏寫道：

> "一"統天下之數之根，生是死之根。此孔子精一之傳，即太極，是
> 生天、生地、生人、生物、生萬事，無不是這個"一"貫之。故曰："天
> 地之大德曰生。"均共得天數量之理，"一"則根本而已。到此地位，已
> 露機緘，已是可以測度，可以想相。伏羲畫"一"卦，"一"以象乾，乃
> 統天也，非天機乎？機也者，機軸也。一切卷舒運用，皆是他造化，其德

亦幽玄。古今學者脱不得這種頭巾氣，都要與他整理門面。説"一"不是到家消息，便有許多講口。蓋未透"無"生"一"竅，平日只識得"有"生"真"宰。此之見識，凝結胸中，不得釋然也。安得孔夫子復生，與之極論無生法忍，拔濟千古，生生死死之厄，以療書生跟隨人腳跟之病乎？

這兩條內容雖然在認"一"是否呈露"機緘"上略有矛盾，但總體意思還是一致的，都是説儒家聖人孔子所謂的"一"是天機，"一切卷舒運用，皆是他造化"，但還不是"到家消息"，還沒有參透"無生一竅"，也就是還沒有達到前面所謂的"向上事""究竟法門"那一層至高境界。

至此我們可以清楚地看到，鄧氏在從學大洲的時候，雖然"識透天機自運"的道理，但並沒有得到滿足，他感到這種"有生即有滅"的"天機"還不是"究竟法門"，他還要致力於"向上事"的探求。

2. "天機""良知"與"性命"

值得注意的是，鄧氏在《南詢錄》第109條開頭曾説：

> 渠自己亥年禮師，聞良知之學。

這裏沒有説"於事變中探討天機"，而是説的"良知之學"，其實這兩者是一致的。因爲宣導良知的王陽明正是主張"在事上磨練"，也就是通過具體人情世故的參與而悟道，就是"於事變中探討天機"。關於這兩者之間的相通性，我們還可以根據鄧氏下面一段論述看得更爲清楚。他寫道：

> 癸丑年，抵浙江湖州府天池山，禮月泉，陳雞足所悟。泉曰："第二機是第一機。"渠遂認現前昭昭靈靈的，百姓日用不知，渠知之也。甲寅，廬山禮性空，聞無師智，于裴仙聞説沒有甚麼，任麼便是。始達良知之學，同是一機軸，均是認天機爲向上事，認神明爲本來人。（第109條）

這段話是鄧氏陳述自己的游學情況，是説良知之學和月泉法師"第二機是第一機"之教，都是"認天機爲向上事"，沒有將"天機"和"向上事"分爲有明確境界差異的後天和先天兩個層次，因而是不妥當的。

趙大洲下面一封書信似可進一步旁證他傳給鄧氏的良知之學就是"認天機爲向上事"。他寫道：

> 古之士，上者探性命之際，悟法身以上事。[1]

良知之學實際就是一種性命之學，大洲自己的學問就是"以天命之本然者即良知也"[2]；而要"悟法身以上事"，就是追求"向上事"。結合前述，這顯然就是"認天機爲向上事"了。如果結合趙大洲晚年在河南重遇鄧氏時所説的"余學

---

① [明]《趙文肅公文集》卷二《與劉珥江春元書》，明萬曆十三年趙德仲刻本。
② [明]胡直：《衡廬續稿》卷十一《少保趙文肅公傳》，影印文淵閣四庫全書本。

往見過高，致子於此，吾罪業重矣"①，我們可知大洲傳給鄧氏的良知之學必定包含上引《與劉珥江春元書》所説的思想，就是要通過良知之學探討"性命"，最終達到"悟法身以上事"的目的。但事實上，"天機"並非"向上事"，自然也就不是鄧氏性命之學的終極追求，所以他在《南詢録自叙》中明確説"天機"並非其追求的"性命真竅"。

由於鄧氏不能理解大洲"認天機爲向上事"的良知之學，所以在《南詢録》的第 3 條和第 4 條就直接批評説：

> 渠自參師以來，再無第二念。終日終夜，只有這件事，只在挨羅這些子，漸漸開豁，覺得陽明良知，了不得生死；又覺人生都在情量中，學者工夫，未超情外，不得解脱。此外，另有好消息，擬議不得的。擬議不得的，言思路絶，諸佛所證無上妙道也。(第 3 條)
>
> 良知，神明之覺也。有生滅，縱能透徹，只與造化同運並行，不能出造化之外。(第 4 條)

可見他認爲良知之學局限很大，關鍵是"了不得生死""未超情外，不得解脱""只與造化同運並行，不能出造化之外"，也就是不能完成"向上事"的追求。這種力圖"超情外""出造化之外"的表述，顯然已經離開傳統儒家的立場。

3. "入青城山參禪十年"

由於大洲本身好佛，"出入禪佛"，"兼修出世業，習靜古刹，不櫛沐解衣數年"②，他的一些示教也有佛學的内容（如上面"法身"一詞就是佛語），這促使力求"究竟法門"、意欲"出造化之外"、追求"向上事"的鄧氏轉向佛教，所以纔有"渠自己亥年禮師，聞良知之學，不解，入青城山參禪十年"（第 109 條）的自我陳述。其最初學佛參禪的情況，《南詢録》第 2 條有記：

> 有僧授六祖《壇經》，渠潛心玩究，頗得消息。又得道川禪師拈頌《金剛經義》，有開悟，入青城山，得《中峰廣録》《黄檗心要》，參究玄微。是時，渠耳邊常有報符然事，形聲俱泯，詢諸玉峰。玉峰云："你修行，被鬼神覷破。又於人來參訪，預先知之，此是修行落靜境。"渠過灌縣，劉内官接去山中供養。一夜内，相夢一黑漢打他云："只好學小法，如何學我這個大道理？"吃捧痛哮，起告渠；次早與語前義，遂不知渠。小根之人，信難擔荷。住錫中皇觀，出入望雲莊。

這段話我們雖然不能完全瞭然，但能看出鄧氏學佛參禪的投入和不願"學小法"的大志向，這大概也就是他在《南詢録自叙》中所謂的"爲無爲之學"（前已引）吧。唐代居士龐藴《雜詩》贊馬祖禪風之盛説："十方同聚會，個個學無

---

① [明]耿定向：《里中三異傳》，見《〈南詢録〉校注》，第 87 頁。
② [明]胡直：《衡廬續稿》卷十一《少保趙文肅公傳》，影印文淵閣四庫全書本。

爲。此是選佛場，心空及第歸。"①鄧氏的"無爲之學"與這裏的"學無爲"應該是相通的，都是致力於學佛參禪。或許正是在學佛參禪的過程中，他由對趙大洲所傳良知之學的"不解"轉向了如上述兩段的批評（《南詢錄》第 3、4 條的排序或可爲證）。

（二）戊申年（1548）雲南雞足山出家與"悟人情事變外有個擬議"

鄧氏入青城山"參禪十年"（此是大略而言，實際祇有約八年時間）後，又來到當時另一個佛教聖地——雲南雞足山。從其自述"與周松厓相遇雲南，泛舟海島，同宿太華寺。丁未二月，抵楚雄府，主謝鳳山，游雞足山"（第 5 條）來看，鄧氏很可能是在丙午年（1546）下半年已到雲南，次年即丁未年（1547）二月抵達楚雄府，之後來到雞足山的。在這裏，他遇見了雲南大理人李元陽（中溪）。此人與陽明後學有很深的淵源，他安排鄧氏到三塔寺做"管帶"，鄧氏在這裏"思性命甚重"，對性命之學做了很深的思考，認爲如果心中念佛而自己又不出家，這種"拖泥帶水"的樣子是不可能參透"性命"的，因此決定出家。他自己寫道：

> 渠思性命甚重，非拖泥帶水可以成就，往告中溪，落髮出家。溪甚喜，出文銀五兩，造三衣與渠落髮。與玉峰書云："太湖落髮，一佛出世。"戊申三月十日也。（第 5 條）

這一段説明鄧氏正式出家是在戊申年（1548）三月十日，是在李中溪的直接安排下進行的，從"太湖落髮，一佛出世"來看，當時鄧氏對佛學的參究是很深的。這裏的"思性命甚重"，與上一部分我們引用的趙大洲那封書信中的"上者探性命之際"相呼應，可證大洲傳給鄧氏良知之學、教其"於事變中探討天機"時確實要鄧氏思索"性命"問題。

值得注意的是，上段引文又出現了玉峰禪師。此人在鄧氏於青城山參禪時曾給予指點（前已引），這裏又被告知鄧氏出家，説明他很可能是鄧氏參禪的重要引路人。而且，鄧氏出家後與玉峰禪師仍交往密切，他自己寫道：

> 返楚雄，玉峰出府，同榻數宵。抵廣通縣，楊秀才延至家供養。玉峰修書，邀回南安，辭甚哀切。居馬祖寺，默會相外消息。（第 6 條）

可見玉峰禪師是鄧氏禪學生活中極其重要的人物。從"玉峰修書，邀回南安，辭甚哀切"和後來再也不見鄧氏提及"玉峰"來看，這時玉峰禪師可能即將圓寂，並對鄧氏有所托付，可惜具體情況不詳。

從後來鄧氏的追述來看，他在雞足山不僅有出家之舉，從原來的世俗之人變爲出家僧人，而且在思想上有一次明顯的開悟。他這樣寫道："至戊申，入雞足山，悟人情事變外，有個擬議，不得妙理。當時不遇明師指點，不能豁然通曉，早登彼岸。"（第 109 條）大約正因爲他此時已有超越"人情事變"的想法，纔

---

① 轉引自《〈南詢錄〉校注》，第 62 頁。

促使他決定出家的，祇是當時的李中溪、玉峰禪師等人都算不上"明師"，不能讓他"豁然通曉"人情事變之外的"妙理"。這裏的"悟人情事變外有個擬議"，與上段引文中的"居馬祖寺，默會相外消息"應是一致的，都是力圖超越具體可見的人情事變和物相，而進到"人情事變外"和"相外"的"彼岸"世界。這就是所謂的雞足山之悟。他後來不止一次地提到，如他禮拜月泉禪師時，曾向他陳述，所謂"禮月泉，陳雞足所悟"，並在《月泉贊》中有"窮心雞足岩，了法知所宗"（第 15 條）的詩句；在嶺南的一次饑餓難耐時所見的"光景"，他也說是在雲南所悟的"相外消息"的具體呈現："知前在雲南悟的是相外消息，今在嶺南見的是相外光景。"（第 22 條）在湖北黃安大悟時又說："向日在雞足山所參人情事變的，豁然通曉。"（第 109 條）可見這次雞足山之悟是鄧氏出家後一直沒有釋懷的、長期努力"通曉"的內容，在其整個思想史上占有極其重要的地位。

這裏所謂"悟人情事變外有個擬議"，相比於他師從趙大洲後"於事變中探討天機"，是一個很大的轉變，即從"事變中"轉到"事變外"，超越人情萬物。當然，他的這一"悟"也不是突然的。從前面的敘述來看，他在青城山學佛參禪的過程中，已在懷疑王陽明的良知論"非究竟法門"，思索"情外""造化之外"的問題，表明他已在考慮"事變外"的情況，祇不過他還沒有開悟，也就是還沒有悟到事變之外"有個擬議"的情況，也就是那個"相外消息"。而如今的雞足山之悟，則是一次重要的突破，所以他後來纔有"窮心雞足岩，了法知所宗"的詩句，並堅定地走上了出家之路，確立了自己的思想方向，那就是追求能夠了卻生死的大法。

雞足山之悟後，鄧氏對自然萬物、人情事變又有了更新的看法，並落實到具體的實踐之中，所以他後來有這樣的追述：

> 渠向日在雲南，聞人説，摘花供佛也，無罪，也無福。有省，自後一草一木，皆不妄折。聞人説，一芥一粒，皆是生靈。有省，自後片菜勺水，皆不妄用。每出化緣，雖一撮米亦知感激；不布施的，亦不嗔恨。恒自訟曰："幹自家事，帶累十方施主，委的難消。"（第 7 條）

鄧氏自述的這兩處"有省"及其實際表現，説明雞足山之悟不僅是其思想史上的重要突破，也在他的行爲處事方面展現出重要的能量，堪稱他人生的第一次大悟。

值得注意的是，鄧氏《南詢錄》第 14 條曾這樣寫道：

> 渠昔落髮出家，鄉人嗟怨趙大洲，説是他坑了我。大洲躲避嫌疑，説不關他事。渠在家講聖學時，極窮困。起岩説："鄧太湖餓死小。"洲對曰："桂湖街餓死了一個鄧太湖，也好看。"渠亦曰："趙大洲坑了一個鄧豁渠，也好看。"三教之衰也，天下之人隨業漂流，沉淪汩沒，如魚在沼中，生於斯，死於斯，能躍龍門者有幾？多端作孽，甘受輪回，波挈一

生，不得安樂。此所以古人道"舍其路而不由，放其心而不知求，哀哉！"

這段話是以鄧氏"落髮出家"開頭的，下面的話好像就是之後發生的。如果是這樣，那麼就說明鄧氏在雲南出家後曾有段時間回到家鄉。但我們目前還沒有見到任何材料指向這一點。而且，他既然已經"出家"，回來怎麼又講起"聖學"來了呢？因此，筆者認爲這裏所謂"在家講聖學"的情況祇是追述的情況，其目的是要呈現他和趙大洲之間的不同，以更深刻地表現他對"三教之衰"和天下之人在生死輪回中不得解脱的感歎，進而説明他學佛參禪、選擇出家的正確性。

（三）癸丑年（1553）禮月泉法師，爲其"第二機即第一機"之教誤導

鄧氏在雲南雖知"了法"，但還"不得妙理"，僅僅祇是"悟人情事變外有個擬議"而已，他還沒有達到"豁然通曉"的程度。這促使他離開雲南，"遍游湖海，尋人印證"（第109條）。如果説雞足山之悟表明鄧氏"聞道"的話，那麼從此以後則開始了他的"證道"歷程。

從其自述來看，他在己酉年（1549）到貴州，落甘泉寺，與張一山辨"上知與下愚不移"，堅持認爲普通人也有成道的可能性。（第7條）次年春，登湖南衡山，參拜慈化寺。後往江西安福縣，住東山塔，拜訪心學家鄒守益（東廓）、劉邦采（獅泉），從鄒守益游安徽九華山。後抵青陽山，與縣學事程融山論學。鄒守益後又將其托付給周都峰，並邀其回太平縣紫雲庵一起過年。（第7、8、9條）辛亥年（1551）二月，他來到浙江杭州，不久過江蘇南京，參拜鷲峰寺、棲霞寺，問學雲谷法師。（第10條）

這幾年他雖然從雲貴地區一直走到江浙一帶，既訪心學家，又拜名寺法師，但似乎並不特別稱意，至少對他的思想衝擊還不是特別顯著。其中鄒守益、劉邦采均從王陽明問學，分別是所謂"江右王學"的鼻祖和大將，在《明儒學案·江右王門學案》中分列第一和第四位。他們比較忠實地繼承了陽明心學，黃宗羲以爲"姚江之學，惟江右爲得其傳"[1]。已經對陽明良知之學產生了質疑的鄧豁渠可能沒能從中得到多大教益。但是在壬子年（1552）到泰州訪問心學家王東涯（即王艮仲子）以及次年在東涯指引下禮拜湖州府武康縣天池山月泉法師的行動（第12、13條），尤其是月泉法師的教導，則對他的思想產生了重要影響。

一般認爲，王艮代表了陽明後學自然主義和追求自由的思路和取向，曾提出"聖人之道無異於百姓日用"，鼓吹"率性所行，純任自然，便謂之道"，其子王東涯繼承其學，"以不犯手爲妙"，即一切聽任自然。[2]這一派與"江右王學"不同，按照黃宗羲的説法，他們既使陽明心學"風行天下"，也使陽明心學"漸失其傳"，具有"躋陽明而爲禪"的異端傾向[3]，與鄧豁渠當時學佛參禪的處境和質疑陽明良知之學的思想更爲接近，因此豁渠當時對王東涯的言行比較接受，還

① [清]黃宗羲：《明儒學案》卷十九《江右王門學案》，沈芝盈點校，2008年，第331頁。
② [清]黃宗羲：《明儒學案》卷三十二《泰州學案一》，沈芝盈點校，2008年，第714、719頁。
③ [清]黃宗羲：《明儒學案》卷三十二《泰州學案一》，沈芝盈點校，2008年，第703頁。

參加了東涯的會講活動。更爲重要的是，他還從東涯指引，參拜了月泉法師。月泉法師很有名望，爲王艮器重，王艮曾遣東涯從事之。^①這樣，東涯引導學佛參禪的鄧豁渠禮拜月泉法師就是很自然的。

　　關於豁渠問學月泉法師的情況，《南詢錄》中曾兩次提到，一是：“因王東涯指引，往湖州府武康縣天池山禮月泉。月泉云：‘第二機即第一機。’又云：‘知此一機則無第一第二。’”（第 13 條）二是：“癸丑年（1553），抵浙江湖州府天池山，禮月泉，陳雞足所悟。泉曰：‘第二機是第一機。’渠遂認現前昭昭靈靈的，百姓日用不知，渠知之也。”（第 109 條）兩者合觀，可知這次禮拜月泉時，鄧氏曾陳述自己幾年前在雲南雞足山所悟的情況，就是“在事變之外有個擬議”，也即是“相外消息”，其實就是要尋找先天的東西。但月泉法師並沒有順著鄧氏的思路進行引導，而是與王艮重視“百姓日用”一樣，要求他把先天和後天貫通，直言“第二機即第一機”“知此一機則無第一第二”，即是重視在非常自然的狀態即“百姓日用”中，也就是鄧氏前面説的在“人情事變中”去體悟更深刻的道理。這顯然是認後天爲先天，“認天機爲向上事”，所以鄧氏在陳述了上述禮月泉的情況之後，緊接着就叙述了另一件事及其感受：“甲寅，廬山禮性空，聞無師智，于裴仙聞説‘沒有甚麼，恁麼便是’，始達良知之學，同是一機軸，均是認天機爲向上事，認神明爲本來人。”（第 109 條）這就與鄧氏的雞足山之悟在思考方向上是背道而馳的。可惜鄧氏當時似乎完全聽信了月泉的説教，十分尊崇地寫下了《月泉贊》：

> 采芝白雲谷，邂逅藏冉翁。手攜紫筇杖，來自峨嵋東。
> 謂昔楞伽頂，失腳沉海中。茫茫不知返，日月如轉蓬。
> 擲卻丹霞筆，不臥維摩宮。窮心雞足岩，了法知所宗。
> 再新拈花旨，一笑宇宙空。浩劫入彈指，誰始誰爲終。

籌添海屋滿，聊記雲水蹤。（第 15 條）

　　這次禮拜月泉法師，對鄧氏的思想影響是很大的。他長期服膺月泉的這一説教，直到乙丑年（1565）在湖北大悟先天那些東西“與後天事不相聯屬”時，方纔明白“向日在雞足山所參人情事變的，豁然通曉”，感歎自己“被月泉妨誤二十餘年，幾乎不得出此苦海，南柯夢中幾無醒期”（第 109 條）。話説得相當重，表明月泉法師的説教對他思想上的負面影響太大了！祇是要注意的是，這裏的“二”字應爲衍文，因爲從癸丑年（1553）禮拜月泉到乙丑年（1565）在湖北大悟，其間實際祇有 12 年多。

　　（四）丙辰年（1556）登廣西八八嶺，“見得相外光景”

　　帶着月泉的説教，鄧氏繼續尋師訪友、拜寺參禪。據其自述，在禮拜月泉的

---

① [明]李贄：《續焚書》卷三《儲瓘》，見陳仁仁校釋：《焚書續焚書校釋》，嶽麓書社 2011 年版，第 610 頁。

當年（癸丑，1553），他曾參拜浙江崇德縣天清宮（第 13 條），泛舟錢唐，抵達蘭溪，寓居陳次峰，登嚴子陵釣台（第 18 條）。次年（甲寅，1554）春，前往心學大師王陽明的故鄉紹興，"居陽明祠堂，探得陽明消息，已見大意，故能灑手逍遙而無拘束。游陽明洞，見盛迹荒廢"，感歎陽明後學"畫虎不成，反類狗者也。求不爲名教中罪人不可得"（第 18 條），又説："學陽明不成，縱恣而無廉恥；學心齋不成，狂蕩而無藉賴。"（第 19 條）表現出對當時心學傳人的深刻不滿。之後他離開天池山，趕赴宣城（今屬安徽），與心學家貢受軒講論，感到其學"不曾研極到不造作處，于性命關猶隔許遠"（第 20 條）。這一年他還曾在廬山"禮性空，聞無師智，于裴仙聞説'沒有甚麽，任麼便是'"（第 109 條。更詳的情況前已引）。

直到丙辰年（1556），鄧氏在攀登廣西八八嶺時，纔把他在雞足山悟得的"相外消息"具體呈現出來，他在"饑餓勞苦之極"的情況下見到了"相外光景"。他是這樣追述的：

> 丙辰年，過廣西八八嶺，猺人出沒可怖，強步至嶺下，饑餓勞苦之極。跌僕數次，恍惚不能前進，跌坐石上，閉目休歇，情念淨盡，生死利害，都顧不得。當此時，清靜寶光，分明出現，曾所未見；曾未有的消息，曾未有的光景，非言語可以形容。此是渠饑餓勞苦之極，逼出父母未生前面目來。渠功行未圓，涵養未至，參究未透，塵勞未釋，故不得解脱。知前在雲南悟的是相外消息，今在嶺南見的是相外光景。（第 22 條）

鄧氏所述的景象當然是一種幻覺，其核心詞彙有"情念淨盡"，表示他當時已完全擺脱世俗的各種雜念；"清靜寶光，分明出現"，表示他在恍惚中已到了世俗之外的另一個世界，這是他之前從來不曾見過的；"逼出父母未生前面目來"，表示他已復歸到成人之前的本來狀態、本來面目，用現在的話來講，他就是找到了"我從哪裏來"的答案。這種景象實際上是他在雞足山所悟"相外消息"的具體呈現，所以他又説"知前在雲南悟的是相外消息，今在嶺南見的是相外光景"。

有學者認爲，鄧氏這次廣西八八嶺見識的"相外光景"，是他一生中獲得的"第一次大悟"[1]。這是值得商榷的。從上面的叙述可見，這僅僅是他雞足山所悟"相外消息"的具體呈現，他在這裏用的是"見"而不是"悟"。他在其《南詢錄自叙》中同樣用的是"見"："向在滇南參究的，在嶺南見得的，恍然復透其竅（按指他所謂的性命真竅）。"這種用詞是很有分寸的。正因爲不是"悟"，而衹是"見"，所以他在回顧其拜師趙大洲以來的全部思想歷程時（即《南詢錄》第 109 條內容），竟然完全沒有提及他這次廣西八八嶺（即嶺南）所見的"相外光景"。因此，筆者不認爲這次廣西所"見"在他整個思想史上占有什麼重要地位，更談不上是一次"大悟"。

---

① 鄧紅：《試論鄧豁渠的思想傾向》，《內江師範學院學報》2014 年第 5 期。

不過應該説，這次廣西得見的"相外光景"，是鄧氏長期"涵養""參究"所達到的一種新境界。祇是他並没有從月泉法師的説教中解脱出來，他還在塵世的"苦海"中挣扎，所以他緊接就説自己"功行未圓，涵養未至，參究未透，塵勞未釋，故不得解脱"（第 22 條）。他還必須繼續修行。據其自述，他不久回到廣西桂林府興安縣城，"與鐘横江究明前事"（第 23 條）。這裏所謂的"前事"，筆者懷疑就是他在八八嶺被逼出來的"父母未生前面目"，也就是其自序中説到的"性命真竅"問題。《南詢録》有好幾條内容都是他和鐘横江討論"性命"問題的（第 23、24、25 共三條）。接着他到了廣西的全州，"因謝月川，見陳虚峰，留書房夜話"，討論到"虚靈""寂妙"的問題，應該説還是屬於"性命"問題（第 26 條）。次年即丁巳年（1557），鄧氏由廣西北上，登湖南岳陽樓，游吕仙亭，泛舟洞庭。四月抵達武陵，訪問王陽明和湛若水的學生、心學家蔣信（號道林），批評蔣信受了湛若水"隨處體認天理"的毒，祇能"安命"而不能"造命"（第 30 條）。意思是説蔣信還祇是順遂自然、造化，没有超脱生死，還没有參透"性命真竅"。

丁巳年（1557）年底，鄧氏來到澧州（今湖南省澧縣）龍潭寺，後受到華陽王的盛情款待，"與僕、與舍、與田地，安渠徒衆"。鄧氏又"上荆南，徐東溪於舍前建庭房三間，爲又游憩之所"（第 31 條）。徐東溪即徐霈，青年時期曾拜王陽明爲師。由於得到華陽王和徐霈等人的周到安排，所以他就在澧州長住下來，直到八年後即 1564 年纔到湖北天臺投靠耿氏兄弟。期間鄧氏曾短暫外出，如在己未（1559）三月，曾到荆州與居家的宰相張居正交流，論及煩惱菩提之類的問題。澧州雖然有八年的居住時間，但他似乎在學問上進展不大，他自己也説："延至戊午年，居澧州八載，每覺無日新之益，常有疑情，及聞三公（疑指宰相張居正），俱不免輪回生死，益加疑惑。"（第 109 條）這裏説他是在"戊午年"始居澧州，前面他説是"（丁巳年）歲盡，過澧州龍潭寺"（第 31 條）。這兩條内容可能並不矛盾，大約是他在丁巳年（1557）到了澧州的龍潭寺，次年即戊午年（1558）他因華陽王的特別幫助而在澧州安定下來，從此長住"八載"。鄧氏在澧州長住的晚期，曾到江西一游，他自己説："癸亥，復江西，居象城，游石蓮洞。"（第 109 條）癸亥年即公元 1563 年。石蓮洞在江西吉安府吉水縣，是江右王學鉅子羅洪先（號念庵，吉水人）修道講學的地方。二人在此可能有交往，《羅洪先集》收録《與鄧豁渠山人》書信兩封，對鄧氏的學問和追求都很佩服。

不久鄧氏返回澧州，自稱"返澧，多事抵牾，遂動天臺之思"（第 109 條）。這裏的"多事抵牾"，既可能有人事上的不爽，也可能有思想上的矛盾，上文所謂"居澧州八載，每覺無日新之益，常有疑情，及聞三公，俱不免輪回生死，益加疑惑"，或許就是他所謂的"多事抵牾"的部分内容。這促使他繼續北上，到了當時著名心學家耿定向、定理兄弟的家鄉黄安（有天臺山），以便求教於耿氏兄弟，除卻他心中的"疑情""疑惑"。

（五）乙丑年（1565）在湖北黃安大悟，"豁然通曉"雞足山所悟

鄧氏最初到黃安並沒有立住腳跟，半年後纔安定下來，並出現了他一生中最大的一次大悟。他後來是這樣追述的：

> 甲子九月，終入黃安，流浪半載。乙丑正月，劉明卿接家避嚴霜之威，另居一室供養應時。又有鄧慶善侍，頗得安妥，油油然有穎悟之機。遷居耿楚倥茅屋，林柏壹送供安養，兩月始達父母未生前的，先天天地先的，水窮山盡的，百尺竿頭外的，與王老師差一綫的，所謂無相三昧，般涅槃，不屬有無，不屬真妄，不屬生滅，不屬言語，常住真心，與後天事不相聯屬。向日在雞足山所參人情事變的，豁然通曉，被月泉妨誤二十餘年，幾乎不得出此苦海，南柯夢中幾無醒期。渠在茅屋聞雞啼犬吠，兩次證入，閒人雜擾。（第 109 條）

這段話說明，鄧氏是在甲子年（1564）九月到達湖北黃安的，最初無法立足，"流浪半載"。次年即乙丑年（1565）正月開始，得到劉明卿的悉心供養，加之僕人鄧慶的良好照顧，他纔得以安定下來，"油油然有穎悟之機"，即在爽快的心境中生出了大悟的徵兆。不久遷居耿定理（號楚倥）安排的茅屋，得到林柏壹的周到供養，兩月之後他就"豁然通曉"了以前在雞足山所悟的"人情事變外"的那個"妙理"，即"父母未生前的，先天天地先的……常住真心，與後天事不相聯屬"。最後一句很關鍵，說明他悟入的是一種與後天不相關聯的先天境界。其中"與王老師差一綫的"一句有些費解，需要稍做說明。王老師是指王陽明，鄧氏曾引用陽明"良知豈用安排得！此物由來自渾成"詩，接着說："如是會去，還較一綫。這一綫，便隔萬里。"（第 68 條）所謂"較一綫"，即是"差一綫"。聯繫到他前面說的良知"了不得生死"來看，這裏的"與王老師差一綫的"就是說陽明良知之教不曾說到了卻生死的先天境界。"無相三昧，般涅槃"的語言表達，說明他的這一境界具有很強的佛教色彩。緊接著說"向日在雞足山所參人情事變的，豁然通曉，被月泉妨誤二十餘年，幾乎不得出此苦海，南柯夢中幾無醒期"，一方面說明月泉誤導之深；另一方面說明他的這次大悟，還是在雞足山所參基礎上的發展，是雞足山之悟的延續和升華。據此，我們說雞足山之悟是他的第一次大悟，天臺之悟是他的第二次大悟，而且是更大的一次開悟，應該是符合實際的。這再次證明，學者所謂鄧氏廣西所見"相外光景"是他的第一次大悟、天臺之悟是他的第二次大悟的觀點是值得商榷的，筆者不敢苟同。

上段引文最後提到的"渠在茅屋聞雞啼犬吠，兩次證入"的具體情況，《南詢錄》第 72 條有專門記述：

> 一日，坐楚倥茅亭，聞雞啼，得入清淨虛澄，一切塵勞若浮雲在太虛，不相妨礙。次早，聞犬吠，又入清淨，湛然澄沏，無有半點塵勞。此渠悟入大光明藏消息也。

這種虛澄清淨、無有半點塵勞的境界，他認爲就是佛教的"大光明藏消息"。這顯然已非凡塵世界，不是後天的，而是先天的了。

當然，鄧氏有了這兩次"悟入""證入"，並不是説他就高枕無憂了，他就出世成仙了。他要保住他的"悟入"成果，還必須與各種"塵勞"進行抗爭。下面就是他在這兩次"悟入"之後的現實：

> 四月五日，入南塘山中，劉明卿送供。楚倥令人奉侍，頗荷幽閒。一日，坐北窗得定，自後淡然無嗜，怡然自如，寂然清虛，猶爲祝應龍妨誤，不得大徹。十月二十日，復河南光山縣蓮花堰，官安吾逐逐講究學解，益明塵勞中難以了事。丙寅上元，麻城人朱子欽蠱惑至家，因小嫌構成大怨，見小利大事不成。二月十日，過探朱公贊。二十五日，復官安吾。（第 109 條）

可見他在楚倥茅屋的"兩次證入"後，又在南塘山中的"幽閒"生活中再次證入那種"寂然清虛"的境界，可是"猶爲祝應龍妨誤，不得大徹"。次年即丙寅年（1566）上元日又遇到"麻城人朱子欽蠱惑至家，因小嫌構成大怨，見小利大事不成"。這些情況都説明鄧氏儘管大悟，但還是不能妥帖地處理生活中的雜事。不過這些都是磨練，大悟之後的鄧氏學養似有質的變化，所以他在緊接上面的話之後就説：

> 渠之學，日漸幽深玄遠，如今也沒有我，也沒有道，終日在人情事變中，若不自與；終日在聲音笑貌中，亦不自知。泛泛然如虛舟漂瓦而無著落，心之虛也，自不知其虛；心之靜也，自不知靜。凡情將盡，聖化將成，脫胎換骨，實在於此。（第 109 條）

上文説他在乙丑年（嘉靖四十四年，1565）"四月五日，入南塘山中……頗荷幽閒。一日，坐北窗得定，自後淡然無嗜，怡然自如，寂然清虛"，而他的《南詢錄》自叙的落款就是"嘉靖四十四年四月八日撰於南塘山中"。據此，我們認爲他的《南詢錄》是在他"兩次證入"之後在南塘山中寫成的（時年 68 歲），次年即丙寅年又做了補充，是對他拜師趙大洲之後整個思想和全部足迹的記述。此時他"頗荷幽閒"，心情舒暢，"怡然自如"，處於"寂然清虛"的最高境界，因此他在《南詢錄》自叙的最後又寫道：

> 渠從事於此（按指致力於"性命真竅"），遂得悟入。向在滇南參究的，在嶺南見得的，恍然復透其竅。如人遠游，雖未得還，明暸其家所歸道路，於是走入深山窮谷順養焉。杜閒客之談，遠假借之徒，卻世情之交，自行自止，自歌自詠，優游涵泳，以俟凡情消化，離生死苦趣，入大寂定中，大光明藏，生滅滅矣，寂滅爲樂。休哉！休哉！

將此與上面所録的即《南詢錄》第 109 條內容的最後一段合觀，可知鄧氏自認爲自己已經達到了非常自如的境界，完成了"證道"歷程，"終日在人情事變中，若不自與；終日在聲音笑貌中，亦不自知"，這就是"大寂定中，大光明藏"，就是"無相三昧，般涅槃"，就是他自敘所說的"性命真竅"。他反復用佛教的語言來表述，說明他所謂"性命真竅"實際上就是佛教的最高境界。關於這一點，他的論述還非常豐富，下面將會有專門論述。

祇是這裏要補充說明的是，鄧氏大約在完成《南詢錄》後的一兩年裏，就離開了湖北，流離於河南、河北之間，在河南曾偶遇老師趙大洲（貞吉），不歡而散，後死於河北的一座野寺。

以上我們對鄧氏從師趙大洲以來探求"性命真竅"的過程做了比較詳細的梳理，現可略做總結。鄧氏在己亥年（1539）拜師心學家趙大洲學良知之學、性命之學，"於事變中探討天機"；由於大洲好佛，傳授的學問夾雜有佛學，因此鄧氏在"不解"良知之學的情況下，自然地學佛參禪，先主要是在四川青城山，後遠赴雲南雞足山，在戊申年（1548）"悟人情事變外有個擬議"，完成了他人生的第一次大悟（史稱雞足山之悟），爲了避免在塵世中"拖泥帶水"，真正明瞭"性命真竅"，他毅然決然地走上了落髮出家的道路。這就是他所謂的"聞道"。從學理上看，這一悟就從單純接受大洲心學、注重人情事變這一後天境界轉變到建立自己的學問體系、注重探求人情事變外那個"妙理"的先天境界，確實是他思想的一次重要升華。之後他"遍游湖海"，尋師訪友，與陽明後學和禪林中人廣泛交游，開始了他艱難曲折的"證道"之旅。這次過程中，他備嘗艱辛，甚至在思想上出現了一次很大的曲折，那就是信從月泉法師的示教；他也曾在廣西八八嶺時將雲南雞足山所悟的情況具體呈現了出來，可惜未見他對月泉法師的示教給予否定；他後來又輾轉來到湖南，在平陽王的幫助下有一段穩定的生活，但在思想上仍然沒有多大進展。直到來到湖北黃安，在心學家耿定理等人的精心安排和照顧下，他纔出現了第二次大悟。

二　鄧豁渠追求的"性命真竅"及其"致虛守靜"之法

（一）鄧豁渠所謂的"性命真竅"

由上敘述可知，鄧豁渠畢生是以追求"性命真竅"爲目的的，而他所謂的"性命真竅"，實質是佛門的最高境界。關於這一問題，他的論述非常豐富，上面祇有部分揭示，下面做些專門梳理。

鄧豁渠在《南詢錄》自敘中曾論述其"性命真竅"之所指：

> 所謂事理，所謂日用，與夫有情無情，有善無善，有過無過，有作無作，皆非性命真竅。是竅也，威音王以前玄旨，絕能所，沒蹤迹，難以擬議，難以形容，難以測度，故曰："無上甚深微妙法，百千萬劫難遭遇。"

這一段先是不承認事理、百姓日用和各種有無的情況是"性命真竅"，接着用了一連串比較玄妙的詞語指出了"是竅"的內容，從中可知其"性命真竅"具有超越性，是超越現實世界的，是先天的。這裏他用了兩句佛語。威音王即威音王佛，又作寂趣音王佛，是過去莊嚴劫最初的佛名，其後禪宗用以表示遙遠的古代。"威音王以前玄旨"是指人先天就具有的純正本性本像。"無上甚深微妙法，百千萬劫難遭遇"出自《金剛經・開經偈》，這裏用來表達"性命真竅"是那種很難達到的、超越現實世界的佛門最高境界。豁渠把這一佛門最高境界説得更透徹些的是他下面這段話：

> 凡有造作，有思辨，有戒治，有持守，有打點，有考究，有爲之學教也，初機謂之"修道"。行則行，止則止，睡則睡，起則起，不識不知，無修無證，日用常行之事，鳶飛魚躍之機，無爲之學教也，儒者謂之"率性"。大寂滅海，大光明藏，超於言語思想之外，不在人情事變之中，難以形容，難以測度，不屬血氣，不落有無，不墮生滅，是謂向上事，是謂最上乘，一名"性"，一名"命"。教有心，有心是欲，有欲不能入道。道無意，無意則虛靜；虛靜則靈明，靈明則可透性命之竅。（第 75 條）

這段話顯然是立足於儒家經典《中庸》開頭所謂的"天命之謂性，率性之謂道，修道之謂教"的新解釋而來的，其用詞雖然祇有"修道""率性"，沒有"天命"，但按照邏輯，自"大寂滅海"至"一名命"一段，講的就是"天命"。鄧豁渠曾説："今之學者，只透得'率性之謂道'，透不得'天命之謂性'，此所以不能超脱凡情，個個都是害病死，個個沒結果。"（第 67 條）以此觀之，上面這段自"大寂滅海"至"一名命"的話，所講確是"天命之謂性"的內容。因此可知鄧氏所講的性命之學就是要透得天命。通觀全段，他所謂的"性命真竅"是超越有無、生滅的，是"超脱凡情"的，是"超於言語思想之外""不在人情事變之中"的，因此明顯是屬於彼岸的、先天的。"大寂滅海""大光明藏""最上乘"這些佛教用語再次説明，豁渠所謂的"性命之竅"就是佛門的最高境界。至於"向上事"一詞，其核心仍是佛教的，這一點後面會有叙述。這裏先從他的"最上乘"説起。

1. 所謂"最上乘"

"最上乘"的"最"字是程度副詞，一般鄧氏還是直接用"上乘"一詞。這是相對於佛教小乘、大乘而言的。鄧氏明確指出："上乘之學，只主見性"（第40 條）。結合他所謂"渠之學……只主見性"來看，説明鄧氏追求的就是"上乘之學"。那麼"上乘之學"具體是什麼樣的呢？鄧氏在將其與小乘、大乘比較時説：

> 上乘覷破性命機關，有情無情，皆所不論，直造佛祖門庭。小乘、大乘，皆不屑爲。此乃教外別傳，沒能所，絕蹤迹，超於言語想相之外者也。至哉玄機，妙哉秘義！（第 43 條）

這段話明確地認爲上乘"覷破性命機關""直造佛祖門庭",非小乘、大乘可比,它是"教外別傳",超越有無,"超於言語想相之外"。這段話的"沒能所,絕蹤迹",與前引鄧氏《南詢錄自叙》論"性命真竅"時所説的"絕能所,沒蹤迹"何其相近!再次説明他所謂的"性命真竅"就是上乘之學。如果説這段話還比較玄乎,那麼豁渠在討論煩惱與菩提的關係時,通過比較這三乘之學的不同追求,則把上乘之學説得更具體明白了一些:

> 專去煩惱,垢盡理明,此小乘教。煩惱即是菩提,事理混融,此大乘教。只主見性,煩惱菩提俱皆分外,此上乘教。上乘之學,專透性命玄元之一竅,不在神機上幹,不在事情好與不好上幹。(第40條)

小乘"專去煩惱",大乘則認"煩惱即是菩提",而上乘則認爲"煩惱菩提俱皆分外"。在此基礎上,鄧氏認爲"上乘之學,專透性命玄元之一竅"。這與上一段所謂"上乘覷破性命機關"是一致的,都是超越有無、好壞的。有意思的是,鄧氏還特別把他這套對上乘之學的理解説與告病家居、"有許多煩惱"的名相張居正(字太和):

> 己未三月,到荆州,與張太和共談半晌,如在清涼樹下打坐。和曰:"我在京師,風塵難過,故又告病回家。"渠曰:"你還見得有風塵?"和曰:"我還見得有風塵。"又曰:"如今還有許多煩惱。"渠曰:"分別煩惱菩提,卻與世情不能混合。不惟被煩惱打擾,亦被菩提打擾。如此學解,非了義法門。此學以見性爲宗,煩惱菩提俱皆分外。"(第34條)

聯繫到前面幾段表述,鄧豁渠認爲張居正至多還處於小乘的階段,張還希望去除"許多煩惱",但這並非"了義法門",即了卻不了煩惱,他告訴張居正要進到上乘之學,這樣"煩惱菩提俱皆分外"。

鄧豁渠還通過與儒家性論、王陽明心學的比較來説明他追求的上乘之學,他寫道:

> 復澧州。正庵主人曰:"儒家論性,總歸於善。佛論性上原無善惡,此所謂最上乘之教,免得生死。"有言:"儒家在事上磨練。"渠曰:"説個磨練,就有個事,有個理,有個磨練的人,生出許多煩惱,不惟被事障礙,且被理障。欲事理無礙,須要曉得事就是理;欲透向上機緣,須要曉得理上原無事。"(第35條)

這裏豁渠借正庵主人之口又使用了"最上乘"概念,認爲這是"無善惡"、超越"生死"的。接着針對陽明主張的"在事上磨練"的思想,認爲這會"生出許多煩惱",不能達到"事理無礙"的境界。最後提出"向上機緣",實際上就是説要人們超越"事""理""煩惱",進至上乘之教、性命真竅的地步。

除了"最上乘""上乘"之外,鄧氏還用"大覺海"(或近於前面的"大寂滅海"）、"大覺海消息"等佛語來表達他的"性命真竅"。如他在批評道家之學時說道：

> 上仙之學，謂精神凝定，縱能與天地同其悠久，終須敗壞，故舍之而不煉養。昧者謂其荒唐，無有下落。不知精神之外有個大覺海，汪洋澄澈，無有邊表，反觀神明功化，如游月宮而觀螢光也。清淨一竅，乃大覺海消息，忘得神機，即透此竅。脫胎換骨，實在於此。（第 96 條）

鄧氏與侍從鄧慶論學時又使用了佛語"元明"來表達他的"性命真竅"：

> （鄧）慶問學人，一江清水，淺處可以見徹底，深處不能見徹底，何謂也？學人不能答，詢渠。渠曰："眼之明，有限量。"學人譬諸火。渠曰："火之明，亦有限量；日月之明，亦有限量，囿於形也。有個沒限量的，不囿於形、超於神明之外，是謂元明，照破三千大千恒河沙世界。"（第 69 條）

所謂"元明"，是說眾生固有的清淨光明的本性。语出《楞嚴經》卷一："無始菩提涅槃，元清淨體；則汝今者識精元明，能生諸緣。"廉兆綸注曰："元明二字連讀，即下本明二字意。"

2. 所謂"大光明藏"與"向上事"

當然，鄧氏使用較多的還是所謂"大光明藏""光明藏"的概念。如他分別三種學問情況時寫道：

> 學問在情念理會，則有擬議之病。在機括上理會，止透盈虛消息之理。在大寂定中理會，斯入光明藏。寂而常照，照而常寂，是謂無上秘密妙法門，是謂無生法忍。（第 59 條）

聯繫到他所謂的大、小二乘"在情念上做工夫"（第 16 條），至少這裏"在情念理會"的學問還屬於大、小二乘之學。至於"在機括上理會"的學問，可能是指陽明良知之學。而"在大寂定中理會"的學問，顯然就是佛教的上乘之學了，能"入光明藏"，是"無上秘密妙法門"。此"大寂"應是前引"大寂滅海"的省稱。

下面這段話也反復論及"大光明藏"：

> 一切妄心皆幽暗，崖前鬼魅隱不發，是謂引鬼入宅，照破煩惱；是弄鬼眼睛，但有造作，皆鬼家活計。幽暗中亦增幽暗，安能透向上？既知向上，大光明藏大受用，安肯棲棲凡情世界，受此魔昧之擾？只恐識趣情深，不能一時便得解脫，只當於妄心內了此妄心，是謂就鬼打鬼。一番情盡，一番清虛，只此清虛，便是大光明藏消息。——情重，——清虛，只此清虛，便是大光明藏漸次。（第 70 條）

這段話不僅三次使用了"大光明藏"概念，而且還兩次使用了"向上"一詞。觀其行文，"向上"就是要超越"妄心""煩惱""造作""凡情世界"，最終達到"大光明藏"的境界，二者是密切聯繫的。事實上，鄧氏《南詢錄》中多次使用"向上"一詞，其指向無一不是佛門的最高境界"大光明藏"，也就是鄧氏所謂的"性命真竅"。

比如，豁渠曾批評儒家之學缺少"向上"這一環，當時盛行的陽明心學同樣如此，佛教小、大二乘之學也是這樣。他批評道：

> 講聖學的，少向上一着，所以個個沒結果。陽明透神機，故有良知之學。此是後天生滅法，未到究竟處，還可以思議。故曰："但有名言，都無實義。"曰："不離日用常行內，直造先天未畫前。"落漸次，不免沾帶，如何了得？藕絲掛斷鹽船，使他不得解脱。二乘在情念上做工夫，以求乾淨。這此求做，便是情念，便不是淨。安得情盡，反障妙明真心。本來面目，不思善，不思惡，恁麼時候，思慮未起，鬼神莫知，生死不相關之地也。至於作用，一切善惡，都莫思量，自然得入清靜心體，湛然常寂，妙用恒沙，此便是轉大法輪了。鬼神覷不破之機，學人信受不及，透不得這個機關，都說理由頓悟，事由漸修，是由李家路欲到張家屋裏去一般。經云："一人發真歸元，十方虛空，皆盡消殞。"良有旨哉！（第16條）

這一段先是説儒家之學缺少"向上一着"，接着重點批評陽明良知之學祇是"後天生滅法"，還"未到究竟處"，還不能超越"日用常行"，因此"不免沾帶"（即是不能通暢），"不得解脱"，顯然也是不能夠"向上"的。他還批評了佛教大乘、小乘"在情念上做工夫"的弊端，認爲也是不能"向上"求得"妙明真心"的。後半段則轉向工夫，認爲要"莫思量"、要"清淨"，纔能成就"向上事"，可惜一般學者"信受不及"，所以"透不得這個機關"。最後幾句實際上是反對"頓悟"之説、"漸修"之法，認爲這實際上也是不能成功的。

鄧豁渠有時還用"向上機緣"來表達他所謂的"向上事"。如他在討論"睡着不做夢"的狀態時就説：

> 一日往探葉品山，論及睡着不做夢的時候，此是沒沾帶去處，言思路絕，煙火泯滅，五丁不能致力，六賊不能窺測，是謂向上機緣，玄之又玄。這個玄機，徹上徹下，所謂神光獨耀，萬古徵猷，包含宇宙，照徹今古。天地有壞，渠則不壞。諸佛之妙心，衆生之命脈也。（第42條）

這段話非常豪氣，意思是"向上機緣"就好比"睡着不做夢的時候"，是一種非常玄妙的境界，超越天地萬物，照耀宇宙今古，是與後天不相聯屬的先天狀態，實際還是豁渠常説的"性命之學"，故他又有"性命事，謂之向上機緣，非拖泥帶水可得成就"之説（第24條）。而最後一句"諸佛之妙心，衆生之命脈"，則表明"向上機緣"的指向還是佛教的。

3. "性命真竅"本質上是佛門最高境界

綜合以上論述，可知鄧氏最喜佛教"上乘之學"，批評儒家"少向上一着"、批評儒家"論性總歸於善"、批評陽明良知之學還是"後天生滅法"，其"在事上磨練"的主張也會"生出許多煩惱"。事實上，在儒、釋、道三教中，鄧氏有個基本看法，就是孔不如老、老不如佛，佛教纔真正有"性命真竅"可言。他先這樣説：

> 論孔子者，謂一落畫相，後天易也，未超數量，而有終窮。不如老子穀神不死，猶爲超絶。安有孔子聰明睿智，不能窮神知化，弗透仙、佛玄關者也？蓋其立教，只得如此。（第 103 條）

這是説孔子還處在"後天"的狀態，不如老子"超絶"，沒有參透"仙、佛玄關"，即沒有達到老子、佛祖的最高境界。在老、佛之間，鄧氏又認爲老子不如佛祖：

> 論老子者，謂神有耗散，隨機而轉，俱非常住真心，而有變滅。不如佛之明心見性，是謂金剛不壞身。安有老子神明洞達猶龍也，不能通佛關竅、超出三界之外也？蓋其立教，只在如此。（第 104 條）

認爲老子"有變滅"，不如佛的"明心見性"高明，佛學纔能"超出三界之外"，參透"性命真竅"。

正因爲鄧氏认为孔、老不如佛，推崇上乘佛法，所以他纔會完全站在佛徒的立場如下説話了：

> 書生泥于舊見，謂佛自私自利，不如他聖人萬物一體。佛者，妙覺也，乃大智之別名。世界在大覺理中，大海之一浮漚也，皆幻化。自佛視之時，藐然其至微也，故其立教，以出世爲宗。儒者在一浮漚中，尚且鑽研不出，敢望其領是道乎？苟非超群逸格之才，不足以擔當此道，古今罕有其人，豈可責備書生輩！書生且不可，況其全真之徒歟，況時流之禪歟！（第 52 條）

這段話批評了儒家（缺乏"向上"一環，所謂"儒者在一浮漚中，尚且鑽研不出"），也批評了全真道，批評了"時流之禪"，充分顯示了他的佛徒本色和上乘追求。

至此，我們可以總結説，鄧氏所謂的"性命真竅"是超越性的，超越生死、有無，超越三界，超越天地萬物，超越世俗世界，是彼岸性的。它不屬於儒家，也不屬於道家，而是屬於佛教；佛教中又不是小乘、大乘，而是屬於上乘佛教的。在他那裏，有多種表達，如"最上乘""向上事""向上機緣""元明""大光明藏""大覺海""大寂滅海"等，本質都是佛門的最高境界。這正好符合他的佛徒身份。

祇是需要補充説明的是，鄧氏追求的"性命真竅"境界，從學問上來講就是"只主見性"，所以他在自述其學問宗旨時曾説："渠之學，謂之火裏生蓮，只主見性"（第 32 條）。所謂"火裏生蓮"，是佛教用語，是説以一切衆生無量劫來，耽湎五欲，爲煩惱火燒，日夜熾然，未曾一念回光，暫得清涼。直至如今，能於烈焰叢中，猛地回頭，頓思出路，豈非蓮花生於火内也！

所謂"只主見性"，就是以"見性爲宗"，有時簡稱"性宗"，追求性宗的學問即"性宗之學"，誠如豁渠所説：

> 或曰："以見性爲宗。有此宗旨而已。情欲宛然如雲中日，波中水，本色不得呈露，如何得以見性？"渠曰："性宗之學，如彼岸有殿閣，八寶玲瓏，迥出尋常。我原是那裏頭人，不知何時誤到此岸來了，投宿人家臭穢不堪。忽有長者，指我彼岸八寶莊嚴處，是我家當。我未曾見，今得見之。一心只要往那裏去，此岸臭穢，安能羈絆哉？見性爲宗，亦復如是。"（第 36 條）

這裏豁渠以"彼岸""此岸"的比方來解釋"見性爲宗"，意思是説，要追求（即"見"）的"性"其實是人原本就有的（所謂"我原是那裏頭人""是我家當"），是先天的，即在彼岸；現在要"見性"，就是要一心脱離"臭穢不堪"的此岸，衝破各種"情欲"的羈絆，回歸到"八寶玲瓏"的彼岸。這與前面所謂的"性命真竅"境界是完全一致的。

（二）"致虛守靜"與"一切放下"

有意思的是，鄧氏所謂的"性命真竅"在本質上雖是佛教的，但要達到這一境界，途徑和方法卻並非一定是佛教的，鄧氏喜用道家術語"致虛守靜"。如他在自序中説要參透"性命真竅"，就必須走"致虛守靜"之路，而且要做到"虛極靜篤"纔能最終參透：

> 欲透此竅，須致虛守靜。致虛不極，有未忘也；守靜不篤，動未忘也。虛極靜篤，得入清淨，清淨本然，道之消息。（自叙）

鄧氏在《南詢録》正文中也有類似的表述：

> 虛則入道之門，致靜之要也。致虛存虛，猶未離有；守靜存靜，猶陷於動。致虛不極，有未忘也；守靜不篤，動未忘也。事情擾擾，安能致虛？不虛，安能致靜？不靜，安能清淨？（第 95 條）

這段表述較前一段説得更細緻，主要是在"虛"和"靜"之間突出了"虛"的作用，認爲"虛"是最重要的，沒有"致虛"就不可能"守靜"。"致虛守靜"是道家式的表達，具體地説就是老子之教，所以鄧氏又説：

> 老子以神立教，致虛極，守靜篤，養神之功也。虛則離有，靜則離動。

致虚忘虚，致之極也；守靜忘靜，守之篤也。是謂忘精神而超生，不求精氣之凝，自無不凝也。可以長生，可以化形，與天地同悠久。後人不通此竅，在精氣神上搬算，安爐立鼎，采取黃芽白雪爲長生之術。蓋未能忘形，安能入神？未能忘神，安能超生？神也者，假元明真心而生，故能通天徹地，不疾而速，不行而至，穿山入石，水不能溺，火不能焚，神通變化，妙不可測。（第104條）

這段話一方面再次強調了"致虚守靜"之法的重要性，一方面又批評了後世道教的外丹煉養之術，認爲這種長生之術是不能超越生死的，也就不能真正參透"性命真竅"。祇是要注意的是，這裏"致虚守靜"祇是途徑，而非"性命"之事，因此這裏的"可以長生，可以化形，與天地同悠久"自然也就不是"性命真竅"的本質內容了。

既然"虚"是"入道之門"，主張"虚極靜篤"，那自然就需要"一切拚下""一切放下"。這類表達在《南詢錄》中是很多的。如鄧氏曾説：

一切拚下，身心安靜則氣清，氣清則精神翕。翕則靈，靈則徹；徹則可以透本元，而大化之功成矣。（第62條）

他還借用一個和尚的書信來表達"見性爲宗"就必須"一切拚下"：

江西慈化寺僧守約寄書，有"省力處即得力處"句。又云："以見性爲宗，一切拚下，則心虛理得。"此是修到透關的，更無別法可息輪回生死。如別有法，則不能與本分相應，奚能開示悟入佛之知見？（第38條）

這兩段話意思很清楚，祇有"一切拚下"，纔能清靜、心虚，做到"透本元""透關"，即進入"性命真竅"的境地，從而"悟入佛之知見"，實現"大化之功成"。這裏的"一切拚下"當然就是"一切放下"的意思。那麼，這種做法會不會有落空之弊呢？對此，鄧氏在與鐘橫江的對話中做了解釋：

江問合用工夫。渠曰："一切放下。"江曰："只這的？"渠曰："不這的，便是求解脱。"江曰："莫不落頑空？"渠叫江，江應。渠曰："你幾曾頑空？叫著即應，伶伶俐俐，天聰明之盡也。"渠向江云："但有造作，便是學問。性命上無學問。但犯思量，便是人欲。性命自會透脱，宗下明白，當下便了性命，是個玄門。以神爲性，氣爲命，便落第二義，便在血氣上做去了，便在游魂上做去了。縱做得長生不死，也只得守其屍耳；縱做得神通變化，也只是精靈之術，於性命迥不相干。神有聚散，性無聚散；氣有生滅，命不生滅。"（第25條）

這段話很重要，鄧氏的意思是，要"一切放下"，自然就不需要什麼"造作""思量"，就不需要"在血氣上做""在游魂上做"了。聯繫到前引《南詢錄》第75條説"造作"是"有爲之學教"，不屬於"向上事"，不是"性命事"來看，講"造作"確實是還沒有"放下"。

鄧氏既然要"一切放下",那他不顧人倫、完全拋棄家庭親情的行爲也就可以理解了。《南詢録》有載:

> 邂逅張本靜。一書生以人倫責備。本靜曰:"這個秀才舊套子,你莫向他説,等他笑你沒見識。"(第16條)

這裏説的"秀才舊套子",就是儒家的那套倫理道德。鄧氏認爲儒家之學的弊端正是"脱不得秀才舊套子",也就是沒有"放下"那"秀才舊套子":

> 講聖學的,脱不得秀才舊套子。雖説情順萬事而無情,終是有沾帶,饒他極聰明,會修爲,止透現前的向上事,實難悟入。(第53條)

這裏説"情順萬事而無情"畢竟還沒有離開"事"和"情",也就沒有完全"放下",所以鄧氏説還有些"沾帶"。鄧氏是主張超越"事""情"的,下列主張可見其意:

> 情順萬事而無情,即物來順應義,不如在廓然大公上理會。在廓然大公上理會,更不如内外兩忘。(第54條)
>
> 事上窮究理,理則難明;理上窮究事,事則易明。事理雙泯,窮究個甚麽?此處難得明白。事理雙泯,就是向上事。常應常靜,常靜常應,是動靜中事。機動念動,機止念止,有念有情,非解脱之門。盈虚消息之機,未有頃刻之停止。難以言非定,非涅槃耳;非涅槃,非安樂;非安樂,非究竟。(第55條)

"内外兩忘""事理雙泯",就是能夠"放下"各種"事""情""理""念",否則就不能"解脱",進到"涅槃""安樂"的最高境界。

由於反對"秀才舊套子",鄧氏自然就贊揚"不弄機巧"的普通百姓,主張向他們學習。他説:

> 學百姓學孔子也——百姓是今之莊家漢,一名"土老",他是全然不弄機巧的人。(第82條)
>
> 百姓是學得聖人的,賢智是學不得聖人的。百姓日損,賢智日益;百姓是個老實的,賢智是弄機巧的。一個老實就是,有些機巧便不是。(第83條)
>
> 孔子曰:"吾有知乎哉?無知也。於鄉黨恂恂如也。"似不能言者,才是一個真百姓。學得一個真百姓,才是一個真學者,才是不失赤子之心,無懷氏之民也,葛天氏之民也,此之謂大人。(第84條)

而且,鄧氏既然講"虚極"、講"一切放下",那自然也就要反對一切"有心""思量"的作爲了。所以鄧氏説:

> 學問妙訣，只當在虛上理會。虛則清靜，漸入真道。若有心致虛，虛亦難致。一切善惡，都莫思量，致虛之訣。故曰：活潑潑而無所思，心之虛也；退怯而無所爲，志之弱也。（第102條）

> 要得超凡入聖，必須一切放下。有心放下，就放不下。饑來吃飯倦來眠，行所無事，不求放下，心自放下。一切放下，不拘有事無事，則身安，安則虛而靈，寂而妙，自然超凡入聖。（第64條）

第一段繼續在講"虛"的重要性，但反對"有心"地致力於虛靜，主張"莫思量""無所思"；第二段非常具有辯證性，主張"一切放下"，但又不能"有心"爲之，即是要在"不求放下"中放下一切，自然地"超凡入聖"。值得注意的是，鄧氏反對陽明"良知"之教的一個理由，也就是它的"有心"，他說：

> 有等幹良知的，以復好境爲致知之功，雖未造作，有心求好，豈能脱然無累！（第56條）

認爲致良知雖然不"造作"，但"有心"去做，就是一種心累，因此是不可取的。鄧氏還特別批評了那些"放不下"的人，認爲他們是不可能"歸根覆命"的：

> 世人不能歸根覆命，只爲捨不得。捨不得，放不下；放不下，成不得。故曰衆生皆有如來智慧德相，只以貪着而不證得。"相逢盡道休官去，林下何曾見一人"——捨不得！（第61條）

鄧氏進而還批評了那些放不下"美官"與"美色"的人，那些放不下"富貴功名"的人：

> 天下極尊榮者美官，妨誤人者亦是這美官；人情極好愛者美色，斷喪人者亦是這美色。打得過這兩道關，方名大丈夫。（第77條）

> 今之書生志於富貴而已。中間有竊道學之名而貪謀富貴者，蹠之徒也。或有假富貴，而行好事，存好心，説好話，幹好事，盡忠報國，接引賢人，謂之志於功名，似也，謂之志於道德則未。謂之德，似也，謂之妙道則未。妙道與富貴功名，大不相侔。假富貴未能忌富貴也，志功名未能忌功名也，未忘欲也。欲者，理之友，故曰妙道則未。（第76條）

第一段説"打得過這兩關"即放得下"美官""美色"的人纔是"大丈夫"；第二段明確宣稱"妙道與富貴功名，大不相侔"，實際就是要人們放下"富貴功名"的欲望，纔有可能悟得"妙道"。

事實上，鄧氏既然主張"一切放下"，那自然就不限於這些"美官""美色"和"富貴功名"了，所以他下面所講的"過得凡情這幾道關"，實際就是主張能夠放下"世情與學問"中的各種牽畔。他說：

> 超凡入聖之訣，只要過得凡情這幾道關。一切世情與一切學問，皆凡

情也。如此凡情，都是心性上原沒有的。一者見境生心，境滅心滅，如水上波、天上雲，有他不見爲害，無他不見有加。蓋以波之與雲，原非水與天之所有也。此是世情上的一道關。這道關，古今學者，都打不過，由是有一切學問。一等去了不好的，認著好的，此是善惡上幹工夫者，此是一道關。一等好不好俱不認，認著所以幹好幹不好的，是甚麼在幹，此是認知識作良知者，又是一道。一等認不識不知、自然而然的，此是認識神作元明照者，又是一道關。以上數種皆凡情，過得凡情這道關，即入聖化。且道這幾道關如何過得去？咄！路遠夜長難把火，大家吹滅暗中行。（第64條）

鄧氏先是籠統地說"一切世情與一切學問，皆凡情"，認爲這是"心性上原沒有的"，接着具體舉列了幾種"凡情"，最後所謂"大家吹滅暗中行"，就是講要"一切放下"。

明白了"一切世情與一切學問，皆凡情"，那麼我們對鄧氏下面這段話批評"世情中人"和"學問中人"就容易理解了，他說：

一切妄心，原非本性。旋起旋滅，不能防礙。世情中人，只知有妄，不知有真，是謂認賊爲子。學問中人，必欲去妄，以復天真，是謂以賊趕賊，除了妄心都是道。超於真、妄，是謂性學。（第60條）

這是說，這個世界既有妄心，也有天真，妄心是賊，世情中人祇能看到妄心，這是認賊爲子；學問中人以爲"除了妄心都是道"，但實際上妄心旋起旋滅，根本不可能除盡，因此去妄復真的做法實際上是"以賊趕賊"，消除不盡的。祇有超越真、妄，纔是性命之學。

鄧氏既然認爲"一切世情與一切學問"都是"凡情"，那麼他自然也就會認爲各種"修養""修行"和"講學"存在很多的牽扯，即他所謂的"脫不得"的東西：

修養的，脫不得精氣神；修行的，脫不得情念；講學的，脫不得事變，皆隨後天煙火幻相，難免生死，故其流弊也。玄門中人，夸己所長；禪門中人，忌人所長；儒門中人，有含容、能撫字、藹然理義之風，只是他系累多，不能透向上事，若海中雖伸出頭來，拔不出身來，都是上不得岸的。與他入處，亦能妨誤。佛家以明覺爲迷昧，儒家以明覺爲自然；佛所忌，儒所珍也。所謂本覺妙明模糊不透，安能脫去凡胎，超入聖化之中？（第78條）

這段話先是說"修養""修行"和"講學"分別脫去不掉"精氣神""情念"和"事變"，也就是還有不少東西沒有放下；接着重點批評了儒家"系累多"，也就是還有很多放不下的地方，他們是不可能"透向上事"，像佛教徒那樣"脫去凡胎，超入聖化之中"的。爲此，他主張"空其所有"：

真精妙明，本覺圓淨，非留生死，及諸塵垢，乃至虛空，皆因妄想之
所生起，此言性命真竅，原是無一物的。今欲透向上去，必須空其所有，
乾乾淨淨，無纖毫沾帶，故曰"心空及第歸"。（第 79 條）

顯然，這裏的"空其所有，乾乾淨淨，無纖毫沾帶"，就是要"一切放下"。
鄧氏認爲，即便是"睡着不做夢時候"，也可能因爲"血氣障蔽"而使人難以"明
徹"，爲此他還是重申"一切放下"：

（鄧）慶曰："睡着不做夢時候，既無一物，何以鶻鶻突突不明徹？"
渠曰："血氣障蔽，所以鶻鶻突突不明徹。一切放下，食欲漸消，血氣漸
漸清。血氣清，所謂無一物的，才得明徹。睡着的是濁氣，做夢的是幻情，
氣清情盡，不打瞌睡，亦無夢幻。"（第 66 條）

綜上所述，鄧氏認爲要參透"性命真竅"，就必須走"致虛守靜"之路，必
須"一切放下""空其所有"。

三 "李贄的先驅"——鄧豁渠的思想特色與其思想史地位

日本著名中國思想史研究專家島田虔次先生早在二十世紀六十年代就曾敏銳
地注意到：鄧豁渠是"李卓吾的先驅"[①]。之後荒木見悟先生在九十年代將鄧豁渠
放在明朝後期自由思潮這一大背景下進行討論，認爲"鄧豁渠站在明末湧現出的
自由思潮之前列，雖被捲入了贊否可否之旋渦中，其英姿卻是不朽的"[②]。所謂"自
由思潮之前列"，表達的同樣是鄧豁渠乃"李卓吾的先驅"這一層意思。但是，
兩位先生的論述還很不充分，因此這裏有必要做專門探究。

首先需要總結一下鄧豁渠的思想特色。通過前面的論述，我們可知鄧氏追求
的"性命真竅"實際上是一個完全脫離世俗世界的絕對自由境界。在他看來："宇
宙中一切有形有色皆爲五行造化管攝，不得自由"，因此必須"超出五行造化之
外"，纔能"得大修歇，得大安樂"。（第 107 條）這種要超越"宇宙"、超越"五
行造化"、超越"天地萬物"的追求，從氣象上看，是較前輩所有的心學鉅子還
要宏大的精神追求。如所周知，南宋心學家陸九淵有"宇宙即是吾心，吾心即是
宇宙"的名言，明朝心學的開創者陳獻章進而說："此理干涉至大，無內外，無
終始，無一處不到，無一息不運。會此則天地我立，萬化我出，而宇宙在我矣。"
其高足湛若水也說："天地古今，宇宙內只同此一個心。"把心學發展到鼎盛的
王陽明說："天地萬物，與人原是一體"，"人者，天地萬物之心也。心者，天
地萬物之主也。心即天，言心則天地萬物皆舉之矣。"儘管他們學問有精粗深淺
的不同，對心學的核心概念"心"的闡釋也不完全一致，但他們在強調"心"的

---

① [日]島田虔次：《異人鄧豁渠略傳》，見《〈南詢錄〉校注》，第 127 頁。
② [日]荒木見悟：《鄧豁渠的出現及其背景》，見《〈南詢錄〉校注》，第 163 頁。

至高無上地位時，都沒有說要超越"宇宙"和"天地萬物"的範圍。因此，從這一層面來說，鄧氏探求的"性命真竅"實際上已經超越了心學的範圍。

再從學理上看，鄧氏已把先天與後天完全隔開，用他自己的話來說，就是"身在天地萬物之內，作用在天地萬物之外"（第97條）、"身在五行造化之中，趣在五行造化之外"（第108條），或者說"在世界外安身，世界內游戲"（第100條）。這是鄧氏思想的一大特色，不同於陽明的良知之學，也不同於陽明後學王艮的自然主義。因此這不僅在當時遭到批評，後來很多學者也是不同意的。雖然李贄比較理解和欣賞他的言行（後詳述），但對這種思想也是不認同的。他曾在給好友焦竑（號澹園）的覆信中寫道：

> 第一機即是第二機，月泉和尚以婢為夫人也。第一不是第二機，豁渠和尚以為真有第二月在天上也。此二老宿，果致虛極而守篤者乎？何也？蓋惟其知實之為虛，是以虛不極；惟其知動之即靜，是以靜不篤。此是何等境界，而可以推測擬議之哉！①

這段話對月泉法師和鄧豁渠在第一機與第二機關係的看法上都做了批評。這裏的第一機、第二機或稱第一義、第二義，分別是指先天和後天兩種境界。清代大儒黃宗羲更是對鄧氏的這一思想做了尖銳批評。他說：

> 渠學之誤，只主見性，不拘戒律，先天是先天，後天是後天，第一義是第一義，第二義是第二義，身之與性，截然分為二事。言在世界外，行在世界內，人但議其縱情，不知其所謂先天第一義者，亦只得完一個無字而已。②

有意思的是，黃的上述批評，基本都在鄧氏自評的範圍內。且看《南詢錄》第32條：

> 渠之學，謂之火裏生蓮，只主見性，不拘戒律。

第67條批評"謂第二義，就是第一義。又謂後天就是先天"的說法。第100條載：

> 自透關人視之，謂渠在世界外安身，世界內游戲，一切皆妙有也。未透關人視之，謂渠言在世界外，行在世界內，一切皆縱情也。

可見，鄧與黃的立場是完全不一樣的，鄧自稱是"透關人"，也即參透了"性命真竅"，而黃衹是"未透關人"，所以纔會有上述批評。黃最後總結的"其所謂先天第一義者，亦只得完一個無字而已"，雖然未見鄧氏的預先自估，但從我們後面的論述將會看到，這一批評在明朝中後期就已存在，所以李贄反復論說鄧

---

① [明]李贄：《焚書》卷一《答焦澹園》，見陳仁仁校釋：《焚書續焚書校釋》，嶽麓書社2011年版，第28-29頁。
② [清]黃宗羲：《明儒學案》卷三十二《泰州學案一》，沈芝盈點校，2008年，第706頁。

的學問不"虛"，是"真實"學問。但在筆者看來，不管怎麼評價，鄧把先天與後天隔開的説法，顯然已經脱離了儒家的範圍。

下面我們還是專門來考察鄧豁渠和李贄的關聯性。表面上看來，鄧豁渠生前與李贄（號卓吾）並無交集，似乎關係不大；但實際上，二人的思想性格和人生命運有多方面的相似性。正如有論文指出的：

> 長李贄近三十歲的鄧豁渠在很大程度上的確就是另外一個李贄。細心考察李贄和鄧豁渠，發現二人實在有很多相同之處。兩人都對當時的社會非常不滿，對當時學界彌漫着虛僞、追求功名利禄的風氣非常憎惡；兩人都在壯年時候離開了自己的故鄉，至死未歸；兩人都投奔過湖北黄安的耿定理；兩人都出家做過和尚（李贄雖然沒有正式受戒，但是他後半生常年居住寺院修行），既然出家了或者在寺院居住，就應該恪守清規戒律，而這兩人又喝酒吃肉；兩人的學説都不能（按：此處疑漏一"用"字）儒釋道三家中任意一家來概括，而有融會貫通的趨勢（李贄的學問更廣泛，不止是思想上的，還包括文學、歷史等方面的）；兩人都渴望追求心中的自由，並且爲之而努力；兩人的言行都不爲當時的社會所不（按：此字當衍）容，最後鄧豁渠身死不知屍骨在何處，而李贄也被逼得自殺，令人唏噓。①

大約正因爲二人在多方面的高度相似，所以後起的李贄對鄧豁渠非常理解和推崇。在著名的《高潔説》中，他稱贊道："鄧豁渠志如金剛，膽如天大，學從心悟，智過於師。"②在與著名的公安三袁之一的袁中道討論時也説："其（鄧豁渠）學問是真實學問，從萬死中得來。"又專門爲豁渠的著作《南詢録》作序，稱贊他鋼鐵般的意志："其間關萬里，辛苦跋涉，以求必得，介如石，硬如鐵，三十年於兹矣，雖孔之發憤忘食，不知老之將至，何以加焉，予甚愧焉。以彼其志萬分一，我無有也。"相似的命運，相近的思想，使李贄能夠跨越近三十年的時間鴻溝，認同鄧豁渠的所作所爲，對各種針對他的責難都無法接受，"不惜與多人辯論舌戰"。

（一）師門重斥與李贄的反駁

誠如前述，鄧豁渠跟隨趙大洲學後不久，就表現出極端反常的行爲，完全不顧家庭親情，落髮出家後更爲嚴重："一旦髡髮遊方外，父尋喪，亦不奔。"這種情況"大洲重以爲恨"，並做了很多努力加以挽救，"爲詩書諸名山，招之不至"③。這一情況當然也引起了鄉鄰的不滿，大家紛紛把矛頭指向大洲，大洲深感委屈，"躲避嫌疑，説不關他事"（第14條），内心則十分悔恨，《里中三異傳》記載了他們晚年重逢的一段故事：

① 黄璇：《鄧豁渠研究》，四川大學碩士學位論文，2014年，第60頁。
② [明]李贄：《焚書》卷三《高潔説》，見陈仁仁校释：《焚書續焚書校释》，嶽麓書社2011年版，第184頁。
③ [明]耿定向：《里中三異傳》，見《〈南詢録〉校注》，第88頁。

鶴尋北游衛輝，時其宗人爲郡司理，因依之。適大洲起官過衛輝，渠出郊迎。大洲遙望，見驚異，已識之，下輿把手，徒行數十里，彼此潸然流涕。大洲且泣且痛自悔責，曰："誤子者，余也。余學往見過高，致子於此，吾罪業重矣。向以子爲死，墮此大罪惡爲不可改，今子幸尚在，可亟歸廬而父墓側終身，以補前愆，吾割田租百石贍子。"即作券給之。[1]

從"亟歸廬而父墓側終身，以補前愆"的勸告來看，大洲此時的重點還是放在人倫上，希望鄧氏能夠回家盡孝。但接下來鄧豁渠的表現則讓大洲失望至極：

于時中州數孝廉來就大洲問學，大洲令鄧與答問，大洲聆已，大恚曰："吾藉是試子近詣何如，時聆子言論，乃荒謬一至是耶！夫以顏子之質，其學惟曰'有不善，未嘗不知；知之，未嘗復行。'如此，奈何爲此虛誷語？誤己誤人耶！"重歎息而去。[2]

如果説以前大洲主要是對鄧氏不顧親情倫理的行爲不滿的話，那麼這次的接觸交流則讓大洲見識了鄧氏學問的"異端"性。而且，這次大洲顯然也讀到了鄧豁渠的《南詢錄》，所以後來他在給好友胡直的書信中直斥鄧氏學問的不是。在信中，大洲兩次提到鄧氏，先從佛教角度予以批評：

渠云"欲於後天中幹先天事"，此妄作分別語，以駭人聽耳。且此大圓鏡智，即不落有無之竅也，更欲求何竅耶？《中庸》曰："天命之謂性"，言其不假人爲，無善無不善也；"喜怒哀樂之未發，謂之中也。發而皆中節，謂之和也。"指其率性，而不假人爲之處也。周子曰："和也者中也，中節也，天下之達道也。"指其已發即未發之體也。老子觀竅與觀妙同出同玄之旨，與此同也。佛氏不思善不思惡見本來面目之義，與此同也。豈可以《中庸》之言，謂墮於情緣難免生死耶？[3]

這一段有兩處在説"不假人爲"，這一點與鄧氏最初從大洲所學，"識透天機自運，不假造作"是一致的；而最後一句"謂墮於情緣難免生死"，則是批評鄧氏所謂良知之學"了不得生死"，"若墮其（天機）中，即有生滅，難免輪回"（前已引）。接着，大洲站在儒家的立場，批評鄧氏張狂：

吾觀渠書中，覬望有待之多，自負張惶之甚，輕侮前訓，以表己能，墮於業罪而不自覺。嗟嗟！雲水瓢笠之中，何爲作乞墦登壟之態耶？宜見笑於大方之家矣！[4]

這一段批評應該説非常嚴重，其中"雲水瓢笠之中，何爲作乞墦登壟之態"，可以説是人格上的重責。這一點引起了與鄧豁渠命運相似、思想相近的李贄的深

---

① [明]耿定向：《里中三異傳》，見《〈南詢錄〉校注》，第88頁。
② [明]耿定向：《里中三異傳》，見《〈南詢錄〉校注》，第88頁。
③ [明]趙大洲：《與胡廬山督學書》，見《〈南詢錄〉校注》，第112頁。
④ [明]趙大洲：《與胡廬山督學書》，見《〈南詢錄〉校注》，第112頁。

刻不滿。他在給鄧石陽的信中寫道：“覽教至此，不覺泫然！斯言毒害，實刺我心。”爲什麼呢？因爲他説：“今夫人人盡知求富貴利達者之爲‘乞墦’矣，而孰知‘雲水瓢笠’之衆，皆‘乞墦’耶！”言下之意，“乞墦”下語太重，是專門用來批評那些“求富貴利達者”的，怎麼可以拿來批評像豁渠這樣處於“雲水瓢笠”的淡泊境界的人呢？所以這簡直是對豁渠人格的巨大侮辱。李贄爲之感到羞恥，故説“念‘乞墦’之辱，心實恥之”。①他認爲應當以“各從所好”的寬容態度來對待趙、鄧的不同，“吾謂趙老真聖人也，渠當終身依歸，而奈何其遽舍之而遠去邪？然要之各從所好，不可以我之意而必渠之同此意也。”

“各從所好”應該説是一種相當理性的態度。事實上，李贄推崇趙大洲勝過鄧豁渠。比較而言，他認爲趙更圓通，鄧比較死板，也就是説：“大洲不同，鄧老一生是個擔板人，所以學問也有些擔板，大洲卻圓。”②並有“鄧終不如趙”之評：“今所未知者，陽明先生之徒如薛中離之外更有何人，龍溪之後當何人以續龍溪先生耳，若趙老則止有鄧和尚一人。然鄧終不如趙，然亦非趙之所開悟者也。”③這裏説“趙老則止有鄧和尚一人”是值得注意的，表明李贄已將鄧豁渠視爲趙大洲最爲純正的傳人。基於這一立場，李贄在《南詢録序》中言及鄧豁渠一生最重要的黃安大悟時，强調“其端實自趙老發之”，最後又肯定“趙老之真能得士”。並在《爲黃安二上人三首》中寫道：“心齋真英雄，故其徒亦英雄也；波石之後爲趙大洲，大洲之後爲鄧豁渠；山農之後爲羅近溪，爲何心隱，心隱之後爲錢懷蘇，爲程後臺：一代高似一代。所謂大海不宿死屍，龍門不點破額，豈不信乎！”④所謂“一代高似一代”，説明鄧豁渠至少在某些方面又超過了其師趙大洲，這就更説明“各從所好”是非常必要的。

（二）耿定向的激烈批評與李贄的强力反擊

如果説趙大洲的批評已很重，那麼鄧豁渠曾經的依靠對象、心學家耿定向（1524—1597）的批評則更重。他把豁渠作爲“異人”寫進他的《里中三異傳》，並選取了幾則豁渠不顧人倫、師門“重斥”豁渠的事例，最後議論道：

> 鄧鶴寓吾里時，曾集其言論，名曰《南詢録》。中言“色欲性也，見境不能不動，既動不能不爲羞，而不敢言，畏而不敢爲者，皆不見性”云云。余覽此，甚惡之，曰：“是率天下人類而爲禽獸也。”渠後寓通州，屬其徒刻傳之，中無此一段語，毋亦渠自不得於心删去之耶？近麻城令即衛輝司理子，亦大洲門人也，嘗從余遊，爲述其始終如此。予惟此老敗缺處，稍有識者，胥能明之。顧其捐身忘親，陷溺若此，所入者何因，所爲者何

---

① [明]李贄：《復鄧石陽》，見《〈南詢録〉校注》，第 100-101 頁。
② [明]袁中道：《珂雪齋集》下附録二《柞林紀譚》，中華書局 1989 年版，第 1484 頁。
③ [明]李贄：《續焚書》卷一《與焦漪園太史》，見陳仁仁校釋：《焚書續焚書校釋》，嶽麓書社 2011 年版，第 510 頁。
④ [明]李贄：《焚書》卷二《爲黃安二上人三首·大孝一首》，見陳仁仁校釋：《焚書續焚書校釋》，嶽麓書社 2011 年版，第 142 頁。

事，所成者何果，至所以迷蔽若此者，其幾微之差必有所在矣。昔孟子自
任知言，蓋知所自生於心，而究竟其所終也。予覽大洲與吾友胡正甫書，
深訝其自負張惶，輕侮前訓，墮罪業而不覺云云。其師門亦已重斥之矣，
吾党尚多惑之，豈不誤哉！[①]

耿定向的這段批評有兩個地方特別值得注意：一是認爲鄧的言論有"率天下
人類而爲禽獸"的大弊，二是"吾党尚多惑之"。這兩點在耿定向與同鄉好友吳
少虞的書信中表達得更爲充分。在信中，耿定向先是批評了鄧氏遺棄家庭親情的
悖倫行爲，然後結合他的其他言論，指出：

> 乃又爲之説曰："色欲之情，是造化工巧，生生不已之機"，云云。
> 夫古先聖人亦既知此，故經之以夫婦之倫，正之以婚姻之禮，謹之以同異
> 之辨，嚴夫內外之防，若是其詳且周者，乃所以盡人之性而正人之情也。
> 彼乃又曰："遇境不容不動，既動不容不爲。"又曰："惡聲者瞞昧不肯
> 言，愛生者强執不敢爲，皆不見性'云云。嗟嗟！是何言與！是何言與！
> 如其言，將混而無別，縱而無恥，窮人欲，滅天理，致令五常盡泯，四維
> 不張，率天下人類而胥入于夷狄禽獸矣。彼蓋自欲飭蓋其醜，不知淫邪而
> 遁至此也。夫父子天性，彼以爲情念，斷絕之矣。乃男女之欲，即以爲天
> 性之至情，何也？男女之欲，固至情之不容已。惻隱羞惡，非至情之不容
> 已耶？又曰"惡聲愛生者爲不見性"，即鑽穴逾牆，父母國人之所賤；忘
> 生徇欲，古人之所深恥者，爲見性耶？率天下之人而禽獸其行，夭剠其命
> 者，其此之言夫！[②]

這一段雖然不算很長，卻緊扣鄧氏的言論，一言其"率天下人類而胥入于夷
狄禽獸"，再言其"率天下之人而禽獸其行"，均與《里中三異傳》所批評的"率
天下人類而爲禽獸"是一致的。祇是這一段和《里中三異傳》所引用的鄧氏言論
均不見於現在流傳的《南詢錄》，當是後來流傳翻刻時刪去了。在上述批評之後，
耿定向接着就説："今里中後生，根氣淺薄者，入前之言，益稔其殘忍而忘親；
多欲者，入後之言，益稔其淫縱而無恥。"其中吳少虞還"錄其書而存之"。這
與《里中三異傳》所謂"吾党尚多惑之"正相呼應。

耿定向還在《與子健（四）》書信中，主要針對《南詢錄》第 109 條的内容
批評鄧氏學問。如鄧氏自言"兩月始達父母未生前……"（前已引），耿氏批評
這是"從靜中探討，或從經典參解，而不知反身體會，就事證驗，終屬見解，
所謂無而爲有，虛而爲盈，難乎有恆者"；針對鄧氏"常住真心，與後天不相
聯屬"，認爲"此尤極邪之説。近日談禪者百般病症，皆由此。蓋心事判，内

---

① [明]耿定向：《里中三異傳》，見《〈南詢錄〉校注》，第 89 頁。
② [明]耿定向：《耿天臺先生文集》卷四《與吳少虞書》，明萬曆二十六年劉元卿刻本。

外岐，孟子所云“離”者如此……明道所云兩截是也。”①即把先天和後天分離了。有意思的是，耿氏最後還轉錄朝廷的一段榜諭，將鄧氏言論説成是“不依聖賢格言”的“異議”之詞，罪在“誅其本身，全家遷發化外”的行列。批評之重，當時恐無出其右。

　　耿定向的批評引起了曾經的好友李贄的嚴重不滿。耿、李二人關係本來很好，爾後交惡，互相攻擊。《明史·耿定向傳》有載：“其（耿定向）學本王守仁，嘗招晉江李贄于黄安，後漸惡之，贄亦屢短定向。士大夫好禪者往往從贄游。贄小有才，機辨，定向不能勝也。”二人在鄧豁渠的評價上也有尖鋭的對立。

　　基於對豁渠的理解，李贄批評耿定向完全不能理解豁渠的關鍵在於二人立場的對立：

> 阿世之語，市井之談耳，何足復道之哉！然渠之所以知公者，其責望亦自頗厚。渠以人之相知，貴于知心，苟四海之内有知我者，則一鍾子足矣，不在多也。以今觀公，實未足爲渠之知己。夫渠欲與公相從於形骸之外，而公乃索之於形骸之内，嘵嘵焉欲以口舌辯説渠之是非，以爲足以厚相知，而答責望於我者之深意，則大謬矣。
>
> 夫世人之是非，其不足爲渠之輕重也審矣。且渠初未嘗以世人之是非爲一己之是非也。若以是非爲是非，渠之行事，斷必不如此矣。此尤其至易明焉者也。蓋渠之學主於出世，故每每直行而無諱。今公之學既主於用世，則尤宜韜藏固閉而深居。迹相反而意相成，以此厚之，不亦可乎？因公言之，故爾及之。然是亦嘵嘵者，知其無益也。②

　　這兩段話點破了耿定向與鄧豁渠之間的分歧點，兩人分別處於“形骸之内”與“形骸之外”、“用世”與“出世”、“世人之是非”與“一己之是非”的不同立場，不可能成爲“知己”，難怪耿定向要以豁渠爲“異人”了！李贄點出的這一點非常重要，豈止耿定向與鄧豁渠之間如此，他的老師趙大洲與豁渠之間的關係又何嘗不是如此呢！來自其他批評鄧豁渠的聲音，其實基本上也處於耿定向同樣的立場。

　　而且，針對耿定向等權貴對鄧豁渠的攻擊謾罵，李贄諷刺道：“人有謂鄧和尚未嘗害得縣中一個人，害縣中人者彼（指耿定向）也。今彼回矣，試虛心一看，一時前呼後擁，填門塞路，趨走奉承，稱説老師不離口者，果皆鄧和尚所教壞之人乎？若有一個肯依鄧豁渠之教，則門前可張雀羅，誰肯趨炎附熱，假託師弟名色以爭奔競耶？”③這段議論很有力量，意思是説真正對社會風氣形成危害的不是

---

① [明]耿定向：《耿天臺先生文集》卷6《與子健》第四書。
② [明]李贄：《又答耿中丞》，見《〈南詢録〉校注》，第104頁。
③ [明]李贄：《焚書》增補一《寄答留都》，見陳仁仁校釋：《焚書續焚書校釋》，嶽麓書社2011年版，第452頁。

像鄧豁渠這樣的所謂"異人",而是如耿定向這些道貌岸然之徒,他們纔真正應當受到社會的指斥。

(三)李贄與鄧石陽的爭論

鄧豁渠的族人鄧石陽(又名林材,字子培,生卒年不詳,1561年舉人,1566年任衛輝府推官,後升任太守)雖然容留過豁渠,與豁渠同爲大洲門人,但並不認可豁渠的所作所爲。因此他雖然也是李贄的好友,但在鄧豁渠的評價問題上二人發生了非常激烈的爭論,具體內容見於李贄寫與鄧石陽的兩封長信中(一封約700字,一封約3000字)。通觀這兩封書信,他們的爭論主要集中在以下幾個方面:

一是鄧豁渠的出家與"遺棄"人倫問題。這一點可能是鄧石陽非常看重的,但李贄認爲,求道成聖與"出家"與否並不構成直接的邏輯聯繫,歷史上有在家的聖人孔、孟,也有出家的聖人釋迦佛。他進一步指出:"若以在家者爲是,則今之在家學聖者多矣,而成聖者其誰耶?若以出家爲非,則今之非釋氏者亦不少矣,而終不敢謂其非,佛又何也。然則學佛者要于成佛爾矣。渠既學佛矣,又何說乎?"[1]言下之意,關鍵不看其是否在家、出家,而是看其是否真誠求道,鄧豁渠是虔誠的"學佛"者,那麼他的"出家"就無可厚非。

至於鄧豁渠出家之後的"遺棄"人倫問題,李贄承認豁渠確有"遺棄之病",但祇承認這是"其迹",也就是表面上的,不是實質性的毛病,並通過"推念"歷史上"三聖人"的情況後,認爲不能"遽定"其罪。他寫道:

> 夫黃面老瞿曇,少而出家者也。李耳厭薄衰周,亦遂西遊不返,老而後出家者也。獨孔子老在家耳,然終身周流,不暇暖席,則在家時亦無幾矣。妻既卒矣,獨一子耳,更不聞其再娶誰女也,又更不聞其復有幾房妾媵也,則於室家之情亦太微矣。當時列國之主,盡知禮遇夫子,然而夫子不仕也,最久者三月而已,不曰"接淅而行",則曰"明日遂行",則於功名之念,亦太輕矣。居常不知叔梁紇葬處,乃葬其母于五父之衢,然後得合葬於防焉,則於掃墓之禮,亦太簡矣。豈三聖人于此,顧爲輕于功名妻子哉?恐亦未免遺棄之病哉!然則渠上人之罪過,亦未能遽定也。[2]

這就是說,按照世俗的邏輯,歷史上的這三位聖人恐怕都難免"遺棄之病",既然如此,那就更不好說鄧豁渠有什麼"罪過"了。

李贄又說:"上人之罪不在於後日之不歸家,而在於其初之輕於出家也。何也?一出家即棄父母矣。"這與其說是在聲討"上人之罪",還不如說是爲豁渠開脫,因爲按照"一出家即棄父母"的邏輯,豁渠已經出家,其"棄父母"就是當然的,無可指責。所以他最後反將矛頭對準了那些僞君子、假道學們:"往往

① [明]李贄:《復鄧石陽》,見《〈南詢錄〉校注》第100頁。
② [明]李贄:《復鄧石陽》,見《〈南詢錄〉校注》,第101-102頁。

見今世學道聖人，先覺士大夫，或父母八十有餘，猶聞拜疾趨，全不念風中之燭，滅在俄頃。無他，急功名而忘其親也。此之不責，而反責彼出家兒，是爲大惑，足稱顛倒見矣。"①當然，李贄也明確宣稱自己"所取于渠者，豈取其棄人倫哉，取其志道也"②，對豁渠抛棄家庭和親情的極端行爲實際也不贊同。

　　二是關於鄧豁渠的學問。鄧石陽不僅批評了豁渠的出家、遺棄之病，還進而批評了豁渠的學問，認爲有虛、高之病。針對這一問題，李贄做了嚴肅的反駁。他認爲豁渠確有"遺棄之病"，但這衹是表面上的問題，是"其迹"。正如人的臉面各不相同，"千萬其面"，各自的"迹"也是不一樣的，所謂"迹則人人殊"，這些不同都是正常的。關鍵我們要看"其人""其學"。李贄認爲，從"其人""其學"的角度看，豁渠與那些著名的心學家們並沒有什麽不同。他這樣寫道：

　　　　如其迹，則渠老之不同於大老，亦猶大老之不同於心老，心老之不同
　　於陽明老也。若其人，則安有數老之別哉！知數老之不容分別，此數老之
　　學所以能繼千聖之絶而同歸於一以貫之之旨也。若概其面之不同，而遂疑
　　其人之有異，因疑其人之有異，而遂疑其學之不同，則過矣。③

　　李贄還批評了鄧石陽看待豁渠學問的標準，高度肯定了豁渠學問的"的確"和"平易"，他寫道：

　　　　兄所教者，正朱夫子之學，非虞廷精一之學也。精則一，一則不二，
　　不二則平；一則精，精則不疏，不疏則實。如渠老所見甚的確，非虛也，
　　正真實地位也；所造甚平易，非高也，正平等境界也。④

　　認爲鄧石陽是站在心學的對立面"朱夫子之學"的立場，而沒有站在原始儒家（"虞廷精一之學"）的立場，依據後者，豁渠的學問不但沒有虛、高之病，反而是平實的、平易的。李贄接着批評了石陽和豁渠二人立場差別導致的不同認知景象：

　　　　渠正充然滿腹也，而我以畫餅不充疑之；渠正安穩在彼岸也，而我以
　　虛浮無歸宿病之，是急人之急，而不自急其急。⑤

　　最後李贄說出了他與鄧石陽分歧的關鍵："兄精切於人倫物理之間，一步不肯放過；我則從容於禮法之外，務以老而自佚。"這裏的"我"也可以說是鄧豁渠，鄧石陽與豁渠之間，一則"用世"，一則"出世"，自然所見是對立的。

　　三是關於李贄爲《南詢録》一書所寫的序言。鄧石陽不願意豁渠的《南詢録》

---

① [明]李贄：《復鄧石陽》，見《〈南詢録〉校注》，第 103 頁。
② [明]李贄：《復鄧石陽》，見《〈南詢録〉校注》，第 99-100 頁。
③ [明]李贄：《又答石陽太守》，見《〈南詢録〉校注》，第 98 頁。
④ [明]李贄：《又答石陽太守》，見《〈南詢録〉校注》，第 97 頁。
⑤ [明]李贄：《又答石陽太守》，見《〈南詢録〉校注》，第 98 頁。下段引文也出自此頁。

傳世，所以一見李贄寫序宣揚，就非常不滿，要求李贄毀棄序文。李贄並不同意，他很有耐心地解釋説："人各有心，不能皆合。喜者自喜，不喜者自然不喜；欲覽者覽，欲毀者毀，各不相礙，此學之所以爲妙也。"基於這種寬容的態度，你鄧石陽就不應該把你的意見强加於我，否則就會陷於偏狹的立場："若以喜者爲是，而必欲兄丈之同喜；兄又以毀者爲是，而復責弟之不毀，則是各見其是，各私其學，學斯僻矣。"這樣序文之毀就沒有必要了。這是第一點。第二，《南詢錄》一書是否"有累於趙老"呢？李氏認爲這種擔心是多餘的，他先是肯定趙大洲的高大，以此來說豁渠是不可能牽累的："夫趙老何人也？巍巍泰山，學貫千古，乃一和尚能累之，則亦無貴于趙老矣。"接着舉了歷史上的兩個事例："夫惟陳相倍師，而後陳良之學始顯；惟西河之人疑子夏于夫子，而後夫子之道益尊。"以此來說明豁渠的"倍師"（"倍"通"背"）不但不會連累大洲，反而還有助於抬高大洲的高大形象。第三，無論豁渠之學是與非，序文都有其存在的價值。他説："吾以爲渠之學若果非，則當以此暴其惡於天下後世，而與天下後世共改之；若果是，則當以此顯其教於天下後世，而與天下後世共爲之。此仁人君子之用心，所以爲大同也。"第四，比序文重要得多的書籍和文字尚且有人不願讀誦，爲什麼我們要害怕這篇小小的序文呢？他説："且觀世之人，孰能不避名色而讀異端之書者乎？堂堂天朝，行頒《四書》《五經》於天下，欲其幼而學，壯而行，以博高爵重禄，顯榮家世，不然者，有黜有罰，如此其詳明也，然猶有束書而不肯讀者，況佛教乎？佛教且然，況鄧和尚之語乎？況居士數句文字乎？吾恐雖欲拱手以奉之，彼卽置而棄之矣，而何必代之毀與棄也。"第五，朝廷尚能容納佛教、出家之人，爲什麼你鄧石陽就容不下豁渠呢？他説："國家以六經取士，而有三藏之收；以六藝教人，而又有戒壇之設，則亦未嘗以出家爲禁矣。則如渠者，固國家之所不棄，而兄乃以爲棄耶？"第六，針對鄧石陽所説序文有可能"使天下之人皆棄功名妻子而後從事于學"的問題，李贄認爲這完全過慮了，有杞人憂天之嫌。他説："夫渠生長於內江矣，今觀內江之人，更有一人效渠之爲者乎？吾謂卽使朝廷出令，前鼎鑊而後白刃，驅而之出家，彼寧有守其妻孥以死者耳，必不願也。而謂一鄧和尚能變易天下之人乎？一無緊要居士能以幾句閑言語，能使天下人盡棄妻子功名以從事於佛學乎？蓋千古絕無之事，千萬勿煩杞慮也。"第七，豁渠不可能與你鄧石陽爭奪大洲的衣鉢。他説："吾謂真正能接趙老之脈者，意者或有待于兄耳。異日者，必有端的同門，能共推尊老丈，以爲師門顏、閔。區區異端之徒，自救不暇，安能並驅爭先也？"這裏的"異端之徒"是指豁渠。綜合以上理由，"則此鄙陋之語，勿毀之亦可"，即完全沒有必要毀棄那篇序文了。[①]

由上所述，可知鄧豁渠是明朝晚期思想界一個富有爭議性的人物，他的"異端"言論，固然遭到了師門的重斥、族人的指責和一些心學家的痛罵，但也有一

[①] 本段引文均出自[明]李贄的《復鄧石陽》一文，見《〈南詢録〉校注》，第99-103頁。

些人竭力爲其辯護。李贄與其命運相似、思想相近，對鄧豁渠非常推崇，做了多方面的回護和辯論，從中更可見鄧豁渠是明朝後期不容忽視的思想家。事實上，明末佛教居士林時對稱前輩參禪時，有如下指教：“時時舉證《南詢錄》《心識圖》。”①説明鄧豁渠的《南詢錄》在禪林中是有一定地位的。與李贄同時的公安三袁之一的袁宏道認爲鄧豁渠佛學造詣精深，故在舉列“參禪人”的種種弊端後指出：“鄧豁渠論之極詳，皆學人所必墮之病。”②袁宗道雖然對鄧豁渠“睡着不做夢”學説有所質疑，但總體説來是比較贊賞的，所以在和友人辯論時就引用鄧氏話語説：“鄧豁渠云：‘一等認不識不知，自然而然者，此是認識神作元明照。’恰中你病，蓋此等亦是率性之謂道也。”③爲《南詢錄》作跋的何繼高在萬曆二十七（1599）更是極力稱贊鄧豁渠及其《南詢錄》：

> 豁渠《南詢錄》直指性命，直書其所自得。以聖求之者，謂其言聖道；以佛求之者，謂其言佛道；以仙求之者，謂其言仙道。豁渠固無二道職業，古今言道者多矣，未有若《南詢錄》之一口説破者。④

清代初年，黄宗羲（號梨洲）在梳理有明一代儒學時，是把鄧豁渠作爲泰州學派的一位“著者”來論述的，儘管最後側重批評“渠學之誤”。他的這一有取有舍的立場也引起了後來全祖望的注意，他説：“梨洲於鄧豁渠、顏山農、林三教（林兆恩）輩雖不甚許，然皆有取於其言。……蓋梨洲意在博取其長，而防其流弊，所謂善學柳下惠者，莫如魯男子也。”⑤這雖意在肯定黄宗羲，但也説明鄧豁渠在黄的思想體系中也是具有一定地位的。當然，經歷明朝亡國之痛的彭士望似乎還沒有黄的理性，他不但批評鄧的怪異一面，甚至直接將其視爲明朝滅亡的責任人之一。他説：“李贄、何心隱、鄧豁渠輩，爲之倡奇行者，嫉勢嫉僞之所從出也。”⑥而且他又認爲：“隆、萬百年來，道學之傳，或失則野，或失則僞，有何心隱、鄧豁渠、李卓吾之披猖；有王龍溪、羅近溪、鄒南皋（元標）、管東溟之假借錯亂。其説起于辟晦翁，而其流至爲楊慈湖之所不屑道。”⑦他甚至認爲明朝滅亡得由鄧豁渠等人負責，他悲憤地寫道：“顏山農、何心隱、鄧豁渠、李卓吾之滅裂放肆，遂令天下不惟無真儒，並無真禪。醜博通達，堅行雄辯，適以助其橫流之人欲，深其傾危之習氣。少年才敏之士，駭其奇爽，樂其放誕，内不去紛華之實，而外坐收道學之名。呼引相歸，一鳴千和，牢不可解。馴至啟、禎之間，言性命、言氣節、言文章，盤互鉤黨，愈出愈幻，而無一不歸之於虛。

---

① [明]林時對：《劉補堂文集選》卷 3《東甌法憧禪師主大梅山開堂説法記》。轉引自[日]荒木見悟：《鄧豁渠的出現及其背景》，見《〈南詢錄〉校注》，第 163 頁。

② [明]袁宏道：《珊瑚林》卷下，明朝清響齋刻本。

③ [明]袁宗道：《白蘇齋類集》卷 18《説書類》，明刻本。

④ [明]何繼高：《刻〈南詢錄〉跋語》，見《〈南詢錄〉校注》，第 81 頁。

⑤ [清]全祖望：《續耆舊》卷 100《寶籍軒兄弟之一》，清槎湖草堂鈔本。

⑥ [清]彭士望：《恥躬堂詩文録》之《文鈔卷二·内省齋文集序》，清咸豐二年刻本。

⑦ [清]彭士望：《恥躬堂詩文録》之《文鈔卷二·濂溪志序》。

決上不决，天怒鬼尤，乃至有甲申之事。"①彭士望的這些批評自然難以立足，但他多次把鄧豁渠和李贄等人並提，則反映出鄧豁渠確是明朝後期思想界的一個重要人物。

綜合以上這些正面、反面的評論，可知鄧豁渠確爲明朝後期整個自由思潮、"異端"大潮的一位重要人物，是後來最具影響力的"異端"思想家李贄的"先驅"。當然，鄧豁渠的"異端"言行主要采取的是内省式的，而李贄則主要是通過外在的社會批判方式，這可能是兩者後來一隱一顯的重要原因。正如荒木見悟先生所指出的：

> 小他三十歲左右的晚輩而比他更具有社會影響之李卓吾，對此種自由的憧憬，采取的是對社會病狀之批評和訣别、修正歷史觀的形式；而鄧豁渠則總是停留在内省工夫之深化和凝縮，其影響遠遠比不上卓吾的原因，我想也就在此。即使有擺脱思想桎梏之企圖，從這裏也難以產生出推動實際社會之原動力。這也是其異端程度也比不上卓吾之理由吧。②

固然鄧、李二人的言行有這樣一内一外的不同傾向，但他們一前一後，前仆後繼，在明代後期反對專制主義的自由思潮中都產生了重要影響，豁渠更是具有"先驅"的作用。所以我們今天在重視李贄的同時，絕不應忘記鄧豁渠及其在中國思想史上的应有地位。

附記：在本文完稿之際，筆者又拜讀到鄧紅先生的會議論文《鄧豁渠和〈南詢録〉》（《"蜀學·湘學與儒學"學術研討會論文集》第 651-659 頁，四川成都，2017 年 4 月），知其又與人合作編著了《南詢録今譯今注》一書（中州古籍出版社 2015 年 12 月版），並準備將《南詢録》收入四川大學古籍整理研究所正在編纂的《巴蜀全書》中。這些工作饒有意義，必將進一步推動鄧豁渠及其思想的深入研究。

作者單位：四川大學歷史文化學院

---

① [清]彭士望：《恥躬堂詩文録》之《文鈔卷二·與陳昌允書》。
② [日]荒木見悟：《鄧豁渠的出現及其背景》，見《〈南詢録〉校注》，第 151 頁。

南明宰相呂大器生平考述

胡傳淮 陳名揚

南明永曆四年（1650）春，一位被尊稱爲“東川相國”的大將軍突然病革，伏枕寫下了最後的遺疏：

> 臣，西蜀孤生，以大行起家，與聞銓政，遭遇思廟，拔臣於監司之中。一爲撫，再爲督，隆天厚地，未及仰報，不幸國破。安皇襲位，臣以愚戆，幾爲奸邪所阱。及思文繼興，晉臣樞輔。皇上紹統，復綜將閫。臣以一身，受恩四朝，分宜竭股肱之力，效忠貞之節。況臣父及母，皆以臣奉命督師時，相繼殞歿。臣之要經從戎者，亦欲竭駑鈍以答聖眷耳。不意，遽嬰沉疾，力不從心。今大寇在門，疆守日蹙，固人臣臥薪之秋，亦至尊旰食之日。伏冀獨持太阿，調和將相，雪恥除凶，刻不容緩！（《呂文肅公遺疏》）

這封遺疏乃是準備呈遞給永曆帝朱由榔的。四年前的冬天，相國與瞿式耜、丁魁楚擁立他在肇慶稱帝。之後，受帝命輾轉西南，在混亂的時局裏總督“諸軍”。所謂“諸軍”，或就是一些烏合之衆吧！非但不一致抗清，竟還互相吞併。一旦相國蒞臨涪州，綽號爲“李鷂子”的李占春隨即帶著全部兵馬前來歸誠。朱容藩原本庶民，妄稱楚世子，盤踞萬縣“天子城”，想在亂世裏做一番皇帝夢。永曆已立，又豈容西南多出一個太陽來！相國坐陣長江石寶寨，令諸軍合攻之。容藩終以自殺結束，而相國不久後也病歿貴州都勻，西南再陷戰亂之中。永曆帝聞訃後大慟，輟朝三日，諡相國曰“文肅”。這位對大明江山做出了最後挽救堪稱永曆朝之鐵血將軍的“東川相國”便是爲左良玉所嫉憚、爲馬士英所忌恨、爲瞿式耜所敬重的四川遂寧人——呂大器。

呂大器（1598—1650），字儼若，號東川，諡“文肅”，四川潼川州遂寧縣北壩（今遂寧市船山區北固鄉）人，明末著名政治家、軍事家、詩人。明萬曆二十六年（1598）出生於四川遂寧，天啟四年（1624）中舉，崇禎元年（1628）中進士。歷任行人，吏部稽勳主事、考功主事、文選主事，陝西關南道參議，固原副使，都察院右僉都御史巡撫甘肅，兵部添注右侍郎，保定、山東、河北總督，江西、湖廣、應天、安慶總督，南京兵部右侍郎兼禮部事，吏部左侍郎，兵部尚書兼東閣大學士，文淵閣大學士兼少傅。官至兵部尚書、武英殿大學士。

永曆四年（1650）春，大器以疾薨於都勻府獨山州，年五十三。子六聞三：呂潛，號半隱、石山，崇禎癸未進士，甲申後不仕，以“詩書畫三絕”著稱於世；

呂泌，號旂山，陸廷掄稱其爲"有奇氣，陳元龍、辛稼軒之流也"；呂澈，號崍山，隨父行軍中，事親至孝。

呂大器一生嫉惡如仇，剛果廉潔，善謀善戰，以忠誠自持。陳龍正稱大器"超脫格套"、堪爲"當世之真塚宰、真輔弼"。徐石麒稱其"慷慨自負，忠純無二"。瞿式耜論大器曰"東川素有才路，爲人亦爽愷""每事決斷，不肯模棱"。破山海明禪師稱其具"不凡器骨"。《明季北略》稱大器"沈毅知兵"。陸廷掄論之曰"公爲人方嚴敏察，有文武大略，尤嫉惡。雖大藩强宗，無所避。以此著功名，亦以此騰誹謗聲"。

呂大器工詩，尤擅五言。鄧漢儀論大器詩"思精而語麗"（《詩觀初集》），朱彝尊贊曰"忠孝之誠溢於言表"（《靜志居詩話》），李調元論其《昭化縣》一詩曰"音旨凄壯，逼似少陵"（《蜀雅》）。工行、楷書，遺澤《登蓬萊閣詩並序》(1642，山東蓬萊）、《孟溪水月庵新亭落成序》(1647，貴州松桃）等，堪爲世寶。著有《撫甘督楚疏稿》《東川文集》《東川詩集》《塞上草》《次梅集》等。

一 千官長共目，蹳下料無私：肅清銓政佳吏部

呂大器擔任吏部主事期間作《銓署古藤花》云："藤古何年植，葳蕤自見奇。累珠穿紫翠，老幹足丰姿。既有凌霄質，甯嫌首夏時。千官長共目，蹳下料無私。"京師之吏部古藤，在吏部右堂，爲吳寬手植於明弘治六年（1493）。吳寬，字原博，號匏庵，明成化中會試廷試皆第一，官至禮部尚書，謚"文定"。吳寬行履高潔，不爲激矯，而自守以正。大器蓋以吳寬之高行爲師範。

崇禎元年（1628），呂大器中進士，列三甲第二百七十名。崇禎二年（1629），授行人。崇禎六年（1633），吏部郎缺，例推一蜀人補。呂大器憑藉其"貧而介"的性格與操守獲得了這個職位。呂大器擔任吏部主事後，首懲放南一例，黜罷"僞名僞印"者幾千人。大器因廉正稽查，得罪了不少權貴，群胥屬集吏部大門。大器避謝塚宰署，且上密奏。崇禎帝得知後大怒，立置渠首於法。從此，呂大器以"貧介"之性行聲震崇禎朝。

呂大器的性格或受其家族影響。大器五世祖呂誠，字自成，四川遂寧人，明景泰四年（1453）舉人，任甘肅鞏昌府教授。呂誠曾與同鄉二人一同進京，不肯折屈權貴，所謂"岸然不屑也"。呂誠之名言曰"吾黨立身，自有本末，寧當與貂璫作緣也"，此亦爲大器一生之寫照。

呂大器任吏部主事時，曾提出銳行"保舉"之法的建議，帝采納之。又憤於朝廷大臣植党營私，特上疏彈劾。崇禎八年（1635）底，因深爲朝中黨人所憎恨，大器遂乞終養歸蜀。《明史》言大器"善避事"，非也，乃因"貧而介"，不得不避也。

另一方面，呂大器貧介清正的性格受到朝中一些同氣友人的歡迎。陳龍正

（1585—1645）在吕大器歸蜀後甚至還發遞書信，言"台台之心神目力，則當世之真塚宰、真輔弼也"。陳龍正是一位操履冰潔、厚施樂賑且善於發現真人才之人。其在《致吕東川銓部》中就曾極力推薦蕺山先生劉宗周（1578—1645），稱"此等人才，世間有幾？"可知其述向有由來。

二　屠龍猶有當年技，呪虎能忘此日憂：保衛遂寧第一人

崇禎九年（1636），吕大器身在遂寧家中，作《明月寺》云："春雲又到舊嵩邱，蓑笠重看續勝游。般若山前僧已老，清風橋下水空流。屠龍猶有當年技，呪虎能忘此日憂？倚杖晴巒一悵望，大江難盡古今愁。"此時的大明江山業已岌岌可危。陳龍正致書大器言"仲秋烽警紛然，都人士幾無措躬之地"，"萬一出吾不意，侵薄内地"，望大器能及時出山，集思廣益，選賢制勝。敏察時政的吕大器哪能不知家國安危所在？祇奈身遭時忌耳。故其有"屠龍猶有當年技，呪虎能忘此日憂"之歎。不過，吕大器不是祇會歎息之懦懦庸碌輩，青鋒之志祇待淬勵。

崇禎十年（1637），吕大器深感家國動盪，蜀中不寧，惟先自保。夏，大器找到了時任遂寧知縣的任賓臣，商討增强城池防禦的事情。大器的建議得到了遂寧當地大族席氏、曠氏、張氏、齊氏的支持。大器傾散家財，迅速增修遂寧城。九月，竣工；十月，李自成軍犯。李自成派部下過天星取遂寧。過天星所過之地草木爲墟，一到遂寧即采取圍城戰術。民衆恐慌不已。

吕大器迅疾安定遂寧士民，歃誓守城，號召齊心抵抗。時逢遂寧曠昭自甘肅歸里，帶著邊兵二十餘名共守。清代遂寧相國張鵬翮（1649—1725）的祖先教庵先生張惠，當時也率著幾個兒子一同參加了守城之戰。吕大器募兵四百，緝間諜，嚴巡徼。一夜，大器遣勇士，奇襲敵營，使敵驚亂，終敗賊，遂寧遂寧。此役後，遂寧士民愧服曰："微吕公繕斯城，吾儕骸骨當爲豺狼食矣！"民以爲神。大器慮賊再至，再募民進行軍事訓練，造就了一支"勁旅"。遂寧頓成東川重鎮。

一場"遂寧保衛戰"，挽救了多少士民！同時，吕大器的軍事才能得以充分展現。"遂寧保衛戰"成爲了吕大器由文臣到武將的重要轉捩點。大器因守城有功，朝廷詔晉一級。第二年（1638），便例轉陝西關南道參議。

三　白骨堆荒草，青燐亂晚霞：宣威閫外彰儒效

吕大器擔任陝西關南道參議後，首募鄉勇，拿出俸金進行軍事訓練，"人皆競奮"。陽平關是秦蜀之咽喉，極爲重要，大器遣工創築之。流民得有居所，治安得以恢復。"夙號盜藪"的關南暫得平清。演武之暇，尤重課文，大器使當地孝廉月較三藝。所謂"兵火相仍，不廢弦誦"。雍正《陝西通志》有云："時兵寇比劇爲患，渠帥弗能禁，大器獨治。主兵者使之氣懾，兵不敢嘩。"

崇禎十二年（1639），大器以創築陽平關之才升固原副使。固原軍餉乏，又遇旱蝗之災，所謂“皆脱巾思亂”。面對這一危機局面，大器誅其尤者一人，並設法購糧養軍，軍心得定。西安長武縣發生叛亂，丁啟睿（1595—1647）攻圍三月都未能平定，故越境檄大器前來攻取。大器采用“穴地火攻法”擊之，敵敗，長武始平。

崇禎十三年（1640），吕大器調湖廣驛傳道參政。此時，大器又做出了“急流勇退”的決定：乞終養歸蜀。帝允之。大器此次乞養的原因不得而知，然其創作於此期的《昭化縣》一詩云：“不堪百戰後，寥落兩三家。白骨堆荒草，青燐亂晚霞。高城行鳥雀，古廟困蒹葭。群盜中原遍，愁心未有涯。”反映了他既厭倦戰爭又憂國傷時的矛盾心態。“白骨堆荒草，青燐亂晚霞”，乃是親眼所見之慘像；“群盜中原遍，愁心未有涯”，知憂國家於終始。

大器在家聊聊數月，其心中也並未真正放下過疆場事業，衹是等待時機罷了。崇禎十四年（1641），因陝西撫按秦交章言“邊警屢告，不宜置吕某於散地”，帝令大器以都察院右僉都御史巡撫甘肅。大器在《奉詔撫甘肅，舟發嘉陵》中言：“已信餘年老首丘，此生不上閬中舟。那期夜發金城詔，更遣星馳玉塞游。射虎幾人同李廣，廬龍何計得田疇。功名潦倒慚流水，爲國思寬萬里愁。”喜憂之情畢現。

甘州總兵柴時華，西寧人，三世爲將，其心橫詐。時華因不服從前甘肅巡撫劉鎬牽制，竟然縱兵喧嘩，並火燒劉鎬的官衙，儼然甘肅王。實則爲謀逆之舉。吕大器到任後，得知柴時華種種不法狀，一邊飛疏揭露時華，並請移駐涼州；一邊單騎詣甘，以安時華。時華陽爲恭謹，然中懷反側。欽命下，時華鐫秩去職。其後受部將鼓動，竟造反，欲引插酉兵、土番來犯，使者爲邏者所獲。大器趣道鎮兵，合攻時華，敗之，時華吞金自焚而死。捷書抵京，崇禎制詔嘉歎。

年底，吕大器假賞犒名，毒飲馬泉，殺謀犯肅州的塞外也爾迭尼、黃台吉（均蒙古部落）等部甚衆。又遣總兵官馬爌和督副將王世寵等討群番爲亂者，斬首七百餘級，撫三十八族而還。西陲略定。一時，大器在朝中之威望甚著。

徐石麒（？—1645）在《答甘肅撫台吕儼若》中稱大器云：“幸翁台慷慨自負，忠純無二，出其餘緒，自可犁庭掃穴，一洗吾儒之恥！然後入贊密勿，如楊石淙故事。美哉洋洋！石麒羨之。”大器以儒將定西陲，風采不減于、王，所謂“宣威閫外，儒效大彰”是也。

吕大器在擔任甘肅巡撫這段時期，創作了大量邊塞詩歌，以今存之《鎮羌道上有感》《雪山》《靖邊作》《渡皋蘭作》《早發古浪》《雙塔道上》《黑松嶺》《五涼郊行》等爲代表。其《渡皋蘭作》有云：“此日神州煩擘畫，且從徼外洗煙塵。”是爲報國之聲。

四　舉杯直上層絕處，一腔心膽徹碧空：安京督江帝曰諧

崇禎十五年（1642）六月，以科臣章正宸（？—1646）言，大器憑定西陲之功，擢兵部添注右侍郎。因自西北進京路遙且艱，北路不通、山左路梗，故改經金陵，走海道入京。冬，大器北航入覲，過登州，登蓬萊閣。其在《登蓬萊閣詩並序》中云："壬午之冬，予北上過齊，爲虜騎縱橫，直偪至登。因同登人士，登陴効守，得縱觀海，且陟蓬萊閣焉。閣下古洞宕壑，巨波撼之如雷……憶坡公當年來登五日，僅禱海市，若洞若石與珠灣，或倥傯未之到也。而予得覽焉，快有甚於坡老已。"詩云"蓬萊傑閣峭天宇，灝氣直欲貌今古。搔首未攜謝朓詩，盈眸卻有坡仙語。洪濤不將纖塵留，柱石能撐濁世流。有意蜃樓爲我設，無心鷗鳥任波浮。海上自有釣鼇客，綫借虹霓鉤借月。時危不乏濟川才，只愁舉世妬李白。明珠一灣雪千峰，玲瓏怪幻如天工。舉杯直上層絕處，一腔心膽徹碧空。"蓬萊閣下撼之如雷的巨波，也是國家動盪的象徵吧！大器詩云："洪濤不將纖塵留，柱石能撐濁世流"，忠孝之詞也。"舉杯直上層絕處，一腔心膽徹碧空"，心懷壯闊罔極。

崇禎十六年（1643）初，大器奉詔抵京。三月，因戶部尚書倪元璐（1593—1644）言，以兵部右侍郎兼右僉都御史，總督保定、山東、河北軍務。崇禎帝臨軒召對，大器具陳禦敵以兵食爲先。大器赴任後，唯以忠義激勵諸將。守保定，以計敗敵，保定安。又追敵於清河，大敗之。再馳扼順義牛欄山，復破之。時李自成軍大規模殲滅明軍，帝國急危！周延儒（1593—1643）合四總督及天下勤王兵大戰於螺山（今北京懷柔北），敵奮圍開，八鎮之兵皆潰，唯大器一軍獨全。螺山大戰，唯他不敗。帝京安，晉秩一級。

夏，張獻忠屠武昌，東南大震。崇禎帝以侍郎沈炳文言，擢大器江西、湖廣、應天、安慶總督，駐九江，賜以行間賞功銀幣，且予禁旅數千人以往。大器到九江後，以侯恂及柴時華故，總兵左良玉疑大器圖之，不親謁，遣子孟庚代參。爲解心疑，大器單騎造良玉營，就榻前執手涕諭曰："天步艱難，豫、楚陷沒。將軍爲天下名將，受國厚恩，不思同心膽，戮力殺賊，顧聽煩言，以誤大事。奈宗廟社稷何？"疑稍解。

南昌告急，呂大器示以士民必死無去之心，南昌民心乃定。張獻忠歷長沙踰大庾，攻入吉、袁兩郡。呂大器遣部將謝騰雲、李士元，及良玉部將吳學禮、馬盡忠等，遏賊鋒於樟樹鎮，大破之於峽江，於永新又破之。吉安、袁州同日復。南昌解嚴。既而，大器遣前將暨學禮等進兵湖南，復衡、永、長、嶽。官兵益奮。張獻忠南進無望，遂長驅入蜀。

然而，左良玉始終嫉憚大器，文武不和。兵私鬥，焚南昌關廟。時任南兵部尚書的史可法致信大器，言"文武幸，降意相和"。大器便惠左一詩，扇後書"東

川老人"四字而已,曰:渠得此已足矣。衆皆服其心。想當初大器爲消除良玉疑心,親詣榻前握手問候,惟願勠力同心保國耳。國家危急存亡之秋,良玉不聽帝諭之臣,是非立判。

五 難將一片意,訴與上春時:怒斥馬阮蜀農回

崇禎十七年(1644)正月,吕大器改任南京兵部右侍郎兼署禮部事,副兵部尚書史可法治軍政、參機務。三月十九日,李自成陷京師,崇禎帝朱由檢自縊煤山,殉社稷。李自成稱帝,國號順,改元永昌。四月初一日,吕大器與史可法、高弘圖、張慎言、姜曰廣等誓告天地,號召天下臣民起義勤王、捐貲急事。四月中,聞京師陷,烈皇崩,大器哭累日,且致書史可法,早擇賢王。四月底,大器受錢謙益、雷演祚等影響主立潞王朱常淓。雖後來史實證明潞王且驕且淫,然當初"人望皆在潞王"(《明季南略》卷一),非惟大器一人主張。議未定,而馬士英等擁福王至。時兼署禮、兵二部印的大器捧檄率百官出迓福王于龍江。

五月初二,福王召百官升殿議事。百官議,上勸進第一箋,吕大器捧箋於庭下面奏。又議,上第二勸進箋。五月初四,福王監國於南京。五月初六,吕大器遷吏部左侍郎。五月十五日,福王朱由崧即帝位於南京武英殿,詔以明年爲弘光元年。六月,馬士英當權,排史可法,進阮大鋮。舉朝囊沸。十三日,吕大器上疏彈劾馬士英。大器《諫安皇逐馬士英、阮大鋮疏》云:

> 臣竊惟人材進退之間,即國家治亂存亡之數。故李、杜斥而趙、張進,炎鼎遂危;泌、度去而牛、李興,唐祚以覆。此固前代之已事,可爲今日之鑒觀。先帝在時,每惓惓於此。而卒致覆亡者,由當日庸奸權相如溫、周之屬,以朋黨殺盡天下士大夫也!臣爲部郎時,曾抗言之矣。恭惟皇上勵精圖治,一時百僚,皆懷師濟之風,絕囂競之氣。方冀寅恭協和,矢雪大恥。不意自馬士英擁兵來朝,留政府,濁亂王章,人心洶洶,幾成土崩魚爛之勢。又以舊輔吳甡、大塚宰鄭三俊薦樽一事,殿陛之間,遂有喑嗚嘆啘,藐至尊爲贅旒者。《逆案》一書,先帝手定,凜若日星。而士英悍然不顧,欲徑躋奄党阮大鋮於樞部。不惟視吏部爲芻狗,抑且視皇上爲弁髦。爵祿封賞,國之大典,雖人主不得而私。士英在鳳,有何政績?倏而尚書、內閣,倏而宮保、世廕,果衆所共與耶?抑士英自爲之也。至其子,以童臭而爲都督,妹夫以文弱而列總戎。瓜葛之越其傑,以軍犯而監軍,附逆之田仰,以久處而侍郎,總制逮問之楊文驄,且以抗提而授職方矣。惟名與器,隨意假人,目無法紀,是可一日容於堯舜之世乎?總之,吳甡、鄭三俊,臣不謂其無一事之失,而端方直亮,允爲海內正人之歸;馬士英、阮大鋮,臣不謂其無一技之長,而奸邪凶慝,終爲宗社無窮之禍。伏乞皇上,加以欒水之刑,正其滔天之罪。生民幸甚!社稷幸甚!

言絕痛而上不報，惟以“和衷體國”答之。天聰失明，奈何奈何！六月十七日，呂大器因疏參馬士英，備遭忌恨，乃引疾去。六月二十六日，呂大器辭朝奏謝，帝諭以“挑激”二字勿言。隨後，大器攜家至湖州吳興，命長子呂潛、三子呂泌奉母避居於此，大器對呂潛說：“老父熱血難灑，上負國家，惟有西遷養大父母，以盡子職。今楚蜀盜梗，暫留汝母子於此。時勢艱危，山河破碎，未知相見之日，汝母即付汝，老父不復顧矣。”揮涕而別，竟是訣別！呂潛再次見到父親則是四十三年後（1687）的春夏之交，乃自遵義海龍壩遷父柩回遂寧。

呂大器歸蜀取道湘黔。其《湘潭道中》有云：“何時出暗穀，一望大江平。”知其悵惘矣。郭都賢（1599—1672）曾於崇禎十六年與大器同在江西並肩作戰，此刻兩人又在上湘相遇，郭有詩《呂東川少宰還蜀取道上湘邀游望南庵》云：“豈爲秋風拂短髮，新朝元老下幹旄。湘江白露沾衣薄，蜀道青天曳履高”“長沙淚盡將崩土，巢父途窮更買山。相望恍然如夢寐，漫余情緒向杯刪”。家國興亡痛於行間。大器離開南京後的秋九月，阮大鋮、李沾劾大器擁立時遲疑觀望、懷貳心，欲治罪。因大器時已在歸蜀路上，乃免。

當呂大器回到蜀中遂寧家中之時，成都業已爲張獻忠占據。蜀大壞，枯骨載道。時人諷勸大器擇地退隱，以侍父母。大器改容謝曰：“某豈不知勢棘難爲，親老宜侍？顧國恩深渥，某三朝大臣，宜當與社稷共存亡，豈可豫憂其不濟，遂以親爲解，又手坐視耶？吾已泣告嚴慈，苟上復我用，惟以橫屍之年，爲投簪之日耳！”讀《辭鄉人勸退語》，知大器之真精忠。呂大器《鶯啼》云：“難將一片意，訴與上春時。如寫朝陽怨，還摛歌扇辭。人多苦破屋，我亦鮮寧枝。爲問經時客，何緣靖亂離。”讀《鶯啼》詩，便可體會到大器那“隱忍而泣下”（費密語）的心情。

六　細雨霏霏已浹旬，豈疑天日久沈淪：仰佐南天司馬哀

弘光元年（1645）正月十六日，阮大鋮捏造“十八羅漢”“五十三參”“七十二菩薩”等名，欲興大獄。呂大器與史可法等海內人望被列其中。五月，清軍屠揚州，下江南。八日，陷南京，弘光帝被執，福王政權亡。閏六月，總兵鄭芝龍、巡撫張肯堂、禮部尚書黃道周等請唐王朱聿鍵監國。二十七日，唐王稱帝於福州，改元隆武。隆武立，詔呂大器任兵部尚書兼東閣大學士。大器赴詔入閩，諫帝不宜“用人太濫”，帝嘉納之。然蒼天不假，時事不可爲，遂辭去。呂大器在臨汀與黎士弘每談時事，言與淚俱。臨別，大器《臨汀別黎士弘》詩有云：“細雨霏霏已浹旬，豈疑天日久沈淪。”知其必有恢復弘圖。黎士弘贊之曰“風規舉止，真大臣也！”

隆武二年（1646）八月，清軍至汀州，隆武帝被執死。鄭芝龍降清，其子鄭成功焚儒服入海起兵。十月十四日，呂大器自柳州至端州，與瞿式耜、丁魁楚等

擁立永明王朱由榔於廣東肇慶就任監國。吕大器以兵部尚書兼東閣大學士掌兵部。十一月十六日，永明王於肇慶即皇帝位，改元永曆，以明年爲永曆元年，頒詔中外。吕大器與瞿式耜擁立永曆帝，乃是他爲大明江山做出的最重要決定。永曆立，明祚又得以延續十六年。十二月，帝如梧州，大器請留守肇慶，後東入韶州。

永曆元年（1647）三月，吕大器奉父母駐於貴州烏羅衙署附近之水月庵。是年秋，督師王應熊（1589—1647）卒於永寧之土城。既而，吕大器向永曆帝上疏，言"川蜀地居上游，爲國根本，川蜀安則楚粵俱安，宜及時收拾"。帝晉大器文淵閣大學士兼少傅，賜尚方寶劍，承制封拜，令代王應熊，總督西南諸軍。

永曆二年（1648）夏，吕大器督師至涪州。李占春率所部來迎，大器與占春深相結，次平西壩。平西壩位於長江江心，地勢易守難攻。大器令占春明賞罰、飭隊伍、汰老稚、開屯種。他將楊展、于大海、胡雲鳳、袁韜、武大定、譚弘、譚詣、譚文以下，皆受大器約束。自隆武二年十二月張獻忠死後，四川各地軍閥割據，互相攻戰。直至吕大器歸蜀督師，方得以小安。

是年，朱容藩詐爲璽書，稱"上俞我以世子行楚王事"，號"天下兵馬副元帥"。建行宮、設儀仗，置羽林、錦衣各衛軍，衣服器皿擬於天子。又修萬縣譚氏砦，號爲"天子城"。朱容藩，何許人也？據《明季南略》卷十一《朱容藩僭亂本末》稱，朱容藩本楚藩通城王派下一庶人也。後逃入左良玉軍中假稱郡王，引兵害人，爲諸將所惡。後又到南京賄賂馬士英，請以"鎮國將軍"監督楚營。永曆立，容藩爲丁魁楚所薦，掌宗人府事。永曆素惡容藩，本欲斬之。其以賄內監龐天壽，得保全，後由楚進川。容藩假稱"三省總督、兵部右侍郎"，一路招搖撞騙。

可知，朱容藩從頭到尾就是一個"假打"，竟還妄想在西南稱帝。當然，確也有不少軍閥頭頭迷信他。當容藩之人舉著"天下兵馬副元帥"的牌子到李占春處時，大器笑曰："天下兵馬副元帥，非親王、太子不敢稱。天子在上，國何以監？此決反矣。若受其官，必坐罪。"且言"天子無恙，容藩僭竊，當死！"李占春、于大海等固不附容藩，得大器檄後，更決心反之。大器諭容藩再，卻遭焚書斬使，故將其造反事密疏上聞，俟上決斷。

永曆三年（1649）冬，永曆帝詔晉吕大器武英殿大學士，令其赴行在。容藩聞後，猝陷石柱廳。因西南路阻，征討容藩的上諭還未發出。大器當機立斷，大會諸將，拊髀歎曰："日者承簡命得便宜行事，而我逡巡踰年者，以彼系宗室，欲俟上親斷故也。今容藩叛渙，吾足一動則彼勢遂成。吾可跳身事外，令此中復有一天子哉！"傳檄諸路軍，聲其罪以討之。吕大器命李占春、于大海、胡雲鳳合攻容藩，大器據忠州石寶寨爲策應。李占春先復石柱，再聯手于大海與容藩大戰於三教壩。容藩敗走，入萬縣天子城。天子城不守，容藩復走雲陽，追兵迫，竟拔劍自殺，餘兵盡降。蜀復平。

容藩亡，吕大器乃取道烏江，南行赴永曆行在。至思南，應王祥反復請求，次於遵義，養病二月。永曆四年（1650）春，大器行至都匀府獨山州（今貴州省黔南布依族苗族自治州獨山縣），病革，草遺疏數紙後病逝，年五十三。其至死都在高呼：“雪恥除凶，刻不容緩！”大器向來儉樸，身無長物。諸將撿其行笈，無一錢。後受王祥襄助，乃葬於遵義之海龍壩（今遵義市紅花崗區海龍鎮）。李占春聞訃後，令三軍爲大器縞素一月。帝聞訃後大慟，爲輟朝三日。一切祭葬贈蔭，皆視國故。帝賜謚曰“文肅”。

七　他年合坐三生石，始信因緣弗偶然：臨濟源流佛心相

吕大器還有一個世人鮮知的身份，即在其五十二歲時，曾拜破山海明禪師（1597—1666）爲師，破山且授記莂、付法偈與之，大器乃爲破山八十七法嗣之一，佛教禪宗臨濟宗第三十二世傳人（《五燈全書》卷六十四）。

早在肇慶，永曆初立時，吕大器身邊便有蓮月印正禪師（1617—1694）隨行。蓮月印正與大器曾同上肇慶七星岩，其《復東川吕相國》有云：“經地照程出外江，金甌姓字世無雙。杖頭雖撥天涯路，千里同風化萬邦。”可知大器敬佛之心。

永曆三年（1649）二月，吕大器駐石柱，究心宗乘，久不得入，聞破山名，遣使迎之。破山拽杖而赴。大器出，破山問：“你是吕居士麽？”大器答：“不敢。”又問：“父母未生前姓甚麽？”吕擬議，師便打。吕怒掩卻門，大張威令。破山答偈曰：“父母未生前句子，等閒棒著發無明。猛然省得非他物，十八女兒不系裙。”受到破山一番棒喝後，大器終覺悟，降階焚香，拜爲弟子。大器呈偈有云：“粗言惡棒不容情，收放何須藉主人。恁般磕著吾懷裏，一句承當覿面親。”師閱偈，點首頷之，遂授記莂，付法偈曰：“黃檗室中三頓棒，大愚脅下便還拳。老僧撞著吕公縛，祖代冤流如是傳。”吕大器終成破山法嗣、臨濟傳人。大器《與破山明禪師書》有云：“承施棒喝，卻得透脱，一陣黑風黑雨，原自天朗日晴。只恐一夥盲人，不識此段因緣耳。”大器《答破山明禪師》：“萬丈灘頭橫夜月，一腔宿霧掃晴天。他年合坐三生石，始信因緣弗偶然。”

東山梅溪福度禪師在示一源禪者時曾言“‘父母未生前本來面目’一則話頭，能使人當下明心見性，了生脱死”，東川吕相國在破山棒喝後雖大疑情，至晚省發，然亦當下明見了脱。所謂“十八女兒不系裙”，全體畢露是也。吕大器征戰疆場，身歷四朝，興亡感慨甚於常人。當心中的苦澀一下被破山看透，豈非畢露耶？悲之所至，又有宿根，故遁法海矣。

敏樹如相禪師（1603—1672）在《答相國吕東川居士》中云：“敬羨鄉尊，位居極品，家傳後裔，不以聲名自拘焉。”禪師言大器“夙有願力，示現宰官，以此深信法門，知有向上一著子事”，言其“頂門具眼，腦後見腮，始知步步踏著實地，時時得見本來面目，與三世諸佛同此一道，歷代聖賢具此一機”。蓋言大器得破山付法後之佛心佛面也。

吕大器還曾致書鐵壁慧機禪師（1603—1668）求一面教。遣使三次，因師“禁足青山”，終辭。鐵壁禪師《復相國吕東川居士》云：“高高峰頂結茆庵，不學無爲不學參。拄杖欲將同國柱，青山留我且癡憨。”鐵壁禪師稱大器爲“佛心宰相”。雖未覿面，兩人卻“心與心相印”（大器語）。

“佛心宰相”吕大器還大力倡弘佛場。貴州思南中和山華嚴寺是烏江流域佛教傳入最早的地方，歷來香火不絕。大器過思南，爲華嚴寺題匾曰“黔南名刹”“花梵蓮雲”。永曆三年四月，吕大器游石柱三教寺，作《永曆己丑孟夏游三教寺題》。三教寺乃是秦良玉家廟，大器師破山禪師曾駐錫六年。大器爲三教寺大門題有“萬派歸宗”金字橫匾，以示正宗。

八　至今人說東川老，誰向寧南吊故侯：代代追思景行止

永曆四年（1650）春，吕大器病逝於都勻府獨山州。錢澄之（1612—1693）聽聞後，感慨不已，作詩紀念云：“西來吕相國，聞喪獨松州。戀闕情空切，收京志未酬。天意難將測，不愁老臣留。寂寞綸扉內，先朝幾白頭！”錢澄之，字幼光，號田間，安徽桐城人，明末諸生，永曆立，授禮部儀制司主事，永曆三年（1649）授翰林院庶起士。同爲南明忠臣的錢澄之，或更能體會大器那份仰佐南天的詩思吧！

吕潛與父大器自甲申一別後再未相見。身在茗上，思念罔極，作《懷家大人》有云：“茗西秋雨竹窗疎，竟日懷親慘不舒。紅蓼岸邊辭鳳藻，白雲嶺外斷魚書。蕭騷短髮人應健，慷慨長戈事已虛。八月江風寒到枕，太行於此定何如。”

清康熙十三年（1674），吕潛與弟泌、澂葬母吕太夫人於揚州之邵伯埭，並自吳興桑苧村移家至泰州海陵。吕潛請費密爲父吕文肅公大器“點木主”。費密在西南時，受大器庇護頗多，吕、費二家有生死交情。費密總結了吕大器一生之豐功，其《題吕文肅公木主》云：“地軸移三極，天威失萬方。大臣嗟力竭，國史散倉皇。憶昔思陵始，重生皎日光。銓衡平似水，廉潔白如霜。持節關山外，流恩漢水傍。宣威清雁塞，奉勅肅鵷行。舊迹曾分陝，孤軍復駐漳。艱難趨魏闕，沉略倚岩廊。故里巢俱覆，新亭志不忘。危言離社稷，間道出荊襄。鳳啄開銀篆，龍書下玉箱。群黎憐井邑，元老籍金湯。諸將思裴度，中朝賴子房。杜鵑啼有血，封豕突無防。路入蠻中小，星流壁上傷。朱輔藏部落，青草潤窮荒。百長齊朝奠，千峰閉夕陽。濕雲低冉冉，哀□轉茫茫。令子成歸祔，還家葺享堂。煙連神女峽，旅櫬謝公鄉。導從非斑劍，瞻依暝石羊。緋歌北埜笛，木主重圭璋。謚法朝儀在，官階埜史芳。書成哀倍切，不禁淚沾裳。”

吕潛寓居泰州期間，曾至江右，訪先大人總督故地，作《豫章行》，詳述了吕大器崇禎十六年（1643）總督江、楚、應、皖等處軍務時的具體情形：“昔年入上谷，易水何蕭蕭。今來豫章城，草木生悲號。俱是先人秉鉞地，江山景物增憂

勞。憶昔寇氛動湘漢，南國飛書急羽箭。至尊臨軒思頗牧，勅書親下文華殿。先人節制在盧龍，逐北喜峰初罷戰。更傳新詔促南征，星裝擐甲裹血汗。單騎臨江遡上游，艨艟一日旌旗變。當時悍帥臥潯陽，十萬高居燕雀堂。袖手邯鄲魏晉鄙，擁兵關隴李懷光。公以忠義相勸激，指水揮涕登其床。中懷疑懼如堅壘，戟矛中夜聲鏘鏘。西江又報袁吉陷，我公飛舸移南昌。虎旅三千隊始集，宜春一戰賊鋒殂。六師乘勝捲星沙，三湘五嶺開荊棘。朝馳露布上金門，夕下璽書褒稱職。長安倏忽困豺狼，星辰昏黯連北極。勤王壯志苦不伸，風霜將士猶歎息。悲哉往矣四十年，此郡戈鋋幾變遷。龍馬池上遍苔蘚，日月湖頭泣管絃。邸第新開五侯宅，觺箳寒生六月天。令威樹已無消息，精衛海教終古填。滕王畫棟且蕭瑟，吞聲曾無故老傳。黃昏風色動江渚，欲語無人淚如雨。"

　　貴州省遵義市務川縣有麻王洞，甚爲壯觀，世傳呂大器永曆年間督師西南時曾暫駐於此，且有兩詩題刻於洞壁。歷代賢人，憑弔詠懷者甚夥。務川王廷弼、申石渠、龔星橋、冉謙、龔煌、蔡世金、申文鈞等士人皆有題詩追念。王廷弼《題務川麻王洞》有云："半壁東南血戰腥，雲山何處哭忠魂。備兵故里原烏合，遁迹深林愧鳥奔。焱運正終明社稷，黃冠長嘯漢乾坤。可憐未遂回天志，夜夜烏啼月色昏。"

　　大器雖無回天之術，但以不二之心爲大明的江山做出了最後的努力，堪稱"忠魂"，誠不誣也。

　　呂大器工詩善書，惜其猝歿於都勻，文字少所裒集，惟詩草倖存。費密隨大器行軍中，手錄藏之，後定爲《呂文肅詩》。費密云："人之雲亡，惟此寫憂寄憤之作，尚在人間……世之君子，有謝翱其人者，留爲異日，續《天地間集》可也。"舒雲逵《讀〈呂文肅詩〉志感》云："浩劫紅羊板蕩秋，長空星影墜旄頭。三邊風雨毫端疾，半壁江山望裏愁。屛主乘危偏好色，將軍跋扈恨無謀。至今人説東川老，誰向寧南弔故侯。"

　　清文華殿大學士兼吏部尚書遂寧張文端公鵬翮在《祭李子靜文》中言："自吾鄉席文襄公之歿也，百餘年而呂少司馬起。呂少司馬之歿也，又三十餘年，而公興。"實則，作爲南明兵部尚書、武英殿大學士的呂大器，上承黃珂、席書，後啟李仙根、張鵬翮，國史有載，乃爲遂寧明清史上最重要的轉折性人物。

作者單位：胡傳淮：四川省蓬溪縣政協

　　　　　陳名揚：寧波大學人文與傳媒學院

張問陶青少年時的從軍意願與英雄之志
——張問陶的戰亂詩歌與軍事思想考述之一

鄭家治

張問陶在乾隆戊戌（1788）年的《壯志》中説："三十立功名，四十退山谷。"[①]
詩歌充滿了經世報國、立功爲國的少年壯志，此後至老不衰。從《船山詩草》有
關詩歌的解讀可以看出詩人始終懷有濃烈的經世情懷與儒家忠義、忠勇思想。這
種思想情懷遭逢清王朝由康乾盛世轉向嘉道衰世，尤其是經歷了近十年的白蓮教
起義，詩人便在感歎國家衰亡與身世悲傷之時，表現出對時事戰亂的强烈關注，
寫出了大量表現時事戰亂的詩歌，且在詩中流露出强烈的從軍之念，蘊含著豐富
的軍事思想。作爲一個狂士型文人，這些詩歌無論從思想內蘊還是藝術表現上看，
都是他最好且最有意義的作品，也高於同時代其他詩人，在巴蜀詩歌史上幾乎無
人可比，值得深入研究。下面擬分時段考述其青少年時表現從軍意願與英雄之志
的作品，再做簡單總結。

一

乾隆辛丑（1781）年，詩人僅僅 18 歲，隨母親與哥哥困居江漢，其《雜感》
二首[②]歌頌劉備，主要贊揚劉備的經世情懷。劉備是政治家，也是以軍事起家的軍
閥，最終建立蜀國而名垂後世。之一云："識得劉郎才氣無？長年側目看江湖。
未應入世馴龍性，也復論交到狗屠。落日彎弧金箭瘦，牢愁呼飲酒錢粗。布衣不
合饑寒死，一寸雄心敵萬夫。"首聯贊美劉備有才氣，更有大志，不願求田問舍，
卻靜窺天下之變，所謂"側目看江湖"。次聯承上寫劉備沒有普通人入世的馴良
之性，相反，卻結交關羽、張飛等類乎狗屠的草莽英雄，準備起事。第三聯寫劉
備等人意氣粗豪，練武不懈。尾聯從軍事著眼，贊揚劉備儘管已經淪落爲織席編
屢討生活的布衣，卻不甘願饑寒而死，有項羽學萬人敵的雄心大志，最終乘亂起
兵，建立政權。第二首又以劉毅、馬周比劉備，所謂"家無擔石如劉毅，人許功
名似馬周"。劉毅曾在晉末起兵隨劉裕討伐桓玄，建立劉宋王朝，後雖然被殺，
但其志其功不可没。《舊唐書》稱馬周"少孤貧，好學，尤精《詩》《傳》，落拓不

---

① [清]張問陶：《船山詩草》，中華書局 1986 年版，第 11 頁。
② [清]張問陶：《船山詩草》，中華書局 1986 年版，第 13 頁。

爲州里所敬。” “周有機辨，能敷奏，深識事端，動無不中。”①可稱一代名臣。馬周精於《左傳》，於隋末投奔唐太宗，可見也以軍事政治見稱。詩歌贊揚劉備，說明詩人少年時就不同於一般的儒生，希望像劉備那樣交友習武，靜窺形勢，胸懷從軍立功的大志，所謂 “一寸雄心敵萬夫”。

次年的《新堤贈景千總》云：“書劍兩無成，落拓依南荊。江頭相遇酒共傾，赤氣浮面千軍驚。百夫長，一書生，請君較之誰重輕？殘衫破帽天無情，欲解側注從論兵。君歌擊短築，我醉吞長鯨。酒酣以往氣益橫，視余何似燕荊卿？”②詩歌先說自己 “書劍兩無成”，因此便 “落拓依南荊”，接著寫與景千總這位低級綠營軍官 “江頭相遇酒共傾”，以致 “赤氣浮面千軍驚”。下面發問：“百夫長，一書生，請君較之誰重輕？”一個是低級的百夫長，一個是未中科舉的窮書生，二人都毫不足道，都輕。“殘衫破帽天無情”說自己穿著殘衫戴著破帽，不由滿腹牢騷，以至怨天怨地；“欲解側注從論兵”則表明他讀兵書，談論軍事，而且仔細研究，所謂 “欲解側注”。末尾寫對方學高漸離擊築，他自己則豪飲高歌，所謂 “君歌擊短築，我醉吞長鯨”。最後以 “酒酣以往氣益橫，視余何似燕荊卿”收尾，自詡英武豪氣，猶如古代俠士荊軻。詩中以豪俠荊軻自比，說明他少年時就認真讀兵書，論軍事，有從軍之志。同時有七言長古《老將》③。詩歌借漢將寫清朝一個將領，老將具體姓名不可考，但詩人與之兩次交往，交談甚深，所謂 “嗟余兩度過江寺，爲我殷勤談往事”。將軍與詩人相見之時已經年老，所謂 “七十神全矍鑠翁，少年射虎夸猿臂”。從詩中描寫 “將軍結髮起燕然，百戰滇南掃狐鼠。黑苗小蠢橫牂牁，將軍出關車騎多……卻返南轅渡黑水，更向西川堅壁壘”，可知將軍祖籍燕然，雍正初年從軍，參加過雍正末年乾隆初年的平定古州苗民起義、乾隆中期的大小金川之戰，從南到北，多有戰功。詩歌贊美這位縱橫沙場爲國立功的老將，同情其被棄置的不幸遭遇，所謂 “生還心事已寒灰，不向人間問榮辱。殘念自分埋蒿萊，舊日驄姚安在哉？世上豈無千里足？當年空自棄龍媒”。詩歌是作者少年時的七言古體，近乎高適的《燕歌行》、王維的《老將行》，敘事、抒情加議論，四句一轉韻，平韻與仄韻相間，十二句爲一章，形式活潑而又規範，寫得極其有氣勢，與唐代的邊塞詩相比也毫不遜色，顯示了詩人的勇武氣概與從軍之志。

《羈旅行》寫詩人的羈旅壯志：“長劍消磨四海塵，萍蓬不得夸弧矢。”說自己雖然如浮萍蓬草一樣四海漂泊，但卻志在提長劍，執弧矢，平定天下，威震四方。後面又說：“蠖屈龍伸指顧間，英雄不下窮途淚。”說自己能屈能伸，立定英雄之志就絕不回頭，而絕不像阮籍那樣作窮途之哭。詩歌末尾慨歎：“十載哦吟壯志消，中原對酒雄心起。”④說自己自乾隆三十六年（1769）至今已經十餘年

① [後晉]劉昫：《舊唐書》卷七十四《馬周傳》，百衲本二十四史。
② [清]張問陶：《船山詩草》，中華書局1986年版，第572頁。
③ [清]張問陶：《船山詩草》，中華書局1986年版，第573頁。
④ [清]張問陶：《船山詩草》，中華書局1986年版，第15頁。

在江漢一帶讀書吟詩，似乎壯志消除，已經成了純粹的書生，不過一旦被景物所觸，仗劍從軍的壯志豪情便被引發。同年的《蟋蟀吟》感慨時序與生命，其中有句云："英雄失路吞聲哭，烈士途窮悲擊築。"①以英雄、烈士自詡，效法古代的俠士荊軻、高漸離的思想很明確。

癸卯年（1783）的《懷亥白兄》中説："丈夫志功名，焉能惜離別。良時苦蹉跎，不憤非豪傑。"抒發經世思想，抱怨時光蹉跎，勉勵發憤成功。此處所謂成功，不是爲名士以及名臣名相，而是爲豪傑。古代的英雄豪傑多以勇武著稱，因此詩歌中含有從軍立功之意。後面接著寫道："憔悴烏衣百不如，少年惟讀等身書。神駒所向無空闊，且上金台吊望諸。"②前二句感歎自己這樣的落魄世家子弟什麼也不是，祇能讀書考科舉。但後二句一轉，自詡是杜甫詩歌中"所向無空闊，萬里可橫行"③的神駒駿馬，而且還以燕將樂毅自比，一朝布衣受聘，便率大軍討伐齊國，連破七十多個城市，最終受封爲望諸君。詩歌中自詡豪傑、神駒，尤其是以樂毅自比，其從軍立功的志向非常明確。

乾隆甲辰年（1784），詩人 21 歲，在《春日感懷》之後有《重有感》。《春日感懷》感懷文章文士，《重有感》④之一則感懷英雄壯志與軍事，詩歌首聯"伏櫪長鳴萬馬驚，唾壺擊缺氣難平"用王敦的典故，尾聯"撫床忽憶劉琨語，莫道荒雞是惡聲"用劉琨抗擊劉淵、石勒的典故。大約作於同時的《春日有感》⑤之二説："江樹春心傷宋玉，荒雞午夜起劉琨。"既感慨宋玉，又感慨劉琨，有以文武全才自比之意。之三在描寫一家人貧困、自己未能取得功名，落得又窮又病之後，説："惟將一掬窮愁淚，寄向燕台吊望諸。"落腳到吊念樂毅，希望如樂毅一樣應燕王之聘，最終大破齊軍，憑軍功封侯拜將。其後的《愁吟》也用祖逖的典故，所謂"入世近來如退鷁，著鞭恐讓祖生先。"⑥詩人前後幾首詩用到魏晉六朝抗敵平亂復國的著名軍事人物與豪傑，贊美之情溢於言表，仿效之意也非常明顯。

乾隆己酉年（1789），詩人 26 時赴京會試下第返鄉途中作有大量的懷古詩，主要感懷古代的成功人士。《邯鄲》説："名士誰如廝養卒，霸才常惜武靈王。"⑦感歎自己不願作"廝養卒"一樣的名士，而希望成爲趙國武靈王那樣以軍事成功的霸才。《函谷關》前半云："戰地生機盡，時和草不蕃。干戈貽實禍，《道德》寄空言。"⑧詩歌觸物懷古，先感歎函谷關這千年古戰場因爲歷經了無數戰爭，以致生機殆盡，甚至在"時和"之際依然"草不蕃"。（或者草不蕃是草木蕃之誤）次聯承上，寫戰爭留下了"實禍"，因此老子《道德經》宣導的無爲而治祇能是"寄

① [清]張問陶：《船山詩草》，中華書局 1986 年版，第 16 頁。
② [清]張問陶：《船山詩草》，中華書局 1986 年版，第 22 頁。
③ [清]楊倫：《杜詩鏡銓》，上海古籍出版社 1980 年版，第 5 頁。
④ [清]張問陶：《船山詩草》，中華書局 1986 年版，第 2 頁。
⑤ [清]張問陶：《船山詩草》，中華書局 1986 年版，第 580 頁。
⑥ [清]張問陶：《船山詩草》，中華書局 1986 年版，第 33 頁。
⑦ [清]張問陶：《船山詩草》，中華書局 1986 年版，第 600 頁。
⑧ [清]張問陶：《船山詩草》，中華書局 1986 年版，第 54 頁。

空言"。詩歌描寫戰争真禍，且以"干戈貽實禍"來概括與譴責戰争，其反戰思想較爲明確，但同時又認爲道家無爲而治是空話，暗含自己有以戰止戰、在軍事上一展身手的意思。

《苻秦王武侯墓下作》①評價贊揚王猛。首聯"捫虱雄談舉世無，英雄畢竟恥爲儒"寫王猛"捫虱而言"的奇異之舉，贊揚王猛是恥於爲儒的真英雄、大英雄。《晉書·王猛傳》載："桓温入關，猛被褐而詣之，一面談當世之事，捫虱而言，旁若無人。"②次聯"人如諸葛真名士，天屈夷吾佐霸圖"，贊揚王猛有諸葛亮一樣的名士之風，又有管仲一樣的霸才。第三聯"垂死尚聞三歎息，過江寧免一征誅"，歎息苻堅不聽王猛等人的勸諫，貿然興大軍欲滅東晉，結果大敗，最終被羌人姚襄所殺。最後"獨憐王謝持衡日，惟讓桓温物色殊"，感歎世人所謂東晉名臣王導、謝安僥倖不滅而當權，卻讓桓温弄權，產生内亂。《晉書》本傳又説："猛宰政公平，流放屍素，拔幽滯，顯賢才，外修兵革，内崇儒學，勸課農桑，教以廉恥，無罪而不刑，無才而不任，庶績咸熙，百揆時叙。於是兵强國富，垂及升平，猛之力也。"明末張大齡説："景略之才，不下管葛，而堅舉國聽之，間者必死，雖名君臣，實肝膽肺腑，故景略得以盡其材。而堅亦勤政愛民，仁恕恭儉。景略死而堅漸驕，伐晉之舉，急於混一，説者咸謂鮮卑西羌未之早除。不知景略若在，莨等幾上之肉，何能爲哉！故景略之存亡則苻氏之興衰也。"③對比史書，可知詩人對王猛的評價極高又極准，可見其是異代知音，在志向才華方面頗有近似之處。《扶風過馬伏波祠》："功名容易處凡才，志大雄心絕可哀。淫潦五溪抍馬革，丹青千古笑雲台。跕鳶豈是鄉園景，刻鵠難成子弟材。萬里英雄招不得，故山款段好歸來。"④首聯説考取功名便容易安處而成爲"凡才"，對於自己一類"志大雄心"者來講是一件非常值得悲哀的事。次聯贊揚馬援南征交趾與五溪蠻，不惜戰死而馬革裹尸，以此流傳後世。第三聯繼續用馬援的典故，説飛鷹墜落不是常見之景色，刻鵠類鶩也成不了真正的人才，贊揚勇武奮鬥、敢於出頭創新的精神。尾聯贊揚馬援是征戰萬里的英雄，其魂魄不可招，其勇毅精神難學。詩歌贊揚馬援、以馬援的勇武精神與功業相期許的意思非常明確。

《入劍閣》描寫劍門關的雄奇與軍事作用，其中寫道："況逢聖明世，大道通羌筰。瀚海猶堂隍，兹山直簾幕。"⑤詩歌贊揚康乾盛世四海升平，天下一統，沒有戰亂，因此關下的大道交通西南少數民族地區，連西北的大漠瀚海也像自家的堂屋與城壕，劍門山則祗是其中的一道簾幕，意在贊同清王朝底定邊疆平定戰亂之盛舉。

其後《阻雨二日與亥白搜剔武連軼事詠之得四首》之《武侯坡》寫道："隆

---

① [清]張問陶：《船山詩草》，中華書局 1986 年版，第 600 頁。
② [南朝]沈約：《晉書》卷一百一十四《王猛傳》，百衲本二十四史。
③ [明]張大齡：《晉五胡指掌》卷上，峭帆樓叢書本。
④ [清]張問陶：《船山詩草》，中華書局 1986 年版，第 603 頁。
⑤ [清]張問陶：《船山詩草》，中華書局 1986 年版，第 71 頁。

中歸夢絕，終老三巴路。英雄不可爲，臨風淚如注。"①前二句感歎諸葛亮以《隆中對》預料天下政治軍事大局，出山輔佐劉備，最終猝死西南巴蜀，齎志以歿。後二句感歎諸葛亮雖爲兼通軍政的大英雄，而且"鞠躬盡瘁，死而後已"，最終卻"不可爲"，因此詩人臨風灑淚，痛惜其不得其時而功敗垂成。諸葛亮輔佐劉備建立蜀國，以軍事著稱，所謂七擒孟獲，六出祁山，事雖不成，但其志其功其能均不可沒。明代著名史學家曹學佺所著的《蜀中名勝記》記載："《志》云逍遙樓廢址，在武連舊鎮，唐顏真卿書三大字碑刻在焉，元改武連縣學爲魏公書院，以魏征所生之地也，學正王惠爲之記。"②詩人到武連時逍遙樓仍在，因此有《逍遙樓》③憑弔。首二句說："平原凜大節，餘事亦千古。"詩歌由顏氏所題之字"逍遙樓"聯繫到顏氏的忠義節烈，因爲顏氏凜然有大節，所以書法等類"餘事""亦千古"。顏真卿的凜然大節在於安史之亂中獨立不屈，拒賊有功，而後李希烈叛亂，他更是不惜親赴敵營，曉以大義，最終被殺。詩歌重在歌頌顏氏的忠義節烈與拒賊平叛的軍功，足見詩人青年時對軍事的看重。次年回京時的《鴻門》一詩憑弔項羽。首聯云："繼舜重瞳貌自殊，少年書劍恥爲儒。"刻畫贊美項羽相貌的奇異與威武，以及學武功兵法而恥於爲儒生的壯志豪情。中二聯寫項羽政治上的短視與殘暴少決斷等性格缺陷："背關遂帝規模小，縱火坑降事業粗。潦草風雲夸百戰，尋常飲宴失黃圖。"最後贊美說："美人名馬英雄豔，只此豐神絕代無。"④秦漢時候，劉邦與項羽對立對比，一者成功，一者失敗。詩人詩歌中未見評贊劉邦的詩歌及詩句，卻屢有評贊項羽之作。此詩概括項羽一生，批其所應批，贊其所應贊，羨其所應羨，如美人名馬、豐神絕代、重瞳貌殊，以及"書劍恥爲儒"等。詩人一生考科舉，入翰林，擅長詩畫，屬於風流文士狂士，但內心卻有"少年書劍恥爲儒"之念，因此他青年時期重豪俠重英雄，甚至有從軍立功之念。不僅爲諸生之時如此，中進士之後亦然。

二

乾隆庚戌年（1790），詩人 27 歲，中進士之後《詠懷舊游十首》之一云："平生意氣盡粗豪，儒俠禪玄盡可逃。孤憤常思焚筆硯，窮愁不解重錢刀。天邊擊楫長江遠，世外看雲太華高。二十年來深自惜，降心低首學風騷。"⑤首聯寫他一生意氣粗豪，而且不看重儒墨佛玄等學問，其實就是"少年書劍恥爲儒"。次聯承上寫他滿懷孤憤，幾乎至於"焚筆硯"，連科舉考試也不想參加，即便窮愁也不知道重視錢財。第三聯一轉，寫他希望如祖逖那樣中流擊楫，誓師北伐，收復黃

① [清]張問陶：《船山詩草》，中華書局 1986 年版，第 73 頁。
② [明]曹學佺：《蜀中名勝記》卷二十六，四部叢刊本。
③ [清]張問陶：《船山詩草》，中華書局 1986 年版，第 73 頁。
④ [清]張問陶：《船山詩草》，中華書局 1986 年版，第 87 頁。
⑤ [清]張問陶：《船山詩草》，中華書局 1986 年版，第 100 頁。

河以南大片土地，建立不朽的功業，而後斷然歸隱，所謂"世外看雲"。尾聯他的自誨與自惜，說白了就是立錯了志向，走錯了道路，因而祇能"降心低首學風騷"。

次年辛亥，他有《日本刀歌贈陳瀚》，其中寫道："浮世升沉盡偶然，少年莫損英雄氣。斫地起舞爲君歌，我輩自視當如何？藏刀不用亦神王，請君一日三摩挲。書生戴頭不敢近，死守毛錐剛一寸。那知烈士多苦心，文人好武原非病。嗚呼!文人好武原非病，君不見鄉曲小儒無血性。"①詩人特別喜歡軍刀，此前有《琉球刀歌爲周補之作》。本詩勉勵持刀之士當不爲偶然升沉所擾，而要保持英雄之氣：斫地起舞，高唱軍歌戰歌，自視爲英豪；即便藏刀不用，僅僅一日三摩挲，也覺得神采飛揚，精神旺盛，勇武之氣蘊含在胸中。反之，後面則批評書生戴頭而來，表面似乎很神氣，其實卻不敢接近寶刀，因此祇能死守一寸毛筆，皓首窮經。後面抒發自己的感情：世俗之人不知剛烈之士多有憂國憂民、爲國爲民的苦心，因此"文人好武原非病"。最後感歎批判而今的儒生，尤其是鄉曲小儒無血性。聯繫歷史，可知春秋戰國之時，文人少學"禮樂射禦書數"等六藝，能文能武，兩漢至唐代逐漸退化，至宋代以後則祇重視儒家經典與詩賦，乃至既無血性，更無英雄氣。詩人作爲狂生型文人，少習書劍，見刀而有此詩此念，彰顯自己的英雄之氣，也暗含著從軍之志。

陝州多雄關險塞，爲關中門戶，詩人到此豪氣頓生，因此《陝州客夜即事》有句云"人近關中夢亦豪"，末尾更有"城頭鼓角聲悲壯，欲挽將軍問《六韜》"②之句，寫自己觸目而生悲壯之情，乃至於想向將軍學習《六韜》一類兵書戰策，以實現自己從軍報國的豪情壯志。同年有《成都得外舅林西厓先生西征途次莽裡手書即事奉懷》二首③，詩歌是詩人接到岳父西征駐扎莽裡手書之後的即事奉懷之作，也即根據岳父信中所描述而成的邊塞詩，林西厓有《由藏歸程記》一卷可資參考。之一云："山冷露殘碉，弓旌出塞遙。羽書飛絕域，蠻雨凍連宵。益灶蠻煙細，穿雲筰馬驕。西征天萬里，何處問星軺。"首聯寫大軍旌旗獵獵，西出遠征祇見山川寒冷，碉堡殘損，一片肅殺荒涼險惡景象。次聯承上寫戰事緊急，凍雨連連，十分艱苦。第三聯寫大軍使用迷惑敵人的戰術，即所謂"增兵減灶"或者"減兵增灶"之法，與沿途所見的筰馬十分健壯，預示著戰爭的激烈。尾聯寫西征極其遙遠，希望有使者來問候。之二："玉斧何年畫，荒雲接戰雲。歌鐃曾蕩寇，笳鼓又從軍。護佛千峰壯，籌邊五夜勤。萬人驚下筆，倚馬看飛文。"首聯寫邊疆寒荒而又戰爭不斷，所謂"荒雲接戰雲"，因此希望邊界早日劃定；次聯寫岳父曾從軍大小金川之役六年，今又從軍征討廓爾喀，連續征戰，忠君報國始終不渝；第三聯寫西征之目的在於保護班禪活佛，因此將士們勤於謀劃邊事。尾聯贊揚岳父文采出衆，倚馬可成軍書檄文。二詩寫從軍西藏，征討廓爾喀，描寫生動形象，

① [清]張問陶：《船山詩草》，中華書局 1986 年版，第 151 頁。
② [清]張問陶：《船山詩草》，中華書局 1986 年版，第 153 頁。
③ [清]張問陶：《船山詩草》，中華書局 1986 年版，第 169 頁。

意境峭拔冷峻，歷代少有此類作品。七律《奉懷外舅西征》尾聯說："將相平戎須早決，窮邊久矣厭征鼙。"①希望儘早平叛，滅敵於剛叛之時與萌芽之中，不然在窮邊萬里長征久戰，士兵就會產生厭戰情緒，結果耗費人力物力卻戰火連綿不絕。前後二詩贊揚外舅遠赴窮荒，萬里西征，討伐廓爾喀（今尼泊爾）的壯舉，是詩人第一次寫到具體的戰爭，其中也表現了詩人的軍事思想，如師出有名，目的在"蕩寇"與"護佛"；巧用戰術，所謂"益灶蠻煙細"；早日決策，所謂"將相平戎須早決"；戰略上則要一鼓蕩平，而不能曠日持久，所謂"窮邊久矣厭征鼙"。

當年冬天，他有《成都冬日雜詩》四首②感懷故舊。第一首之次聯感慨自己"官閑仍贅婿，故鄉似他鄉"，第三聯上句所謂"弱悔詩書誤"，是說自覺體弱而後悔當年沒有練功習武，因此就被詩書所誤，下句對以"貧愁歲月長"。尾聯直接表現從軍之念："竟思調惡馬，投筆戰沙場。"可見詩人不是一般的想從軍，而是非常想從軍，以至不惜下苦功夫，以調教惡馬來鍛煉身體與練習武功，而後從軍出征。與前面的"少年莫損英雄氣""文人好武原非病"不同，本詩的從軍有具體的觸發點，即而今自己又弱又貧，要擺脫就祇有從軍。這裏要明白古代文人志士博取功名主要有文武兩種途徑，文則拜相，武則爲將，六朝以前文武兩途均通，唐代以後則以文爲主，但以武功顯名的文士亦在所多有，比如初唐鄉賢陳子昂曾從軍薊北，李白從軍永王李璘幕府，至於高適、岑參等邊塞詩人更是如此；明代同姓同宗張佳胤曾從軍塞外，鎮壓浙江兵變，任薊遼總督，以軍功而官至兵部尚書、加太子太保銜。詩人作爲狂士型文人，年近三十卻"官閑仍贅婿"，還又弱又貧，有負祖宗遺烈，因此產生從軍之念就不值得奇怪了。其後的《益州懷古》中說："一錢殺吏思張詠，五月征蠻吊武侯。"③成都從漢代至清代可懷的古事多多，古人亦多多，詩人卻專選張詠與諸葛亮，應該有深層的意思。張詠爲北宋名臣，曾兩度知益州，廉潔有政聲，其"一錢殺吏"的故事可見其爲政幹練專斷，是爲政顯達的典型，所以詩人多次贊揚之；諸葛亮輔佐劉備成帝業，亦軍事見長，尤其是"七擒孟獲"與"六出祁山"，此處贊揚的是"五月征蠻"，安定後方，而後北伐。詩人作爲翰林文人，卻贊揚一政一軍兩個成功的名人，足見其對軍事政治的重視。

乾隆時期曾兩次征討廓爾喀，後一次發生在乾隆五十六年到五十七年間，詩人外舅林西厓曾督糧從征，乾隆五十八年（1793）五月下旬，由西藏拉薩返回四川康定，將途中所見所聞撰成《由藏歸程記》一卷。詩人在外舅出征時有詩相送，後又有《西征曲》絕句八首從戰爭爆發、出兵、惡戰、擒敵、籌邊、草檄到結束，既描述其事，且多所感懷。《西征曲》八首④之二："餉道連天萬里長，羽書三日

① [清]張問陶：《船山詩草》，中華書局 1986 年版，第 170 頁。
② [清]張問陶：《船山詩草》，中華書局 1986 年版，第 172 頁。
③ [清]張問陶：《船山詩草》，中華書局 1986 年版，第 172 頁。
④ [清]張問陶：《船山詩草》，中華書局 1986 年版，第 176 頁。

過巴塘。只疑佛法輪兵法，戈馬如雲救法王。”主要寫出兵輸餉。首句極寫出兵輸餉之遙遠，環境的險惡，次句寫戰事之緊急與出兵之迅速，第三四兩句寫廓爾喀無端肇事，因此衹能以武力平定，以救助法王班禪。之七：“大渡通蠻界益州，籌邊重築古岑樓。更聞猛將趨康衛，神箭人人說海侯。”主要寫戰後既要加強軍事防禦，又要獎勵軍功，立足長遠。前二句寫大渡河既連通西藏，又是與四川內地交通的要道，因此應當細加籌劃，加強守衛，重築關塞。第三、四兩句轉寫此戰有猛將海蘭察進軍西藏腹地，因爲他發箭如神，屢建戰功，此戰之後被封爲一等公，因此朝野一致贊頌。之八：“天王生殺總無私，柔遠心如上帝慈。重驛倘聞寬大詔，投戈歸命未應遲。”首句認爲作爲清廷皇帝既然掌握國家生殺予奪之權，就應該生則生，該討伐則討伐，公正無私，決斷迅速。次句接著寫對邊遠少數民族還應該秉持儒家“柔遠”之策，施行仁政，以致心如上帝慈。第三句寫邊地叛亂之酋如蒙朝廷寬大，也應該趕快放下兵器歸順投降。詩歌表現了作者對少數民族的態度，一是生殺無私，二是柔遠。這也表現作者的戰爭觀念，即戰亂已經產生，則當迅速決斷，果敢平定，之後則要注重安撫懷柔。

《長至聞續調官軍出口》：“細路繞蠻荒，千軍走戰場。連連金陣接，皎皎錢衣涼。風肅旗聲動，雲低雪勢強。請纓思報國，中夜起傍徨。”[1]詩歌寫於1791年夏至，首聯寫出征西域，千軍奔走，欲從小路繞道，出奇兵征討廓爾喀。次聯描繪大軍的陣勢堅固連接，將士的鎧甲閃光，寒意凜然。第三聯寫想象中出征途中的景象，所謂秋風肅殺，戰旗獵獵，隴雲低垂，雪花紛飛。尾聯抒發自己從軍報國的情懷，所謂“請纓思報國”，因此而中夜不眠，起身傍徨，足見“請纓思報國”情思之濃烈。

當年有《廉頗墓》：“一飯三遺矢，雄心老未除。讀書憐趙括，刎頸愛相如。碑失黃沙走，墳荒白草疏。從來惜名將，落日更回車。”[2]詩歌悼念戰國名將廉頗。首聯寫廉頗臨老而勇武依舊，壯心猶在。次聯寫廉頗仿效名將趙奢，而又可憐紙上談兵的趙括，還能知錯即改，與文臣藺相如真誠相交，共赴國難。第三聯轉寫廉頗墳墓而今的荒涼，尾聯寫因爲憐惜廉頗這樣的忠勇名將，因此落日之時還回車去吊念瞻仰。詩歌贊揚廉頗的忠勇善戰，且能熟悉兵法，活用兵書，以及從大局出發，勇於改錯等。詩歌吊名將，惜名將，暗含效法之意。

三

乾隆壬子年（1792），詩人29歲，有《和外舅林西厓先生〈捧多餕歲〉元韻奉懷》：“遙從青海問皇華，萬里橫飛六出花。討賊定煩新露布，開營新辟古風沙。只愁兵氣吞邊月，可有春聲入寒笳。自歎離心如落日，天西流影照無涯。”[3]林氏

---

① [清]張問陶：《船山詩草》，中華書局1986年版，第622頁。
② [清]張問陶：《船山詩草》，中華書局1986年版，第629頁。
③ [清]張問陶：《船山詩草》，中華書局1986年版，第179頁。

原作爲："殊方景物異中華，冰是清泉雪是花。遠近童山無寸木，高低瀚海盡流沙。寒雲衰草侵孤幕，落日悲風起暮笳。不道老年來絕域，更教何處問天涯。"①外舅林氏從軍征討廓爾喀時年約六十歲，因此有"老年來絕域"之說，詩歌質樸流利，寫出了親歷所見的絕域景象。詩人的和詩大氣深沉而又得體。首聯點明對方寫詩的地點與寒荒環境，次聯寫從軍開營、草擬露布等軍中之事。第三聯一轉，寫對對方的擔憂與問候，尾聯以比喻來表現相互之間的情感之深，情感悠遠濃烈。

《成都夏日與彭田橋飲酒雜詩》②計五首，之一發牢騷說："不圖仙佛聊耽酒，未定窮通莫著書。"之二專寫西征："南台落日話西征，萬里遙憐舍衛城。餉道戎戎逾瀚海，佛光隱隱露邊營。飛而食肉應投筆，醉不成歡欲請纓。博得闍黎頻冷笑，文人無用苦談兵。"首聯寫在南台寺落日時談論西征，不由遙想萬里之外的西藏前線。次聯寫外舅從軍輸餉瀚海大漠，露營在篤信佛教的邊地。第三聯轉而抒發自己的感慨，說自己想如班超、終軍那樣投筆請纓，立功邊塞，建立不世之功業。尾聯說自己的從軍之念祇能博得闍黎一類老師的冷笑，因爲我等文人雖然苦談兵，卻了無用處。詩中的從軍之念較以前似乎愈發濃烈。稍後的《夏日即事》③先寫眼前景色："卷幔風雷過，關門草木長。"接著寫自己的孤獨與窮困："絕交殘客少，避債閏年長。"第三聯轉而承上抒懷："身空真堪病，心雄未肯狂。"身空之說，源於佛經。所謂身空，即自己的身體都是父母所生，九孔常流不淨之物，地水火風等四大假合幾十年也要敗掉，因此有知男女就應該知道身體是虛幻的、不真實的，沒死之前就當它死了一般。身空與心空相對，因爲身體不真實，所有就"真堪病"，反之則心雄該狂，卻又未狂。尾聯"夜深星斗雜，搔首看天狼"接著寫心雄欲狂，關注戰爭與戰亂，要從軍西北，平定戰亂，如蘇軾所謂"西北望，射天狼"④。詩歌寫在成都夏日觸景感懷自己的孤獨與窮困，以及身空與心雄的矛盾，落腳到對戰爭的關注，足見詩人經世思想與從軍之念的濃烈。

乾隆癸丑（1793），作者 30 歲，當年自四川返京。其《自題扁舟集》："征西軍馬盡東還，旌旆如龍走劍關。肯與英雄爭道路，且營舟楫看江山。"⑤詩歌爲《扁舟集》的題詩，卻在前半寫戰爭，足見他對從軍立功的興趣很濃。詩中所謂"征西軍馬"即征討廓爾喀的軍隊，凱歌而還的大軍非常有氣勢，所謂"旌旆如龍走劍關"。詩人稱賞大軍，尊其爲英雄，因此有"肯與英雄爭道路"之說，充滿對軍人的敬意與對從軍立功的嚮往之情。《養由基墓在荊門西郭象山下》⑥懷古，贊揚武器、武力的威力，所謂"弧矢威天下"，但同時又認爲武器、武力不是決定性因素，所謂"在道不在器"，且不能一味仗恃武器武力而濫行殺伐，所謂"射者殪以射，傷人得天忌"。戰爭之目的在於鞏固國家的統一，而不是叛亂與篡逆，

① [清]林儁：《捧多錢歲》，見《船山詩草》，中華書局 1986 年版，第 179 頁。
② [清]張問陶：《船山詩草》，中華書局 1986 年版，第 183 頁。
③ [清]張問陶：《船山詩草》，中華書局 1986 年版，第 84 頁。
④ [宋]蘇軾：《江城子·密州出獵》，宋曾慥本《東坡詞》卷下。
⑤ [清]張問陶：《船山詩草》，中華書局 1986 年版，第 214 頁。
⑥ [清]張問陶：《船山詩草》，中華書局 1986 年版，第 219 頁。

所謂“喜是楚忠臣，强于有窮羿。”末尾説：“因憐古時人，殺伐少奇計。大車走且顛，樸拙累兵氣。戈矛競馳逐，叫跳若游戲。一鏃偶通神，陡然夸戰利。何如後人巧，韜鈐直焚棄。爽朗用火攻，一炮萬人斃。”詩歌縱向比較，認爲時代在前進，古人連兵器戰争都少奇計，不僅車戰落後，戈矛弓箭也如此，後人則不僅武器進步了，而且連兵法也得到改變，所謂“韜鈐直焚棄”。因爲武器革新，使用了新式火炮，威力極大，因此戰略戰術也得隨之而變化。詩人從未從過軍，更未上過前綫，所以他這種重視新式武器的改進與提高，連帶還得改變兵法戰法的見識來源於間接見聞與深思，稱得上極爲高明，惜乎不爲當時人所重。

《景差祠》：“景差祠廟倚山雲，一戰常疑史闕文。想到周秦無揌大，文人何必不將軍？”[1]景差爲楚國辭賦家，但武山有楚將軍景差祠，可知他是文武兼通的人。詩歌認爲景差既爲將軍，必有軍功戰功，於是有“一戰常疑史闕文”之説。後面所謂“想到周秦無揌大”是説春秋戰國之際没有貧寒失意的讀書人，因爲可以從軍立功，所以末尾有“文人何必不將軍”之問。詩歌贊揚景差的功業，間接表現了自己放棄文事而從軍之念。

《新鄭謁鄭子産祠》之一前半云：“世亂少全才，君兼將相功。英雄無霸氣，博雅見儒風。”詩歌首聯用比較的方法高度贊揚子産是亂世少有的全才，能文能武，又善於外交，所謂功兼將相。次聯承上，贊揚子産是真正的英雄，卻没有霸氣，反之還學識淵博，品行端正，翩翩然有儒士風度。之二前半云：“戰鬥兼供億，誅求破膽寒。公卿且貪酷，民物久凋殘。”詩歌首聯概括描述春秋戰國時期的政治軍事局面，諸侯互相争奪征戰不休，需要無數的錢糧等軍需供應，且爲此不惜要脅索取，以致讓人心膽俱寒。次聯接寫權貴公卿還貪婪殘酷不已，以致民衆凋殘，物質匱乏。這裏既寫春秋戰國，其實也是對歷代戰亂與民不聊生景象的形象描繪與高度概括。子産是春秋時期的政治家與外交家，但詩人卻贊揚他是文武全才，且能處理軍需供應等大事，足見詩人對軍事尤其是後勤的重視。《馬耕》説：“君不見去年西征救梵王，烏拉不足羊運糧。”[2]也寫軍需供應之重要與艱難。

《聞言皋雲刑部朝標朱少白同年錫庚將赴楊荔裳觀察揆之招戲簡一首》前半云：“征西萬馬救班禪，橫槊題詩最少年。才著從軍新樂府，又看持節古東川。”[3]楊荔裳曾入軍機處行走，從軍廓爾喀，後又調任四川川北道、四川布政使，當是一長於軍事的人物。因此本詩概括他的從軍經歷與軍功，贊揚他文武兼備、體恤民情，預想他必然能在亂象已萌的川北大有作爲。同時又有《王鐵夫苢孫同年墨琴女史夫婦寫余論文詩西征曲合爲一卷見贈作詩答謝》四首[4]。王鐵夫夫婦將張氏的《論文詩》與《西征曲》合爲一卷，足見兩組詩歌的影響之大。詩人在答詩第三首中説：“西征笳鼓動邊愁，舊句曾傳瀚海頭。更仗簪花才女筆，細書珍重寄千秋。”

① [清]張問陶：《船山詩草》，中華書局1986年版，第223頁。
② [清]張問陶：《船山詩草》，中華書局1986年版，第229頁。
③ [清]張問陶：《船山詩草》，中華書局1986年版，第250頁。
④ [清]張問陶：《船山詩草》，中華書局1986年版，第241頁。

説自己的詩歌有感而發，而且影響極大，乃至傳到了邊庭與戰場，連簪花才女也喜歡，以至於仔細抄寫珍重保存，欲傳之千秋萬代。

當年有《題沈硯畦昭興〈射獵圖〉》①。《嘉興府志》載：沈昭興字硯怡，秀水諸生，游福康安幕，從征西藏，積功官瀘州知州。②可知是一善於射獵與武功的人，因此有《射獵圖》。古時射獵與練兵合一，因此寫射獵也是寫從軍。詩歌謂"醉後同彎兩石弓"説明沈氏有武功，作者亦然，而且以此自豪，所謂"指示同輩夸英雄"。後面描寫對方的言行與作派："興酣直欲走天外，妄言讕言都可愛。縛綺還思作騎兵，顛狂不是書生派。"酒酣興濃之時就想從軍遠方，當時所説無論是妄言還是讕言都非常可愛；穿著短裝與縛綺，想做騎兵，完全不像書生。接著寫其想從軍："前年將軍征西番，從軍戈馬爭喧闐。萬人裹糧向西走，天空日落風蕭然。是時君年二十六，《陰符》一卷埋頭讀。英氣逼人不可當，擬執番酋食其肉。"不惟慨然從軍，而且認真研究兵法軍事，有殺敵立功擒獲敵酋的志向。結果沒有實現，祇能畫一副《射獵圖》了事："幕府何人薦酒徒？不飛不躍居成都。雄心頗似升平將，遣興聊爲《射獵圖》。"後面感慨説："君不見丈夫窮達皆天意，肯將一世供游戲。頗怪尋常眼底兒，儒書滿口無生氣。"説《射獵圖》是自我解嘲之作，寄寓不能從軍的憤懣與心酸，反之，他又嘲笑"尋常眼底兒"，説他們"儒書滿口無生氣"。詩人題《射獵圖》，寫圖中主人公的英武形象，贊其研究軍事，諷刺普通儒生，也表現自己從軍邊塞立功封侯的志向，而且與沈氏"醉後同彎兩石弓"。《新唐書·張弘靖傳》："今天下無事，汝輩挽得兩石力弓，不如識一丁字。"③説明詩人曾經習武，而且能"彎兩石弓"，其水準不低，所以常生從軍之念。

同年有《贈楊荔裳觀察即送其之川北道任》④六首。乾隆末年，苗民起義已在萌芽之中，川鄂豫陝等地白蓮教也如此，朝廷讓楊荔裳出任川北道應該有防範的意思，詩人也明白。因此之一首先贊揚對方是兼通軍事的異才，而且軍容極盛如烈火，軍威極強，所謂"天外飛書數異才，軍容如火萬山開"。接著贊美對方文武兼備、膽氣過人，而且曾入軍機處行走，從軍廓爾喀，可稱身經百戰，所謂"儒生筆墨英雄膽，戈馬叢中百煉來"。一個英姿勃勃的儒將形象躍然紙上。之四先寫自己投詩時的氣性，所謂"潦草投詩氣不馴，疏狂容我性情真"。此所謂疏狂、氣不馴一類的真性情，其實就是從軍之念。接著寫他雖爲揚馬一類文士，卻甘願投入對方作部下，學李白當年醉草嚇蠻書，所謂"鄉書醉嚇諸耆舊，揚馬猶甘作部人"。詩人是一狂士型文人，狂在氣性，也狂在自詡文武兼備，多次躍躍欲試從軍平叛，此詩就是一次表露。之五先贊美對方有"靖百蠻"的雄才大略，曾專門巡視考察川東北，所謂"定有雄才靖百蠻，一年往來劍門關"。因此心想事成，

---

① [清]張問陶：《船山詩草》，中華書局 1986 年版，第 153 頁。
② 《嘉興府志》卷三，文淵閣四庫全書本。
③ [後晉]劉昫：《舊唐書》卷一百二十九《張弘靖傳》，百衲本二十四史。
④ [清]張問陶：《船山詩草》，中華書局 1986 年版，第 254 頁。

得到朝廷任命，鎮撫地勢險要的軍事重地，所謂"三刀不作尋常夢，管領連雲十萬山"。詩人與楊荔裳交好，多次投詩相贈，每次都談到加強武備、鎮撫地方，足見他對軍事頗有研究。

稍後有《贈方葆嚴維甸光禄》①。之一云："樓船東渡伏波營，笮馬西通舍衛城。萬里飛騰極天海，少年辛苦到公卿。磨墨盾鼻朝馳檄，米淅矛頭夜擁兵。一卷《陰符》三尺鏃，不教容易副科名。"方維甸是乾隆四十六年進士，曾以吏部主事的身份隨大學士福康安出征臺灣，乾隆五十四年隨征西藏廓爾喀，升爲正卿，嘉慶四年之後隨尚書那彥成練兵關隴，授山東按察使，調河南布政使，升陝西巡撫，在任七年，先後參與平定川楚之亂，是一文武兼備、以軍功著稱的大臣。詩歌寫於方維甸任光禄正卿之時。首聯概括對方出征臺灣與西征廓爾喀的軍功業績，次聯贊美對方萬里出征，窮極西天與大海，因此如此年輕就取得如此官位。第三聯用典，寫對方從軍歷盡艱辛，既於盾鼻上磨墨草擬檄文，又在危險環境中手持兵器惡戰。尾聯贊美對方既通兵法，又善騎射，沒有辜負科舉大名。之二云："刀鞬影裏探詩囊，翰墨場兼戰馬場。太保家風原磊落，書生武備不張惶。文章早挾英雄氣，緼袍曾依日月光。何意高軒能過我，論交偏愛酒人狂。"詩歌首先贊美對方文武兼備，能馬上橫槊賦詩。次聯贊美對方家風雄豪磊落，因此長於軍事。第三聯轉而寫對方連早年的普通詩文都挾帶著英雄氣，甚至緼袍之中都有不凡的光芒與氣勢。最後希望對方能大駕過訪，與自己這酒人狂生深交。詩歌投贈大臣，多贊美之詞，甚至有些過譽，但也表現了詩人對軍事的關注與對文武兼備者的嚮往。

《秋日范子舟索詩作此奉贈》云："滿眼秋江雁一聲，師門宛轉弟兄情。感君年少能知己，愧我官閑只啖名。狂客幾曾關氣數，奇才何必傲公卿？家風莫負靈岩月，磊落填胸十萬兵。"②詩歌送給房師範攝生之子范鏊，範鏊於乾隆己丑中副榜，丁酉年正月由內閣中書入直軍機處，復中庚子進士，官至光禄寺卿。詩歌首聯以寫景起，表現師門如弟兄般的真情。次聯寫對方雖然年少卻已成自己的知己，慚愧的是自己功業無成，祇是一個啖名的閑官。第三聯轉寫狂客無關國家的氣數，奇才也不能笑傲公卿，含有互相期許與自嘲之意。尾聯勉勵對方不要辜負吳門范氏家風，要如范仲淹一樣胸懷天下、許身邊疆、抗擊敵國入侵，所謂"範家老子，胸中自有十萬兵"。《五朝名臣言行錄》卷七引《名臣傳》。原文是："無以延州爲意，今小範老子腹中自有數萬甲兵，不比大範老子可欺也。"③據戴衢亨《送范攝生方葆岩隨尚書福侯赴臺灣平賊》："男兒事業請長纓，磨盾濡毫意氣橫。閫外談諧資將略，幕中書記擅詩名。旌旗下瀨魚龍伏，鼓角從天猿鶴驚。觀海從戎心膽闊，此行差不負平生。"④可知范氏曾經從軍海疆，而范子舟也應該有其父之風，

---

① [清]張問陶：《船山詩草》，中華書局 1986 年版，第 259 頁。
② [清]張問陶：《船山詩草》，中華書局 1986 年版，第 259 頁。
③ [宋]朱熹：《五朝名臣言行録》卷七，四部叢刊本。
④ [清]梁章鉅：《樞垣記略》卷二十《詩文一》，續修四庫全書本。

因此尾聯所寫有據，而且還包含著詩人的自我期許，換言之，他自己也是狂客奇才，胸懷磊落，胸中自有十萬兵，惜乎不被重用。

乾隆甲寅（1794），詩人 31 歲，有《贈韓介堂廷秀同年時新選陝西平利縣》，前半説：“慷慨論交不厭深，恨無好語作官箴。入關詩要英雄氣，經世人須父母心。”①詩人“慷慨論交不厭深，恨無好語作官箴”，其官箴就是“入關詩要英雄氣，經世人須父母心”。父母心是關心百姓、施行仁政，而英雄氣則指敢作敢爲、勇於任事、不懼權貴與邪惡勢力，還包括注重武力軍事，亦平定叛亂、安定地方。

稍後的《題王梅岑觀察〈平苗圖〉》説：“翠壁丹崖兵氣陡，弓刀簇簇環山走。沅江水碧波無聲，便照紅苗膽如鬥。公能定亂亂者誰？勾補之苗石滿宜。負隅惡獸豈人種？一呼散出千熊羆。公欲生苗苗欲死，頭飛血湧山光紫。指揮軍佐認朱旗，不向良苗飛一矢。逆苗搜戮良苗快，囚車一過峰巒怪。回首楓林照夕陽，居然一日平三寨。”②詩歌爲題畫詩，畫的是乾隆五十二年（1787）湖南鳳凰等地平苗戰爭。詩歌先描寫戰鬥的激烈，所謂“翠壁丹崖兵氣陡，弓刀簇簇環山走”；接著寫苗民的大膽反抗，所謂“紅苗膽如鬥”；再點明作亂者與平亂者：“公能定亂亂者誰？勾補之苗石滿宜。”後面寫主將雖然奉命平苗，但卻有仁慈之心，所謂“公欲生苗”，苗民爲了反抗暴政而不惜拼死戰鬥，所謂“苗欲死”，以致“頭飛血湧山光紫”。難能可貴的是將軍不濫施殺伐：“指揮軍佐認朱旗，不向良苗飛一矢。”詩歌描繪《平苗圖》，寫了平苗戰鬥的激烈與最終勝利，所謂“居然一日平三寨”，表明詩人是站在朝廷的立場上，同意鎮壓苗民起義而穩定朝廷。但詩人不滿暴政的思想是明確的，甚至包含著對苗民反抗的讚美，所謂“紅苗膽如鬥”，還區別逆苗與良苗，戰鬥結束時“逆苗搜戮良苗快”，讚揚將軍“欲生苗”，而且“不向良苗飛一矢”。其區別良莠、反對殺伐的思想是明確的，也是難能可貴的。

同年有《魏春松筵上送陸杉石太守元鈜入蜀分韻得直字》③。詩歌爲贈朋友入蜀做知府時所作。前面先描述蜀地的大致情況，如山川地形、居處教育、習性思想等，接著提出全面的經世治蜀方略，包括寬猛兼備、開誠布公、以德感人、加強文化教育等：“願公酌寬猛，開懷感以德。餘力爲詩歌，導之以文墨。”爲何首先強調寬猛兼備？因爲蜀地“形勢控西極”“地大峰巒逼”“設教少詩書，雜居混方域”，因此除了施行仁政，還得重視武功軍事，以猛的一手來安靖鎮撫地方。

四

以上詩歌約計四十四題、五十八首。其中懷古詩最多，内容主要是懷念古關塞、古戰場，如《邯鄲》懷念趙武靈王，所謂“霸才常惜武靈王”；《函谷關》譴

---

① [清]張問陶：《船山詩草》，中華書局 1986 年版，第 264 頁。
② [清]張問陶：《船山詩草》，中華書局 1986 年版，第 641 頁。
③ [清]張問陶：《船山詩草》，中華書局 1986 年版，第 290 頁。

責戰爭，所謂"干戈貽實禍"；《苻秦王武侯墓下作》贊美王猛，所謂"捫虱雄談舉世無，英雄畢竟恥爲儒"；《扶風過馬伏波祠》贊揚馬援，所謂"淫潦五溪抨馬革，丹青千古笑雲台"；《入劍閣》描寫劍門關的雄奇與軍事作用，贊揚康乾盛世的武功，所謂"況逢聖明世，大道通羌笮"；《武侯坡》贊揚諸葛亮的軍事才能與功績，所謂"英雄不可爲，臨風淚如注"；《逍遙樓》贊美顏真卿爲平叛而寧死不屈，所謂"平原凜大節，餘事亦千古"；《鴻門》贊揚項羽的英武勇猛，所謂"繼舜重瞳貌自殊，少年書劍恥爲儒"；《益州懷古》贊揚張詠與諸葛亮，所謂"一錢殺吏思張詠，五月征蠻吊武侯"；《廉頗墓》贊揚廉頗，所謂"一飯三遺矢，雄心老未除"；《養由基墓在荆門西郭象山下》贊揚養由基的忠勇，所謂"喜是楚忠臣，强于有窮羿"；《景差祠》贊揚文人從軍爲將，所謂"想到周秦無措大，文人何必不將軍"；《新鄭謁鄭子產祠》贊揚子產有軍政全才，所謂"世亂少全才，君兼將相功"。綜觀這個時期，他贊揚評價過的歷史人物很多，除上述武靈王、王猛、馬援、諸葛亮、顏真卿、項羽、張詠、廉頗、養由基、子產之外，還有很多。包括神話中善射的英雄後羿，俠士荆卿、高漸離，名將樂毅、班超、終軍、劉毅、王敦、祖逖，以及軍政兼長的管仲、劉備、劉琨、馬周、范仲淹；反之，卻很少文士。詩人對這些人物或者贊揚之，或者評價之，贊揚評價中含有效法的意思，應該説他的從軍之志與軍事思想的遠源當是這些英雄人物與軍事家、名將、俠士。

　　本期的感懷詩所感較雜，但重點卻在感懷古代的英雄人物與軍事將領，抒發自己的壯志豪情，甚至直接表現從軍之念。如18歲時的《雜感》二首贊揚劉備的一統天下的英雄情懷，所謂"落日彎弧金筈瘦，牢愁呼飲酒錢粗。布衣不合饑寒死，一寸雄心敵萬夫""家無擔石如劉毅，人許功名似馬周"；《重有感》贊揚王敦、劉琨，所謂"伏櫪長鳴萬馬驚，唾壺擊缺氣難平""撫床忽憶劉琨語，莫道荒雞是惡聲"；《春日有感》贊揚、憑弔名將樂毅，所謂"惟將一掬窮愁淚，寄向燕台吊望諸"；《愁吟》希望仿效祖逖，所謂"入世近來如退鷁，著鞭恐讓祖生先"；《詠懷舊游十首》希望投筆從戎，所謂"孤憤常思焚筆硯""天邊擊楫長江遠"；《陝州客夜即事》表現了對軍事的關注，所謂"城頭鼓角聲悲壯，欲挽將軍問《六韜》"；《成都冬日雜詩》則直接寫從軍之念，所謂"竟思調惡馬，投筆戰沙場"；《夏日即事》表現對邊塞軍事的關注，所謂"夜深星斗雜，搔首看天狼"。

　　贈答送人詩所送之人或爲低級軍官，如景千總；或爲文士朋友，如彭田橋；最多的是同朝官員，如陳瀚、周補之、楊荔裳、方葆嚴等。《新堤贈景千總》在感歎"書劍兩無成"之後"欲解側注從論兵"，"酒酣以往氣益橫，視余何似燕荆卿"，流露出詩人的豪俠本性與從軍之志；《日本刀歌贈陳瀚》《琉球刀歌爲周補之作》贊美對方所持軍刀，流露出投筆從戎之志，所謂"浮世升沉盡偶然，少年莫損英雄氣""書生戴頭不敢近，死守毛錐剛一寸。那知烈士多苦心，文人好武原非病"；《成都夏日與彭田橋飲酒雜詩》之二寫西征，流露出從軍之念，所謂"飛而食肉應投筆，醉不成歡欲請纓"；《聞言皋雲刑部朝標朱少白同年錫庚將赴楊荔裳觀察揆之招戲簡一首》概括楊荔裳的從軍經歷與軍功，贊揚他文武兼備，所謂

"征西萬馬救班禪,橫槊題詩最少年。才著從軍新樂府,又看持節古東川";《贈楊荔裳觀察即送其之川北道任》也如此,所謂"儒生筆墨英雄膽,戈馬叢中百煉來""定有雄才靖百蠻,一年往來劍門關";《王鐵夫苞孫同年墨琴女史夫婦寫余論文詩西征曲合爲一卷見贈作詩答謝》讚美自己的邊塞詩,所謂"西征笳鼓動邊愁,舊句曾傳瀚海頭。更仗簪花才女筆,細書珍重寄千秋";《贈方葆嚴維甸光祿》以從軍立功文武兼備勉勵對方也自勉,所謂"刀鞬影裏探詩囊,翰墨場兼戰馬場。太保家風原磊落,書生武備不張惶";《秋日范子舟索詩作此奉贈》勉勵對方像其祖范仲淹一樣立功邊塞,所謂"家風莫負靈岩月,磊落填胸十萬兵";《贈韓介堂廷秀同年時新選陝西平利縣》勉勵對方"入關詩要英雄氣,經世人須父母心";《魏春松筵上送陸杉石太守元鉉入蜀分韻得直字》勉勵對方在非常之地、非常之時要寬猛兼備,以鎮撫地方,所謂"願公酌寬猛,開懷感以德"。

詩人是著名詩人兼畫家,一生題詩題畫詩不少,但本期這類詩歌卻都涉及軍事:《自題扁舟集》前半寫戰爭,足見他對從軍立功的興趣很濃,所謂"征西軍馬盡東還,旌旆如龍走劍關。肯與英雄爭道路,且營舟楫看江山";《題沈硯畦昭興〈射獵圖〉》寫射獵也寫從軍,主要讚美對方,如"是時君年二十六,《陰符》一卷埋頭讀。英氣逼人不可當,擬執番酋食其肉",同時説自己也有不錯的武功,所謂"醉後同彎兩石弓,指示同輩夸英雄";《題王梅岑觀察〈平苗圖〉》則重點在描寫平苗戰爭,擁護朝廷軍事平苗策略,以及不殃及無辜,所謂"翠壁丹崖兵氣陡,弓刀簇簇環山走""指揮軍佐認朱旗,不向良苗飛一矢""回首楓林照夕陽,居然一日平三寨"。

詩人本期沒有見過戰爭,因此沒有直接表現戰爭的詩歌。或爲直接見到的軍事行動,如《長至聞續調官軍出口》寫調兵出征西域的情景,以及由此而生的從軍報國之情,所謂"請纓思報國,中夜起傍偟";或爲與從軍的將軍交談而來,如《老將》描寫參加過雍正末年乾隆初年的平定古州苗民起義,乾隆中期的大小金川之戰,從南到北,多有戰功。最多的是得自外舅林西厓從軍西藏的經歷,包括《成都得外舅林西厓先生西征途次莽裡手書即事奉懷》二首寫從軍西藏,征討廓爾喀,描寫生動形象,意境峭拔冷峻,歷代少有此類作品;七律《奉懷外舅西征》一首希望儘早平叛,滅敵於剛叛之時與萌芽之中,所謂"將相平戎須早決,窮邊久矣厭征辈"。詩人在外舅西征時有詩相送,後又有《西征曲》絕句八首,詩歌從戰爭爆發、出兵、惡戰、擒敵、籌邊、草檄到結束,既描述其事,且多所感懷。這組詩歌在當時影響很大,因此王鐵夫夫婦將張氏的《論文詩》與《西征曲》合爲一卷,詩人有《王鐵夫苞孫同年墨琴女史夫婦寫余論文詩西征曲合爲一卷見贈作詩答謝》四首作答,詩人在第三首中説:"西征笳鼓動邊愁,舊句曾傳瀚海頭。更仗簪花才女筆,細書珍重寄千秋。"説自己的詩歌有感而發,而且影響極大,乃至傳到了邊庭、戰場,連簪花才女也喜歡,以至於仔細抄寫珍重保存,欲傳之千秋萬代。《和外舅林西厓先生〈捧多餻歲〉元韻奉懷》爲奉和外舅之作,雖然得自間接,卻是一首不可多得的氣勢雄渾、感慨深沉的西藏邊塞詩。

其他如樂府《羈旅行》寫詩人的羈旅壯志：“長劍消磨四海塵，萍蓬不得夸弧矢。”《蟋蟀吟》感慨英雄失路：“英雄失路吞聲哭，烈士途窮悲擊築。”《馬耕》由馬耕地聯想到戰爭，寫軍需供應之重要與艱難，所謂“君不見去年西征救梵王，烏拉不足羊運糧”。

總之，本期與軍事戰爭有關的詩歌不少，但卻全部是通過懷古、感懷、贈答、題詩題畫來表現，鮮見直接表現戰爭的詩歌。詩人在經世報國思想的指導下，所謂“入關詩要英雄氣，經世人須父母心”，這些詩歌主要表現對古代豪俠、英雄、名將以及軍政兼長者的贊揚與評價，在贊揚與評價的同時流露出仿效之意，勉勵人家從軍立功的同時也含有自勉的意思，反復表露要做俠士，所謂“酒酣以往氣益橫，視余何似燕荊卿”；作霸才名將，如“霸才常惜武靈王”“淫潦五溪拚馬革，丹青千古笑雲台”“一飯三遺矢，雄心老未除”“家無擔石如劉毅，人許功名似馬周”“伏櫪長鳴萬馬驚，唾壺擊缺氣難平”“撫床忽憶劉琨語，莫道荒雞是惡聲”“惟將一掬窮愁淚，寄向燕台吊望諸”“入世近來如退鶺，著鞭恐讓祖生先”；崇尚文武兼備而常生投筆從戎之念，如“孤憤常思焚筆硯”“捫虱雄談舉世無，英雄畢竟恥爲儒”“繼舜重瞳貌自殊，少年書劍恥爲儒”“那知烈士多苦心，文人好武原非病”“飛而食肉應投筆，醉不成歡欲請纓”“儒生筆墨英雄膽，戈馬叢中百煉來”“刀鞬影裏探詩囊，翰墨場兼戰馬場。太保家風原磊落，書生武備不張惶”；躍躍欲試，欲從軍殺敵，如“城頭鼓角聲悲壯，欲挽將軍問《六韜》”“竟思調惡馬，投筆戰沙場”“夜深星斗雜，搔首看天狼”。更值得注意的是他在《題沈硯畦昭興〈射獵圖〉》中有“醉後同彎兩石弓，指示同輩夸英雄”之句，説明他習武從軍絕不僅僅停留在口頭上，而是付諸實踐，確實曾經練過騎射等類武功，而且水準不低。不過本期有關軍事與從軍的詩歌多停留在抒發雄心壯志上，較爲空泛，所涉及的戰爭，包括《老將》中追溯的乾隆初年平定古州苗民起義，乾隆中期大小金川之戰，重點是外舅參加過的西征平定廓爾喀之戰，很少有軍事思想與才華的表露。但《養由基墓在荊門西郭象山下》涉及道與器、殺伐與仁義、武器戰法的發展等，可稱卓識，惜乎太少。

作者單位：西華大學人文學院

饋贈與羈絆

——論蜀地對李劼人創作的影響①

謝應光　敬婷婷

在中國現代文學史上，李劼人可以説是一位頗具地域精神氣質的作家。作爲生於斯、長於斯的蜀人，他用"他那一支令人羨慕的筆"②，構築起一個渾融的、極具藝術生命力的巴蜀近代史空間，讓讀者身臨其境，沉浸於巴蜀氣韻的審美享受之中。作爲現代知識分子，李劼人自覺將巴蜀大地作爲自身靈魂的棲息地，他"蝸居"於巴山蜀水間，將已然浸透血脈的母體文化烙入創作之中，架構起獨特的具有地域文化特色的文學世界。正如巴金所言："過去的成都活在他的筆下。"③蜀地與巴蜀文化孕育了李劼人，而這也必然會與李劼人的創作發生共振，並由此產生影響，有饋贈、有羈絆，有張力、有遮蔽。歸納起來，一方面，是蜀地所給予李劼人創作的"饋贈"，即李劼人自覺將巴蜀大地作爲創作對象，巴蜀文化由此成爲其創作的不竭動力，讓李劼人的作品帶有鮮明的四川特色，彰顯出獨特的魅力與藝術表現力；另一方面，是蜀地所給予李劼人創作的"羈絆"，即李劼人創作中的巴蜀文化因數（特別是方言寫作）對作家李劼人自身影響力及其作品傳播的制約，體現出方言這一地域文化形式給文學所帶來的接受障礙與阻隔。以上兩方面，正是本文所要探討的核心所在。

一　蜀地給予李劼人創作的"饋贈"

蜀地是李劼人審美創造的動力所在，也是其靈感的不竭之源。作爲深受巴蜀文化熏陶的作家，李劼人堅守對故土的依戀，以此構築起自身的文學世界，並爲其打上了深深的巴蜀文化烙印，而這也使李劼人的創作帶有鮮明的地域特色與獨特的藝術表現力，爲讀者所喜愛和青睞。這是蜀地所給予李劼人的饋贈。其著重表現爲李劼人創作中的濃郁川味，即川味方言的恰到運用、飲食文化的精心記錄、茶館文化的細緻描摹等。

---

① 基金專案：四川省西華大學研究生創新基金項目：巴蜀地域文化下的李劼人研究（項目編號：ycjj2016106）的研究成果。
② 郭沫若：《中國左拉之待望》，載《李劼人選集》（第一卷），四川人民出版社1980年版。
③ 謝揚青：《巴金同志的一封信》，《成都晚報》，1985-05-23。

（一）川味方言

方言不僅是一種語言表達形式，也是地域文化的存在方式。用川味方言寫作，是李劼人作品的一大特色。在衆多作品中，李劼人將地道的四川方言使用得生動、靈活、極富表現力，突顯出了故事氛圍的真實感與鮮明的地域特色，極富巴蜀氣息。

在李劼人的作品中，"什麼"表達爲"啥子"；"怕老婆"表達爲"趴耳朵"；"舒服"表達爲"安逸"；"漂亮"表達爲"伸抖"；"傻里傻氣"表達爲"到瓜不精"；"假裝糊塗"表達爲"裝蟒吃象"……這樣的表達讓四川讀者讀來格外親切真實，讓外地讀者感到新鮮有趣。

此外，李劼人對四川一帶的袍哥黑話也較爲熟悉，在描繪一些特定人物或特定情節時，對此種語言有較多的使用，例如搭手（幫忙）、水漲了（情況危急）、肥豬（被綁架的人）、開紅山（胡亂殺人）等，將讀者瞬間帶入了特定時代的巴蜀江湖世界之中。

（二）飲食文化

美食不僅帶來味蕾享受，還是特定地域風俗的強烈反映。飲食文化在巴蜀文化中占據著相當重要的地位，川菜作爲八大菜系之一也早已名滿天下，征服廣大食客，成就了"吃在四川""吃在成都"的佳話。

抛開作家身份，李劼人不僅是一位美食理論家，更是一位美食活動家。他開設"小雅"餐館，並擔任主廚，以實際行動表達對烹調的喜愛，並在作品中極力展現川菜的魅力。在李劼人的筆下，對川菜、成都小吃、飯館品類的描寫隨處可見，爲讀者展示了一個令人垂涎欲滴的川味美食世界。例如：《大河三部曲》中所寫的萬福橋又麻又辣又燙的陳麻婆豆腐、皇城壩薄得像明角燈片且咬起來脆砰砰的盆盆肉、枕江樓鮮嫩可口的醋溜五柳魚、青石橋鮮香肥嫩的溫鴨子……除了餐桌，李劼人還用鋪陳的筆法描寫了成都會場上出現的各式小吃，例如涼粉、抄手、馬蹄糕、燒臘鹵菜、雞絲豆花、牛舌酥鍋塊……

李劼人在作品中生動而形象地記述了清末四川的飲食狀況。此外，還對當時四川飲食物產作了詳細記錄，以補史料之不足，顯得彌足珍貴。其中，《死水微瀾》中對川豬品種的描述就頗有價值："成都西北道的豬，在川西壩中又要算頭等中的頭等。它的肉，比任何地方的豬肉都要來得嫩些，香些，脆些。假如你將它白煮到剛好，切成薄片，少蘸一點白醬油，放入口中細嚼，你就會察得出它帶有一種胡桃仁的滋味，因此，你纔懂得成都的白片肉何以是獨步。"[①]

（三）茶館文化

李劼人擅長將歷史事件或故事情節放置於一個個精心排布的地方性文化場景

---

① 李劼人：《死水微瀾》，《李劼人選集》（第一卷），四川人民出版社 1980 年版。

之中去加以呈現和展開。在他的作品中，茶館當屬一種最為常見也最為典型的文化場景。

四川是茶的故鄉，也是飲茶風尚的發源地。早在 2 000 多年前的西漢時期，四川一帶的飲茶之風就已經相當普及。從茶館的數量上講，恐怕無其他城市可與成都匹敵，據統計，晚清時成都有茶館 454 家①。喝茶、泡茶館，在四川人眼中，不僅僅是一種生活消遣，更是一種日常習慣。正如同為四川作家的沙汀在一篇散文中所言：“除了家庭，在四川茶館恐怕就是人們唯一寄身所在了。”②可見茶館於川人的重要性，它與川人的生活早已融為一體，不再是一種普通的公共活動場所，還具有豐富的意蘊與特殊的意義。茶館，早已是巴蜀文化資源的一個重要組成部分。

在“大河三部曲”之二的《暴風雨前》中，李劼人用了四頁篇幅詳細介紹了茶館的三大作用：“一種是各業交易的市場；一種是集會和評理的場所；另一種是普遍地作為中等以下人家的客廳或休息室。”③而在《大波》中，李劼人更是用“茶話”為章節命名，並將茶館作為高頻出現的故事背景與推動情節發展的關鍵所在。在他的其他作品中，對茶館的叙寫也是信手拈來，隨處可見。

李劼人長期受到巴蜀文化的熏陶，自覺接受巴蜀文化的規範，使得其作品帶有鮮明的巴蜀文化印記，飽含川味。同時，李劼人身上所具有的强烈的巴蜀地域文化意識也使得他在創作中對本土文化資源進行開掘，為“川西壩”、為成都立傳，對巴蜀文化做出了重大貢獻。總的說來，巴蜀文化滋養與浸潤著李劼人，而李劼人也讓巴蜀文化在他的筆下更加奪目。

二 蜀地給予李劼人創作的“羈絆”

李劼人是一位為中國現代文學做出過突出貢獻的作家，也是一位曾被歷史煙塵所重重埋没而後被重新發現的作家。他的鴻篇巨著“大河三部曲”——《死水微瀾》《暴風雨前》《大波》，填補了中國現代文學史上“有巨大的歷史，可無作品出現”④的空白，為文學史增加了分量、增添了色彩。然而，這樣一位“藝術上保持很大獨立性的作家”，⑤卻在很長一段時間裏被忽視、遭冷遇，未在文學史上得到應有的地位與評價。

20 世紀 50 年代到 70 年代，除了在四川本地雜誌上發表的廖廖幾篇評論文章外，李劼人研究總體上是一片空白。約從 1982 年起，纔開始有人將李劼人載入文

① 王笛：《街頭文化》，中國人民大學出版社 2006 年版。
② 吳福輝：《沙汀傳》，十月文藝出版社 1990 年版。
③ 李劼人：《暴風雨前》，《李劼人選集》（第一卷），四川人民出版社 1980 年版。
④ 魯迅：《蕭軍作〈八月的鄉村〉序》，載《魯迅選集》（第 4 卷），人民文學出版社 1983 年版。
⑤ 錢理群、溫儒敏、吳福輝：《中國現代文學三十年》，北京大學出版社 2001 年版。

學史，儘管篇幅甚小，但結束了文學史對李劼人及其創作隻字不提的不公平現象。之後，李劼人研究慢慢破冰，研究隊伍漸漸壯大，研究領域漸漸拓寬、拓深。但是，研究隊伍仍以四川本土研究學者居多，且仍有很多有待研究和有待解決的問題。總體而言，李劼人創作的傳播、接受和影響力仍然較爲有限。

對李劼人的最早評價始於郭沫若。1937 年 6 月，郭沫若在《中國左拉之待望》中高度評價李劼人的長篇系列小說，稱其爲"'小說的近代史'，至少是'小說的近代的'《華陽國志》"①。郭沫若是第一個高度贊揚和評價李劼人的人，同時也是第一個爲李劼人沒有得到應有關注而發聲的人。"像李劼人這樣寫實的大衆文學家，用著大衆語寫著相當偉大的作品的作家，卻好像很受著一般的冷落。"②遠在日本的京都大學教授、著名漢學家竹内實與郭沫若有著同樣的感觸。1960 年，他發表《被冷遇的作家》，稱李劼人爲"中國的優秀的作家"，爲其被"埋沒"、受"冷遇"表示無限惋惜。此外，竹内實還在這篇文章中簡要分析了李劼人被"埋沒"的原因："我認爲原因之一，是由於這些文學史，主要是結合著社會的動態這點來定作品和作家的位置。李劼人登上文壇的 1936 年，正是'國防文學'的論争激烈地進行著，作家正明顯地區分爲進步與反動的時期。一看這作品，衹不過樸素地描寫著清朝末年的風俗世態，隨著不久爆發的戰争，既成文學被沖走了，這作品纔終於沒有受到重視的評價。"③此種觀點，在後來一些研究者的研究成果中也有較爲詳盡的論述。但在本文的研究視閾之下，筆者更爲關注的是竹内實所提到的另一個觀點："他一直住在四川成都（或者重慶），離開了當時文壇的中心地上海，繼續做著孤立的文學活動，這也是爲文學史家所忘掉的原因之一吧。"④竹内實以其敏鋭的洞察力爲我們研究李劼人被"埋沒"原因提供了一些重要的綫索和方向，這對李劼人研究而言極具價值。

李劼人被"埋沒"的原因其實是相對複雜的，有諸多方面的因素所致。在此，筆者所要著重指出的是其創作中巴蜀文化因數（尤其是方言寫作）所帶來局限性。

在李劼人的作品中，方言的出現早已是司空見慣。方言，是把雙刃劍。一方面，李劼人運用地道的四川方言爲讀者還原了特定歷史時空下原汁原味、真實可感的成都風貌，讓讀者仿佛身臨其境。而另一方面，方言寫作也必然會帶來其地域性與局限性。可貴的是，李劼人在創作伊始已然察覺到這個問題，並采取了一定的措施——對所使用的方言進行注釋。據統計，李劼人的"大河小說"有注釋 200 多條，其中專爲方言作注多達 195 條，涵蓋有：對方言的注音、釋意；對方言的來源考證；對方言的辨析和糾正，涉及音韻學、文字學、語言學以至訓詁學等

---

① 郭沫若：《中國左拉之待望》，載《李劼人選集》（第一卷），四川人民出版社 1980 年版。
② 郭沫若：《中國左拉之待望》，載《李劼人選集》（第一卷），四川人民出版社 1980 年版。
③ 成都市文學藝術界聯合會、李劼人研究學會：《李劼人研究》，巴蜀書社 2008 年版。
④ 成都市文學藝術界聯合會、李劼人研究學會：《李劼人研究》，巴蜀書社 2008 年版。

眾多領域。讓讀者不僅瞭解川方言的來龍去脈，而且感受到其獨特的魅力和表現力。但遺憾的是，李劼人所作的努力並未取得顯著成效。方言所帶給作品的張力與遮蔽仍舊共存，投射於其中的區域文化的接受障礙仍然是制約李劼人文學傳播與文學史地位的重要因素之一，也是困擾學術界的亟待解決的"李劼人難題"。

蜀地所帶給李劼人創作的影響，可用饋贈與羈絆共存、張力與遮蔽同在去簡言概括。當研究地域文化與文學之間相互浸潤的深刻聯繫時，或許我們可以從這一個例中去窺得一二，並有所體悟。

作者單位：西華大學人文學院

劉咸炘《詩系》論説

馬　旭

　　劉咸炘（1896—1932），字鑒泉，別號宥齋，成都雙流人。幼承家學，博通經典，稍後師承章實齋，精通史學，著書 235 部、475 卷，總爲"推十書"，涵覆經、史、子、集四部。其著述出人意表，識見卓特。張孟劬先生稱之爲"目光四射，如球走盤，自成一家之學"①。蒙文通謂："其識駸駸度驊騮前，爲一代之雄，數百年來一人而已。"②劉咸炘學術自成體系、規模宏大，史學是讀書治學的重點，自述研究範圍是史學。近幾年，學者大都關注到劉咸炘的史學成就，對劉咸炘史學論述的較多，但在《推十書》中，戊輯，共四册，多篇論著反映了劉咸炘的文學思想，本文以戊輯第三册中的《詩系》爲考察物件，分析劉咸炘提出"詩系"理論的原由，闡釋"詩系"各派的具體內容，從而瞭解劉咸炘的詩學思想。

一　《詩系》提出緣由

　　劉咸炘在提出"詩系"詩歌理論之前，對詩論的發展軌迹進行了簡明扼要的梳理。其曰：

　　　　評論詩文，始於齊、梁，詮序流別，以明本教。故彦和《文心》，兼貫《七略》，鐘氏《詩品》。與劉並出，專論五言，根極詩騷，訖揚文質。探源循《七略》之法，立統以三系爲歸。觀其力杜險俗，舉鮑照爲濫觴，高標極界，附阮籍於《小雅》。豈徒以評品片言取稱雋永哉。宋世既疑其義駁，明人徒取其詞工。會稽章實齋獨稱爲有本之學，而不解其説，但付闕如。學士雖或徵引，選本詩話，亦至宋而大盛。沿至於今，率爾者蕪漫，偏執者紛淆。狂狷各趨一端，矯枉過直，鄉願闊論大略，無舉無刺。守義愛詞，各爭奴主，尋章摘句，徒效兒童，大體不昭，氣格或昧，歧途多舛，小子何述焉。③

　　劉咸炘認爲探討詩歌源流派別，指明詩歌本教的評論方式緣起於齊、梁，以劉勰《文心雕龍》和鐘嶸《詩品》爲代表，其中鐘嶸《詩品》遵循《七略》之法，

---

①　劉咸炘：《推十書》，上海科學技術文獻出版社 2009 年版，第 827 頁。
②　劉咸炘：《推十書》，上海科學技術文獻出版社 2009 年版，第 827 頁。
③　劉咸炘：《推十書》，上海科學技術文獻出版社 2009 年版，第 1171 頁。

以論五言詩爲主，評品詩人，注重詩之雅正，開啟了詩歌推源溯流之法。然而宋世論詩重其義，明人論詩工其詞，對推源溯流之法並沒有繼承發展。至清代章學誠在《文史通義》八、內篇五《詩話》中説："《詩品》之於論詩，視《文心雕龍》之於論文，皆專門名家，勒爲成書之初祖也。《文心》體大而慮周，《詩品》思深而意遠，概《文心》籠罩群言，而《詩品》深從六藝，溯流別也。論詩論文，而知溯流別，則可以探源經籍，而進窺天地之純，古人之大體矣……《詩品》如云某人之詩，其源出於某家之類，最爲有本之學。其法出於劉向父子。"①劉咸炘贊成章學誠稱《詩品》的推源溯流法爲有本之學，惋惜章氏沒有爲此作出更多的解釋，而後世學者都衹證引其説，並沒有談及溯源法的旨意。劉咸炘不僅贊揚《詩品》論詩采用推源溯流的方法，而且對《詩品》宣導自然清新的藝術風格也是給予肯定的。宣導自然清新的藝術風格是鐘嶸論詩的宗旨之一，他在《詩品序》中批判了當時拘限聲病的風氣。鐘嶸曰："王元長創其首，謝朓、沈約揚其波，於是士流景慕，務爲精密，襞積細微，專相陵架，故使文多拘忌，傷其真美。"在鐘嶸看來過分地雕琢詞句、拘限聲病，無疑破壞了詩歌的天真自然之趣。自鐘嶸之後，宮體詩興盛，以至於影響至唐，所以，劉咸炘説："自仲偉之後，宮體既興，華詞大暢，雖亦清怨之流，已悖言志之旨。"②宋代詩學理論則是受蘇、黄詩風以及"江西派"詩風的影響，著重於詩歌用字、用典、出處的考釋和真偽的辨別，因此"多衹求詞，纖巧餖飣，詩弊斯極"③。宋以後選本詩話興起，清人選唐詩、選宋詩各種版本屢見不鮮。然而清代一些選本詩話多爲模仿之作，對於詩歌的評論有些矯枉過正，劉咸炘對於選本詩話散漫無章、守義愛詞、尋章摘句的做法給予了嚴厲的批評，認爲這樣會讓清人學詩誤入歧途，因此他提出"詩系"一説，以糾正當時的詩風。《詩系》一文是將漢至唐的一百位詩人溯源於《頌》《小雅》《國風》和《楚辭》系。各系依據詩歌的體制和風格的不同而判別淵源、區分流派。

劉咸炘梳理詩論發展情況是爲了説明采用推源溯流之法論詩的合理性和必要性，緊接著他分析並總結了清代部分重要詩文評論家的得失，這爲他"詩系"理論提出提供了時代依據。劉咸炘曰：

> 昆山顧寧人氏，獨舉志事，以袪時弊。山陽潘彥輔氏，繼起言義，褒譏昔士，扶教別裁，斯一盛也。而顧未備論，潘衹詳唐。陽湖張翰風氏，專明比興，以章情變。蘄州陳太初氏，發潛闡幽，比、興益著。仁和譚仲修氏，宗張區潘，會通二説，以柔厚寄托爲主，又一盛也。而未知大別，時傷泛愛。衡陽王而農氏，探本柔文，精研六代，宋後弊習，泛掃無遺。湘潭王任父氏，異世同道，備究三唐。其徒宋芸子氏申之，詞格源流，粲

---

① 章學誠著，葉瑛校注：《文史通義校注》內篇卷五，中華書局 1983 年版，第 559 頁。
② 劉咸炘：《推十書》，上海科學技術文獻出版社 2009 年版，第 1171 頁。
③ 劉咸炘：《推十書》，上海科學技術文獻出版社 2009 年版，第 1171 頁。

然可睹，又一盛也。而而農多過正之論，壬父無溯源之功。①

劉咸炘的這段評論梳理了清初到清末具有代表性的詩文評論家詩歌批評發展脈絡，其中涉及的人物有顧炎武、潘德輿、張琦、陳沆、譚獻、王夫之、王闓運、宋育仁八位詩文評論家。首先，劉咸炘贊同顧炎武和潘德輿提倡"詩言志"的詩學思想。顧炎武在《日知録》中説："舜曰：'詩言志'，此詩之本也。《王制》：'命太師陳詩，以觀民風'，此詩之用也。荀子論《小雅》曰：'疾今之政，以思往者，其一言有文焉，其聲有哀焉'，此詩之情也。故詩者，王者之迹也。建安以下，泊乎齊梁，所謂"辭人之賦麗以淫"，而於作詩之旨失之遠矣。"②顧炎武認爲作詩根本是"言志"，觀察民風，以詩言之，詩詩之用，總結政治教化的得失，以詩言之，是詩之情。顧炎武強調"詩言志"的重要性，劉咸炘稱其爲"獨舉志事，以袪時弊"，是肯定了顧炎武糾正清初沿襲明人宣導復古詩風的風氣。潘德輿的詩論思想主要表現在《養一齋詩話》中，《養一齋詩話》評品了歷代詩人的詩歌成就，闡發詩歌發展之正變源流，他論詩本著傳統的"詩教"説，重"言志"與"思無邪"。潘德輿曰："'詩言志'、'思無邪'，詩之能事畢矣。人人知之而不肯述之者，懼人笑其迂而不便於己之私也。……言志者必自得，無邪者不爲人。是故古人之詩，本之於性天，養之以經籍，内無怵迫苟且之心，外無夸張淺露之狀；天地之間，風雲日月，人情物態，無往非吾詩之所自出，與之貫輸於無窮。此即深造自得，居安資深，左右逢原之説也，不爲人故也。"③潘氏堅持傳統的"詩教"説，同時他還認爲天地之間，風雲日月、人情物態都能作爲詩的源泉，擴大了作詩的範圍，但作詩依然以"詩言志""思無邪"爲宗旨。此外，潘氏對清代諸家詩説評價皆不高，他説："近人詩話之有名者，如愚山、漁洋、秋穀、竹垞、礭士所著不盡是發明第一義，然尚不至滋後學之惑。滋惑者，其隨園乎，人紛紛訾之，吾可無論矣。"④這兩點正是劉咸炘所認同的，在劉咸炘的詩學觀念中，"詩言志"是很重要的核心思想，他認爲詩歌若無志則不稱爲詩。劉咸炘曰："《書》曰詩言志。無志何得爲詩？此義不亡，顧、潘之功也。"⑤

其次，劉咸炘認爲詩歌的比興手法是"詩言志"的主要表現，他推崇張翰風和陳沆重視詩歌比興的做法。張翰風的《宛鄰書屋古詩録》選録了漢至隋詩，並對一些詩歌做了簡要的評價，《古詩録》言詩之比興，強調詩主性情。陳沆詩歌理論著作《詩比興箋》，同樣主張以比興的手法來達到詩歌"言志""美刺"的作用。劉咸炘編撰的《三秀集》是一部清代詩歌選集，其中選了陳沆的詩，既是對陳沆詩歌理論的接受，同時也是對其詩歌的傳播。譚獻則是晚清時期的一位詞學

---

① 劉咸炘：《推十書》，上海科學技術文獻出版社 2009 年版，第 1172 頁。
② [明]顧炎武：《日知録》卷二十一《作詩之旨》。
③ 郭紹虞編選：《清詩話續編》，潘德輿：《養一齋詩話》卷一，上海古籍出版社 1983 年版，第 2006 頁。
④ 郭紹虞編選：《清詩話續編》，潘德輿：《養一齋詩話》卷一，上海古籍出版社 1983 年版，第 2008 頁。
⑤ 劉咸炘：《詩系》，《推十書》戊輯第三冊，上海科學技術文獻出版社 2009 年版，第 1172 頁。

大家，他的詩歌理論宗張翰風，提倡用比興的手法來展現詩歌情感。

最後，王夫之、王闓運、宋育仁的詩學思想對劉咸炘的影響最深。王夫之是清初著名詩學理論家，他論詩重質而不廢文，他在《夕堂永日緒論內編》中說："無論詩歌與長行文字，俱以意爲主。意猶帥也。無帥之兵，謂之烏合。李、杜所以稱大家者，無意之詩十不得一二也。煙雲泉石，花鳥苔林，金鋪錦帳，寓意則靈。若齊、梁綺語，宋人傳合成句之出處，（宋人論詩，字字求出處。）役心向彼掇索，而不樞己情之所白髮，此之謂小家數，總在圈繢中求活計也。"①王夫之批判了宋詩字字求出處、不重視詩意的做法，劉咸炘評曰："宋後弊習，泛掃無遺。"②王夫之的選集也充分體現了他的詩學觀念，《唐詩評選》強調詩重情，劉咸炘在後來《詩系》選録中大都參照了王夫之《唐詩評選》的選詩標準。王闓運、宋育仁是師徒關係，王闓運主張宗法漢魏六朝詩歌，他提出"學古必學漢也，唐無五言，學五言者，漢、魏、晉、宋盡之"③。他還編輯了一部《八代詩選》，加以推廣。劉咸炘對該選集評價頗高，與張翰風《古詩録》比，劉咸炘認爲王氏詩選更爲完備。劉咸炘曰："録八代詩，據張氏《古詩録》、王氏《八代詩選》。張録選擇不苟而主情太濫，乃至子夜讀曲，無所不收。王選該備，梁前幾於無遺，陳、隋乃多所棄。"④宋育仁作爲王闓運的弟子，接受了老師的詩學觀點，同時將詩學中心轉向唐朝，模仿《詩品》著《三唐詩品》，將唐詩分爲初、盛、晚三個時期，分別溯源詩人的流派。

劉咸炘對這八位詩歌評論家的詩學思想有所稱贊，也有所批判，他所稱贊之處也正體現了他自己的詩學思想。他贊同顧炎武和潘德輿提倡的"詩言志"之說，他肯定張翰風和陳沆重視詩歌比興的做法，宣揚王夫之詩重意的詩學思想，提倡王闓運學習漢魏六朝詩的主張。其實，我們已不難看出，劉咸炘的詩學觀即是發揚傳統"詩教"思想，又結合時代風氣對傳統"詩教"進行補充和擴展。他批判"顧未備論，潘衹詳唐，譚未知大別，時傷泛愛，而農多過正之論，壬父無溯源之功"⑤。這一切都是"統系不明，貫通何自"⑥所致，於是，劉咸炘"發明三系之説，立以爲統，和合三家，窮源竟委。上起於漢，下斷於唐，各具評議，兼舉篇章，標合作以明本教，存盛藻以備名家，詞義共貫，輕重自存"⑦。三系之説在於能垂統於上而承於下，能貫穿詩歌的整體發展，從而探究詩歌的淵源。

劉咸炘生活在清末民初時期，這時的詩壇已經掀起了翻天覆地的變化。黃遵憲的"詩界革命"提出詩歌的變革，深受人心，然而，作爲傳統文化繼承者的劉咸炘並沒有隨波逐流，而是反思了傳統詩學流變的利弊，提出了自己的傳統詩學

① [清]王夫之等撰：《清詩話》，《薑齋詩話》，上海古籍出版社1982年版，第8頁。
② 劉咸炘：《詩系》，《推十書》戊輯第三冊，上海科學技術文獻出版社2009年版，第1175頁。
③ [清]王闓運：《湘綺樓説詩》，《湘綺樓詩文集》，嶽麓書社1996年版，第2218頁。
④ 劉咸炘：《詩系》，《推十書》戊輯第三冊，上海科學技術文獻出版社2009年版，第1175頁。
⑤ 劉咸炘：《詩系》，《推十書》戊輯第三冊，上海科學技術文獻出版社2009年版，第1172頁。
⑥ 劉咸炘：《詩系》，《推十書》戊輯第三冊，上海科學技術文獻出版社2009年版，第1172頁。
⑦ 劉咸炘：《詩系》，《推十書》戊輯第三冊，上海科學技術文獻出版社2009年版，第1172頁。

觀，這正是對傳統文化的繼承和總結。劉咸炘認爲傳統詩風衰弊始於晚唐，每況愈下，以致於清，詩風衰弊的主要原因有三：“一曰無義。自唐多空言詩酒山水，宋更廣作贈答題圖。……二曰直情。劉起潛謂宋詩祇一賦字，陳太初謂比、興絕於晚唐，皆非苛論。惟其無事，是以無情。即有爲而言，亦徑行無味。詠史翻新，幾同論贊，抒懷近腐，競類偈言，鋪陳景物。……三曰詞卑。唐人皆源八代，宋則祇知有唐，不識李、杜之濫觴，概謂齊、梁爲蟬噪，放率爲太白，枯獷爲子美，學韓、蘇而哮吼，效晚唐之尖新。乃至專宗兩宋，但取庲奇，無復從容和平，只形淺露薄弱。”①無義，即指詩歌缺少“詩言志”的創作論；直情，即指詩歌缺少比、興的修辭手法；詞卑，即指詩歌缺少創新意識，多爲模仿之作。劉咸炘提出詩系的詩學觀念，正是要改變這樣的弊端。

二　詩系派別分類

《詩系》“以體定詞，以體該情”②，這裏的“體”是指詩歌體格、風貌，從詩歌體格、風貌將漢至唐詩分別溯源到《頌》《小雅》《國風》《楚辭》系，從而探討不同系別詩歌的用詞和抒情的情況。

（一）《頌》系

劉咸炘將《房中歌》《郊祀歌》和《鐃歌十八曲》前四曲歸屬於《頌》系。劉咸炘曰：“頌系後世無繼者，郊廟歌詞，語浮音嘽，義尤無取。獨存漢三家，以其近古有義也。錄頌系第一。”③《房中歌》又稱《房中祠樂》，《房中樂》本爲周樂名。《漢書·禮樂志》中有詳細記載：“又有《房中祠樂》，高祖唐山夫人所作也。周有《房中樂》，至親名曰《壽人》。凡樂，樂其所生，禮不望本。高祖樂楚聲，故《房中樂》楚聲也。孝惠二年，使樂府令夏侯寬備其簫管，更名曰《安世樂》。”④《郊祀歌》完全是爲了配“郊祀之禮”而用的，它的來歷在《漢書·禮樂志》中有詳細記載：“武帝定郊祀之禮，祀太一於甘泉，就乾位也；祭后土於汾陰，澤中方丘也。乃立樂府，采詩夜誦，有趙、代、秦、楚之謳。以李延年爲協律都尉，多舉司馬相如等數十人，造爲詩賦，略論律呂，以合八音之調，做十九章之歌，以正月上辛，用事甘泉園丘，使童男女七十人俱歌，昏祠至明。夜常有神光如流星止集於祠壇，天子自竹宮而望拜，百官侍祠者數百人皆肅然動心焉”。⑤《郊祀歌》是祭祀之樂，所用的多是古雅文詞，多爲統治者歌功頌德之詞，内容貧乏，語言艱澀，不易懂。《史記·樂書》説：“通一經之士，不能獨知其辭；

---

① 劉咸炘：《推十書》，上海科學技術文獻出版社 2009 年版，第 1173 頁。
② 劉咸炘：《推十書》，上海科學技術文獻出版社 2009 年版，第 1173 頁。
③ 劉咸炘：《推十書》，上海科學技術文獻出版社 2009 年版，第 1181 頁。
④ [漢]班固：《漢書》第四册《禮樂志》，中華書局 1975 年版，第 1043 頁。
⑤ [漢]班固：《漢書》第四册《禮樂志》，中華書局 1975 年版，第 1045 頁。

皆集會五經家，相遇共講習讀之，乃能通知其意，多《爾雅》之文。"①雖然言語難懂，但漢《郊祀歌》受楚歌的影響，具有民間楚歌的固定形式，風格接近《九歌》與《招魂》，因此漢《郊祀歌》在漢代及其前的宗廟郊祀樂歌中獨具一格，雖是《頌》詩的繼承，又具有時代的特色。此歌内容多與祝頌和教訓有關。《鐃歌十八曲》，又稱爲短簫鐃歌。鐃歌多與軍樂有關，劉咸炘所選出來的這三篇漢樂府具有典型的代表意義，基本繼承了"頌"廟堂祭祀之辭的原貌。

1. 《小雅》系

劉咸炘認爲《小雅》系遵循怨誹而不亂的特點，曰："太史公稱小雅怨誹而不亂。怨誹則直，故賦義爲多，不似風直貴婉曲、主比興也。雅詩多士大夫直作，故不亂，非無和樂之音，其異於風，特稍直顯耳。"②士大夫的怨誹之情多以賦的形式表現出來，而《國風》中的感傷之情則多以比興的手法展示出來。關於《風》《雅》之别，他進一步做出了闡釋："蓋風之體曲而雅稍直，風隱而雅稍顯，風寬而雅嚴，風圓而雅方，風輕而雅重，風多主情，雅多主智。其尤顯者，則風體短而雅體長，雖風偶有長篇（如《穀風》），雅偶有短篇（如《祈父》《我行其野》），而其大體固不混也。風，風也，其體多風也。雅，正也，其體嚴正也。每風之作起於謠諺，而嚴整之作則學士所爲，學士亦爲謠諺之體，此固古今之所同也。"③他從《風》《雅》的創作主體、詩歌形式、詞氣體性以及藝術風格進行辯説，認爲《風》《雅》各不相同，以至對後世派系影響也是不同的。

《小雅》系首列韋孟，他認爲韋孟是《小雅》系的直接繼承者，韋孟的諷諫詩具有怨誹而不亂的特點。劉咸炘説："後世得雅意者少，韋氏父子最古，而子不及父。"④在其後詩評中，劉咸炘摘録《竹林詩評》對韋孟的評價："誹而不亂，《小雅》之流風也。"⑤韋孟之後，《小雅》系第二是束晳，劉咸炘曰："顔延之一派，典重是雅，然特詞近而非義同，且非純雅家，亦統歸風系。獨存束晳，以詞義兼美，可存和樂一種也。録小雅第二。"⑥在其後的詩評中他評論道："晉束晳廣微，氣體和雅，不愧《小雅》之裔。"⑦束晳的《補亡詩》收録在梁蕭統的《文選》中，劉咸炘認爲束晳是《小雅》第二，主要根據是束晳的《補亡詩》。蕭統《文選卷十九·詩甲·補亡·補亡詩六首·補亡詩序》曰："晳與司業疇人肄修鄉飲之禮，然所詠之詩，或有義無辭，音樂取節，網而不備，遙想既往，存思

① [漢]司馬遷：《史記·樂書》，中華書局 1975 年版，第 1175 頁。
② 劉咸炘：《推十書》，上海科學技術文獻出版社 2009 年版，第 1181 頁。
③ 劉咸炘：《推十書》，上海科學技術文獻出版社 2009 年版，第 1267 頁。
④ 劉咸炘：《推十書》，上海科學技術文獻出版社 2009 年版，第 1181 頁。
⑤ 劉咸炘：《推十書》，上海科學技術文獻出版社 2009 年版，第 1186 頁。
⑥ 劉咸炘：《推十書》，上海科學技術文獻出版社 2009 年版，第 1181 頁。
⑦ 劉咸炘：《推十書》，上海科學技術文獻出版社 2009 年版，第 1186 頁。

在昔，補著其文，以綴舊制。"①可見束皙《補亡詩》是要"以綴舊制"，重修鄉飲之禮。其詩歌形式、詩歌内容、詩歌風格大都與《小雅》同。因此劉咸炘將束皙歸爲《小雅》第二。

束皙之後，劉咸炘將阮籍、陳子昂、杜甫溯源爲《小雅》系，曰："阮、陳、杜三家，貌異神同，斯爲嫡嗣。魏晉四言，和雅者近於雅體，而贈答宜在風科，頌揚又非正義，故皆不録。"②阮籍作品"無雕蟲之巧"，又能"陶性靈，發幽思"③，而這正是《小雅》"哀而不怨"的體現。魏晉時期，阮籍之後的詩人，大都沒有對阮籍作近一步繼承或發展，所以《詩品》中沒有源出於阮籍者，劉咸炘也不再贅述。一直到唐代的陳子昂作《感寓》三十首，重提"正始之音"，恢復了阮籍《詠懷》的憂患傳統，在皎然《詩式卷第三》記載："子昂《感寓》三十首，出自阮公《詠懷》，《詠懷》之作難以爲儔。子昂詩曰：荒哉穆天子，好與白雲期。宮女多怨曠，層城蔽峨眉。"④因此劉咸炘説阮籍與陳子昂貌異神同。關於杜甫，劉咸炘在《詩系》的三系中都有提到，他説："杜公兼承風騷，各别系之。"⑤的確，很難將杜甫溯源到哪一派系，他風格多樣，兼善各家，宋敖陶孫《詩評》評曰："其他作者未易殫陳，獨唐杜工部如周公制作，後世莫能擬議。"⑥如果單把杜甫歸爲《小雅》系，顯然是不全面的，於是劉咸炘在其後的《風》系和《楚辭》系都有闡述杜甫的溯源。

2.《國風》系

《國風》一系是劉咸炘論述的重點，劉咸炘根據《國風》"譎諫"和"温柔敦厚"的特點將《國風》系分爲三派：

（1）《古詩》一派。

《古詩》一派具有"温文而麗，意悲而遠"的特色。劉咸炘曰："國風一系，以婉曲多風爲准，古詩其正宗也。古詩一派，劉、左相傳，左已漸廣，而傳遂絶。其流分入於陶潛、鮑照。杜甫近鮑。元結近陶，劉、左之骨，於是焉存。高適具體而微，姚合學之而淺，不足嗣也。"⑦《古詩》繼承了《國風》婉曲多風的特點，《古詩》之後，劉禎、左思發揚詩歌典雅而不雕琢的詩風，魏晉陶淵明、鮑照詩風質樸，這裏的質樸是豪華落盡的樸素，並非樸實無味，而是有一種内在的美，這與左思淳樸渾成的詩風相似。元結、高適、姚合溯源爲《古詩》派，劉咸炘詩參照了宋育仁《三唐詩品》的説法，宋曰："高適其源出於左太沖，元結其源出於應璩、劉禎，姚合其源出於左太沖。"⑧從劉咸炘歸納出的古詩一派，可以看出其

---

① [南朝梁]蕭統：《文選》，中華書局 1977 年版，第 905 頁。
② 劉咸炘：《推十書》，上海科學技術文獻出版社 2009 年版，第 1181 頁。
③ 曹旭集注：《詩品集注》，上海古籍出版社 1994 年版，第 123 頁。
④ [唐]皎然著，李壯鷹校注：《詩式》，齊魯書社 1986 年版，第 162 頁。
⑤ 劉咸炘：《推十書》，上海科學技術文獻出版社 2009 年版，第 1187 頁。
⑥ 吴文治：《宋代詩話全編》第七册，江蘇古籍出版社 1997 年版，第 7541 頁。
⑦ 劉咸炘：《推十書》，上海科學技術文獻出版社 2009 年版，第 1181 頁。
⑧ 宋育仁：《三唐詩品》，上海廣益書局 1921 年版。

特色大致是婉曲典雅而又不加雕琢。

（2）曹植一派。

劉咸炘曰："漢五家及曹操皆廣於十九首，開曹植之先。而樂府雜曲歌謠，別爲詭雜。陸、謝上承曹植，鮑照摹陸祖曹，兼承太沖，爲一大宗。陸、鮑皆用力於樂府，後裔流衍，爰分兩派。韓愈用陸詞法，上承樂府，劉禹錫與之相敵而加雜焉，孟郊與之同調而加廋焉。其党盧仝、劉，得歌謠之詭奇，王建、張籍，祖樂府之質摯，一難一易，與韓並爲三宗。鮑照嫡傳，厥惟李白，五言七言，無非鮑法，加以時事，廣以樂府，蔚爲大國。李頎之頓宕，王昌齡之悲壯，皆歌行正則，明遠肖子。高適五言，兼承左、鮑，歌行壯激，與岑參之峭厲，同配李、王，並李白之超舉而五，濫觴流爲江河矣。錄國風系第三、四、五。"[1]曹植一派與古詩一派同屬《國風》系，但二者最大的區別在於詩句的雕琢，古詩一派"直而不野"，曹植一派卻"句頗尚工，語多致飾"[2]。曹植詩"骨氣奇高，詞采華茂，情兼雅怨，體被文質。粲溢今古，卓爾不群。"[3]其後的陸機、謝靈運、鮑照學習曹植講究詩歌用詞的華美。唐人李白則是嫡傳鮑照，無論是七言還是五言均受到鮑照的啟迪，模仿鮑照《擬行路難》其五作《將進酒》，主題都是講人生苦短，需及時行樂，句式都以"君不見"起頭，具有先聲奪人的藝術效果，祇是李白詩歌的氣勢比鮑照更強烈。李白之後，劉咸炘將李頎、王昌齡、高適、岑參七言歸爲鮑照一宗。這幾位詩人的邊塞詩都具有激昂慷慨、氣勢磅礴的特點，這與鮑照豪邁仗氣的詩風有一脈相承之處。

（3）東方朔高彪恬適，下開應璩一派。

劉咸炘曰："東方朔高彪恬適，下開應璩。趙壹廋直，下開程曉。陶潛上承程、應，參法左思，加以豐婉，而此系遂足自立。唐人學陶者，王績質白，王維清遠，皆得詞格，而義未能肖。儲光羲樸而厚，韋應物秀而腴，既有義蘊，亦無流弊，由是攀陶，庶得全體。白居易、元稹，體輕詞淺，而質摯不愧程、應之宗。"[4]這一派以應璩爲開宗，詩風古樸而直白，用詞質樸卻能體現詩意。陶淵明上承應璩，下開唐人，唐代對質樸詩風繼承者多有學習陶淵明，王績、王維、儲光羲、韋應物、白居易、元稹都是宗陶者。

3.《楚辭》系

《楚辭》系，劉咸炘明確指出以怨麗爲准。他把李陵列爲楚辭系第一派，李陵之後，王粲繼承怨麗之風，劉咸炘評曰："王粲怨麗，承李、蘇而定騷系，《從軍》《七哀》，同符蔡女，特詞格有異。"[5]《楚辭》系第二派以張華爲宗，仍以怨麗爲准，這裏的"怨"不僅是指生活遭遇之怨，還寄托了情感之怨。魏晉時期屬張華

---

① 劉咸炘：《推十書》，上海科學技術文獻出版社 2009 年版，第 1182 頁。
② 吳文治主編：《明詩話全編》，《胡應麟詩話》，江蘇古籍出版社 1997 年版，第 5434 頁。
③ 曹旭集注：《詩品集注》，上海古籍出版社 1994 年版，第 97 頁。
④ 劉咸炘：《推十書》，上海科學技術文獻出版社 2009 年版，第 1182 頁。
⑤ 劉咸炘：《推十書》，上海科學技術文獻出版社 2009 年版，第 1182 頁。

一派的有鮑照、謝混等六家（謝混、謝瞻、袁淑、王微、王僧達、謝莊）、謝惠連三大支流，其主要風格是詩風秀麗，而怨悲之風則已流變，如鐘嶸所説“兒女情多，風雲氣少”，這與當時宮體詩的形成和沈約的聲律説息息相關。魏晉之後，溯源到張華一派的詩人有盧照鄰、張九齡、王勃、岑參、孟浩然等人。盧照鄰、張九齡遠承鮑照和江淹，盧照鄰五言古詩以氣爲勝，張九齡的《感遇》詩更是文通詞清、意義深遠，這正是對鮑照、江淹清怨詩風的繼承和發展。王勃、岑參、李益則是遠承謝混等六家，近仿何遜詩風。劉咸炘認爲何遜詩風又是直承謝朓而來。何遜詩繼承謝朓注重工詞，但又能兼顧詩風的清巧，看似無雕琢之迹。唐人則多學習謝、何。如王勃詩風朗秀、講究音律，劉咸炘則認爲王勃是汲取了何遜之警俊的精華，他評價道：“子安歌行麗而骨弱，五律琢妥似何。”①岑參五言詩講究辭藻、重視韻律、詩風峭拔。盛唐詩人孟浩然則是學習繼承了謝惠連清秀的詩風，劉咸炘將謝惠連歸爲張華一派，但認爲他又與張華一派異，謝惠連更強調詩風的秀麗，評曰：“惠連清泚，與謝混異，不似沈之細，吳之拔，謝之超。何、陰之警而秀氣獨絕，孟浩然學之，爲一大宗。”②孟浩然出於謝惠連，詩風秀麗而超然。

　　從以上分派情況來看，劉咸炘對《楚辭》一系的概括主要以怨麗爲准，對魏晉時期的詩人的分派較爲明確，是在鐘嶸《詩品》基礎上的再闡述，而對唐人的分系則較爲繁複不明，他自己也説：“大氐此諸系皆唐人所宗，亦或兼用，既專於詞，不無出入，非可強劃嚴畛，大略言之，有如此耳。”③的確，唐人作詩多有模仿學習前代詩人，因此很難明確劃分某人出於某派，祇能就其詩歌風格傾向大略概括。

三　《詩系》詩學淵源

　　從上述《詩系》內容中，我們已不難看出劉咸炘詩學思想淵源。一是直接繼承《詩品》的詩學思想和創作手法。從詩學思想來看，《詩品》提倡“詩言志”的傳統詩歌創作論，在《詩品序》中他指出不平的生活遭遇和憤懣的思想感情是詩歌創作的主要內容，“嘉會寄詩以親，離情托思以怨。至於楚臣去境，漢妾辭宮。或骨橫朔野，或魂逐飛蓬。或負戈外戍，殺氣雄邊。塞客衣單，孀閨淚盡。或士有解佩出朝，一去忘返。女有揚蛾入寵，再盼傾國。凡斯種種，感蕩心靈，非陳詩何以展其義？非長歌何以騁其情？故曰：‘詩可以群，可以怨。’使窮賤易安，幽居靡悶，莫尚於詩矣。”④《詩品》繼承了《詩經》興觀群怨説和司馬遷《史記》發憤著書説的傳統，強調詩歌的社會功用。劉咸炘在《詩系》敘例中闡釋創作《詩

　　① 劉咸炘：《推十書》，上海科學技術文獻出版社 2009 年版，第 1216 頁。
　　② 劉咸炘：《推十書》，上海科學技術文獻出版社 2009 年版，第 1183 頁。
　　③ 劉咸炘：《推十書》，上海科學技術文獻出版社 2009 年版，第 1183 頁。
　　④ 曹旭集注：《詩品集注》，上海古籍出版社 1994 年版，第 47 頁。

系》原由時，提出詩歌衰弊原因之二無義，指出詩歌應該宣導言志的創作理論。另外，《詩品序》中提出的"滋味"説重視詩歌感情，《詩品序》云："夫四言，文約意廣，取效風騷，便可多得。每苦文繁而意少，故世罕習焉。五言居文詞之要，是衆作之有滋味者也。故云會於流俗。豈不以指事造形，窮情寫物，最爲詳切者耶？"①這裏的"滋味"則是詩歌應充滿感情和激情，詩歌情感是通過比興手法表現出來的，"詞采蔥蒨，音韻鏗鏘"②纔能"使人味之"③。劉咸炘肯定並發揚了這一説法，他在《詩系》叙例中對詩歌情感高度重視，"雅直亦兼比興，六義不可缺二，官禮、春秋，焉可與詩教爲一乎。詩序曰：'主文而譎諫。文與質殊，譎與直異。"他認爲詩歌要重情，直情則寡然無味，這是詩歌衰弊原因之二。而詩歌要有情感就必須重視比興的手法。此外，《詩系》一文的創作方法也是直接繼承了《詩品》尋源流、溯流別的方法，在鐘嶸評及的作品中，三十六家是有淵源可尋的。其中上品十二家均有淵源，中品較少，下品則大多不論淵源。上品詩人大多出於《國風》，中品詩人大都出於《楚辭》，就入流的詩人而言，《國風》和《楚辭》兩脈有差別，鐘嶸更重視出於《國風》一脈的詩人。④劉咸炘創作《詩系》主旨就是"以風救騷"，出自《國風》《楚辭》系的人物最多，其中又以《國風》系爲主，可見，劉咸炘詩學思想基本和鐘嶸一致，《詩系》的創作也是對《詩品》的模仿。

二是私淑章學誠詩學思想。劉咸炘在《自述》中說："吾之學，《論語》所謂學文也。學文者，知之學也；所知者，事物之理也；所從出者，家學祖考槐軒先生，私淑章實齋先生也。"⑤章學誠詩學觀重視和傳統詩學觀一致，重視詩歌比興，強調詩歌情感，他在《陳東浦伯詩序》中說："文須依附名義，而詩無達指，多托比興。"⑥在《雜説》中云："詩人抑揚詠歎，則興宇物。"⑦在《清漳書院會課策問〈四書〉大義六道》中有言："問詩之爲教，深於六義，引申觸類，比興爲長。"⑧章學誠認爲詩歌重在抒情言志，而詩歌的情感往往是深藏在言語之內，要借用比興的手法，引申觸類傳達出來。劉咸炘《詩系》一文中認爲詩歌衰弊最主要的原因就是無義，他在《詩系》分類中強調《風》系的重要性，是爲了突出抒情言志是詩歌最重要的特徵。章學誠對袁枚提出的"性靈説"給予了批評，"性靈"本是重視詩歌情感，但袁枚所宣導的詩歌情感主要是指向内心的個人情感，這正是章學誠批評所在，他爲此專門作了《題隨園詩話》十二首七言絕句詩來批評袁枚，宣導詩歌抒發情感應該合乎封建道德教化規範。劉咸炘接受了章學誠的

① 曹旭集注：《詩品集注》，上海古籍出版社 1994 年版，第 36 頁。
② 曹旭集注：《詩品集注》，上海古籍出版社 1994 年版，第 28 頁。
③ 曹旭集注：《詩品集注》，上海古籍出版社 1994 年版，第 16 頁。
④ 張伯偉：《〈鐘嶸詩品〉研究》，南京大學出版社 2000 年版，第 26 頁。
⑤ 劉咸炘：《推十書》，上海科學技術文獻出版社 2009 年版，第 519 頁。
⑥ 章學誠：《章學誠遺書》卷十三，文物出版社 1985 年版，第 110 頁。
⑦ 章學誠：《章學誠遺書》卷九，文物出版社 1985 年版，第 94 頁。
⑧ 章學誠：《章學誠遺書》卷二十二，文物出版社 1985 年版，第 226 頁。

觀點，他在《詩系》一文中稱袁枚的性靈説爲邪説，"加以袁枚邪説，禍於人心"①，
認爲這是導致詩歌無義的誘因之一。因此，劉咸炘在《詩系》中所宣導的詩歌情
感是傳統詩學提倡的性情，這與章學誠詩學觀是一致的。此外，劉咸炘《詩系》
中采用推源溯流的方法將詩人分別溯源到每一個系也是受到了章學誠的啟發，章
學誠的《文史通義》內篇卷五《詩話》指出："如云某人之詩，其源出於某家之
類，最爲有本之學。其法出於劉向父子。"②章學誠將推源溯流法稱爲有本之學，
劉咸炘贊同這樣的説法，但對章學誠沒有做出更多解釋而感到惋惜。劉咸炘曰：
"會稽章實齋獨稱爲有本之學，而不解其説，但付闕如。"③於是劉咸炘按照這樣
的方法來創作了《詩系》一文，既是對《詩品》的繼承，又是對章實齋《詩話》
的延説。

　　三是王闓運、宋育仁的詩學思想。王闓運是晚清復古詩派的主要代表人，主
張宗法漢魏六朝詩。王闓運曾在成都尊經書院講學，他主張詩歌要寫真情，他説：
"必有真性情，而後有真詩。"④王闓運對詩歌含蓄委婉的表達方式表示欣賞，他
多用魏晉六朝的語言來表達自己的感受，詞藻、意象甚至題目都是借用古人。王
闓運於光緒七年在尊經書院刊刻了《八代詩選》，劉咸炘對此書加以贊賞，他説：
"錄八代詩，據張氏《古詩錄》，王氏《八代詩選》。張錄選擇不苟而主情太濫，
乃至於夜讀曲，無所不敢。王選該備，梁前幾於無遺，陳、隋乃多所棄。"⑤劉咸
炘《詩系》當中選錄的八代詩，主要源於張翰風《古詩錄》和王闓運《八代詩選》，
但劉咸炘認爲《八代詩選》勝於《古詩錄》，這是對王闓運的肯定。劉咸炘《詩系》
選錄最多的詩歌也是漢魏六朝詩。宋育仁作爲王闓運的學生，接受了老師的觀點，
在《三唐詩品》中對唐人的評價多以漢魏六朝詩歌爲標準，對初唐評價最高，因
爲唐初詩風"承華往制，垂光後塵，桃襧齊梁"⑥，具有六朝風格。初唐詩風正是
受到了六朝詩影響，所以顯的格外出衆。劉咸炘《詩系》一文中對唐詩人的點評
均摘錄《三唐詩品》和《唐詩選》，可見二者對其的影響。另外，《詩系》宣導以
風救騷，其目的是拯救日益衰敗的詩風。劉咸炘明確指出詩風衰敗始於晚唐，詩
風衰敗表現即爲：無義、直情和詞卑。而漢魏六朝詩重情講義，同時重視工詞，
恰能改變當時詩風現狀，因此，劉咸炘在創作《詩系》時，接受王闓運和宋育仁
的觀點，主張學習漢魏六朝詩。

四　《詩系》詩評特點

　　劉咸炘將遴選出的詩人溯源到每一系之後，對每位詩人進行了摘抄式的點

① 劉咸炘：《推十書》，上海科學技術文獻出版社 2009 年版，第 1172 頁。
② 章學誠著，葉瑛校注：《文史通義校注》內篇卷五，中華書局 1983 年版，第 559 頁。
③ 劉咸炘：《推十書》，上海科學技術文獻出版社 2009 年版，第 11 頁。
④ [清]王闓運：《湘綺樓詩文集》，《湘綺老人論詩冊子》，嶽麓書社 1966 年版，第 2379 頁。
⑤ 劉咸炘：《推十書》，上海科學技術文獻出版社 2009 年版，第 1175 頁。
⑥ 宋育仁：《三唐詩品》，上海廣益書局 1921 年版，第 1 頁。

評，其點評特點有三。一是直接摘録他人評論之語。從摘録内容來看，唐以前詩人評價以《詩品》和《文心雕龍》爲主，對唐人的評價則多摘録宋育仁的《三唐詩品》和王闓運的《唐詩選》。如對顔延之的評價就是直接摘抄鐘嶸《詩品》中的評論："宋顔延之延年，鐘云：出於陸機。尚巧似，體裁綺密，情喻淵深，動無虚散，一句一字，皆致意焉。又喜用古事，彌見拘束。"①

二是對摘録他人評語進行辯説。劉咸炘不是簡單地摘録他人之語，還對評價進行辯説。提出自己的觀點，例如在對陳子昂進行評價時，劉咸炘摘録了宋育仁和王闓運地評價，但對其評價又進行了補充説明，曰："宋云：骨格清凝，蒼蒼入漢，源於《小雅》。《感寓》諸篇，稱物既芳，寄託遥遠，固當仰駕阮公，俯凌左相。王闓運云：陳子昂、張九齡以公幹之體自抒懷抱，李白所宗也。陳兆奎注云：陳、張《感寓》諸作，乃學嗣宗《詠懷》，極勁處頗似公幹《泛泛東流水》三詩耳。咸炘曰：王説未盡，陳張不阿其師。李白雖亦稱陳、張，實全祖明遠，明遠非無劉、阮之體也。"②劉咸炘肯定了宋育仁、王闓運將陳子昂溯源爲《小雅》系的説法，同時劉咸炘還指出了王闓運評論的不完整性，他認爲李白雖稱陳子昂和張九齡，但實祖鮑明遠，而鮑明遠也同樣有阮籍之體，所以李白、陳子昂、張九齡都具有阮籍詩歌風格。這種摘録詩評評點的方式本身也可看出摘録者的詩學觀念，他所選録的内容正是他贊成和支援的觀點。

三是綜合多人評論之語。爲了讓評論更加充分，劉咸炘摘録了多人評論之語，例如在評價阮籍時："劉彦和曰：阮旨遥深。鐘云：出於《小雅》，無雕蟲之功，而可陶性靈，發幽思，言在耳目之内，情寄八荒之表，洋洋乎會於風雅。竹林曰：如剡溪雪夜，孤輯沿流，乘興而來，興盡而已。嚴羽曰：有建安風骨。徐禎卿曰：優緩有餘。"③對阮籍的評價除了摘録《文心雕龍》和《詩品》之語，還摘録了《竹林詩話》、嚴羽《滄浪詩話》、徐禎卿《談藝録》中對阮籍的評論，突顯阮籍"哀而不怨"的詩風特點。對詩人進行點評讓《詩系》理論更加完備，在對詩人的點評中，不僅能看到同一系詩人的淵源，還能看到同一系詩人風格的相似性。

五　小　結

綜上所述，劉咸炘在借鑒了前人傳統的詩學觀上，采用推源溯流的方法將部分漢至唐的詩歌溯源到《風》《小雅》《楚辭》和《頌》系，其目的是改變日益衰敗的詩風。劉咸炘曰："沈德潛皮傅韓、蘇而但知局整，王士禎專拈神韻而惟喜詞鮮，求其志事，了不可得。加以袁枚邪説，禍於人心，但有情趣，即是風雅，采蘭贈芍，有何關係。"④劉咸炘對清代主流詩風不滿，於是提出《詩系》一説，

① 劉咸炘：《推十書》，上海科學技術文獻出版社 2009 年版，第 1190 頁。
② 劉咸炘：《推十書》，上海科學技術文獻出版社 2009 年版，第 1187 頁。
③ 劉咸炘：《推十書》，上海科學技術文獻出版社 2009 年版，第 1186 頁。
④ 劉咸炘：《推十書》，上海科學技術文獻出版社 2009 年版，第 1172 頁。

從縱向上梳理了各代詩歌評論的得失，從橫向上闡釋了清朝詩歌批評的發展，最後以通觀之識，采用溯源法，對漢至唐的重要詩人進行了分系歸類，就入流的詩人而言，以《國風》和《楚辭》兩類爲主，更突出《國風》一系的詩人。劉咸炘是想通過溯源的方式來達到以風救騷的目的。在分系中對詩人劃分有交叉性（鮑照既劃爲《風》系，又劃爲《楚辭》系，杜甫更是三系兼跨），更能體現出劉咸炘對詩人的整體掌握。劉咸炘在清末民初提出“詩系”的詩學觀念，體現了他宣導詩言志的傳統詩學觀，同時也顯示出了他對博大精深的傳統詩學觀的繼承與發展，對後世學者研究傳統詩學有一定幫助。

作者單位：四川師範大學文學院

試析民國文史學者李思純對西康建省的認識①

楊友紅②

李思純（1893—1960），字哲生，四川成都人，自幼熟讀諸子百家，少時受業於著名史家張森楷、蜀學大家趙熙（字堯生）等人。留學歐洲時，李氏師從巴黎大學史學家瑟諾博司等，後轉入柏林大學攻讀研究生。歸國後，李氏先後任教於東南大學、北京師範大學、四川大學等高校，與梁啓超、王國維、陳寅恪、吳宓、林思進等文人學者交往甚密，在文、史、哲、翻譯等諸領域均有一定建樹，尤以史學、詩詞見長。

作爲社會所化的民國學人李思純，在國家衰落、邊地爲列強蠶食鯨吞的時局下，其内隱的强烈的家國情懷亦日益突顯，或主動或被動地承擔了超越於教育和學術的責任。李思純留心於康藏事務和研究，尤其是西康建省一事，便是最好的例證。早在留學期間，李氏"見外人所著關於康藏之書甚多，慨歎國內康藏研究不力"，便留意於宗教和康藏的研究，先後在《少年中國》上發表《信仰與宗教》《宗教問題雜評》等文章。歸國後，任教於高校的李思純亦多兼涉川康等地之事。1928年李氏被任命爲外交部特派四川交涉員，負責處理川藏地區外交事務；1931年又被選爲四川省代表並出席南京國民會議，1936年後，擔任西康建省委員會顧問、西康省國大代表，負責處理西康政教、籌劃產業和交通、考察風土人情等事務，記有《康行日記》《西康建省的消極改善條件》《中國歷史上邊疆民族髮式考(一名胡髮考)》《説站》等文。1946年10月，李氏還與任乃强等人發起康藏研究社，並義務爲社刊供稿，其中所譯法國傳教士古純仁所著《川滇之藏邊》影響頗大。③從中可以看出李思純在抗戰前後對西南邊疆問題，尤其是作爲西南邊疆問題重要

---

① 課題來源：國家民委課題《近代西藏重大歷史事件與報刊史料研究》（14XZZ009）。

② 楊友紅，男，四川達州人，四川師範大學歷史文化學院。

③ 王川：《現代著名藏學家李思純與陳寅恪交往述論》，《西藏大學學報》（社會科學版）2010年第1期。李氏發表於《康藏研究月報》的文章主要有《川邊（四川之藏邊）》（第15期，1947年12月，第5-18頁）、《川邊之打箭爐地區》（第16期，1948年1月，第2-11頁）、《川邊之打箭爐地區（續）》（第17期，1948年2月，第18-26頁）、《川邊之霍爾區與瞻對區》（第18期，1948年3月，第21-28頁）、《理塘與巴塘》（第19期，1948年4月，第26-31頁）、《理塘與巴塘（續）》（第20期，1948年5月，第20-29頁）、《維西》（第21期，1948年6月，第18-24頁）、《旅行金沙江盆地（1922年）》（第22期，1948年7月，第10-16頁）、《察哇龍之行》（第23期，1948年9月，第22-28頁）、《康藏民族雜寫》（第26期，1949年4月，第22-32頁）、《康藏民族雜寫（續）》（第27期，1949年7月，第29-32頁）、《康藏民族雜寫（續）》（第28、29期合刊，1949年8-9月，第43-53頁）等文。

表徵的西康建省一事的高度關切。

目前，學界對西康建省的研究，已經取得了較大的成果。例如馬菁林《清末川邊藏區 "改土歸流" 的宏觀歷史分析》，黃天華《邊疆政制建置與國家整合：以西康建省爲考察中心（1906～1949）》《西康建省述論》《民國西康格桑澤仁事件研究》，王川《西康地區近代社會研究》《近代民族關係史上的西康建省及其歷史意義》《諾那活佛在内地的活動及對康藏關係的影響》，任新建《任乃强先生對西康建省的貢獻》，王海兵《西康省制化進程中的權力博弈（1927—1939）》，孫明明《近代康區政治權力結構演變研究》，何一民等《從邊緣到中心：晚清民國西康行政地位變化對城市發展的影響》等論著，對清末民國 "巴塘事件" "格桑澤仁事件" 等事件的經過和影響，清季民國政府對該地區的一系列改革措施，宗教人士等群體對建省的貢獻，以及西康建省的原因、歷史過程和意義，都進行了較爲全面的分析論述。但是，在論述西康建制化過程中，現有論著較少涉及學者等群體對西康建省的貢獻，特別是時人對西康建省的認識及評價。應當説，時人對西康建省一事的呼籲、認識和評價在西康省制化進程中也起到了一定的作用，並且這也是審視西康建省的重要視角，不應被忽視。基於此，筆者嘗試著就參與其間的民國著名學者李思純對西康建省的相關認識作一簡要分析。

一　西康建省歷程簡述

19 世紀中葉以來，中國遭受列强的侵略，國内政治經濟秩序以及國家領土主權等都受到了極大的衝擊，廣大海陸疆域陷於被肢解的危機中。鑒於此，有心於邊事的國人極力呼籲强化邊地的統治，在邊疆地區改建行省，這掀起了晚清邊疆建省的潮流。[1]至清亡前夕，除青蒙藏康還未建成行省外，全國邊疆地區基本完成了建省。19 世紀 80 年代以後，英俄交相窺藏，加緊了對西藏的滲透和侵略，先後發動了多次侵藏戰略，並試圖拉攏達賴等上層人士，策動 "西藏獨立"，嚴重威脅著中國國家主權。在此背景之下，晚清部分政府要員和憂心於西南邊事的社會人士提出了 "蜀西分省" "西藏改建行省" "西康建省" 等應對之策，[2]引起了晚清政府決策者的重視。在現實和歷史等多重維度的綜合考量下，晚清政府最終采納了 "西康建省" 的策略，在康地進行改土歸流，籌建行省，以固川衛藏。

西康建省之議乃是基於康地得天獨厚的軍事地理位置而言的。康地界於川藏之間，乃四川、雲南、甘肅、青海入藏的門户，是聯繫西藏和内地的橋樑和漢藏貿易的紐帶，"對於四方，皆有建瓴之勢"，可謂 "川滇屏障，藏衛根基"。但

① 王川：《西康地區近代社會研究》，人民出版社 2009 年版，第 53 頁。
② 王川：《近代民族關係史上的西康建省及其歷史意義》，《西藏大學學報》（社會科學版）2008 年第 1 期。

頗具詭論性的是，西康建省卻存在諸多消極條件，並一直影響著建省的進程。如康地雖歸屬內地由來已久，但因其自然與人文地理位置等極具邊緣性，成爲川藏兩不管之地帶，歷代統治者也多"以羈縻之方，官其酋長，作爲土司，俾之世守"。①這使得康區交通不暢，政制、經濟落後，文化水準低下，人民朝廷意識薄弱等。

西康建省之議首倡於清季趙爾豐。1903 年，建昌道趙爾豐向川督錫良呈遞《平康三策》，建議"改康地爲行省，改土歸流，設置郡縣，以丹達爲界，以保西陲"，並在康地"廣興教化，開發實業"。②此議得到錫良和中央的認可，清廷遂下令經營川邊。1905 年，"巴塘事變"的發生直接爲康區政制變革提供了契機。平定康區土司叛亂之後，趙氏升任川滇邊務大臣，對康區進行改土歸流，設置郡縣，推行文教。經前後 7 年餘的經營，康區"儼有行省之規模"。③其間，西康建省之議經岑春煊、趙爾豐等朝廷要員和有心於西南邊事者的大力呼籲而日趨高漲，引起了社會廣泛的關注。

趙氏調任川督後，其後繼者傅嵩炑亦力主西康建省。傅氏首次將"西康"擬爲行政區劃的名稱，並詳細劃分了西康疆域。宣統三年（1911 年），代理川滇邊務大臣傅嵩炑向中央呈遞《奏請建設西康省折》，奏請以"東自打箭爐起，西至丹達山頂止……南抵維西中甸，北至甘肅西寧，計四千餘里"④之康地設西康行省，清廷根據其建議相繼在康區增設縣廳等行政機構。經趙、傅等人的呼籲和經營，清朝崩潰前夕西康已有三四十縣之版圖，西康的行政、疆域已粗具建省的條件。旋即，清廷崩潰，計畫擱置。

民國初年，政府將西康更名爲川邊，似欲以川人獨負全責。建省一事受藏方東進和川局動亂等影響，少有成效。1912 年，尹昌衡西征，三月餘便平定藏亂，成立川邊鎮撫府，設縣歸流，並籌劃征藏，但在英國、北京政府及川局等多方影響下，"設施未競，遽奉召入都，不獲競其事業"。⑤其後，北京政府劃設川邊特別行政區，設立川邊鎮守使，轄 34 縣，由四川都督節制。⑥其後，經張毅、劉銳恒、殷承瓛、陳遐齡等人轄管，建省一事均未取得實質性的進展。反而在 1917 年"類烏齊事件"之後，金沙江以西之 13 縣和江東的德格、白玉等縣失陷，清末民初所經營之西康大半爲藏軍占領。1925 年，北京政府將川邊特別行政區更名爲西

① 傅嵩炑：《奏請建設西康省摺》，任新建、何潔主編：《尹昌衡西征史料彙編》，四川大學出版社 2010 年版，第 6 頁。
② 趙爾豐、吳豐培：《趙爾豐川邊奏牘》，四川人民出版社 1984 年版，第 1-3 頁。
③ 楊仲華：《西康紀要》，商務印書館 1937 年版，第 343 頁。
④ 傅嵩炑：《奏請建設西康省摺》，任新建、何潔主編：《尹昌衡西征史料彙編》，四川大學出版社 2010 年版，第 8 頁。
⑤ 王少晏：《止園自記》，《邊政》1931 年第 7 期。"止園"即尹昌衡，此文爲尹昌衡所作，王少晏附識。
⑥ 黃天華：《論民國時期西康建省》，《四川師範大學學報》（社會科學版）2001 年第 4 期。

康特別行政區，任命劉成勳爲西康屯墾使。①此後，“西康”作爲行政區劃名稱一直沿用到 1955 年西康省撤銷爲止。

1927 年後，劉文輝打敗劉成勳接管西康，開始籌備建省事宜。1928 年 10 月，新成立的國民政府任命劉文輝爲四川省主席，兼川康邊防總指揮。爲處理西康地方行政事務，劉氏先後在其 24 軍軍部之下設立了 “邊務處”和“西康政務委員會”，劃撥四川財政以接濟西康，發展其文教、產業等，並聘請任乃強等專家學者前往西康調研，增加對西康經濟和社會文化狀況的瞭解。此外，劉氏還收回了金沙江以東德格等 4 縣。但由於此時劉氏志在統一四川、問鼎中原，故對西康精神不克專注，一切建樹均未能具如所期。1932 年“二劉之戰”敗退西康後，劉氏纔全力經營西康，力主建省。

1931 年抗戰軍興後，東北和華北相繼淪陷，西北及東南皆岌岌可危。在此情勢下，國民政府將西部邊防視爲“民族之生命綫”，西康建省一事也更爲國民政府所重視。1934 年 2 月，南京政府任命劉文輝爲西康建省委員會委員長，並於次年 7 月批准在雅安成立西康建省委員會，西康建省再次被正式視爲國家意志。1935 年，隨著四川等西南主要省份統一問題漸趨解決，南京國民政府逐漸將國防重心轉向西南，並極力敦促西康建省。1936 年 9 月西康建省委員會從雅安移往康定，大力籌備建省。

1937 年“七七”事變後，日本大舉侵華，長江南北各省相繼淪陷，西南邊疆在國民政府邊政布局中地位與日俱增，並被視爲“中華民族立國之根據地”。②在各方力量積極推動下，西康省最終於 1939 年元旦正式建立。

西康建省倡於清末，雖經過趙爾豐等人的苦心經營西康已粗具建省規模，但卻因清廷的崩潰而未能實現。而民元以後，西康雖爲特別區，設過鎮守使、屯墾使等行政機構，但其地位和性質卻未因之而改變，仍被視爲“川邊”。西康建省委員會成立後，西康的名分和地位纔逐漸提升，而這又與抗戰大局的變化及邊政重心的轉移息息相關。可以説，西康建省是近代中國應對外來侵略和推進邊疆一體化進程所裂變出的時代產物。

李思純作爲西康建省委員會顧問、西康省國大代表，不但時常關注著西康的建省工作，而且“也曾妄參末議，預聞過一切”。③他曾對西康建省的往昔作了的一定的審視，還曾表達自己對建省的態度，並提出了許多改善建省條件的建議。

---

① 佚名：《劉成勳督辦川邊》，《清華週刊》1925 年第 333 期。
② 蔣介石：《四川應作復興民族之根據地》，轉引自汪洪亮：《民國時期的邊政與邊政學》，人民出版社 2009 年版，第 29 頁。
③ 李思純：《西康建省的消極改善條件》，《新新新聞旬刊》1938 年第 17 期。

二　李思純對西康建省往昔的審視

　　1936 年，李思純指出，西康設治近三十年，鮮有成績；建省自清末至今，仍在路途。是年 9 月 24 日李氏日記載："西康原介居川康藏之間，川人以爲藏邊，藏人以爲川邊"，遂成甌脱兩不管之地帶，雖清末趙爾豐等人苦心經營，建立了三四十縣之版圖，但其後"失陷甚多"，致"清末經營，盡成泡影"。對此，李氏論證到，與西康大致同期列於邊疆建設計劃的滿洲、新疆等地早在清代便已成功建省，而後起之熱河、察哈爾、綏遠以及最近之青海、寧夏亦皆已建省，而西康卻還停滯在籌備建省的途程中。[①]李氏對西康過去經營之成績的總體評價較爲中肯，時人也多持類似認識。如文階在 1929 年指出，檢閱治理西康三十餘年來之成績，則不禁令人垂頭喪氣。[②]當政西康的劉文輝亦指出，雖清季趙爾豐積極經營西康，使康事得以猛進，但在其主政之前建省一再貽誤，且疆域日蹙，至 1927 年"漢官所能管轄之地，僅十一縣半"。而他接管西康後，雖用力平定康地叛亂，收復失地，康事有所好轉，[③]但因"四川不統一"，其精神不克專注，又康藏糾紛未已，致"一切建樹未能俱如所期"。[④]誠如是，在建省委員會成立之前，康事多因循其舊，少有實質性的進展。

　　李氏對往昔治康者得失的評價。首先，李思純指出趙爾豐改土歸流，著實經邊有成。李氏指出"西康在清末，建立了三四十縣之版圖，後雖失陷甚多，今猶有二十縣左右"，而其"尚能歸附漢官，不敢叛變者"，"皆清季趙爾豐之餘威，於民國以來諸邊將無預也。"他進一步歸納出趙爾豐經邊有成的原因在於趙氏廉幹有爲，恩威相濟；川康相輔；政府倚重，財力充裕；康藏知識未啟，毫無武力等。不過李思純還特別指出，趙爾豐雖廢除了康地土司政制，但因時間過促而未能完全建立西康之新郡縣政制，這使得今日西康民情複雜。[⑤]其次，對於趙爾豐之後轄領康地的傅嵩炑、尹昌衡、張毅、劉銳恒、殷承瓛、陳遐齡、劉成勳諸人，李思純認爲他們多遵行其舊，並無較大作爲和過失。惟陳遐齡失陷金沙致康地大半爲藏軍所占，令其歎息。李思純深知治理康地的艱難，因此他並未過分苛求諸位邊將，他認爲"民國以來言邊事，其經邊者自身之所憑籍，既遠不如趙爾豐，而軍紀之弛緩，財用之浩繁，生活之高昂，夷情之狡詐，與乎夷酋之有武力，大

---

① 李思純：《康行日記》，李思純著，陳廷湘、李德琬主編：《李思純文集》，巴蜀書社 2009 年版，第 1129 頁。
② 文階：《舊西康與新西康》，《邊導月刊》1939 年第 5 期。
③ 劉文輝：《西康過去經營之得失與建省之經過》，《康導月刊》1945 年第 5/6 期。
④ 劉文輝：《完成西康建省之意義及今後施政之中心骨幹》，《康導月刊》1939 年第 5 期。
⑤ 李氏指出，趙爾豐用兵多在康南，如鄉城、稻城、三岩等地，而康北等縣因經營較晚，多以羈縻之方。因此，至 1930 年代，西康的政治情形大致是：就康地南北而言，康南土豪代興，而康北仍襲土司舊制；就整個地域而言，有完全由政府掌控的，有勉強控制的，也有難以和不能控制的縣域。即文階所謂康地"有熟縣，半熟縣，勉強服從之區，桀驁不馴之地"也。

局之牽動邊務，皆爲趙爾豐時代所未夢見。然則欲如趙爾豐之經邊有成，固大不易也"。在同情邊將的同時，李思純也强烈批評了軍隊濫爲支差、徭役康民、吸食鴉片、好賭成性等惡習，呼籲革除軍隊陋習，減除康民的苦役。[1]

　　李氏對康地交通、民情及社會習俗等的體察。李思純等人自雅安南門經麻柳場、滎經城、大相嶺、漢源縣、烏鴉嶺、大渡河、瀘定橋、瀘定縣、打箭爐河等地到達康定，因此《康行日記》中關於交通、經濟的記述甚多。1936 年 9 月 15 日李思純謂"山路泥濘，輿行不易"，心情仍較爲愉悅。在翻越大相嶺期間，疾風勁雨，李氏寸步不能前行，還險些跌入懸崖，已難見喜悅之情。9 月 19 日翻越烏鴉嶺時，"陣雨忽來，遍體濡濕，殆不能移寸步"，且"失足墜崖而死者爲虎豹所食，血肉狼藉，使人不忍目睹"。[2]在抵達康定後，歷經跋涉的李思純感慨："康藏行旅，皆以馬程，輒以半年或數月記，聞之蓋不勝其震愕。以之比擬今日輪軌交通之地，此真別一世界也。"[3]當時西康交通之困難，亦可以想見。因此，在李氏看來，以前政府經營西康並未在交通方面做出很大改善。1936 年 10 月 16 日，因布告要兼用漢藏文，李氏遂前往當地天主教堂印刷，歎言："中國政府經營康藏，自清季迄今三十餘年，竟無一藏文之印刷所，今日之藏文布告乃不得不仰求法國教會之印刷所爲助，此誠言邊事者之恥也。"當日下午他還與任乃强談及康地民情和宗教，瞭解到"西康居民鹹汙鄙陋，而喇嘛寺卻宏麗異常"，乃是因"康民怠於人事而隆於神事，康地一直處於半開化社會的狀態"。當日傍晚他又與陳東府討論西康由來已久的"烏拉"制度，深感其對康民的消極影響以及康民生活之不易。之外，李思純還對西康檔案、茶課和鴉片種植等經濟問題、鍋莊舞等民俗問題作了詳實記載和一定分析。

三　李思純對西康建省風勢的觀察

　　在建省委員會移康期間，國民政府受到"兩廣事件"牽制和日本的壓迫，無暇東顧，但也並未放棄對西康直接掌控的設想。因此，國民政府一面讓劉文輝轄管西康，一面又讓蒙藏委員會掌管西康的民族文化宗教事務，並保持著李抱冰一個軍的勢力。[4]另一方面，藏軍亦在金沙江西岸蠢蠢欲動，而西康地方勢力也與中央貌合神離。可以説，西康的土司勢力雖經趙爾豐改土歸流而日就淩夷，但由於

---

① 李思純:《康行日記》，李思純著，陳廷湘、李德琬主編:《李思純文集》，巴蜀書社 2009 年版，第 1136-1138 頁。

② 李思純:《康行日記》，李思純著，陳廷湘、李德琬主編:《李思純文集》，巴蜀書社 2009 年版，第 1123-1137 頁。

③ 李思純:《康行日記》，李思純著，陳廷湘、李德琬主編:《李思純文集》，巴蜀書社 2009 年版，第 1150 頁。

④ 至 1936 年 9 月 28 日，中央軍李抱冰部纔與劉文輝部換防離康。

土司制度因襲已久、趙爾豐改革西康土司制度的時間過促且用力有別，故未能完全建立西康之新郡縣政制，致使康地南北土豪、土司等地方勢力矛盾重重，紛爭不斷，各行其是。如德格土司就常依偎於漢藏兩方，無所謂真實之態度。[①]

其實，雖然劉文輝自 1927 年便開始主政西康，但直到 1940 年西康地區仍有多方勢力存在。如格桑澤仁、劉家駒和江安西等人以"康人治康"爲口號而觸發的"格桑澤仁事件""諾那事件""甘孜班輾（九世班禪行輾）事件"等表面上雖祇是西康地方勢力反對劉文輝的鬥爭，實質上是西康劉文輝、康區土司、南京國民政府、西藏等各方政治力量的博弈。

因此，在李思純看來，建省之事雖十分必要且緊迫，但 1936 年的西康還並不具備建省的最基本條件——安定團結，因此建省不可急於求成，須先求得西康內部的統一，達到名實相副。到 1938 年，李思純仍坦言，西康建省的完成，"並不在於設了省政府以及財政廳等官署或派遣了幾個行政督察專員"，而應是確保西康的安定與團結，真正使其性質由游牧邊區變爲行省。[②]在這一點上，建省委員會委員長劉文輝以及委員向傳義等人的認識與之頗爲相近。如劉文輝就曾多次指出，西康建省的成敗得失既與"中樞及川省局勢息息相關"[③]，又與西康內部氣氛以及康藏關係聯繫十分緊密，故西康改設省治仍有困難，確有"深謀遠慮之必要"。[④]

當然，在建省委員會成立後，有相當部分時人認爲建省將在短期內完成。如 1934 年《康藏前鋒》雜誌社專文討論西康建省的前途，指出建省之事"必有極順利之發展"，或指日可待。[⑤]1935 年《新中華》也刊載《西康建省將近實現》一文，認爲當時"距離建省實現之期，或不甚遠矣。"[⑥]另外，諸如格桑澤仁和班禪諾那的代表以及西康旅京同鄉會等人大多持類似觀點。

毋庸置疑，建省必須名實相副，否則並無任何意義。建省委員會成立之後雖在西康軍政等方面取得了一定的進展，但既存的康地交通與疆域、吏治與地方勢力、康藏糾紛、中英關係等紛繁複雜的問題仍難以一時解決。因此，建省的實現，尚需時日改善建省的條件。

四　李思純對改善西康建省條件的建議

經過三月餘的西康之行，李思純目睹了西康的情形，感受到了生活於內地所

---

① 李思純：《康行日記》，李思純著，陳廷湘、李德琬主編：《李思純文集》，巴蜀書社 2009 年版，第 1138 頁。
② 李思純：《西康建省的消極改善條件》，《新新新聞旬刊》1938 年第 17 期。
③ 劉文輝：《完成西康建省之意義及今後施政之中心骨幹》，《康導月刊》1939 年第 5 期。
④ 劉文輝：《發刊詞》，《西康建省委員會公報》1937 年第 0 期。
⑤ 佚名：《西康建省前途如何》，《康藏前鋒》1934 年第 3 期。
⑥ 佚名：《西康建省將近實現》，《新中華》1935 年第 2 期。

不能夢見的“邊地之苦”①。基於學者的情懷和使命，他提出了較多的改善西康建
省條件的建議，且不乏新意與可行之處，其建議大概可分爲以下六點。

第一，融化地方武裝。民國以來，歷年的邊地戰爭和戍邊軍隊所遺留的軍械
以及戍邊軍官與商人私售的槍支廣泛擴散於康地，因而西康的土司、土酋、喇嘛
寺等地方勢力大量私藏武器，這成爲西南邊疆安全的重要隱患和一體化進程的重
要障礙。基於此，李思純主張禁止私人售買槍支，變羈縻的政策爲地方保安團隊
的建設，將西康各地方勢力的私人武裝逐漸融化爲地方公衆武力。②而就西康“勢
力強大而具有反抗漢人之勇氣者”，③則必須遵趙爾豐之舊策，將其土司頭人遷徙
於內地而羈縻之。

第二，加強縣政建設。李氏認爲，縣是行省下層的基石，是西康建省得以完
成的重要條件。就全康而言，西康的縣政祇有寧雅兩屬、瀘定、康定和巴安幾處
纔算是初具規模，而理化、雅江、甘孜、九龍、道孚、丹巴祇能算是中等，其他
各縣或地僻荒野，或土豪恣肆，或受藏威脅而基本未能推行，因此，必須完善和
強化康地各縣的機構。④同時，由於既有行政人員多軟弱功利的庸人，或浮報虛報，
或貪汙腐敗，因而須強化縣長職權，裁汰冗官，選賢與能，使憲政清明並逐步健
全。⑤

第三，改善交通。李思純視交通爲急務，認爲無交通，則軍隊、輜重、商貨
難以供應，康民差役難減，西康經濟難以繁榮。首先，李思純認爲航空爲交通的
應急之策。一爲鎮懾邊陲，威服遠人；二則靈通關內外消息；三則便於內地有志
於邊事者往返。李氏與同人查閱康定周圍地圖，認爲康定道孚之間的泰寧可辟一
飛機場，但因其地距康定有相當距離，仍多不便，而康雅之間又難以尋得合適的
地方，故而李氏感歎此非易事。其次，關內修建康雅公路，關外則整理烏拉制度，
但公路並非解決問題的關鍵。再次，修建川康鐵路，此爲解決西康交通問題的關
鍵。⑥

第四，劃定疆界，移民墾荒，穩定財政收入，並推進西康產業建設。李思純
認爲，財政源於自足與外濟，仰賴中央撥款不是長久之法，故西康須自力更生。
但西康地貧人少、考籍困難，差役沉重，又連年動亂，並不能供給一省之用。他
認爲欲建省有成，則祇有將康東較富裕且文化習俗與西康相近的寧雅地區劃入西

① 李思純：《康行日記》，李思純著，陳廷湘、李德琬主編：《李思純文集》，巴蜀書社2009年版，
　第1158頁。
② 李思純：《西康建省的消極改善條件》，《新新新聞旬刊》1938年第17期。
③ 李思純：《康行日記》，李思純著，陳廷湘、李德琬主編：《李思純文集》，巴蜀書社2009年版，
　第1156頁。李氏指出，至1930年代後期，西康全境原明正、裏塘、巴塘、德格四大土司唯
　康南明正、德格尚強大，其中明正因居於打箭爐，“數度被制，後裔凌夷，俯首貼耳”，故“西
　康土司之勢力強大而具有反抗漢人之勇氣者，惟德格土司”。
④ 李思純：《西康建省的消極改善條件》，《新新新聞旬刊》1938年第17期。
⑤ 李思純：《用人問題的五大弊病》，《新新新聞每旬增刊》1939年第27期。
⑥ 李思純：《康行日記》，李思純著，陳廷湘、李德琬主編：《李思純文集》，巴蜀書社2009年版，
　第1134頁。

康省。對此，李思純作了較爲全面的論述。首先，西康界域尚未明確劃定，東西部界限均存在爭議。其次，西康西部失地過半，且一時難以收復，僅存十九縣的西康難以具備建省的條件，唯有合理劃定西康東部的疆界。最後，從天候、地勢、宗教、經濟及社會習慣各方面言之，川康疆域宜以天然之邛崍山脈爲界。故邛崍山脈以西之地，皆宜劃歸西康所有。並且，當政者還應遵行趙爾豐之遺策，遷寧雅之民於康區，這樣既能促使西康人口增長、農業發展，又能加强民族間的交流與融合。如此則西康財政方有辦法，纔能從事開發，以滿足建省的資格。①此外，就產業的開發而言，他認爲西康產業有絕對價值且可供經營者有金礦、畜牧、紡織、水電事業、茶課以及農墾與林業諸項，並對此作了較爲詳細的解釋。

第五，禁絕鴉片，精兵革習，節用除役。西康地區本十分缺乏耕地，但在瀘定等較爲溫暖的地區，人們爲了牟取利益，競相去農事而種植鴉片。李思純認爲，鴉片百害而無一利，理應禁絕。由於西康全境夷民多於漢民，而夷人不吸食鴉片，唯漢族軍民吸食，故應趁早禁絕鴉片。②此外，由於川康軍人多爲内地的漢人，又常年身處窮荒之地，少有正當娛樂，多“坐食而嬉，無所事事”，遂“漸養成鴉片賭博之惡習”，致“體力日益屢弱，臨戰望風潰逃，好逸惡勞，喜濫爲支差”。因此，他認爲“今後戍邊之軍，宜豐其餉給而督以勞作，凡汲水覓柴拾糞熬茶養馬繕屋一切之事，必令士兵親自爲之，嚴禁其濫支差役，如此則康民之痛苦既紓，邊軍之惡習亦革，利莫大焉”③。

第六，尊重康民信仰，興辦康民教育，開化康民。李思純在《信仰與宗教》一文中曾指出：“宗教的可貴，便是在一切人類靈魂之中樹立黃金一般的信仰。此種信仰正是現代人類沉浸於物質生活而逐漸喪失的一種精神追求，是存在於所有人類心中的，且並不僅限於狹隘的宗教作用的。”④在他看來，任何人、任何團體都不應在素無强烈宗教信仰的民族中去提倡宗教，而應是尊重和理解其民族本有的信仰。⑤因而，他認爲我們應尊重和理解康民的信仰。李氏居西康期間，曾先後見謁、宴請了大剛法師等漢僧，格聰呼圖克圖、麻傾翁、甲戎格西、羅桑喜饒堪布等大喇嘛，康定安雀寺、南無寺等各寺喇嘛代表以及華朗廷等外國傳教士，可謂身體力行。就教育而言，李氏認識到西康各縣土語與藏文迥不相類，且康南康北各縣亦有小異，而普通康民所操之康話，能言而不能寫，甚至還存在言文各異的情況。因此，不能以教育部所制定的普通學制和教本而辦教育，必須另定適合西康實際的“特殊學制與特殊教本”，否則是“不會有良好的效果的”⑥。

---

① 李思純：《康行日記》，李思純著，陳廷湘、李德琬主編：《李思純文集》，巴蜀書社 2009 年版，第 1156-1161 頁。

② 李思純：《西康建省的消極改善條件》，《新新新聞旬刊》1938 年第 17 期。

③ 李思純：《康行日記》，李思純著，陳廷湘、李德琬主編：《李思純文集》，巴蜀書社 2009 年版，第 1151 頁。

④ 李思純：《信仰與宗教》，《少年中國》1921 年第 1 期。

⑤ 李思純：《宗教問題雜評》，《少年中國》1921 年第 1 期。

⑥ 李思純：《西康建省的消極改善條件》，《新新新聞旬刊》1938 年第 17 期。

除以上所列諸條建議外，李氏還多次談及賑濟、考籍、康藏糾紛等問題，亦不乏識見。如就賑濟之事而言，李氏認爲"邊區情形特殊，戶籍不易稽考，交通極爲困難，匯運無可設法，語言復不相通"，如此辦理賑務，耗費甚多，且"終必爲土司頭人瓜分以去，實惠不能及民"。因此，他提議以賑款抵糧稅，如此既無耗費、中飽瓜分又可惠及於民。不過中央認爲賑災與免糧乃截然兩事，"不能牽混，且賑款不能移作別用，故絕不可行"①。

總體而言，李思純作爲西康建省委員會顧問和西康省國大代表，其提出的改善建議應當在一定程度上得到了采納和運用。1938 年 9 月 1 日，行政院劃定西康疆域，轄管 34 縣，至此，西康建省規模纔得以具備。次年元旦，歷時三十餘載的建省之議，終於完成。應當説這也凝聚了任乃强、李思純等學人的心血。其後，省主席劉文輝發表《完成西康建省之意義及今後施政之中心骨幹》一文，指出西康省今後施政之中心骨幹爲屬行經濟建設、加强民族聯繫、發展邊地教育、加緊組訓民衆、改善人民生活、測地澄清吏治等六端。細察其文，不難發現其各部分內容與李氏的相關建議有頗多契合。如首端所列"舉辦移民墾荒"，次端所列"尊重康民夷民之固有文化及其宗教習慣"；如在"發展邊地教育"中指出要"根據抗戰之需要及本省特殊情形，改訂學制，並改變課程之內容"；又如在第四條中指出的"嚴密民衆之組織"，在第五條所列出的"減免茶課糧稅，改善烏拉差役"；以及整頓吏治②等內容均與李氏之識見相近。至於劉文輝等西康主政者對李氏的建議采納的程度和數量，實難探知。但不可置疑的是，李氏對建省的認識、評價、呼籲以及個人的建議在西康省制化進程中也起到了一定的作用。尤其是在建省即將具體實現、萬衆歡慶之時，李氏卻提出"西康建省的消極改善意見"，明確指出了西康建省基礎工作的不足之處及改善意見，可謂是給西康的主政者獻上了一劑清涼散，這也彰顯了其學者的精神氣質。

李思純對西康建省往昔的審視、對西康建省風勢的觀察以及對改善西康建省條件的建議都是建立在其西康之行的基礎之上的，應當説表達了其本人對西康建省的認識和見解，並從他的視角爲我們提供了西康建省過程中某些難以再現的歷史，爲我們呈現出了西康建省進程的複雜性。可以説，李思純對西康建省往昔的審視、對西康建省風勢的觀察均是力求明瞭其"所處之環境，所受之背景"③而得出的認識，因而持論相當客觀。李氏的改善建議側重於西康省的消極條件方面，這是頗爲獨特的。正如其所言，西康必須有自立自足之道，纔有長遠發展的可能；而欲自立自足，則必須改善本省自有的消極條件。以今日後見之明看來，李氏可謂獨具慧眼。

① 李思純:《康行日記》, 李思純著, 陳廷湘、李德琬主編:《李思純文集》, 巴蜀書社 2009 年版, 第 1154-1155 頁。
② 劉文輝:《完成西康建省之意義及今後施政之中心骨幹》,《康導月刊》1939 年第 5 期。
③ 陳寅恪:《金明館叢稿二編》, 上海古籍出版社 1980 年版, 第 247 頁。

不過，李思純終究還是學者，因此其某些建議也不免過於理想化，當然也難以真正適應西康的生活，更難以融入政客的社會中，不免孤傲與寂寞。類似情感在《康行日記》中隨處可見，如 1936 年 9 月 29 日李氏應楊叔明等人之邀赴榆林宮浴溫泉，道中備賭"荒寒之景""鄙穢之象"，"心頗不耐，即乘輿先返"。同年 11 月 2 日晚，李氏"對燈枯坐，歸思忽如潮湧"，謂"邊地旅居，蓋爲至苦矣"[1]。基於此，李氏於 11 月 5 日啟程回蓉，結束了其近四個月的西康之行。

其實，李氏一直以"爲學問而學問"爲其學術研究之鵠的，[2]且其學術研究也主要著力於元史、成都地方史、史學理論、哲學與宗教等方面，較少涉及邊疆研究。而抗戰前後李氏卻對西南邊疆問題相當關切，尤其是西康建省。可見，特殊時局下學人對於國勢的關切之深以及時勢對學人學術影響之大，這似乎也論證了國家需要與學術獨立之間的某種悖論。

作者單位：四川師範大學歷史文化學院

---

① 李思純：《康行日記》，李思純著，陳廷湘、李德琬主編：《李思純文集》，巴蜀書社 2009 年版，第 1133、1160 頁。
② 李思純：《元史學》，李思純著，陳廷湘、李德琬主編：《李思純文集》，巴蜀書社 2009 年版，第 5 頁。

附：李思純先生論著（文）目録

一、論　著

[1]　[法]郎格諾瓦（C.V.Langlois）、[法]瑟諾博司（C.Seignobos）著，李思純譯：
　　　　《史學原論》，上海：商務印書館，1926 年版。

[2]　李思純：《元史學》，上海：中華書局，1926 年版。

[3]　李思純：《江村十論》，上海:上海人民出版社，1957 年版。

[4]　李思純：《學海片鱗録》，收入新建設編輯部：《文史　第 3 輯》，北京：中華
　　　　書局，1963 年版。

[5]　李思純：《成都史迹考》（未刊）。

[6]　李思純：《大慈寺考》（未刊）。

[7]　李思純：《中國民兵史》（未刊）。

[8]　李思純：《川江與內港航運權》（未刊）。

二、論　文

[1]　李思純：《國語問題的我見》，《少年中國》，1919 年第 1 卷第 6 期。

[2]　李思純：《漢字與今後的中國文字》，《少年中國》，1920 年第 1 卷第 12 期。

[3]　李思純：《旅法的斷片思想》，《少年中國》，1920 年第 2 卷第 4 期。

[4]　李思純：《詩體革新之形式及我的意見》，《少年中國》，1920 年第 2 卷第 6
　　　　期。

[5]　李思純：《平民畫家米勒傳》，《少年中國》，1921 年第 2 卷第 10 期。

[6]　李思純：《抒情小詩的性德及作用》，《少年中國》，1921 年第 2 卷第 12 期。

[7]　李思純：《宗教問題雜評》，《少年中國》，1921 年第 3 卷第 1 期。

[8]　李思純：《信仰與宗教》，《少年中國》，1921 年第 3 卷第 1 期。

[9]　[法]Meillet, A 著，李思純譯：《言語學方法論》，《改造(上海 1919)》，1922
　　　　年第 4 卷第 7 期。

[10]　李思純：《與友論新詩書（節録）》，《學衡》，1923 年第 19 期。

[11]　李思純：《通論：論文化》，《學衡》，1923 年第 22 期。

[12]　李思純：《述學：讀汪榮寶君歌戈魚虞模古讀考書後》，《學衡》，1924 年第
　　　　26 期。

[13]　李思純：《仙河集》，《學衡》，1925 年第 47 期。

[14]　李思純：《評東南大學及其校長問題》，《民國日報・覺悟》，1925 年第 3 卷
　　　　第 10 期。

[15]　李思純：《正名論》，《學衡》，1926 年第 60 期。

[16]　李思純：《辛未漫游瑣記（未完）》，《時事週報(成都)》，1931 年第 1 卷第 8
　　　　期。

[17]　李思純：《辛未漫游瑣記（續）》，《時事週報(成都)》，1931 年第 1 卷第 9 期。

[18]　李思純：《辛未漫游瑣記（續）》，《時事週報(成都)》，1931 年第 1 卷第 10
　　　　期。

[19]　李思純：《人生哲學的概觀：人生哲學淺説之一（附圖）》，《尚志》，1932

年第 1 卷第 1 期。

[20] 李思純：《論文化：（一）文化通釋》,《統一評論》, 1936 年第 2 卷第 8 期。

[21] 李思純：《川籍國軍出川之我見》,《統一評論》, 1936 年第 3 卷第 3 期。

[22] 李思純：《復興的意義：蛻變與新生》,《復興日報三周年紀念特刊》, 1938 年特刊。

[23] 李思純：《西康建省的消極改善條件》,《新新新聞每旬增刊》, 1938 年第 17 期。

[24] 李思純：《談談我理想中的大學》,《新新新聞每旬增刊》, 1939 年第 19 期。

[25] 李思純：《用人問題的五大弊病》,《新新新聞每旬增刊》, 1939 年第 27 期。

[26] 李思純：《閒居悵念寇陷諸城》,《新四川月刊》1939 年第 1 卷第 3 期。

[27] 李思純：《說歹》,《史學季刊》, 1941 年第 1 卷第 2 期。

[28] 李思純：《祝屺懷先生事略》,《國立四川大學校刊》, 1941 年第 11 卷第 9 期。

[29] 李思純：《六朝唐宋之佛經翻譯及其譯場制度》,《讀書通訊》, 1942 年第 48 期。

[30] 李思純：《中國歷史上邊疆民族髮式考(一名胡髮考)》,《民族學研究集刊》, 1943 年第 3 期。

[31] 李思純：《大學之起源及其精神》,《國立四川大學校刊》, 1943 年第 15 卷第 5/6 期。

[32] 李思純：《部頒師範學院史地學系課程的一個修正意見》,《國立四川大學師範學院院刊》, 1944 年創刊號。

端操有蹤　幽閒有容

——記民國巴蜀才女范文瑜

霞紹暉

　　衆所周知，巴蜀地區山川秀麗、物產豐富、民族衆多、宗教林立，在此條件下衍生的巴蜀文化、風流蘊藉、源遠流長，成爲我國文化大宗裏十分重要的一支。這支文化，"在上古時期幾乎與中原同步孕育、平行發展"[1]。巴蜀地區一直有著自己獨特的文化傳統，不論是思想意識、思維方式，還是心理素質、風俗習慣等，都顯示出鮮明的個性特徵。古人一說到巴蜀，"人情物態，別是一方"（《漢書·地理志》）的念頭便油然而生，不論是西晉裴度的《圖經》，還是唐杜甫的蜀中紀行詩，甚至 19 世紀末的法國人古德爾蒙的《四川游記》，都無法擺脱巴蜀地區爲"別一世界"的印象。然而，不論是傳説還是文獻記載，甚至還有考古發現，都證實了巴蜀文化至少在 3000 多年前，已經與中原文明發生了密切的聯繫，正如舒大剛先生所説："（巴蜀）本有自己的文化傳統，但在與中原文化的接觸和交流中，也呈現出向中原文明靠攏的趨勢。"[2]從地域上看，巴蜀地區承擔了民族交流與融合的歷史使命，這是由其獨特的自然條件決定的。自秦并巴蜀以還，巴蜀就成爲中央王朝的版圖，而這裏土地肥美、物產豐富、農業發達，不論是中央政府拓邊而移民，還是邊疆少數民族内遷，這裏都是首選之所。各民族的不同文化形態，在這裏不斷匯集融合，產生新的不同於中原地區的文化，呈現出"雜"的文化特徵。但是，普天之下，莫非王土，自漢文翁治蜀以後，中原正統的禮樂文化在這裏生根發展，成爲巴蜀文化的主流，此流一直貫穿至今，這又使得巴蜀文化呈現出"醇"的一面。

　　蜀人自古好文辭，漢代已有蜀士"文章冠天下"的美譽。縱觀中國文學史，在宋以前，巴蜀文學甚至可以統領半壁江山。如漢賦的傑出代表人物司馬相如、揚雄，唐詩代表人物陳子昂、李白、杜甫，宋詞代表人物蘇軾，無不雄視百代。自元以後，外族入主中原，巴蜀地區成爲他們鞏固政權的主要戰場，經濟遭到巨

---

[1] 舒大剛：《巴蜀學術源流史述略》，朱漢民主編：《湖湘文化與巴蜀文化》，湖南大學出版社 2013 年版，第 193 頁。按：四川三星堆遺址呈現了 3 000 至 5 000 多年前的巴蜀文明，考古發現了類似文字的"巴蜀圖語"，有學者以爲是巴蜀先民的文字，該文字與中原文字結構迥殊。由此推之，則在上古時期，巴蜀文化必與中原文化"同步孕育，平行發展"。

[2] 舒大剛：《巴蜀學術源流史述略》，朱漢民主編：《湖湘文化與巴蜀文化》湖南大學出版社 2013 年版，第 194-195 頁。

大破壞，大量文士外徙，故而散曲與小說不見巴蜀，此風一直延續至民國初年。然而，即便元蒙以降，文學主要成就在中原地區，巴蜀地區也有新聲鳴柯，如散曲有元楊朝英（學者多以爲成都青城山人氏），戲劇則明楊慎、清李調元，小說雖不見載籍，然因戰亂，文本不存，或未可知。[1]

我們不難看出，在巴蜀文化中，詩賦的傳統占據著十分重要的位置。縱觀整個歷史，詩歌和詩人在中國人的心中，都處於十分高貴的地位，即使在白話主導的近現代，中國人仍然難以擺脱對古典詩歌的癡迷與執著。對於"文章冠天下"的巴蜀地區來說，詩人自然層出不窮，此風尚一直沿襲至今。巧合的是，2014 年的第六屆魯迅文學獎，第一次有了古典詩歌，並且獲獎者正是巴蜀古典詩人周嘯天。[2]雖然該獎頗有爭議，然巴蜀文士自古以來都鍾情於詩歌創作，這是不爭的事實。如果我們去翻檢巴蜀地區各種州縣的地方志，就能發現其中載有很多單篇詩作或詩歌目錄。進入 20 世紀後，由於各地重修的縣志都是中華人民共和國成立以後完成的，這些縣志對世紀之交的很多文化名人及其著作頗多疏漏，導致了我們對當時的藝文情況倍感模糊。這種現象不僅僅存在於巴蜀地區，應該説這是全國的一個普遍現象。產生這些疏漏的原因有很多，或不曾刊刻，或在戰爭中遺失，或在"文化大革命"中毀掉，或至今還躺放在不爲人知的角落裏，等等。隨著四川省重大文化工程《巴蜀全書》的編纂與研究的啟動，必將發掘出很多爲世所蔽的學人和傳世不遇的著作。我們在進行巴蜀地區文獻摸底時，就發現了民國時期一位值得重視的女詩人——范文瑜。筆者不學，曾讀其詩，稍有感觸，特記之於後，敢望博洽之士究考之。

一　端操有蹤：范文瑜女士生平事迹

范文瑜（1900—1968）又名雯瑜，自號問予，四川富順人。范女士（以下皆稱爲范女士）父輩兄弟二人，生父事迹渺杳難知。叔父范金（字秋嵐）[3]無子女，故她自幼過繼叔父，其唯一胞弟范龍光留在長房。按照習俗，范女士改稱生母爲伯娘，叔娘則改稱媽。因生母與叔娘皆出生詩書門第，故范女士范女士自幼便受到良好的文學啟蒙教育。據其幼子謝幼田先生[4]所述，范女士自幼便能背誦大量詩詞歌賦，不但如此，她還能長篇記誦《紅樓夢》《西廂記》等傳世巨作，其文學修

---

① 按：一般來説，戲劇的產生與發展離不開小説創作。明末清初，川劇在巴蜀地區就很流行，則唐宋元明之際，巴蜀地區亦必出現很多小説文本。究其不見載籍，一則戰亂毀滅，一則小説本爲下里巴人，不錄籍册。

② 按：周嘯天獲獎作品是《將進茶——周嘯天詩詞選》，天地出版社 2013 年版。

③ 范金的簡歷，可參看臺灣中國國民黨黨史編纂委員會編印的《革命人物志》。

④ 謝幼田，一九四〇年生，早年師從經學家杜剛伯研習先秦史，改革開放後，考入四川省社會科學研究院，任哲學所專職研究員。一九八七年赴美，被聘爲斯坦福大學胡夫研究所研究員，取得美國國籍。二〇〇六年退休回國，定居四川成都。

養可概見一斑。稍長，在族叔范愛衆①的教導下，接受了人生"三不朽"的思想，欲把"立德、立言、立功"作爲畢生追求。在范愛衆的指導下，她閱讀了大量的儒家和佛學著作，並接觸了一些有關西方進步思想的書籍。

范金是清代四川派出最早一批留日學生，進入日本早稻田大學學習，後來加入同盟會，是最早的會員之一。回國後，在成都加入新軍並擔任書記②。時英印入侵西藏，爲了保疆衛土，他便於一九〇九年隨新軍進入西藏。辛亥革命成功的消息傳到拉薩，范金便領導革命者回應，後來義軍兵變被殺，尸骨隨同忠魂流落異鄉，不曾歸里。其簡短傳記由其堂弟范愛衆撰寫。

范文瑜於一九一六年夏與謝家田③結婚。謝家田係孫中山創建的同盟會重要成員謝持（1876—1939）之獨子。謝持是四川同盟會主要領導人，辛亥革命成功後，擔任重慶蜀軍政府的總務部長，一九一三年被選爲中華民國參議員。宋教仁被害後，與黃興密謀刺殺袁世凱，事泄被捕，因無證據而獲釋，釋放當日逃往日本東京。中華革命党成立，擔任總務部副部長，時部長爲陳其美。陳其美被害，謝持主持中華革命黨總部工作。

革命党刺殺袁世凱事敗，恐其滅後，故四川党人派吳玉章將謝持之子和張培爵之子一併送往法國留學。一九一六年五月，謝家田自巴黎回國，六月返川，十一月與范文瑜喜結連理。一九一七年四月三十日，謝持全家抵達北平，謝家田夫婦隨往，暫居北平屯絹胡同。然而在北平僅僅居住了兩個月，就爆發了張勳復辟事件，謝家便又乘船匆匆逃抵上海，暫居法租界。到上海後，謝持失去國會議員津貼，全家靠借貸度日。

一九一七年八月，孫中山在廣州組織召開非常國會，謝持以重要成員列席大會。後來被委以重任，先後擔任過國民黨黨務部長、總統府秘書長等要職，其家困窘的經濟條件得以舒解。九月，謝家田便又隻身前往巴黎繼續學習。次年，范文瑜入讀上海徐家匯法國教會主辦的女子啟明學堂，開始走出家庭，接觸外部世界，放眼西方思潮的湧濤，深入接觸和瞭解中國當時的政治和社會狀況。讀書期間，范女士結交了兩個密友，一個是辛亥革命時期老同盟會會員王勃山的女兒王劍虹④，另一個是楊淑惠⑤，兩個人都是當時上海很活躍的女界名流。⑥與她們經常

---

① 范愛衆，四川富順人，范金族弟，范文瑜私淑老師。早年從事革命鬥爭，加入同盟會，曾擔任國民黨重慶市左派負責人，與中共黨員楊尚昆的兄長楊閣公共事。後來歸田隱退，以閉門讀書、教授生徒自娛。有《辛亥四川首難記》一書傳世。他的思想，對范文瑜影響很大。

② 一說法科參事，書記爲李維新，見牙含章《達賴喇嘛傳》第二〇五頁，三聯書店資料室一九六三年編印本。

③ 謝家田，字德堪，自號自閑。

④ 王劍虹（1903—1924），又名王淑瑤，重慶酉陽人，著名文學家瞿秋白之妻，一九二四年七月因患肺結核病去世。父親王勃山，辛亥革命時期的同盟會會員。詩人與之相識於上海女子啟明學堂。

⑤ 楊淑慧（1894—1962），上海商界名流楊卓茂的千金，周佛海第二任妻子，曾爲共產黨交通員。當時也是上海女界名流，與詩人時爲同學。

⑥ 據謝幼田所述，第一次世界大戰結束後，在巴黎和會上，中國作爲戰勝國，仍然要給日本經濟賠償，割讓青島，引起了國內大規模的抗議游行活動。范女士在此運動中，曾多次上街演講，痛斥北洋政府腐敗無能、喪權辱國，號召民衆抗議政府出讓國家利益。這場運動後來演變爲聲勢浩大的五四運動。

交往的還有著名作家蔣冰之①，《文匯週刊》一九八一年還刊登了丁玲回憶一九一九年王劍虹夫婦剛到上海後"住在老國民黨人謝持家"的舊事。②

一九二〇年，范女士考入上海美術專科學堂，學習現代繪畫藝術。據謝幼田先生所述，作爲大學生的范女士，常常在邵子力創辦的《民國日報》副刊上發表新詩和散文③，開始了夢寐以求的文學創作，成了上海婦女界的活躍人物。除了學習和創作，范女士還修習音樂，加入由著名武術家霍元甲創辦的精武體育會學習武術。這一時期，范女士接觸了共產黨人施承統④，被勸說加入共產黨，承諾一旦加入，就送她去蘇聯。⑤因爲特殊的政治家庭，范女士未有應允。

一九二一年底，謝家田獲得巴黎大學經濟學院學士學位歸國，回到上海。一九二二年，孫中山先生助手胡漢民、張繼介紹謝家田加入國民黨。入黨後，謝家田看到了國民黨內部的渾濁和分裂，對國民黨失去了信心，便萌生了遠離政治的念頭。一九二七年，國民黨內部整頓，要求重新登記，但謝家田已對政治毫無興趣，冷淡仕途，想要返回四川過清靜生活，故拒絕了登記，從此成爲無黨派人士。因爲無意仕途，謝家田曾在重慶市綦江縣擔任過短期的鹽業局局長和教育局局長，范女士也隨丈夫在綦江縣有過短暫的居住。年底，范女士夫婦二人返回故里富順縣，過著隱居生活，這也是范女士人生道路的根本轉變。

返川之後，因爲生活較爲安定，范女士便有了兒女。據謝幼田先生所述，范女士共生養十一個兒女，中途夭折三個。期間，范女士曾於一九二九年、一九三三年兩度赴上海，送兒女陪伴長輩，接受較爲先進的教育。每次在上海生活一年多，其間也有子女在上海出生。其丈夫謝家田一九二九年赴上海後，一直生活在那裏。一九三一年起，長期擔任中央銀行⑥經濟研究處協纂，這是研究世界經濟動態的高級職務，一起擔任此職務的還有後來中共經濟專家冀朝鼎。因爲長期不在上海，范女士同意謝家田在上海另娶知識女性石慎嫻⑦，故養育兒女的重任便落在了范女士身上。

謝持一九三一年初中風，癱瘓在床，"八一三"淞滬戰役前夕離開上海返川，一九三九年去世，蔣介石下令國葬於成都⑧，謝家家境由此日下，素來清高儒雅的

---

① 蔣冰之（1904—1986），筆名丁玲，湖南澧縣人。現代著名女作家，代表作有小說《太陽照在桑乾河上》《莎菲女士的日記》等。蔣冰之與王劍虹是密友，故與范女士交往頗多。

② 丁玲發表在《文匯週刊》的文章，筆者未見，這裏是根據謝幼田提供給筆者的《范文瑜女士游蹤》一文所錄。

③ 據謝幼田先生所述，范女士發表在各種刊物的詩文手稿，因爲政治原因，全都在二十世紀五十年代後的政治運動中散失不存。

④ 施承統，曾任上海崇明中學教師，早期共產黨人，曾擔任第一屆中國社會主義青年團中央執行書記。

⑤ 按：國民黨許多高官的子弟，先後都有加入共產黨者，此不一一列舉。

⑥ 按：國民政府的中央銀行成立於 1928 年 11 月，總部設在上海外灘 15 號。

⑦ 石慎嫻，謝家田的二太太，蘇州人。"八一三"淞滬戰役前夕，謝家全家返川，石慎嫻並未隨夫來川，後來另嫁，不幸於一九四五年去世。范女士詩集中有《挽慎嫻》，即爲悼念其逝世而作。

⑧ 謝持墓在今成都市沙河堡林科院內。

謝家田，這纔急於謀職養家，曾抗戰結束後赴西安任職，未成。抗戰勝利後，謝家田返回上海，在中央銀行繼續擔任原職。一九四八年底，國民黨戰敗，謝家田去臺灣打理全家搬遷事宜。回上海後，著名社會活動家、學者周善培①勸導謝家田不必去臺灣，因爲不是政治活動家，可以留在大陸，補充中共經濟人才。謝家田於是乘坐返川輪船，回到四川富順。中華人民共和國成立後，謝家因爲有可收租三十一石的土地（按：相當於十畝的耕種面積），被劃爲地主。一九五一年四月，謝家田被當地政府作爲惡霸地主處決。②范女士再次遭遇人生重大打擊，以至於企圖自殺，因爲一直研讀佛教典籍，故能從因果關係理解人世的滄桑，這樣纔得以強勉地活下去。

　　一九五四年，范女士遷居成都，定居青羊宮小橋子逸廬，直至一九六九年辭世。“文化大革命”中，范女士被作爲地主婆送往農村進行批鬥和勞動改造，即使受到身體上的折磨和精神上的打擊，她也處之泰然，堅韌的性格和不屈的精神世界，是她晚年撫慰心靈創傷的重要支撐。

二　賦頌有嫻：范文瑜女士的遺作《玉田書室詩稿》

　　《玉田書室詩稿》是范女士親訂結集的手稿，由小楷毛筆書寫。③全集共有五個部分，分別爲《玉田書室詩稿》初集、次集、續集、拾遺和《玉田書室作文拾殘鈔選》，總名爲《玉田書室詩稿》。

　　之所以名之爲“玉田書室詩稿”，是因爲詩人書室名爲“玉田書室”。“玉田”之由來，是“集合二人名而名”的。④詩人名文瑜，瑜則美玉也，詩人丈夫名田，故有“集合二人名而名”之説。該集大致按照作詩時間先後排列，時間跨度很大，自詩人隨謝家北上（1917 年）至詩人逝世前一年（1967 年），大約五十餘年。根據詩人“初集”《序》述，其作品“有舊詩集四册，新詩集二册，散文一册，短篇小説一册，劇本一册，雜記一册，皆屬稿本，未經刊印”。可見詩人的著作甚富，然“經解放後，事務紛紜，全部稿件盡歸遺失無存”。現存的詩集早已不是作者初作之貌，總覽作者幾篇序文可知，詩人青年時期就有大量創作，然

---

① 周善培，字致祥，號孝懷，祖籍浙江諸暨，隨父宦游來川，遂定居。清末進士，中國警政先驅，是謝持、謝家田父子的老師，在動盪時期保護過張瀾、羅隆基。

② 按：據謝幼田所述，謝家田被處決的罪狀有二：一是國民黨中央委員會右派核心，二是有血債在身。謝家田於一九九二年得到平反。據平反組的調查，謝家田在國民黨一九二八年“清理黨務”時，根本就沒有去重新登記，右派核心成員事實不成立；所謂血債，更是無稽之談，其所殺之人，九十年代復案調查時還在北京健康地活著。

③ 按：據謝幼田所述，《玉田書室詩稿》是詩人晚年收集曾經的詩作，憑藉記憶按創作時間先後編輯而成，或因誤記，故其詩集中一些相鄰之詩時間間隔較大。

④ 見詩人丁亥年（一九四七）所作之《序》。其文云：“向集合吾二人名而名此共同之玉田書室，故未嘗考究，而孰知有故典存在矣。”按：李白《山中問答》詩：“問予何意棲碧山，笑而不答心自閒。桃花流水杳然去，別有天地非人間。”又詩人以“問予”爲號，其夫謝家田以“自閒”爲號。問予二字切爲玉，自閒二字切爲田，是其書室名曰“玉田”。

而這些作品，在輾轉遷徙中散失殆盡，唯"存者十之一二而已"。（見"續集"《叙》）。詩人夫婦尚好古雅，想必詩作豐富，而今所可見者，是詩人經過收集整理編集的一部分。究其散佚之因，不外有二：一是詩人未嘗專門作詩而傳之永遠，實其雅好，"僅願得舒發鬱結，故對一切學作，系付之隨作隨棄"；二是因爲詩人遭遇亂世，漂泊無定，無力保管。

據筆者初步統計，《玉田書室詩稿》初集共收詩一百一十七首[①]，作者在一九三六年曾進行過整理。在整理當時，文稿已散失得差不多了，除了一些舊體詩外，還有四篇散文，即《戒打麻雀牌文》《桐蔭納涼記》《秦夫人論》《楊薪傳被捕記》。其中，《戒打麻雀牌文》和《楊薪傳被捕記》，詩人在《自序》中稱是受其舅父的委托，爲其表弟閑課誦讀而作，然實有警戒之意，即要遠離賭博，交友謹慎。從《楊薪傳被捕記》一文中可以隱約看出，楊薪傳可能是共產黨人。

初集中的舊體詩形式多端、内容繁多。有五律，如《呈衆叔》《春日寄外》《過赤壁》《過灘》《過巫峽》《航海家寄》《早發》等；有五絶，如《春曉》等；有七律，如《病起》《夢中見亡兒》《春雨舟行》《覆弟》《歌聲》等；有七絶，如《步原韻和衆叔中岩寺聽講經》《步原韻和衆叔燈花詩四絶》《春日遣懷》《春日小病》《潯陽夜泊》等；有五古，如《和游湖即景》《寄詠沂》《秋夜遣懷》《游古劍山》等；亦有七古，如《中秋節寄德堪》《祝愛衆叔父五十壽誕》《自傷》《二次僑居北平逢初度》等；還有四言古詩，如《薄暮舟行即景》；還有歌行，如《別女行》《白帝城謌》《戒打竹牌謌》《五虎山松》等。

從題材上看，游記抒情詩作居多，這和作者的生活狀態有著密切關係，因爲生活在革命世家，又遭逢戰亂之時，作者于一九一七至一九三六年間，常常東奔西走，目見時局板蕩、家國不幸，故旅途上不免有煩鬱難申、漂泊無助之感。如《白帝城謌》《赤壁懷古》《潯陽夜泊》《游三海公園》等。《白帝城謌》是一首歌行體，作者面對現實的白帝城，聯想到三國時期的英雄事迹和當前的社會時局，不由悲從中來，進而抒發對時局的無能爲力，並將一腔憤激寄於蒼茫古迹，是詩人的英雄氣短之情，令人讀之不禁潸然！與之相對的是《赤壁懷古》，該詩通過對赤壁之景的虛寫，聯想到蘇軾的《前赤壁賦》與《後赤壁賦》，不由感慨政治事業的虛無，這也是作者少年躊躇滿志而中年心灰意冷的最好詮釋。也有賞景怡情之作，如《薄暮舟行即景》《春曉》《浣女》等。《薄暮舟行即景》採用四言古詩形式，簡潔利落地表現了晚舟急行之狀貌，也體現了作者陶醉在晚風中的愉悦。《春曉》通過詩人春天早晨起來面對春花燦爛、垂楊扶風的美好景致的描寫，反映了詩人沉浸在春日的時光中的愉快自適之情。《浣女》通過描寫溪邊浣洗女子輕快勞作、寧靜美麗的身姿，體現了作者嚮往遠離政治，過著平凡而又温馨的田園生活的美好憧憬。

也有遙寄親友、懷鄉自憐之作。遙寄親友的如《呈衆叔》《寄詠沂》《賀弟結

---

① 按：這裏是按照有標題的詩或詩組來統計的。有些標題下面實際上是多首。

婚》《寄族妹文蕙》《看桃花寄女友》等。《呈衆叔》是寫給詩人叔父兼老師范愛衆之作，詩人通過回憶曾經課詩之景，轉而表達了對叔父培養自己學業的感激之情，一句“依然桃李報誰知”，道出了遠離叔父、無法請益的惆悵，也表達了對叔父的無限思念之情。《寄詠沂》是寫給好友楊淑慧的。楊淑慧，上海商界名流楊卓茂的千金，也是上海女界名流，與詩人時爲同學，後與臭名昭著的大漢奸周佛海結婚，然周生性風流，故在婚姻上，楊淑慧十分苦悶，自稱“未亡人”，也常向詩人傾訴家庭紛擾和心中煩惱。詩人因以詩相贈，給予同情的勸慰，並對當時男女不平等帶來的婚姻痛苦表達了激烈的抗訴。《賀弟結婚》是詩人身居上海，無法返鄉參加胞弟龍光的婚禮而作的。詩人通過對大婚場景一系列幻象的描寫，寄寓詩人對胞弟人生的美好祝福，同時也對新婚夫婦寄予殷切期望，希望他們舉案齊眉、白頭偕老。《寄族妹文蕙》是詩人寫給族妹文蕙的，文蕙是詩人少年時的好朋友，雖天隔一方，亦如舊時，是謂“離群雖遠亦芳鄰”。《看桃花寄女友》通過詩人對眼見之物進行靜態式的摹寫，由眼中所見聯想到少年時期壯志滿懷，而今所有理想已漸行漸遠，表達了人生變換無常、不可捉摸的無奈和憂傷。懷鄉之作有《除夕寄小姑》《二次僑居北平逢初度》《回野鴨池避生日》《五虎山松》《偶回流水溝感賦》等，這些作品表達了漂泊在外，處處都充滿生活的艱辛，而袛有生養自己的那一片熱土，還有羅布在那土地上的清山綠水、花草樹木，纔是夢裏無法擺脱的依戀。通過這些詩作，展現了作者十分濃郁的桑梓情懷。自憐之作相對較多，如《別女行》《春日小病》《二十生辰初度》《紀夢》《秋夜遣懷》《三十生日書感》等，這些篇什無不反映了詩人鬱鬱不得志的壓抑之情，也體現了少年壯志在時間長河中消磨殆盡的無奈和失落，作爲一個女性詩人，其細膩的自我感傷、自我排遣，充滿了夙願未成的孤獨和蒼涼。

至若收入其中的散文，因袛有四篇，很難總覽其風格。單就這四篇而言，不過是小記一類，除了在語言風格上能略見端倪外，其餘如創作特色、藝術成就之類，尚難爻論。若他日有志發揚鄉邦文藝之君收集到范女士的所有文章，則必會闡述其要，此則略而不論。

《玉田書室詩稿》次集輯詩三十四首，大部分爲謝家田作。該集名之爲“次集”，是相對“初集”而言的。蓋詩人於一九三六年整理結集後，又有整理，因大都爲丈夫之作，於是名之爲“次集”。

從詩歌表現形式上看，次集中的詩以古風居多。有五言，有五七雜言，如《別思》、《留別》三首、《美酒篇》、《棄婦詞》、《入秦寄懷》、《送別》、《詠懷》如《補題文瑜綺年時之拈花像》、《道思》、《送三兒從軍》等。也有七律，如《補題文瑜西裝拈花畫像》《端午節無日光書以遣悶》《暮春霖雨旅況無聊醉題此詩以寄問予》《山居》《無題》《喜雨》等；有七言絕句，如《春日和鐵二哥相祝七陽原韻》《春日再和感時》《代文瑜送別某夫人》《代問予應黃老命賦某烈女》《代贈人》《故宮太平藕》《賀友結婚》《暮春風雨登樓》《偶詠》《又無題》等。

從內容上看，次集大致有三個主題：一是詩人爲其夫人文瑜所作，這些大都是表達留別思念之情，如《別思》《留別》《暮春霖雨旅況無聊醉題此詩以寄問予》、《補題文瑜西裝拈花畫像》《補題文瑜綺年時之拈花像》等；一是代文瑜作以贈人的，如《春日和鐵二哥相祝七陽原韻》《代文瑜送別某夫人》《代問予應黃老命賦某烈女》《代贈人》《送別》等；還有的是詩人自作，遣時傷懷，抒發情緒的，如《美酒篇》《棄婦詞》《入秦寄懷》《山居》《無題》《喜雨》《賀友結婚》《暮春風雨登樓》《偶詠》《又無題》等。

《玉田書室詩稿》續集共有詩三十二首，均爲文瑜女士作，其時間跨度大約從一九五四年詩人遷居成都至詩人去世前一年（1967 年）。從集中可見，仍有遺失："茲忽於地板下拾得殘篇斷簡，乃重行抄録，並付以遺失集上依稀尚能記憶之詩句於後……能否重留鴻爪於他年，姑聽之云云。"（見《續集》叙）由此則詩人對畢生之作，尚有傳之後世之願想，即便片言隻語，也心思有寄。

從形式上看，續集全部爲七言，要麼七律，要麼七絕，此可謂詩人風格一大變化，不再如過去，五言詩沒有了；在詩歌的寫作技巧上，更重藝術表現。詩人早年的詩歌形式多樣，有四言、五言、七言，有擬古、歌行、排律等。而晚年定居成都的創作，全部是七律或七絕。或文章老更成耶？從內容上看，多賞景寄情之作，如《草堂寺培修落成》《大慈寺》《動物園》《浣花祠》《南郊公園》《人民公園》《望江樓》《文殊院》《昭覺寺》等；餘則弔唁自遣之什，如《二月廿三日冥誕》、《吊華嶽》、《吊龍光夫婦三人》、《孤雁》、《含笑梅夢》、《瓶菊》、《秋日遣懷》七首、《夏文衡姐妹》、《新年雜詠》、《自吊》、《游王建墓懷季英》等。從表達的思緒感念上看，多寬解自慰，蓋作者因家庭於 1949 後遭逢巨大變故，親人陸續離世，給了她沉重打擊，轉而向佛，由此詩風也隨之轉而變爲平實。成都乃古老文化重鎮，是中國三大主流文化交融的歷史名城，加之戰亂相對較少，歷代文人之足跡墨翰、官宦之樓臺廊榭、方僧之宇刹丹爐，無不井井而在，也給詩人提供了很多賞景寄情的創作元素。

《玉田書室詩稿》拾遺收集了謝持和范金兩位革命先輩的遺作。范金有《過隆昌題店壁》《自祝三十》兩首；謝持有六首，分別爲《過子歸》《看山》《望月》《題像贈友人》《讀杜詩話時事有感》《夜半喜友遠至》。其中後五首是其孫謝幼田發現並增入的。范金的詩作反映的是獻身革命的情懷，這兩首詩寫在革命低迷之際，故革命者的苦悶和愁鬱讓人心酸。謝持不但參與革命，而且還領導革命鬥爭，是國民革命陣營的高層，革命成功後，又經歷革命陣營內部分裂，故是另外一種思想境界。他的詩，大都表現的是追求建功立業、拯救民族危亡以及功成身退隱居山野的古典英雄主義情懷。

三　幽閒有容：范女士的詩歌內涵

縱觀范女士的整個人生，其創作主要以古典詩歌體裁爲主。詩歌作爲一種文學藝術表現形式，有著深刻的文化基因和歷史背景。中國古典詩歌與西方詩歌不同：西方詩歌強調寫人，寫人的情欲、意志和力量，寫人的內在衝動、需求和願望，認爲有欲望和衝動纔是真正的人、個性的人、自由的人，這是人在藝術上的覺醒，也是人在藝術中的自我發現和自我梳揚。而中國古典詩歌重在言志，即伸張個人的情緒的同時，無不浸潤著個人對社會的傾訴和對正義的追求。故產生於中國歷史中的偉大詩歌，往往是在抒發個人情緒的同時，帶有強烈的正義和理性。翻開中國詩歌總集，撲面而來的情緒，無不抒發著對家國興衰、民族命運的強烈關注，正是這樣，中國詩歌纔如此華麗和動人，纔如此敦厚和超然。即便被西方藝術形式包裝的中國近現代白話詩，也不能剝離古典詩歌的"言志"追求。我們翻開范女士的詩集，無不反映了中國古典詩歌的審美和"言志"的追求。

《孟子·萬章下》有言："頌其詩，讀其書，不知其人，可乎?"《玉田書室詩稿》詩作大致反映詩人一生的悲歡離合，其中不乏幽怨憤訴之情，也有體現詩人閒情逸致的。

四川偏隅西南，較之中原，經濟相對落後，然而，文明的發展、文化的普及，卻不比中原遜色，故班固《漢書·地理志》及文翁本傳有蜀學"比於齊魯"之歎。西漢時期，文翁入蜀，興文志教，大力發展學校教育，自此而降，經師倍湧，文士迭出，史傳蜂作，詩賦紙貴。蜀文化由此成爲中華文化中重要的一脈，後來被稱之爲蜀學。蜀學的一個重要特徵是尚文辭、重詩賦。放眼中國文學史，漢賦、唐詩、宋詞、唐宋文，這些文學藝術領域的高標，沒有一個能避開蜀人。此種學風，一直薪傳至今。《玉田書室詩稿》就是晚清民國時期蜀學影響下的新女性知識分子的創作，從中可以體會出蜀學對詩人的影響尤切至深。

范女士喜作小詩，和富順當地文化氣氛濃郁分不開。富順被稱爲四川才子之鄉，明清考中進士人數在四川排名前列。范氏家族也是書香門第，故詩人自幼秉承庭訓，喜好小詩。其《自序》云："予母愛讀唐人詩，故予在懷抱時，已能背誦琅琅。蓋雖未解詩之意義，但覺音韻鏗鏘，每一漫頌，似乎別有會心，自適其樂。久之，竟竊學焉。此爲予平生好作小詩之始。"可見，詩人平素寫詩的習慣，其中的一個重要原因，就是受其母親熏陶而養成。另一個原因，則與中國詩歌創作傳統分不開。中國傳統詩歌創作，通常是作者心生情緒，轉而用言語表達出來，再配以宛轉悠揚的聲音，以達到傾瀉心聲的目的。故范文瑜女士《自序》又云："然國風、雅、頌，率多哀怨之詞，後世相傳者，仍不乏悲憤之句，以及勞人思婦，繡閣螢窗，猶多懷才不達，壯志難申，借感慨而興歌，抒煩郁於晨夕"，其中"勞人思婦，繡閣螢窗，猶多懷才不達，壯志難申，借感慨而興歌，抒煩郁於晨夕。"這大概是詩人對自己爲何寫詩的真切描述。

范女士的叔父范愛衆是一個革命者，早年投身於辛亥革命，是四川同盟會成員之一。辛亥革命成功後，革命成果被封建軍閥占有，社會變革成爲一時流行語，國家依然處於動盪混亂的局面。列強的鐵蹄依然在神州大地肆意妄爲。這一社會現實大大打擊了范愛衆的革命激情，於是隱居四川富順老家，閉門不出，以耕讀爲業。正是這位落拓失意的革命者，教育和引導了范女士樹立高雅抱負，追求"三不朽"的人生理想。據詩人之子謝幼田所述，范愛衆對曾國藩十分敬仰，特別是其建立湘軍，剿滅太平天國起義，佩服至深。因爲在那樣風雲變幻的時代，清王朝腐敗無能，內憂外患，政權處於風雨飄搖之中，而曾國藩一方獨起，建立了紀律嚴明、戰鬥力極其強悍的湘軍，力挽狂瀾，爲清王朝苟延殘喘立下了汗馬功勞。曾國藩雖然有保守、愚忠的一面，不免成爲歷史的絆腳石，但其幽邃高致的儒家情結、深宏駿邁的文章事業、掛弓扶桑的豪俊胸襟，迷倒當時一大批欲爲中華民族美好未來而奮鬥的青年人。不但范愛衆如此，辛亥革命中的很多有識之士，皆以曾國藩爲榜樣，學習他效忠國家、管理社會的高明理念。即便道路截然相反的孫中山，也對曾氏佩服有加，號召革命者們學習曾氏管理家族和社會、治理軍隊的先進理念。在當時，曾國藩成爲追求政治安定、社會進步的儒家先進分子中的傑出世範，他的著作也風靡整個時代。因此范愛衆就是在那樣一個時代背景中，使用《曾國藩全書》來引導范女士。即便在出嫁之時，陪嫁的嫁妝也祇有大量書籍，其中就有一套《曾國藩全集》。范女士受此影響，讀了大量治理國家、管理社會的著作，立志著書立説，誓欲"爲萬世開太平"。因爲有范愛衆的影響，范女士纔到中國思想最爲活躍的上海，接受西方思潮，爲中華民族建功立業做準備。然而，由于性別的差異、社會的複雜，傳統的家庭觀念依然在革命者的槍炮中巋然不去，即使嫁入革命世家，仍不免沉淪於相夫教子的傳統倫理之中。日常的柴米油鹽、婆婆的舊的封建家庭觀念，嚴重傷害了范女士的入世情懷，轉而成爲相夫教子、伺候公婆的小女人。這種不得已的轉變，大大催生了范女士矛盾、苦悶和傷感的生活情緒，致使她不得不放棄曾經的理想。這種轉變，無疑會導致其抒發苦悶、排解傷感的詩作產生。

范女士的詩作深情地展現了自己對生活的苦悶和對社會的無奈。因嫁入謝家，范女士不得不遠離故土，隨家北上。第一次離開故鄉，離開親人，悲傷和無奈便油然而生，《別女行》就是申發這種無奈的悲傷之情。其詩開篇就説："和樂一家春，何當我獨行。骨肉各一隅，豈不爲犧牲。"依中國傳統風俗，嫁夫隨夫，本是極爲自然之事，然對她來説，明知前路茫然難料，但又不得不去走，這一走，獨自一人漂泊，前路茫茫，不知所歸。"何當"一詞，胸中激憤昭然可視。後又接著説："惆悵臨行時，依依出天真。聲聲呼阿母，淚已濕征塵。"茫然之失，離別之痛，令人潸然！接著一段，遙想分隔天涯母子相互思念之景，楚楚動人。最後説："人生祇百年，曷極其酸辛，回頭忘江南，空有淚痕新。"人生的悲歡離合，如此讓人心酸，即便思念，也祇用充滿淚水的目光，回頭遙望。望見什麼？什麼都沒有，祇有無盡的悲傷和無奈而已。《呈衆叔》也表達了同樣的情思。其詩上闋説："萬里關河隔，迢迢各一天。暗傷離膝下，安肯受人憐。"天各一方，沒有了長輩的膝下之歡和關愛，即便夫家對詩人再好，其感受似乎祇是一種憐憫，不如衆叔的關愛真切溫馨。下闋説："竹譜調風曲，月華浴碧泉。吳歌與越舞，相對更凄然。"自己雖然還能繼續自己所好，生活環境也不差，可以練習書畫，可以流連美景，可以傾聽悠揚的民間歌曲，也可以欣賞勁健的舞蹈，可這些都不足以排遣對親人的思念，唯有淒然之情纏繞在胸。這類詩還多，如《除夕寄小姑》《除夕書憤》《春日遣懷》《春日小病》等，都表達了詩人遠離家鄉、思念親人的悲傷和無奈之情。范女士的詩作，還表現了吊古傷今、憂國思親的內心世界。這些詩作，表現了一個時代青年對國家的關注、對民生的憂思，體現了生活在複雜社會環境中的文柔女子對時局的傷感和無奈。如《白帝城謳》，前部分説："蕭條白帝城，代謝名未更。青山含昔怨，殘棋空一枰。先帝吞吳舊英名，誓師掃境圖東征。"通過眼見的，遙想當年劉備伐吳東征的歷史，辭氣雄肆有力。後面接著説："誰知雄圖終無成，傷神蜀鳥空聲聲。"一句點明劉備失敗，故里蜀鳥哀鳴，無奈之意，寄意幽遠。轉而説："聲聲浮雲倦游人，憂國思親千里程。年年江上頻來去，朱顏凋謝名益輕。"遙想古代英雄的事迹，聯繫自己的人生經歷，不由滋生感傷情緒。一"倦"字，道出了詩人對歷史英雄人物失敗的感慨，似乎也在暗示自己，功名有如浮雲過眼，衹能讓人倦怠。詩人聯繫自己家世，暗示了英雄的失敗，衹有親人纔更容易懂得與安慰。後面兩句，説出了時光流逝，自己爲家庭生活所累，美麗容顏不再，暗示曾經的少年壯志，也隨之漸漸淡去，也暗示了自己壯志難申的無奈與感傷。所以結尾説："愁覘古迹蒼茫裏，蕭條依舊重行行。"愁歸愁，生活還得繼續，歷史依然會一往無前。外在柔弱、內心剛毅的女性知識分子，在動盪時局中展現出失落與傷感，令人深思。

1949 年後，范女士的詩作風格大變，題材上也以抒寫成都市區名勝古迹等新時期的風景爲主，這些詩作大都氣度開朗、筆調平和，然其詩情背後，仍然體現了一生悲情過後的更大傷痛。詩人特殊的身份，必然在"文化大革命"中遭受精神打擊，即便游景賞美之作，也是給自己精神世界尋找另一個家園。詩人少年閱讀大量佛教經典，成爲她平生逆來順受的重要精神支撐。詩人晚年也有回憶過去、回憶親友的詩作，這些詩作大都用平和的辭句來展現，悲傷之情仍然爲詩作的主要弦律。

四 結 語

范女士的人生矛盾不是自己的原因形成的，而是家庭、國家、社會現實導致的。中國知識分子不得意，便寄意山水、鍾情詩歌，這就是中國成爲一個詩歌傳統國度的重要因素。人的情緒起起落落，瞬間的波瀾，往往會激發情志的真實袒露。內心的矛盾和痛苦，或許最好的抒發管道便是作詩。一方面詩歌短小，容易在短時間內完成；一方面詩歌常常能以隻言詞組表達複雜的情緒。很多不能表達、不能傾述的情緒，寄予詩歌，可以撫慰心靈、排解煩憂。這便是范女士後來整理自己詩歌的原因之一。

我們不難想象，范女士自幼生長在一個還算溫馨的家庭裏，雖然父親（養父范金）在外面從事革命活動，但其母親（養母和生母）給了她世間最温暖的呵護，也給了她較爲理想的家庭教育。少年時代的范女士，生活平靜而又幸福。受時代思潮和家庭教育的影響，范女士自幼便有了從事文學創作的理想。然而，自從嫁入謝家後，曾經的理想，便隨著生活的波折漸漸消失，取而代之的是爲了生計而日常操勞和舟馬顛簸，少年時代的平靜和幸福也隨之遠離，由是便開始了她"勞人思婦，繡閣螢窗""懷才不達，壯志難申"的悲情人生。這種悲情，是多方面的社會作用力帶來的，是一個天真少女轉而變爲革命家族的一分子、兒時的理想付與動盪激越的時代而產生的。馬斯洛認爲，人的需要有五個層次，歸根結底是物質的需要和精神的需要。精神需要是一個飽讀詩書之人的最大滿足，一旦這些精神需要得不到滿足，就會覺得人生不如意。人生的不如意，常常表現爲"勞人思婦，繡閣螢窗""懷才不達、壯志難申"等心中激憤，要想排遣激憤，詩文的抒寫，便是重要管道之一。

范女士的一生，是才女的一生，是追求進步和民主的一生，是胸懷抱負與人生失意相衝突的一生。她作詩抒發性靈，繪畫展露淑美，習武强健體魄，喜好刺繡薪傳民間藝術，修習音樂陶冶高尚情操。認識其人，可知鄉邦之蘭秀；闡釋其詩，可知蜀女之麗質。

作者單位：四川大學古籍整理研究所

可能的七里靴

——敬隱漁的詩與譯詩

胡　亮

一

　　從 1934 年到 1936 年，羅曼·羅蘭（Romain Rolland）萬里飛鴻，先後兩次向傅雷打聽他的朋友敬隱漁。奈何經多方諮問，傅雷也沒有得到確切音信。羅蘭者，巨擘也，宗匠也，大師也，何以如此關懷一個籍籍無名的中國青年？

　　那麼，敬隱漁是誰？若干年前，葉靈鳳就曾發出歎息："敬隱漁的名字，現在知道的人大約已經不會很多了。"[①]而今天，眼看敬隱漁就快被——甚至快被文化界——忘得乾乾淨淨。好在一些素心獨持的學者，比如王錦厚，尤其是張英倫[②]，仍在一點點剔除歷史的塵封，試圖拼湊和還原敬隱漁的眉目。

　　目前我們已經可以知道，1901 年，敬隱漁生於四川遂寧；1909 年赴彭縣白鹿鄉，入無玷修院，復入領報修院；1916 年赴成都，入天主教會辦的法文學校；1922 年赴上海，入中法工業專門學校，結識郭沫若（創造社掌門）；1925 年赴法國，先後入里昂大學、巴黎大學和里昂中法大學，結識——或者説投靠——羅曼·羅蘭；1930 年返上海；1932 年後不知所蹤，或以爲蹈海而死，或以爲投湖而亡，享年不會超過三十二歲。

　　敬隱漁的一生，坎壈、窮窘、病痛、遄速、雪泥鴻爪、電光石火，很快消散於茫茫天地，卻讓遠在歐洲的羅曼·羅蘭牽念難忘，其間自有一段非同尋常的奇緣。

二

　　敬隱漁的主要身份乃是小説家，其次纔是小説翻譯家——我們的小説家可能不會料到，他能留下名字，端賴同時還是小説翻譯家。

---

① 《敬隱漁與羅曼·羅蘭的一封信》，葉靈鳳《讀書隨筆》三集，北京三聯書店 1988 年版，第
　50 頁。
② 本文素材多取自張英倫《敬隱漁傳》，人民文學出版社 2016 年版。下引羅曼·羅蘭語、魯迅
　語、郭沫若語、成仿吾語、羅大岡譯詩，均見此書。

作爲小説家，敬隱漁的作品有《蒼茫的煩惱》《瑪麗》《孃娜》①《養真》《寶寶》《皇太子》和《離婚》，其中《養真》是《蒼茫的煩惱》之修改稿，而《離婚》乃是直接以法文寫成之小説。1925 年 12 月，其小説集《瑪麗》由商務印書館初版，1927 年再版，1931 年三版。

作爲小説翻譯家，敬隱漁的作品則分爲兩類：漢譯法作品與法譯漢作品。法譯漢作品有莫泊桑（Guy de Maupassant）之《海上》《遺囑》《莫蘭這條豬》和《恐怖》，法朗士（Anatole France）之《李俐特的女兒》，巴比塞（Henri Barbusse）之《光明》，羅曼·羅蘭之《約翰-克利斯朵夫》。1930 年 11 月，敬譯《光明》由上海現代書局初版，1931 年再版，1932 年三版。漢譯法作品有郭沫若之《函谷關》，陳煒謨之《麗辛小姐》，落華生之《黃昏後》，魯迅之《孔乙己》《阿 Q 正傳》和《故鄉》，冰心之《煩悶》，茅盾之《幻想》，郁達夫之《一個失意者》。1929 年 3 月，敬譯《中國現代短篇小説家作品選》由巴黎里厄戴爾出版社（Editions Rieder）初版，很快就有英文轉譯本《〈阿 Q 的悲劇〉及其他現代中國小説》，1930 年初版於倫敦，1931 年再版於北美。

對敬隱漁來説，卻是 1926 年，可能更加讓人激動。僅僅在此前十四年，羅曼·羅蘭纔完成《約翰-克利斯朵夫》；僅僅在此前四年，魯迅纔完成《阿 Q 正傳》。然而，就在 1926 年，敬隱漁已首次將《約翰-克利斯朵夫》譯介到中國，參差同時，又首次將《阿 Q 正傳》譯介到法國——或者説歐洲。對這兩部作品的選擇，乃至改譯《紅樓夢》的計劃②，都很敏捷而堅定，可以看出年輕的敬隱漁實在是目光如炬。自 1926 年 1 月 10 日至 3 月 10 日，敬譯《約翰-克利斯朵夫》（未完成）經鄭振鐸——他與魯迅皆爲文學研究會成員——連載於《小説月報》第十七卷第一至三號。自 5 月 15 日至 6 月 15 日，敬譯《阿 Q 正傳》經羅曼·羅蘭修潤和推薦後連載於《歐洲》③（Europe）第四十一至四十二期。當時在世的兩位偉大作家，羅曼·羅蘭和魯迅，經敬隱漁，完成了互讀，也完成了如兄如弟的遙握。如果天假以年，敬隱漁必當促成這兩個偉大人物——他們可以分別代表西方和中國——實現更爲直接而深刻的對話。

雖然敬隱漁與羅曼·羅蘭締結了如子如父的友誼，“可能也是和羅曼·羅蘭往還最早、時間最久、關係最密切的一個中國青年”④，卻最終見棄於魯迅，——魯迅至死都認爲，敬隱漁，還有與之有隙的創造社，扣押甚至銷毀了羅曼·羅蘭寫給他的一封信。1930 年 2 月 24 日，魯迅在日記中寫到，“敬隱漁來，不見”。根據張英倫先生的研究，羅曼·羅蘭這封信，並非寫給魯迅，而是寫給敬隱漁，衹

① 這篇小説曾入選茅盾編選《中國新文學大系·小説一集》，上海良友圖書印刷公司 1935 年版，第 512-524 頁。
② 參讀敬隱漁 1926 年 1 月 23 日致羅曼·羅蘭信，張英倫編：《敬隱漁文集》，人民文學出版社 2016 年版，第 326 頁。本文凡引用敬隱漁文字，均見此書。
③ 敬隱漁譯爲“《歐羅巴》”。
④ 參讀羅大岡：《三訪羅曼·羅蘭夫人》，《羅大岡文集》卷Ⅱ，中國文聯出版社 2004 年版，第 372 頁。

不過敬隱漁 1926 年 1 月 24 日致魯迅信語焉不詳，“原文寄與創造社了”，故而引起了後者的猜疑和憤懣。如果魯迅 24 日見了敬隱漁，文學史上自然就少掉一樁懸案。

三

敬隱漁的幾篇小説——《蒼茫的煩惱》《嬝娜》《養真》，尤其是《瑪麗》，都用第一人稱，都帶有非常明顯的自傳色彩。《養真》的主人公叫作“K 先生”，《瑪麗》的主人公之父則叫作“K 老先生”，而敬隱漁在法國讀書的時候，恰將自己的姓名譯爲“Kin Yn-Yu”。《蒼茫的煩惱》，還有《瑪麗》，主人公都叫作“雪江”，此名或涉“隱漁”，後來敬隱漁填了一首詞——《憶秦娥》——襲用柳宗元《江雪》之詩意，補充交待了這兩個符號的意義關聯。至於《嬝娜》，主人公叫作“子生”，正指向敬隱漁那無時不有的飄泊感和孤獨感。而在《瑪麗》裏面，還透出來更多自傳資訊，比如，“母親躺在床上，中了一顆流彈”——敬隱漁的母親正是這樣的死法。

前述幾篇小説的主人公——《蒼茫的煩惱》的雪江，還有《養真》的 K 先生，其身份都是到山中養病的學生、相思病患者，前者還是欲罷不能的手淫者；兩篇都有個潛在人物，喚作“真如”，後來修改爲“養真”，似可印證作者對莊子——乃至道家思想——的喜愛。《瑪麗》的雪江，其身份乃是異地讀書的學生、嚴重的相思病患者、狂人、創作和翻譯者。《嬝娜》的子生，其身份很明確，也很重要，乃是神魂顛倒的租客，想女人又無端怨女人的小説家。《嬝娜》另有一個人物——杜先生，就曾稱呼子生爲小説家。但是敬隱漁的《嬝娜》寫的似是真事，故而子生——作爲叙述者——每每在“寫境”與“造境”①之間左右爲難。“你説是天主教。於是我的想像便虛構一段小説。”叙述者提醒我們，他就要虛構了，讀者諸君，請萬勿將虛構部分混於真事。“但如眉毛太黑而自殺，這是一個小説家想像不出的。”這又是什麼意思？叙述者告訴我們，他不必想象了，讀者諸君，因爲正在記錄的真事比想象更加奇怪而不可理喻。由此看來，這篇小説，頗具有元小説（meta novel）特徵。這也就越説越遠了；不管怎麼樣，這幾個主人公的身份，尤其是子生自供爲小説家，已經大略還原出敬隱漁的形象，其主要身份，他也定然自供爲小説家——雖然在這個小説家的雨傘下，還躲著個無計可消除的詩人或散文家。

小説畢竟還是小説，還是來看敬隱漁的夫子自道。1924 年 12 月 10 日，敬隱漁再次給羅曼·羅蘭寫信，曾有提及，“我也寫些小説”，似乎可以印證前文的觀點。面對這位偉大的小説家，敬隱漁非常謙遜，沒有直接自供爲——像子生在《嬝

---

① 參讀王國維：《人間詞話》，“有造境，有寫境，此理想與寫實二派之所由分。然二者頗難分別，因大詩人所造之境必合乎自然，所寫之境必鄰於理想故也”。《王國維文學美學論著集》，北嶽文藝出版社 1987 年版，第 348 頁。

娜》中那樣——小説家。雖説如此，可以看出，他還是更信任自己的小説——而不是散文或詩歌——的才華。

<h1 style="text-align:center">四</h1>

1925 年 4 月 12 日，敬隱漁完成《娜娜》，小説主人公子生乃是小説家，但是小説卻有叙及，"午前我高聲讀詩的時候，你還懶睡未起"，這是很有趣的事情。敬隱漁祇欲通過子生交代自己的主要身份，亦即小説家，可是，他寫著寫著就忘啦，居然連帶牽出自己的隱逸身份，亦即詩人，至少，當是愛詩的人。

當我們細讀敬隱漁致羅曼·羅蘭信——自 1924 年 6 月 3 日，至 1929 年 11 月 2 日，此類信現存三十九封——還會發現更多更具體的綫索。1926 年 3 月 19 日信，敬隱漁曾有提及三位詩人的名字——魏爾倫（Paul Verlaine）、繆塞（Alfred de Musset）、貝圖納（可能是指騎士詩人 Conon de Bethune），同時還説，"我認爲從未有人達到過《聖詩》的高度"。同年 5 月 6 日信，他想把某個中國劇本裏的詩句譯成法文的自由體詩句，故而向羅曼·羅蘭請教"自由詩的藝術"。同年 8 月 7 日信，敬隱漁又有提及一位詩人的名字——阿奈特，並説"阿奈特做的詩給病中的我以莫大的安慰"。阿奈特作的詩，喚作《夏季》，"你來了，你的手拉著我的手——我吻你的手。/充滿愛情，充滿恐懼——我吻你的手。//愛情，你是來摧毀我的，我完全明白。/我雙膝顫抖……來吧！摧毀吧！——我吻你的手"[①]，云云，可謂熱烈至極。可是，阿奈特這個"詩人"並不存在，他祇是羅曼·羅蘭小説《欣悦的靈魂》中的一個人物。《夏季》亦另有作者，乃是羅蘭夫人瑪麗亞。她寫給羅蘭的情詩，被後者嵌入小説，沒想到收件人新增了一個敬隱漁。

也許敬隱漁會認爲，詩乃是文學的最高境界；並進而會認爲，任何文類，包括小説，祇要臻於此種境界，都可以直接稱爲詩。早在 1923 年 7 月 25 日，他就寫了篇評論——《羅曼羅朗》，斷言《約翰-克利斯朵夫》（共有十卷）每卷"都是詩"，而他的理想，就是把整部小説"完全譯成詩"——真是虔敬而又接近瘋狂的理想。1925 年 9 月，敬隱漁完成《蕾芒湖畔》，徑稱羅曼·羅蘭爲"詩翁"。次年 1 月 24 日，敬隱漁致魯迅信，又稱羅曼·羅蘭爲"不朽的詩人"。我們可以相信，《莊子》《紅樓夢》在他看來，肯定也都是詩。恰是因爲敬隱漁看詩太高，就沒有在羅曼·羅蘭面前——似乎也沒有在其他地方——自稱詩人。

但是敬隱漁的幾篇小説，除了《離婚》，卻都有詩的氛圍。這幾篇小説大都穿插著——甚至通篇都是——獨白、囈語、意識流和抒情性段落，與其説是小説，不如説是小説碎片、散文，散文詩，有的甚至還可以直接視爲未分行的詩。敬隱漁譯過的小説《故鄉》，雖出自魯迅，似乎也更像一篇散文或散文詩，——新文學運動初期，文類的邊界往往並不顯豁，由此可見一斑也。

---

① 譯文出自羅大岡。

五

1925 年 9 月 10 日，在瑞士奧爾加別墅，敬隱漁初次拜訪羅曼‧羅蘭，後者在當天日記中記載了他們的熱烈交談，其中有句話，"他寫小説和詩歌"，説明敬隱漁得見其思想導師，終於沒忍住，或有言及，"我也寫些詩歌"。

從現存資料來看，敬隱漁最早寫作——乃至最早發表——的恰不是小説，而是新詩。1923 年 7 月 21 日，他在《創造日》第一期，次年 2 月 28 日，復在《創造》季刊第二卷第二期，先後發表新詩《破曉》。《創造》季刊還特別説明，"好作品不厭重登"。可以説，甫有作便引起關注。1923 年 9 月 23 日，他又在《創造週報》第二十號發表新詩，無題，名之《詩一首》，並有法文自譯。敬隱漁的新詩，目前僅見上述二首，加上自譯，共計三個文本。

除了新詩，敬隱漁還填詞、作舊詩。1930 年 3 月 10 日，《出版月刊》登出一篇通訊——《敬隱漁返國》，説他常失戀，能看相，似在推究天地間的至理，五十年後當有人能明悉他的意義，云云，其中一個信號尤爲重要，説他隨身帶的小册子抄録有不少法文長短行和中文詩詞。這篇通訊摘登了其中兩首——一首不規範的七言絶句，《無題》，一闋詞，《憶秦娥》，——張英倫先生均視爲敬隱漁作品。此類作品，大都已經散佚。敬隱漁的舊體詩詞，目前僅見上述二首。

似乎可以如是小結：去國之前，敬隱漁愛作新詩；返國之後，轉愛作舊體詩詞。他山即我山，我山亦他山，孝子即游子，游子亦孝子，這倒是頗有意思的文化現象。

除了作詩，敬隱漁還譯詩。1923 年 8 月 23 日，他在《創造日》第三十期發表法國詩人拉馬丁（Alphonse Marie Louis de Lamartine）《孤獨》的漢譯：26 日，又在《創造週報》第十六號發表唐代詩人金昌緒《春怨》的法譯，名之《譯詩一首》。《孤獨》的漢譯，是"節譯"，又是"改譯"，這種習慣——或者説策略——後來被敬隱漁普遍用於小説翻譯。敬隱漁的譯詩，加上自譯新詩，目前僅見前述三首。

行文至此，還可以再做小結：敬隱漁之詩與譯詩，均發表於創造社之刊物；而其小説與翻譯小説，前期發表於創造社之刊物，到 1925 年 1 月 10 日，《小説月報》第十六卷第一號登出《李俐特的女兒》，其後，在國內，均發表於文學研究會之刊物。或者這樣説，作爲詩人，敬隱漁屬於創造社；作爲小説家，他更多地屬於文學研究會。也許在敬隱漁，兩者根本就沒有什麽分別，他祇是看見了魯迅或郭沫若而已。

除了作詩和譯詩，敬隱漁還關注新詩的走勢。1927 年 9 月 15 日，他在《歐洲》第五十七期發表《中國的文藝復興和羅曼‧羅蘭的影響》，曾有言及，"當代詩歌，結構自由，有些人的詩押韻，另一些人的詩僅有節奏感，與古典詩歌相比，不再那麽簡約和工整，但是更率真，更多姿多彩，更有獨創性，反而和周代（公元前幾世紀）以前的詩歌接近"。"周代以前的詩歌"當指《詩經》，敬隱漁或認爲，新詩可望重現民歌的天真。

六

敬隱漁留存下來的詩與譯詩少得可憐，卻仍有一貫的題旨和美學立場。他的美學立場偏於浪漫派，連他選中的拉馬丁——及其《沉思集》——也被視爲法國浪漫派之濫觴。詩人秉持此種美學立場，與創造社浮滑言情的氛圍不無關係。説到其一貫的題旨，借用敬隱漁小説《瑪麗》的話來説便是："呀！孤獨！"

先來讀《破曉》，全詩僅八行，寫到曉風吹寒，頭髮沾露，山行生乏，可以斷定這是一次孤旅，故而詩人還寫到臨泉照影。"我的愛，你快把門兒打開"，這是第八行，結句，也是詩人一生到死的呼籲，因爲似乎沒有哪個女郎與他建立過像樣的愛情。此詩的妙處在於，前七行無涉相思病，直到第八行纔不管不顧，終於向著無人之野，喊出了無人可訴的心裏話。回過頭來讀，前七行，不免行行關乎相思病。景語皆情語，此之謂也。

再來讀《孤獨》，全詩原有十三節五十二行，僅譯出十節四十行，寫到愛情與幸福不在此處，當在彼處，不在此生，當在來生，故而渴望狂風，渴望凋枯如殘葉。拉馬丁此詩，采用未亡人口吻，至於敬隱漁，生而便如未亡人，以是故，此詩似爲敬隱漁量身定做——拉馬丁的酒杯，就這樣澆了敬隱漁的塊壘。如果比較敬隱漁與鄭克魯的譯詩，或以爲各有長短，但是敬譯更善於煉字、煉律，情緒也很飽滿。

再來讀《譯詩一首》，原詩《春怨》乃是五言絕句，四行二十字，"打起黃鶯兒，莫教枝上啼。啼時驚妾夢，不得到遼西"，寫到閨中少婦之夢斷。金昌緒筆下的"夢"，正如拉馬丁筆下的"別的一洞天"，皆爲療救孤獨而設，前者可療救醒時之孤獨，後者可療救此處之孤獨。原詩並未采用五絕通用的 abcb 韻式，卻以首行入韻，韻式變爲 aaba，這個韻式來自波斯魯拜體。何以選用變體？答曰：波斯還在遼西之西。譯詩亦爲四行，敬隱漁不懂英文，他沒有采用英詩常見的交韻（abab），而采用法詩常見的抱韻（abba），但是也可以看出敬隱漁煉律之細。

再來讀《詩一首》，全詩僅六行，寫到慈母已死，人間無愛。在技術上，此詩或稍遜於《破曉》，但失落之意、苦痛之情還有過之。另外，此詩將"純潔的愛"人格化，稱爲"你"，乃是典型的西洋做派，這裏就不再絮贅多言了。

再來讀《無題》，這是一首不規範的七言絕句，四行二十八字，寫到緩與速、動與靜，寫到似是而非的力學、天文學，或者説，寫到某種神秘主義。八十多年過去了，讀此詩，我們還是不知所云。正應了《孃娜》中的一句自供："我的行文還是顛倒無序的哩。"我們或可藉此偵知敬隱漁的精神之疾。

再來讀《憶秦娥》，這是一闋詞，雙調四十六字，自稱"隱漁翁"，襲用"獨釣寒江雪"詩意，寫到寂寞、潦倒與狂躁。按照通行的説法，這個詞牌乃是李白所創，格調哀楚，李白就有"秦娥夢斷秦樓月"之句，早開了"啼時驚妾夢"的先河。

前文已有言及，敬隱漁小説都帶有非常明顯的自傳色彩。而詩，天然就是自傳，亦即今之文論家所謂"詩傳"。唯其如此，敬隱漁的詩與小説具有很寬的互闡空間。以《詩一首》爲例，此詩既可以與《瑪麗》互闡，也可以與《嬢娜》互闡，這兩篇小説都有寫到慈母已死，人間無愛。尤其是《嬢娜》中的話，"除死了的母親以外沒有真能愛我的人"，簡直可以直接——不能更準確地——作爲《詩一首》的注腳。

敬隱漁的孤獨——甚至不用讀其詩與小説——被羅曼·羅蘭一眼看出。1925年9月11日，他再次接見敬隱漁，並在當天日記中寫道："可憐的小傢伙好像極度地孤獨。"

七

還要再談談《詩一首》，以便引出敬隱漁的漢語詩學。此詩第五行，"未必你沉入了墳墓"，殊難理解，因爲作者有用方言。"未必"乃是蜀語，可訓爲"難道"。敬隱漁的詩文常用蜀語，甚至更小範圍——比如遂寧——的方言。《蒼茫的煩惱》之"四十來往歲"，《嬢娜》之"登時""艮人"，《寶寶》之"降節伏氣""估著""奶奶"，尤其是《讀了〈羅曼·羅蘭評魯迅〉以後》之"鐵心鬥伴"，均爲蜀語，可分別訓爲"四十左右歲""立刻""梗人""服軟""强迫""乳房"和"死黨"。仔細揣摩敬隱漁種種口吻，筆者每有會心，因爲敬隱漁正是筆者的鄉賢。然而，敬隱漁並非俚俗作家，除了蜀語，他還常用古語。比如，《孤獨》之"氤氳"，《瑪麗》之"趑趄""崚嶒"，《嬢娜》之"額顙"，《蒼茫的煩惱》和《養真》之"滂濞"。方言、古語、白話，加上西洋語法，初步展示出了一種亦雅亦俗、亦古亦今、亦中亦西的漢語風景。

還有其他佐證，可見出敬隱漁對於漢語的自覺——卻是一種矛盾的自覺。根據羅曼·羅蘭日記的記載，1925年9月10日，敬隱漁初次拜訪他，曾有談及，"連語言也需再造：過去的語言，晦澀而又簡略，無法表達現代生活的多姿多彩"；11日，敬隱漁再次拜訪他，轉而談及，"今日中國似乎不僅喪失了對思想的興趣，也喪失了對語言——它過去的藝術語言的興趣"。

三個多月後，1925年12月16日，敬隱漁致羅曼·羅蘭信，或可視爲前者漢語詩學的綱領。這次，敬隱漁再次表述了對古文和白話文的雙重失望。他認爲古文"不夠靈活和豐富"，而白話文"有些太簡單"，欲以某種"綜合方法"——包括吳稚暉（曾任里昂中法大學校長）的注音方案——來改革漢語，讓漢語拉丁化，他甚至還告訴羅曼·羅蘭，將以改革後的漢語來翻譯《約翰-克利斯朵夫》。羅曼·羅蘭很快就潑來冷水。同月31日，敬隱漁致羅曼·羅蘭信，接受了後者意見，他原以爲漢語改革"三四年即可成功"，現在纔曉得"需要幾個世紀的時間"。

敬隱漁的漢語改革構想，到今天，有些已經變現，比如簡化字、拼音，至於成敗，也許還很難説。他所啟用——或者説鍛造——的雜糅的漢語，毫無疑問，恰是漢語的方向。到今天，漢語固然也有生長，卻也還存有某種意義上的枯萎，——比如古意的枯萎，或者説詞源學的枯萎。簡化字、拼音、古典的缺席，促成了漢字的符號化傾向，也在很大程度上影響了我們對於漢字的深刻理解和巧妙經營——這也恰是敬隱漁的憂懼。

八

對於敬隱漁的才華，創造社同仁每每高度贊賞。成仿吾和周全平均稱之爲"天才"，郭沫若則稱之爲"創造社的中堅""多才的青年作家"。羅曼·羅蘭對其也是高度贊賞，他認爲敬隱漁的法文"造詣實在罕見"，"很完美"，"是規矩的，流暢的，自然的"，對敬隱漁抱有厚望，後來，甚至不惜拒絕了傅雷翻譯《約翰-克利斯朵夫》的請求。

即以詩和譯詩而論，雖然敬隱漁衹留下六首詩、七個文本，卻已涉足六個領域：其一，作舊詩；其二，填詞；其三，作新詩；其四，雙語作新詩；其五，舊詩法譯；其六，法詩漢譯。同時涉足這六個領域，縱觀百年詩史，似乎還沒有第二人選。

我們完全有理由相信，衹要活到五十歲，甚或四十歲，敬隱漁就有可能成爲很重要的詩人和譯詩家，還有可能成爲更重要的小説家和小説翻譯家。

敬隱漁憑其剛起步的寫作，已經留名中法文化交流史，留名現代小説史，但是，他卻幾乎沒有留名任何新詩史。即便是劉福春先生那部洋洋數百萬言的巨著——《中國新詩編年史》，也查不到哪怕一絲敬隱漁的蹤迹。敬隱漁穿上他曾無限嚮往的七里靴，自由的七里靴，剛起步，一步七里，兩步十四里，很快就隕入了黑暗無垠的湖海。

作者單位：遂寧市文化廣電新聞出版局

徐仁甫生平事迹及其經史成就略論

劉朋樂[1]

　　近代學者徐仁甫（1902—1988），是一位研究成果豐富但尚未引起學界足夠重視的經史學家。目前，僅有徐湘靈《徐仁甫先生學述》、繆樹晟《徐仁甫與〈廣釋詞〉》、魏學峰《徐仁甫先生和他的古代文學研究》等文對徐仁甫的生平與學術做了介紹，且偏重於其文學研究方面。2014 年，中華書局出版了《徐仁甫著作集》十冊，將徐仁甫已刊與未刊的專著和學術文章進行了系統的整理，爲後世研究者提供了便利。本文寫作，意在前人的研究基礎上，著重對徐仁甫經史方面的成就做一探討，以就教於方家。

一　徐仁甫生平事迹簡述

　　徐仁甫（1902—1988），字永孝，四川省大竹縣人。1902 年冬，徐仁甫出生於大竹縣楊通鄉一書香之家。徐仁甫自幼聰慧過人，在父親的影響下，時常誦讀四書五經、唐詩宋詞，並在文星區小學會試中名列第一。[2]1919 年春，徐仁甫考入大竹縣立中學，從當地名儒陳文甫學習經史典籍，並時常提出一些新穎的見解。多年後，徐仁甫的學生繆樹晟記述了一事：一次，學校開辯論會，讓學生自由發言。他（指徐仁甫）首先發問道：“《禮記》上説‘戰争無勇非孝也’，管仲爲何自述‘吾嘗三戰三北，鮑叔不以我爲怯，知我有老母也’，那豈不是説管鮑以怯爲孝嗎？”陳文甫爲此贊賞其“讀書得間”，能發現問題，提出問題。[3]後人的記載或有潤色，但仍可看出徐仁甫在青少年時期便對傳統典籍有著仔細的閱讀與思考。

　　1923 年，徐仁甫考入成都高等師範學校，師從吳玉章、趙少咸等名宿。在這段時間裏，徐仁甫不僅跟隨趙少咸學習文字、音韻之學，還從蜀中名家龔道耕、向楚、林思進等人學習古文辭章。其間，還遍讀戴震、段玉裁、章太炎、劉師培等人的論著，爲其治學之廣博打下了扎實的基礎。[4]在成都高師畢業前，徐仁甫還撰寫“辨章學術鏡源流，七略失傳班則劉，目録校讎同一轍，清儒從此有千秋”[5]一句題於論文《〈漢書·藝文志〉補注補證》前，可見其治學之志趣。1928 年，徐

---

　　① 劉朋樂，男，四川宜賓人，四川師範大學歷史文化學院。
　　② 繆樹晟：《徐仁甫與〈廣釋詞〉》，《辭書研究》1996 年第 2 期。
　　③ 繆樹晟：《徐仁甫與〈廣釋詞〉》，《辭書研究》1996 年第 2 期。
　　④ 參見徐湘靈：《徐仁甫先生學述》，《蜀學（第四輯）》，巴蜀書社 2009 年版。
　　⑤ 繆樹晟：《徐仁甫與〈廣釋詞〉》，《辭書研究》1996 年第 2 期。

仁甫受聘於成都一所公學，擔任國文教員。在擔任國文教員期間，徐仁甫爲豐富學生知識，特意利用課餘時間編寫了《中國文字聲韻學表解》《國風集説》《毛詩例纂》《左傳賦詩考》等論著。①徐仁甫以自己切身的研究授予學生知識，從不照本宣科、人云亦云。

抗戰爆發後，徐仁甫返回家鄉，在大竹等地的中學任教。其間，徐仁甫自籌資金，創辦了《志學月刊》雜誌，並得到好友姜亮夫、鄧子琴、杜道生等人的襄助。《志學月刊》從 1942 年起開始發行，共出版 24 期②，當時全國一些知名學者如馬一浮、熊十力、謝無量、唐君毅等紛紛來稿，該刊遂成爲蜀地一重要學術刊物。1945 年，徐仁甫任四川大學城内分部特約教授，爲學生講解《國語》。爲此，徐仁甫撰寫《國語論叢》，將《國語》與《左傳》比較研究，並發現了《國語》與《左傳》語言風格、引書規律等方面的不同，爲其日後的深入研究奠定基礎。數年間，徐仁甫還兼任華西大學、尊經國學專科學校、東方文教學院教授。

中華人民共和國成立後，徐仁甫任教於南充的四川師範學院中文系，1956 年，四川師範學院遷往成都，徐仁甫隨校返蓉，遂定居成都。在四川師範學院的時間裏，徐仁甫始終保持自己實事求是的治學風格，對待經史典籍中的一些篇幅"喜歡大膽設想，敢於發現問題"③，完成了《廣古書疑義舉例》《古書疑義舉例辨正》《訓詁探源》等書稿的撰寫。"文化大革命"期間，徐仁甫同大多數知識分子一樣受到了不公正的對待，但他依舊筆耕不輟、潛心著述，於 20 世紀 80 年代初完成了巨著《廣釋詞》的撰寫。1981 年，徐仁甫任四川省社科院文學研究所特約研究員，同年被選爲四川省語言學會理事。1984 年任四川省古籍整理出版規劃學術委員，同年任四川省文史館特約館員。

晚年的徐仁甫將自己的書齋取名爲"乾惕樓"，自號"乾惕翁"。徐湘靈教授如此描述了其父雅號的含義："取自《易經》'君子終日乾乾，夕惕若，厲無咎'，意即一個有德行的人，應自强不息，終日不懈，到晚上也戒濯警醒，一生就不會有過失發生。"④

二　徐仁甫的經史研究

徐仁甫治學態度嚴謹，成績卓著。他自幼承家教，研習四書五經及詩詞古文，後又入趙少咸門下，學習音韻、文字之學，並大量涉獵諸子著作，形成了自己廣博的學術體系，"對許多典故的來龍去脈瞭若指掌，隨手徵引"。⑤目前已出版的徐氏著作有《廣釋詞》《諸子辨正》《左傳疏證》《史記注解辨正》《古詩別解》《杜

① 徐湘靈：《徐仁甫先生學述》，《蜀學（第四輯）》，巴蜀書社 2009 年版。
② 經查證，該刊實發行 24 期，25 期係誤。
③ 繆樹晟：《徐仁甫與〈廣釋詞〉》，《辭書研究》1996 年第 2 期。
④ 徐湘靈：《徐仁甫先生學述》，《蜀學（第四輯）》，巴蜀書社 2009 年版。
⑤ 四川省文史研究館：《諸子辨正前言》，《諸子辨正》，中華書局 2014 年版，第 1 頁。

詩注解商榷》等十餘種，近 300 萬字，並且還有部分未刊書稿亟待整理。如此浩大的學術成果，作爲晚生我是難以通識的，在此僅對其研究成果做一分類歸納，以就教於方家。

（一）《左傳》研究

要瞭解諸子典籍的精華，必先通其大意，而想要瞭解大意的深淺、真妄，則需要熟練掌握典籍的文字、音韻、詞法、篇章等內容。然"一書有一書之體例，一家有一家之語言"①，經歷代經史學家的解讀，諸子典籍的訛誤之處甚多，姜亮夫就言："自楊慎、顧炎武、王念孫、陳壽祺諸家，時有善言，然皆單語片詞，不足爲專門之業；德清俞君《古書疑義》似已，然亦未能總攝宏綱，定其部午；劉（師培）、楊（樹達）、馬（叙倫）、姚（維鋭）諸家補之，而尾瑣如故。"②皆不能總其要旨。東漢王充有言："爲世用者，百篇無害；不爲世用者，一章無補。"正是在此種思想的指導下，徐仁甫潛心治學，以期對諸子百家之著作予以適當的解釋。

關於《左傳》的爭論，歷經千年而未有定論，爭論的焦點更多集中於作者與體例，其中又以"劉歆作《左傳》"的爭論最盛。有學者將清朝以來關於《左傳》作者的爭論概括爲三次高潮，即清末民初以章太炎、劉師培爲代表的古文家同劉逢禄、康有爲的爭論；民國時期錢穆、楊向奎等人同錢玄同、顧頡剛的爭論；以及改革開放後楊伯峻、胡念貽等人同徐仁甫的爭論。③清代劉逢禄著《左氏春秋考證》，對《左傳》的作者提出了質疑，這種觀點直接影響到了晚清康有爲等人。到了民國時期，"劉歆作《左傳》"的學術觀點在學界影響很大，錢玄同、顧頡剛等人對此持支持態度，錢玄同作《重論經今古文學問題》，顧頡剛在其《五德終始説下的政治和歷史》中也贊同劉、康的觀點。1980 年，徐仁甫《左傳疏證》一書出版，也持同樣的觀點，並將論據進一步系統化，引證更加繁密。

徐仁甫通過對比《左傳》與《國語》《公羊》《穀梁》《史記》以及諸子著作在文字上的異同，認爲《左傳》在行文叙事上有諸多地方吸收了以上各書的內容。徐仁甫從"論稱引《左傳》始於劉歆""論劉歆撰《春秋傳》托名左氏，乃歷史形勢使然""論劉歆之才學能撰出《左氏傳》""論劉歆校書秘府二十餘年，遍采群書作《左氏傳》，非遍僞群書""論劉歆爲文與《左傳》相同，可證《左傳》出於歆手"五個方面論證了《左傳》的"真正"作者是劉歆。徐仁甫道："然有原書所無，《左傳》改之者，豈原書改《左傳》哉？原書何以改之？有此必要乎？無也。而《左傳》改原書，或正誤、或核實、或移易、且皆駴駴乎淩駕原書之上，又不僅但避鈔襲而已。今觀歆文，與《左傳》改原書手法相同，則《左傳》出於

① 徐仁甫：《諸子辨正自序》，《諸子辨正》，中華書局 2014 年版，第 1 頁。
② 姜亮夫：《古書引語研究序》，《古書引語研究》，中華書局 2014 年版，第 1 頁。
③ 楊世文：《近百年儒學文獻研究史》下册，福建人民出版社 2015 年版，第 749 頁。

歆手，夫復何疑！"①

關於《左傳疏證》一書，學界仍有不同的看法，如瞿林東、洪成玉、楊伯峻諸家皆發文商榷，這種爭論雖無有定論，但正是學術不斷進步的標誌。從這個層面講，徐仁甫的《左傳疏證》實爲對此前爭論的良好總結。

（二）《史記》研究

徐仁甫的另一本著作《史記注解辨正》則有著"言人之所未言，發人之所未發，不僅爲司馬遷之功臣，而嘉惠來學"②的功效。《史記》成書後，"就《史記》一書而作之論著，可算十倍百倍於原書"③，然而，各書的文字體勢、語言學理因時而有所異同，可謂各有得失。如何批判地吸收前人的成果，將史遷的精髓得以發揚，便成爲研究者們共同的話題。

徐仁甫對《史記》的研究貫穿其治學生涯。從少年時讀《古文觀止》，學習十數段，中學畢業又得到《四史菁華録》，再添若干篇；到大學時讀《史記》全書，工作後開設古漢語專門課程，徐仁甫將自己對史記的理解逐條記下，編成《讀史記劄》，20世紀80年代後加以修訂，改名《史記注解辨正》。是書分爲五卷，辯誤達一千餘條，現舉兩例加以說明：如《史記·高祖功臣侯者年表序》中有"使河如帶，泰山若屬，國以永寧，爰及苗裔"一句，《集解》認爲："言如帶屬，國乃絕耳。"徐仁甫認爲"文既言國以永寧，爰及苗裔，注不應言國乃絕耳"，遂查閱《漢書·高惠高後文功臣表序》，顏師古作"言如帶屬，國猶永存，以及後世子孫也"，可見《集解》鈔顏師古之誤。④又如《史記·天官書》記載道："各以其時，用雲色占種其所宜。"而《漢志》記載到，"種"下無"其"字。顧子明白："其"字因上"其"字而衍。徐仁甫通過自己多年對虛詞的積累認爲"其"字實際上是"之"字的意思，這兩個字古時通用，"種其所宜"也就是"種之所宜"的意思，並不是《漢志》所述爲衍字。⑤諸如上述對《史記》注解的辨正，全書皆如此，無怪乎後學之人評論《史記注解辨正》"把《史記》的研究，提高到一個新的水準"。⑥

戴震曾謂章學誠云："今之學者，毋論學問文章，先坐不曾識字。"一語道出學誠治學之弊病。換言之，某一時期的歷史著作，受其特定語言環境的影響，有著自身特有的語言實際，若研究者不明白歷史文法學的知識，不區別所處的時地古今，則會處於宗旨含糊、議論不清之困境。徐仁甫對古今語法尤其對虛詞的使用有著深入研究，充分利用其扎實的文法基礎去治《史記》，對古今學者關於史記的注解提出了自己獨到的見解。

---

① 徐仁甫：《左傳疏證》，中華書局2014年版，第456頁。
② 徐仁甫：《史記注解辨正》，中華書局2014年版，第379頁。
③ 徐仁甫：《史記注解辨正》，中華書局2014年版，第378頁。
④ 參見徐仁甫：《史記注解辨正》，中華書局2014年版，第49頁。
⑤ 參見徐仁甫：《史記注解辨正》，中華書局2014年版，第355頁。
⑥ 彭靜中：《〈史記〉研究的新收穫——談〈史記注解辨正〉》，《文史雜誌》1994年第1期。

　　徐仁甫其餘關於經史典籍研究的著作，如《諸子辨正》《廣古書疑義舉例》《古書引語研究》等，均比較準確地解釋了諸子典籍的字義和語法，多有創見之處，對於正確理解諸子典籍和其他古書的文義有著較大的幫助。徐仁甫云："余讀諸子書，對於文辭艱深者，輒加校解。或糾正誤字，或解釋深詞，或參考別籍，或對正本書，莫不實事以求其是，雖一虛字，亦未放過。"①的確，徐仁甫的這些著作多是在前人研究成果的基礎上旁證諸書、廣集書證、彌補缺漏而成，對於現今從事古代經史研究的後學者大有裨益。

三　徐仁甫其他方面的研究

（一）古書文法研究

　　"讀書首在識字，識字貴在解詞，實詞易詁，虛詞難通。"②中國歷代古書典籍浩如煙海，漢人的注釋唐人讀起便不易理解了，於是不得不重注。如此一來，訛字異文比比皆是，令人炫目，後代學人對這些詞語加以總結歸納，方能理解。徐仁甫在他的《廣釋詞自序》中開篇便言："余在古代漢語教學中……對於虛詞之運用，更覺前人之書尚多闕佚；因編《廣釋詞》十卷，以補前人之遺漏。"③

　　徐仁甫對"廣釋"做了解釋，一曰廣詞，即將前人著書中爲收錄之詞進行補充，如"予"作"之""而"用，"己"作"之""子"用，"資"作"以""由"用等，不但上列七書未曾收錄，其他書籍的記載也多有不當。二曰廣義，即上述諸書中雖收錄此詞，但並無此意，如"彼"字有"於"的意思，"複"字有"將"的意思，將這些詞的不同含義補充出來，以廣其用。三曰廣例，即將前人著書中對詞語解釋的例句加以考證，既留其舊有的闡釋，又對於其不當之處進行補充説明，廣其例證，加以補證。四曰廣時，即拓寬取材的時間跨度，所舉的例證上起商周，下迄唐宋，元明清代，亦間及之。如此一來便克服了前人"總結經傳者，不及漢後；總結詩詞者，又略唐前；而八代人對於虛詞如何運用，遂成空白"④的弊端。

　　除了對漢語虛詞有著專研外，徐仁甫還對古代典籍的句讀有著深入研究。在古書句讀研究方面，清代武億作《經讀考異》，民國時期楊樹達作《古書句讀解例》，於是古書"稍有正讀之法"。⑤但這些著作考據複雜、晦澀難懂，使讀者深有精神沉悶之感。"假令於古書之屬讀，能逐處發出疑難之問題，必將引起研究之興趣；若解決而得正確，則愉快之感，又必油然而生。"⑥於是，徐仁甫將自己的著作分

① 徐仁甫：《諸子辨正自序》，《諸子辨正》，中華書局 2014 年版，第 1 頁。
② 冉友僑：《廣釋詞序》，《廣釋詞》，中華書局 2014 年版，第 1 頁。
③ 徐仁甫：《廣釋詞自序》，《廣釋詞》，中華書局 2014 年版，第 1 頁。
④ 徐仁甫：《廣釋詞自序》，《廣釋詞》，中華書局 2014 年版，第 2 頁。
⑤ 徐仁甫：《古書屬讀研究叙》，《古書屬讀研究》，中華書局 2014 年版，第 1 頁。
⑥ 徐仁甫：《古書屬讀研究叙》，《古書屬讀研究》，中華書局 2014 年版，第 1 頁。

爲“誤讀現象”“誤讀原因”“正讀方法”三大部分，每部分又各分細目，如將誤讀現象細分爲“誤讀實詞”“誤讀虛詞”“誤讀人名”等八十三種，系統地將前人誤讀之處進行糾正，將前人未發現之處列舉在目。

楚辭在中國文學系中，其結構較爲特殊，加之流傳時間長，語句中訛誤之處在所難免。徐仁甫的《楚辭文法概要》則將迄今爲止楚辭中很多不可理解的詞句進行了逐一解釋，將楚辭中實詞、虛詞的特殊用法，語序、成分、句子變化等內容進行仔細分析。在實詞的特殊用法上，徐著總結了“實詞虛用”“實詞反用”“實詞活用”等五類；虛詞方面也概括了“虛詞偶用”“虛詞分用”“虛詞活用”三種，雖不能詳其盡，亦有開疆擴土之感。

（二）古代詩詞研究

孔子言：“詩可以興，可以觀，可以群，可以怨。”的確，古詩之美就在於能表達人的志向，古人爲詩，常常伴以音樂、舞蹈，可見古人對詩的重視。徐仁甫在學術上另一個重要成就在於他對歷代的古詩詞做了深入研究，對歷代詩詞中流傳錯誤之處進行了甄別。其著作《古詩別解》《杜詩注解商榷》最能代表他在這方面的成就。

歷代研究杜詩的人甚多，爲杜詩作注的人也不占少數，然前人的注釋往往忽略杜詩中關於虛詞、語法的研究，對杜詩的理解難免有所偏差。徐仁甫將歷代對杜詩的注釋收集整理，對其中值得商榷的地方逐一列出，匯成《杜詩注解商榷》，凡二十三卷，規模浩大，令人驚歎。另外，徐仁甫的《古詩別解》乃是對前人於古詩的誤解、誤讀加以糾正。試舉兩例加以論證：如，《木蘭辭》末尾四句——“雄兔腳撲朔，雌兔眼迷離；兩兔傍地走，安能辨我是雄雌？”這一句舊有的解釋“撲朔”爲足不前貌；“迷離”爲眼模糊不明。並以此分別雄兔與雌兔。徐仁甫認爲，有人實地進行過考察：兔無論雌雄，其腳皆向前抓僕，其眼皆模糊不明；“撲朔”與“迷離”並不能區別兔的雄雌。因此，此兩句應理解爲互文的手法，雌兔腳亦撲朔，雄兔眼亦迷離，兩兔皆撲朔迷離。雙兔傍地而走，怎能辨其雄雌？[1]上例考證細緻、妙語連珠，足以窺見徐仁甫對古詩絕佳的駕馭能力，若非對古文字有深入研究者不能致也。

四　徐仁甫學術成就之地位

“仁甫先生讀書不拘家法，漢、宋兼主，今、古並治，尤對古書文法修辭、校勘訓詁以及漢語虛詞研究用功頗深”[2]，所拜之師，趙少咸、龔道耕、林思進等人，皆爲名極一時的經史大師；平日交游，蒙文通、謝無量等人誠爲徐氏忘年老

---

① 參見徐仁甫：《古詩別解》，中華書局 2014 年版，第 228 頁。
② 徐湘靈：《徐仁甫先生學述》，《蜀學（第四輯）》，巴蜀書社 2009 年版。

友①；學論往來，顧頡剛、陸澹安等名家與其時有過從；所執教之庠序，則由四川大學、華西協和大學、東方文教院而四川師範學院。廣博的人際交往、扎實的經史基礎，以及數十年如一日的潛心治學，使得徐仁甫在其治學生涯裏成就卓著，得到老輩、同輩學者的贊揚。

在評論徐仁甫著作《古書引語研究》時，同輩學人姜亮夫如此説道：

> 余友大竹徐君仁甫，既廣《古書疑義》以補俞、劉、楊諸家所未及，又爲《古書引語研究》，綜群書之引語，互爲比勘，大綱既舉，條目亦張，凡古人引書之用意、類別、變通、失誤諸端，莫不臂理肌分，本末畢盡，可謂善於辨章學術者也。其用功之精勤，判斷之明決，讀者類能知之。余讀之再，作而歎曰：此千古獨創之業，斯爲不刊矣！

在治學成就上，歷史學家顧頡剛以“此事爲二千年來懸而未決之學術問題……如無先生集中精神作一解決，異時必有嗤笑者”稱贊徐仁甫的著作（《左傳疏證》），更以“乃於萬里之外約兹良友，有相互砥礪之樂耶！”②與仁甫共勉。同輩學人張秀熟贊其“一見循循，儼然儒者”③，陶世傑也有“著作等身身更健”④之語。晚輩學者郭在貽與徐仁甫的書信中贊其“治學極其精謹，目光如炬，頗能發前人之所未發，新見迭出，勝義絡繹，論其卓絕”，又稱其爲“博雅君子、忠厚長者”。⑤學者陳亞川也評其著作“對於古籍導讀、古代語言文學和歷史的研究都有重要參考作用”。⑥

在教書育人方面，徐仁甫門生、當代著名學者趙振鐸稱贊説：“老師對學生非常親切，不苟言笑，但從來不訓斥人。在課堂上沒有多餘的廢話，闡發文章內容，娓娓而談，不時講一些自己的見解，很有啟發性，使聽課學生如沐春風。”⑦冉友僑亦稱贊他“徐先生從事語文教學數十載，用力極勤，蓄積甚豐”。⑧綜觀徐仁甫之治學，經史子集靡不有涉，由博而精，稱其大家應是名副其實的。

然而，徐仁甫的學術研究也有其局限所在。出生於晚晴，學術成長於民國的徐氏，治學風格更多沿襲傳統考據之風，研究方法更偏重於“就史論史”“就書論書”的模式，難以跳出原有框架的桎梏，其某些研究結論雖新，但似乎難以得

---

① 參見《徐仁甫來書》，《顧頡剛全集》《顧頡剛讀書筆記卷十三》，中華書局 2010 年版，第 181 頁。

② 顧頡剛：《與徐仁甫書》，《顧頡剛全集》《顧頡剛讀書筆記卷十三》，中華書局 2010 年版，第 182-184 頁。

③ 張秀熟：《諸子辨正序》，《諸子辨正》，中華書局 2014 年版，第 1 頁。

④ 陶世傑：《復丁爐餘錄》，黃山書社 2010 年版，第 218 頁。

⑤ 郭在貽：《郭在貽文集》第 4 卷，中華書局 2002 年版，第 216、217 頁。

⑥《中國語言學家》編寫組編：《中國現代語言學家》第 5 分冊，河北人民出版社 1986 年版，第 314 頁。

⑦ 趙振鐸：《廣古書疑義舉例·序》，《廣古書疑義舉例 楚辭文法概要》，中華書局 2014 年版，第 2 頁。

⑧ 冉友僑：《廣釋詞序》，《廣釋詞》，中華書局 2014 年版，第 1 頁。

到廣泛的認同。比如，在中華人民共和國成立後的學者中，徐仁甫是"劉歆撰《左傳》"説的代表。然此觀點一處，立刻引起廣泛討論，洪成玉、楊伯峻等紛紛撰文商榷，瞿林東也有"現在恐怕祇有一個四川的徐仁甫還相信他（指劉歆撰《左傳》）"①之語。

當然，如今再看這段學術争論，旁觀者的心態自然平和許多，我們且不説徐氏理論是否全然科學，單從其爲了論證自己觀點的細緻考證來看，其勇氣與膽識就不得不讓人佩服。"屋後依人和，俯視奇花仰視月。門前懸太極，近觀流水遠觀山。"②大竹徐仁甫，其留下的巨大精神財富，必將值得後學之人進一步發掘。

作者單位：四川師範大學歷史文化學院

---

① 《瞿林東教授來訪的談話記録》，《亡尤室文存》，北京師範大學出版社 2001 年版，第 579 頁。
② 鄧耀軍總編，四川省大竹縣志編纂委員會編：《大竹縣志 1986—2002》，方志出版社 2006 年版，第 848 頁。

吳宓先生講外國文學

謝桃坊

　　吳宓先生是學貫中西的著名學者，學識極爲淵博精深。1933 年他爲《吳宓詩集》作的自序裏，談到平生著述計劃説：“我今生衹作三部書：（1）詩集。（2）長篇章回體小説《新舊因緣》或改名。（3）《人生要義》或名《道德哲學》，係由直接感覺體驗綜合而成之人生哲學。取東西古今聖賢之言，觸發闡釋其確義，而以日常實際公私事物爲之例證。”自《吳宓詩集》於 1935 年由中華書局出版後，世事蹉跎，以致後兩種著述計劃未能實現。我們縱觀其一生的學術成就，應是在歐洲文學和比較文學的成就與影響最顯著。先生於 1917 年留學美國，初在佛吉尼亞大學英國文學系，後轉入哈佛大學比較文學系。1921 年回國後任南京東南大學西洋文學系教授，講歐洲文學史；1926 年任清華大學外國語言文學系教授，繼任西南聯大教授；抗日戰争勝利後任武漢大學外文系教授兼系主任；中華人民共和國成立後任西南師範學院外語系教授，繼又在中文系講外國文學。先生早年翻譯過英國薩克雷的小説《名利場》和《鈕康氏家傳》。先生晚年爲我們講外國文學時編著的《外國文學講義》，應是他研究歐洲文學和比較文學的成果，亦是先生未出版的一部珍貴的學術著作。

努力使用新觀點和新方法

　　我是 1956 年入西南師範學院中文系學習的，有幸於 1959—1960 學年親聆先生爲我們講授外國文學。先生儒雅斯文，腰身挺直，手扶拐杖，著灰布長袍，步履沉穩，一口清晰的北京語音，講課時條分縷析，板書端正。凡此皆給我們留下深深的印象。我們從先生獲得系統而完整的外國文學知識，並激起濃厚的學習興趣。當時系上印發的《外國文學講義》是先生隨講隨編寫的，分若干次發給我們。雖然人世滄桑幾度，歷史背景已經轉換，但這部講義的學術光輝未因塵封蠹損而消失。

　　先生爲我們講外國文學時，接受了同學們的意見，努力使用新觀點和新方法。他説：“同學們的意見是我講授英國文學史及世界文學史，總嫌事實材料太多，思想批判太少。是的。以前我因爲所讀的新書太少，未能用社會發展史、階級觀點，去説明文學史中一個一個歷史事實、作者生活、作品内容是如何造成的……以後我學習有得，定要每件事都能加以批判。”然而先生在講作家作品時仍很少批判。他向我們概略地介紹希臘文學之後，特別指出："應注意：古代希臘羅馬的詩，絕對不用韻，祇是每行以一定數的長音短音有規劃地排列而成，此種排列名曰'律'（metre）。有律爲詩，無律爲文（或散文），一貫沒有韻（所以，把西洋尤其希臘羅馬的詩譯爲'韻文'，實大謬誤）。附言：西洋近世的詩（起源於中世），是以輕音重音排列而成律，除模仿古體詩體而外，一律有韻；中國舊的詩，必定有韻（韻爲中國詩歌之第一主要特徵），而以仄聲（高音）與平聲（低音）字之有規則的排列構成了律；以上可資比較。"他的講述簡潔精確，習於以數序分類，插入按語，進行中西文學比較；此是吳宓先生顯著的風格。先生於 1924 年在東南大學講歐洲文學史時，將美國新出版的 Richardson&Owen 合著之 *Literature of the world*（《世界文學小史》）翻譯了前數章，其中有波斯莪默・伽亞謨的《四句詩集》。先生給我們講波斯文學文獻說："莪默・伽亞謨（一譯鄂馬・開耶謨）Omar khayyam（生年不詳，1123 年卒）是波斯的尼夏城人，兼爲天文學家，生平作品抒情詩約 1 200 首，總名《魯拜集》Rubaiyat 即《四行詩集》。……郭沫若先生的《魯拜集》一冊（1922 年開明書店，又 1958 年人民文學出版社）所譯的莪默詩 101 首，又我所譯的《七絕體》13 首（見 1924 年五月《學衡雜誌》二十九期'世界文學史'東方各國文學章）都是由英文轉譯出來的。"先生特介紹了其早年的譯作。古代東方文學、希臘文學和中世紀文學，這對於我們來說都是很陌生的，經先生的講述，我們形成了文學史的概念。關於怎樣認識歐洲啟蒙運動的性質與意義，先生說：

> 18 世紀的啟蒙運動（一譯開明運動）是全歐洲範圍內的學術、思想、文化、政治中之革新運動；起源於英國，極盛於法國，而流傳到德國及其他各國。這運動的領導者和參加者，是資產階級進步人士：他們爲反對封建主義和教會專橫的鬥爭，作出了思想的準備，而不是要起來推翻封建制度，自身采取革命行動。他們是以理性爲準則，要求"回到自然"的改良主義者。他們的口號是"自由、平等、博愛"；他們是崇高的、樂觀的個人主義者，又是無神族、無階級區別的人道主義者。他們具有近於唯物論的世界觀；但他們的"理性的王國"是一個烏托邦的幻想。他們相信：祇要自然科學發達，農業工業技術進步，管理制度改善之後，人類全體都可得到幸福。

這對啟蒙運動性質的認識，至今看來仍是全面而深刻的。

生動而細緻的情形終身難忘

我們閱讀外國文學作品時，雖然能瞭解情節，感受形象的藝術魅力，甚至產生情感的共鳴，獲得藝術的熏陶，但對其真正的思想與藝術價值卻缺乏認識。吳宓先生爲我們講解後，我們遂忽然貫通。但丁的《神曲》是很難理解的，先生剖析了其藝術結構後說：“詩人所寫的地獄、淨界和天堂是虛無縹緲的處所，但好像極實在。我們追隨著但丁，似乎可以一層一層地走下地獄，一步一步地攀登淨界之塔，一程一程地經歷各星球而飛上天堂。‘三聯韻’又給予全詩一種運動的旋律，它與上述結構配搭在一起，更結合著內容，顯示出一種人類精神由卑至高、連續不斷的發展過程。”《巴黎聖母院》中的幾個主要人物的典型意義也是很難理解的，先生指出：“加西莫多是雨果筆下的最初形象之一，這個形象是體現著愛情和仁慈的才能思想。……雨果懷著同情描寫了被中世紀文明所拋棄的悲慘世界。平民出身的人，要大大優於貴族社會的人。貴族上尉腓勒·兌·沙托貝或是弗連赫·兌·李斯的形象，是上流社會庸俗和自私的直接化身。他們‘精巧，但殘忍而無人道’。流浪人和竊賊，無家可歸的怪宮裏的居民，能夠做出英雄行爲，爲了維護愛斯梅拉爾生，他們勇敢地沖進聖母院。”我們讀《少年維特之煩惱》時易於將維特的煩惱理解爲失戀所致，先生則使用新的觀點指出：“維特的煩惱，主要並不是由愛情的悲痛而來，而是由於個性解放、人人平等的要求和封建等級制度、缺乏鬥爭性的市儈精神的矛盾，是當時已經覺醒的先進的資產階級和腐朽的頑固的封建勢力之間緊張的社會矛盾。”這樣可以引導我們對世界古典名著的思想和藝術作較深入的認識。我記得，吳宓先生在課堂上講述時的生動而細緻的情形。例如講巴爾扎克的《高老頭》時，先生具體描述優蓋公寓的情形，高老頭等人用餐的坐向，閣樓的狹小和房間的灰暗的生動畫面。有一次先生用德語爲我們吟誦一首抒情詩，其中一句“雨點滴落在我的心中”，音韻優美，而萬事俱備尤爲濃重，先生吟著竟流下了眼淚。

學貫中西的學者風範和神態

先生爲我們講外國文學，引用了豐富翔實的史料，常有深邃的見解和細緻的分析，進行中西文化的比較，揭示藝術奧秘，提供學術綫索，使我們獲益匪淺。當我回顧先生給我們講課時，他那學貫中西的學者風範和神態，至今猶喚起我景仰的情懷。先生爲我們 1960 屆甲大班一百餘位同學講外國文學，這已過去五十餘年了，令我最難忘的是 1959 年期終考試的情景。先生親自臨場監考，大教室內莊嚴肅穆。我素知先生寫字用顏體楷書，我的考試卷子也以工整的顏體書寫。卷子寫好後，我背起舊帆布書包，急急忙忙地去交卷。教室很大，我從較後的座位向講臺快步走去，在我的前面一位胖胖的女同學正慢慢地也去交卷。我迅即超過她，很快將卷子放在講桌上。這時吳宓先生穿著灰布長袍，手持拐杖，筆直地站在教室出口附近。他嚴肅地對我命令說：“你給我站住！”同學們甚爲驚異，都看著我。我不知自己犯了什麼錯誤，因對先生尊崇，遂在講臺旁邊面向同學規矩地站住。在這位女同學慢慢地交了卷子，又慢慢走出教室之後，先生遂對我說："現在你可以走了。"我向先生鞠躬，茫然地離開教室。我始終不明白這是什麼原因。1978 年冬天，何劍薰先生在成都西南民族學院任教，我同王魯雨先生一道去拜訪他。何先生與吳宓先生是重慶時的老友，我遂言及被吳先生罰站之事。何劍薰先生說："你不該趕在女同學的前面去交卷，這對女性不尊重。吳先生是女性崇拜者，你得罪了他。"我這麼多年的謎團終於解開了。

作者單位：四川省社會科學院文學所、四川省文史研究館

田楚僑先生生平簡歷及著作繫年

熊飛宇

田楚僑（1898—1970），原名田世昌，別署士蒼或果庵。重慶南川人。創造社早期成員、飲河社社員。抗戰勝利後，曾作《還都賦》[①]，傳誦一時。其人才富學贍，但時乖運蹇，後人多有不知。即便是在其晚年任教的學校（今之重慶師範大學），也少見談及。現經爬羅剔抉，將其生平與著作，縷述如下。

一　田楚僑生平

田楚僑的檔案，今存重慶師範大學檔案館。其中有：① 《教職員登記表》（1950年）；② 《教職員登記表》（1950年12月15日）；③ 《學校教職員登記表》（1952年8月3日）；④ 《教職員履歷表》（1953年5月13日）；⑤ 《教職員履歷表》（1956年）。現據此將其履歷整理如下：1915年上期以前，私塾時代，讀高小一學期。1915年下至1917年上，讀成都省立第一師範。1918年上，轉學重慶川東師範。1918年下至1920年上，讀成都高等師範英語系。1922年下至1925年上，轉入南京東南大學國文系。1925年下至1927年上，任重慶各中學國文教員，如川師、女師、商中、聯中等校。1927年下至1928年下，任南川縣教育局長。1929年上至1930年上，任渝女師等校國文教員。1930年下至1931年下，在南京中央大學復學。1932年上至1934年上，任重慶聯中國文教員。1934年下至1936年春，任鐵道部總務司科員。同時補讀大學學分，後調津浦路局編審。1936年夏至1937

---

① 據重慶師範學院中文系退休教師何明新回憶："一九四五年抗日戰爭勝利後，國民政府於翌年將國都遷回南京時，特在陪都重慶豎立一座'抗日戰爭勝利紀念碑'，碑上刻了一篇著名的《還都賦》，就是田楚僑老師創作的，解放後可惜將碑上的賦鏟掉了，改成了解放碑。田老師講課思想活躍，情感投入，語言生動，頗受學生歡迎。"（《時過境遷事未忘——昔日重師中文系古文組記憶片斷》，重慶師範大學校網，2014-09-25）抗戰勝利紀功碑碑文有五，分別鐫刻：1940年9月6日國民政府行政院《明定重慶爲陪都令》，1946年10月國民政府文官長吳鼎昌撰寫的《抗戰勝利紀功碑銘並序》，"中華民國卅六年三月轂旦"國民政府主席重慶行轅兼代主任張群撰寫的《抗戰勝利紀功碑碑文》，重慶市市長張篤倫題詞，市參議會的題詞，及一篇未署名文。此"未署名文"，或即田楚僑所撰《還都賦》。

年夏，任中宣部新聞科幹事。第二次參加高等考試①（第一次在鐵道部）。1937 年冬至 1938 年夏，任成都綏省聯合辦公處②組員。該處結束後，曾任教於成都省立師範。1938 年秋至 1940 年春，任四川省黨部幹事。第三次參加高考，同時任文教分會秘書。1940 年春至 1940 年秋，在南溫泉中政校受訓。住高級公務人員訓練班，爲期六個月。1943 年下至 1945 年上，任南川簡易師範校校長。1943 年下至 1946 年下，任南川縣參議會議員。中間曾兼任縣黨部候補監委。1946 年上至 1949 年底，任重慶市參議會秘書。1948 年下至 1949 年夏，任《世界日報》主筆，先曾任該報秘書兼副刊主編。1948 年下至 1950 年上，任重慶大學中文系副教授。1950 年下期，任明誠中學語文教員。1951 年上期，調南開中學。1951 年下期，調市立師範學校。1952 年 2 月至 5 月，解聘。1952 年 6 月至 1956 年 11 月，調南岸文益中學，後又改爲十一中學。1956 年 12 月，調重慶師範專科學校。1958 年秋至 1960 年冬，在圖書館工作。1961 年秋至 1961 年夏，入文選教研組。1961 年秋至 1962 年春，任資料室工作人員。1962 年夏至 1963 年夏，入古典文學教研組。1963 年秋至 1964 年夏，在數學科教文選及選作。自 1964 年上期，復入古典文學教研組。1970 年 3 月 16 日病亡。③

其檔案有《我的自傳》，一九五一年六月書於南開中學；另有《我的歷史》和《關於個人歷史的補充材料》各一份。現將其自傳錄於後，以供參考（其中部分字句用法與今不同，不作更改）：

> 我的家庭：我於一八九八年④出生于南川城內。我父爲手工業者，我母則農村女，以兼營小商業，購置田土租約五十老石。我十三歲左右喪父，母親送我出外讀書，欠債甚多，幾於破產。我一九二五年開始在重慶各中

① 高等考試：南京國民政府考試院舉辦的任命人員考試種類之一。1930 年 12 月，考試院公布高等考試財務行政、教育行政、衛生行政、會計人員會計師、統計人員、外交官領事官、司法官、律師等各類人員考試條例，根據此類條例，1931 年 7 月 15 日考試院在首都南京舉行全國第一屆高等考試，分普通行政、教育行政、警察行政、財務行政、外交官領事官等五類。其報考資格規定，凡專科以上學校畢業、或曾任委任官三年以上、或經高等檢定考試及格者，均得應試。考試分第一、第二、第三試或第一、第二試。考試及格，即取得薦任公務員任用資格。1939 年，國防最高委員會常務會議通過《高等考試分爲初試再試並加以訓練辦法》，規定高等考試分爲初試與再試，初試及格經訓練期滿，舉行再試，再試及格，發給證書，分發任用（湯德用、裴士京、房列曙主編：《中國考試辭典》，黃山書社 1998 年版，第 295 頁）。
② 1937 年冬初，劉湘出川赴抗日前綫後，川康綏靖公署由王陵基暫代主任，四川省政府由秘書長鄧漢祥代主席。根據劉湘行前的安排，組成 "綏省聯合辦公處"，常務成員除王、鄧外，有傅常、甘績鏞、陳炳光，由王陵基負總責，陳炳光處理日常事務。參見徐慶堅：《四川省抗敵後援會親歷記》，載成都市政協文史學習委員會編：《成都文史資料選編·抗日戰爭卷（上卷）：救亡圖存》，四川人民出版社 2007 年版，第 123 頁。
③《吳宓日記續編 1：1949—1953》有相關注釋如下：田楚僑（1900—1970），名世昌，字楚僑，四川南川人。1925 年畢業於東南大學中文系。曾任四川南川教育局長、南川縣參議員、重慶市議會秘書。1948 年至 1950 年任重慶大學中文系副教授。1950 年後任中學國文教員。1956 年調任重慶師範學院中文系副教授（第 173 頁）。
④ 據其檔案，田楚僑逝世後，重慶師範學院在審查報告中，其生年作 1900 年。

學教書，即全賴薪資收入維持生活，家中也未要我兌錢回去。我數次喪糊，現在的太太陳茂蘭，微有儲蓄，曾自購田租五十老石，他因爲多病，醫藥需錢，這一項收入，也是他自己在用。在家用缺乏時，偶爾補充一下。至於我那一份，一直到一九四四年我母死後，我才直接管理，但也很少回家去。同時因我妹妹的環境不好，需要經常的幫助。又因遠在重慶，不善經營，把賣穀子的錢，存在銀行錢莊，結果因幣值日減，化爲烏有。解放以後，公糧減租，雖勉強完成，退押部分，仍待努力。現在妻病嚴重，兒小失學，心裡頗覺難過，但相信此爲短時間的困難，當逐漸可以克服。

我的學歷：我念過成都省立第一師範，成都高等師範，於一九二一年轉入南京東南大學，直到一九三二年，才在中央大學畢業，因爲中間曾在重慶教中學三次，又回南川作過一任教育局長。除在大學中國文學系畢業外，我又在南京參加高等考試，一九四〇年在南溫泉中政校附設公務人員訓練班受訓半年。畢業時派我到湖北省政府（時在恩施），我沒有去。考選委員會又要我到會裡，也沒有去。其時陳覺玄①先生在成都金陵女子文理學院，要我去作教師，又介紹我到朝陽大學任教，都沒有去成。

我的經歷：我前半節是教書，一九三二年因爲補讀大學未完學分，以鄉友皮以莊②介紹，到鐵道部作科員。後調津浦鐵路局編審課課員。以部長局長的更動，我也失職了，本來準備回川，鄉友彭革陳③君時任中央黨部新聞處長，要我去作幹事，加入國民黨也在那時。作了年多，抗戰發生，我就返川到成都。在綏省聯合辦公處作個科員，不久該機關裁撤，我就到成都省立師範教書。以同學李琢仁④介紹，到省黨部宣傳科作幹事，同時兼任文化建設協會四川分會的秘書。在南泉受訓後，回到南川，以縣參議員兼任簡師校長，又任南川縣黨部候補監委。抗戰勝利後，到重慶來，先在《世界日報》⑤作秘書，後到參議會作秘書。有一段時間，作副刊編輯。該報被偽市長楊森封閉以前，我又作過半年多的主筆。除在渝女師正陽學院爲友

---

① 陳中凡（1888—1982），原名鐘凡，字斠玄，號覺元，別署覺玄。

② 有弟皮以淨、皮以德；妹皮以書，谷正鼎夫人。

③ 彭革陳，生於1899年。畢業於美國威斯康星大學。歷任南京國民政府外交部條約委員會委員、中國國民黨中央新聞檢查處處長、國防最高委員會外交專門委員會委員、中央宣傳部新聞事業處處長等職。1942年7月被聘爲第三屆國民參政會參政員（四川省）。1945年4月，被聘爲第四屆國民參政會參政員（社會賢達）。1946年出席"國民制憲大會"。參見劉國銘主編：《中國國民黨百年人物全書》（下），團結出版社2005年版，第2223頁。

④ 李琢仁，四川新都人。生於1903年。北洋大學肄業，中央大學物理系畢業，中央訓練團黨政班第一期結業。歷任安徽大學講師、重慶大學教授。1934年任中國國民黨四川省黨務特派員辦公處設計委員，後任四川省黨部常務委員、執行委員。1942年7月被聘爲第三屆國民參政會四川省參政員。1946年11月選任"制憲國民大會"代表。1947年底任中國國民黨中央黨部第五戰區公路特別黨部主任委員。1948年當選"行憲"第一屆立法院立法委員兼中央文化運動委員會委員。後去臺灣。參見劉國銘主編：《中國國民黨百年人物全書》（上），團結出版社2005年版，第929頁。

⑤ 其檔案有王國華1956年6月15日所寫材料《關於田楚僑在重慶世界日報的一些情況》。

人代課外，最後到重大作副教授，由兼任而專任。解放後，又由專任而兼任。去年暑假，幾於失業，承文教局介紹到明誠中學，本期奉調到南開。在這三十年當中，由教育界而黨政，又由黨政而教育界。

我與寫作：我一九四九年在《世界日報》寫政論方面的文章，共計四十多篇，約二十萬言。……這些文章的發表，當然由於好多師友的影響，但我本身是個小土地所有者，□千年來，酷好詩歌，由新詩，西洋詩，回到中國古典詩歌，雖然也哀吟，但力量是那樣的薄弱。一九四九年，我又主編重慶《飲河詩葉》，在上海總社領導下，出版到五十一期。一九五〇年，我在重大作兼職副教授，其時並無專任職業，曾寫《中國詩歌的前途》，長約八萬言，但重大並未給我轉呈文教部。

自我批判：我從教育界轉到政界，又由政界轉到黨官，又想由黨而政，結果還是轉到教育界。這些曲折的路線，雖然很平淡，但也面臨若干小的考驗。其時如果更為熱中一點，很多可能混進中統裡去，弄個縣長來作作。我在政校受訓，正有這個打算。直到重大作兼任副教授，還有同鄉的特務分子（已被槍決的劉壽昌）向我示意，表示他可幫忙，改為專任。但從在鐵道部作事起，直到重慶市參議會作秘書止，我遇見的國民黨人，黨官黨棍子之流太多了，更是瞧他們不起。中國詩中"清高"的成份救了我，雖然他也限制了我，沒有參加革命的隊伍。現在不應再講清高了，但從個性上說，還是喜歡作研究的工作，希望重回到重大去，對於"中國詩歌的前途"這一問題，繼續研究，有所貢獻。

二　田楚僑著作繫年

田楚僑的著述，登記表曾有載："在成都偽國民黨四川省黨部任幹事時，曾寫《高考指南》一書，為反動政府宣傳考試制度，系中國文化建設協會四川分會[①]叢書之一。時為 1940 年春季，印行兩千冊，筆名果庵。五〇年上期曾為重大寫'中國明日的詩歌'，未出版。"又云："解放前，高考及格後，著有《高考指南》。有零星篇章發表於《學燈》，《創造週報》，渝版《世界日報》及渝版《世界日報》的副刊'明珠'及《飲河詩刊》。"另據韋駿若《對田楚僑先生的點滴回憶》，田楚僑有詩集名《垃圾箱》。現據其發表年份繫之。

一九二四年

《中國文化商榷》，《時事新報》之《學燈》。Z.M（周作人）曾作《百草中之一株》（載《晨報附刊》1924 年 3 月 28 日第四版"雜感"）予以批評。該文末署"三，

---

① 其檔案有簡陽一中楊叔慎所寫材料《關於重慶四川建設協進會和田楚僑》。

十六，師大”。文中稱田楚僑爲“東南大學教授柳翼謀的弟子”。

《登蔣山第一峰》《歸家雜感》《秋興》《西風辭（*Ode to the West Wind*）》（原著者雪萊），《國學叢刊》第 2 卷第 1 期之“詩錄”（第 150—152 頁），3 月初版發行。署名“田世昌”。該刊由國學研究會編輯，上海商務印書館發行。

《雪萊譯詩之商榷》，《創造週報》第 47 號（第 14—16 頁），4 月 5 日發行。該刊編輯者：創造社；發行者：泰東圖書局（上海四馬路）。署名“田楚僑”，目錄中署“楚僑”，“十三年二月二十二日寄於東大”。附郭沫若 2 月 25 日的回復。

《評胡懷琛君所著之〈中國詩學通評〉》，《時事新報》之《學燈》，4 月 16 日。署名“田楚僑”。

《研究〈孔雀東南飛〉之我見》，《時事新報》之《學燈》，5 月 1—3 日。署名“田楚僑”。

《談談拜倫紀念號所載之譯詩》，《時事新報》之《學燈》，6 月 3 日出版。署名“田楚僑”。

《記某農人並序》，序中云“吾鄉南川，僻處蜀陲，毗連黔疆”，末署“民國十二年除夕前二夕，楚僑自識”。《歲暮雜感》。《攜太白集至梅庵訪梅花，因懷太白》。《譯英人雪萊詩二首》，即《有懷》《愛之哲學》。《國學叢刊》第 2 卷第 2 期之“詩錄”（第 148—150 頁），6 月初版發行。署名“田世昌”。刊前有《田世昌啟事》一則：“本會叢刊，上屆職員久擬收回自行編輯，世昌謬繼斯職，會員諸君復以此事相敦促，遂以見諸實行，時間短迫，編輯部未能組織成功，會員諸君又以此期編輯事務暫相委託。自念末學，未堪重任，特請會員多人，共負斯責，而暑假以前，稿件既未收齊；暑假以後，會員又復離寧，交稿期急，迫不及待，除請指導員陳斠玄先生指導外，負責編輯，仍爲個人，乖誤之處，度必甚多，當希博雅君子，惠賜教言。”

《春日感懷（甲子）》《冬日登豁蒙樓，望玄武湖，感懷時局，並呈筱石師（甲子）》《詠淚》《冬夜雜詩二首》《譯英人彭士（Burns）詩一首》《譯巴爾布（Barbauld）贈生命（*To Life*）詩一首》《譯英人雪萊 Shelley 詩二首》（即《問月》*To the Moon* 和《拿坡灣畔書懷》*Stanzas Written in Dejection near Naples*），《國學叢刊》第 2 卷第 3 期之“詩錄”（第 118—121 頁）；《法曲獻仙音》《綺羅香》，同期之“詞錄”（第 125 頁）。9 月初版發行。署名“田世昌”。另有《唐人五七絕詩之研究》（第 6—19 頁），陳斠玄先生演講，田世昌筆記。全文分十部分：“詩之界說”“詩之起原”“絕句之起原”“絕句成立之原因”“絕句之聲律”“絕句之章法”“絕句之修辭”“五七絕之比較”“絕句之品藻”“結論”。又刊前有《本會啟事一》：“本會因收回叢刊關係，組織略有變更，茲將本屆職員，著錄於後：總幹事：田世昌，副幹事：喬雲棟，文牘：李冰若、余永梁，編輯：徐書簡、江聖壤，會計：劉紀澤，庶務：張世祿。”其《編輯部啟事二》也事關田世昌。

一九三〇年

《序》，楊啟高《中國文學體例談》，南京書店，9 月排印，10 月出版。"民國十九年九月田楚僑序於南京"。

一九三六年

《果庵隨筆：黃季剛先生談讀書》，《中心評論》旬刊第 4 期（第 32 頁），2 月 21 日出版。署名"田世昌"。該刊編輯兼出版者：中心評論社（南京大石橋單牌樓四號）；發行者：正中書局（南京太平路）；總批發處：正中書局雜誌推廣所（南京河北路）。刊名爲胡光煒題。"果庵"亦係紀庸筆名，須認真分別。

《果庵隨筆》四則，刊《西南評論》第 3 卷第 2 期的"古今漫談"欄（第 111-114 頁），7 月 15 日出版。署名"蜀民"。該刊編輯者：簡又思。發行人：李健吾。發行所：西南評論社。據該期《本刊特別啟事》之一："本社現已移至南京石板橋板橋新村二十五號。"印刷者：文心印刷社（南京八條巷十四號）。總代售處：上海圖書雜誌公司。文末有"蜀民附識"："主編者囑撰軟性之隨筆，以實本刊，而其性質須與西南有關係。搜索枯腸，苦無以應，溽暑揮汗，姑以此文塞責。大抵論川中形勢之險要，地產之富庶，與民情之褊狹，信仰之鄙陋。雖各爲篇，實相連貫，謂爲論文，固屨（按：當作屬）不類；名曰隨筆，亦不倫也。非驢非馬，閱者諒之。"第四則首句云："民國六年太炎先生赴渝（時太炎正五十之年），時筆者方由蓉之第一師校轉學於渝之川師，校長爲龔春岩先生。"證之田楚僑簡歷，則此"蜀民"應是其又一筆名。但署"蜀民"者較多，餘者難以確認，故暫未收入。

一九三七年

《果庵隨筆》，《西南建設》創刊號（第 39—44 頁），3 月 20 日出版。署名"楚僑"（其《要目》中署"楚橋"，有誤）。該刊編輯者兼發行者：西南協會（南京楊將軍巷鳳儀村八號）。印刷者：國民印務局（南京宗老爺巷四號）。

《廖仲愷先生之詞》，《西南建設》第一卷第二、三期合刊（第 8 頁），署名"果庵"；《川災與川謠》，同期第 11-14 頁，署名"楚僑"；《舊話新說》，同期第 36 頁，署名"果庵"；《文章與學問》（一），同期第 52 頁，署名"果庵"；《文章與學問》（二），同期第 68 頁，署名"果庵"；《果庵隨筆》，同期第 69—76 頁。該期爲"救災專號"，5 月 20 日出版。

一九三八年

《呈斠玄師》，存《清暉詩鈔·酬唱集》。姚柯夫編著《陳中凡年譜》（書目文獻出版社，1989 年 9 月版）有載："是年"，得"門人田楚僑贈詩一首"（第 40 頁）。

一九三九年

《果庵隨筆（續前①）：再論汪精衛詩》，《建國畫報》第 18 期（第 6—7 頁），8
月 10 日出版。署名"楚僑"。該刊社址：成都文廟後街七三號。"每旬一冊"。

《果庵隨筆（續前）：論阮大鋮詩》，《建國畫報》第 19 期（第 4 頁），8 月 20
日出版。署名"楚僑"。

《挽聶佛鴻與馮湘潔》，《建國畫報》第 20 期（第 5 頁），8 月 30 日出版。署名
"楚僑"。該期爲"馮湘潔先生紀念特刊"。

《果庵隨筆》，《建國畫報》第 21、22 期合訂本（第 5—6 頁），9 月 20 日出版。
署名"楚僑"。

一九四〇年

《高考指南》，果庵編著，中國文化建設協會四川分會編輯部編印，一月初版。
發行者：四川文建分會。印刷者：成城出版社。"新都李琢仁謹序，時民國廿九
年二月。"②全書分：甲、高考試題彙錄；乙、考試須知摘要；丙、考試臆談。《跋》，
"民國廿九年元月編者"。正文計 94 頁。重慶圖書館有藏。

一九四一年

《喜雨》、《仲夏久旱，小雨後大雨繼作，喜述》，《文史雜誌》半月刊第 1 卷第
9 期（前者第 27 頁，後者第 61 頁），8 月 1 日發行。署名"田楚僑"。該刊編輯
兼發行者：文史雜誌社（重慶小龍坎下戴家院一號）。印刷所：商務印書館重慶分
廠（重慶禹王廟）。總經售：商務印書館重慶分館（重慶白象街）。

一九四二年

《高等考試方法論》，《中央週刊》第 4 卷第 35 期（總第 380—382 頁），4 月 9
日出版。署名"果庵"。該刊由陶百川主編。全文分爲："考試與文章""高考
初試科目""參考書舉要""應考經驗談"。《高考指南》罕見，據此文可窺知該
書大略。

一九四六年③

《果庵隨筆之一：略談新舊詩》，《世界日報》1 月 29 日第四版"明珠"④。

《果庵隨筆之二：漫□欣賞□則仲》，《世界日報》1 月 30 日第四版"明珠"。

《果庵隨筆之三：釋中國文學欣賞舉隅》，《世界日報》1 月 31 日第四版

---

① 既是"續前"，則在第 18 期之前，已有《果菴隨筆》刊載，但相關的《建國畫報》未能見到。

② 該書既是一月出版，緣何序卻作於二月？或係後來補入。

③ 1946 年 2 月 10 日，較場口事件發生後，重慶新聞從業員 221 人聯名發表《保障人權·忠實
報導》的意見書，田楚僑亦列其中。見重慶《新華日報》1946 年 2 月 17 日第三版。

④ "明珠"於 1946 年 12 月 20 日停刊，1948 年 9 月復刊。

"明珠"。

《果庵隨筆之四：再論中國文學欣賞舉隅》,《世界日報》2月16日第四版"明珠"。

《果庵隨筆之五：略論情景》,《世界日報》2月18日第四版"明珠"。

《果庵隨筆之六：再論情景與隱秀》,《世界日報》2月21日第四版"明珠"。

《讀詩偶拾：一》,《世界日報》2月25日第四版"明珠"。署名"楚僑"。

《果庵隨筆之七：再論情景》,《世界日報》2月26日第四版"明珠"。

《滌軒書來,詩以答之》《世界日報》3月5日第四版"明珠"。署名"楚僑"。

《果庵隨筆之八：再論情景難易》,《世界日報》3月8日第四版"明珠"。

《久雨放晴》："苦雨連[宵]喜放晴。淒淒風露欲三更。彌天雲霧歸何處。獨立樓頭看月明。"《世界日報》3月10日第四版"明珠"之"漢聲（四）"。署名"楚僑"。

《果庵隨筆之九：略論比興》,《世界日報》3月11日第四版"明珠"。

《果庵隨筆之九：略論比興》,《世界日報》3月12日第四版"明珠"。此處應是"略論比興（續）"。

《果庵隨筆之九：再論比興》,《世界日報》3月13日第四版"明珠"。

《讀詩偶拾（二）》,《世界日報》3月19日第四版"明珠"。署名"楚僑"。

《讀詩偶拾（三）》,《世界日報》3月26日第四版"明珠"。署名"楚僑"。

《懷舊録（一）》,《世界日報》3月29日第四版"明珠"。署名"士蒼"。

《寄惕軒》："初逢便相得。重見更相親。近日為長句。如君有幾人。解嘲應作賦。忍口不[負]貧。濁世清恐[飽]。傷哉鳳與麟。"署名"楚僑"。"明珠"之"漢聲（七）"。《懷舊録（二）》,署名"士蒼"。《世界日報》3月31日第四版"明珠"。

《懷舊録（三）》,《世界日報》4月4日第四版"明珠"。署名"士蒼"。

《晚眺》："微醉晚風夕照間。閑雲著色共爛斑。回紅轉白成飛瀑。此是殘[飯]盡後山。"《世界日報》4月7日第四版"明珠"之"漢聲（八）"。署名"楚僑"。

《讀蜀游草》,署名"士蒼"。《答黃惠威》："懷人除夕筆如飛,遙寄清詩[興]婉微。如我疏[慵]合落拓,問君裘馬可輕肥。""故里移居類轉蓬,守株問舍計成空。閒情豪氣銷都盡,剩有毛錐賦送窮。風雨中宵感索居,寒燈坐對暖相虛,均濡久已無書劄,若憶年時同隊魚。"詩前有小序："落拓人閑一楚僑,九天珠玉[慎]吟毫。移居明歲卸何處,可有閒情再和陶。此湘中黃惠威同年去歲除夕見懷之作也。過情之譽,遲遲未答,深秋風聞,又將移居。餘懷□然,賦此以報,並簡南泉同門諸子。"《除夕懷黃惠威同年》："桂枝同折事依稀,故友難忘黃惠威。除夕又逢應憶我,洞庭兵滿將安歸。閑看鬚髮未全老,為愛林泉早拂衣。莫共成侯嗟近遇,一官原與存心違。"自注："時余應桃未得。成侯指惕軒也。"此兩詩,署名"果庵"。《世界日報》4月14日第四版"明珠"。

《懷舊録（四）》,《世界日報》4月16日第四版"明珠"。署名"士蒼"。

《懷舊録（五）》,《世界日報》4月19日第四版"明珠"。署名"士蒼"。

《懷舊録（六）》,《世界日報》4月22日第四版"明珠"。署名"士蒼"。

《懷舊録（七）》,《世界日報》4月23日第四版"明珠"。署名"士蒼"。

《讀詩偶拾（四）》,《世界日報》4月24日第四版"明珠"。署名"楚僑"。

《懷舊録（八）》,《世界日報》4月25日第四版"明珠"。署名"士蒼"。

《懷舊録（九）》,《世界日報》5月2日第四版"明珠"。署名"士蒼"。

《懷舊録（十）》,《世界日報》5月4日第四版"明珠"。署名"士蒼"。

《讀詩偶拾（五）》,《世界日報》5月6日第四版"明珠"。署名"楚僑"

《懷舊録（十一）》,《世界日報》5月13日第四版"明珠"。署名"士蒼"。

《讀詩偶拾（六）》,《世界日報》5月14日第四版"明珠"。署名"楚僑"。

《讀詩偶拾（七）》,《世界日報》5月16日第四版"明珠"。署名"楚僑"。

《讀詩偶拾（七）》,《世界日報》5月18日第四版"明珠"。署名"楚僑"。此"七"應是"八"之誤。

《讀詩偶拾（九）上》,《世界日報》5月23日第四版"明珠"。署名"楚僑"。

《讀詩偶拾（九）下》,《世界日報》5月24日第四版"明珠"。署名"楚僑"。

《讀詩偶拾（十）》,《世界日報》5月28日第四版"明珠"。署名"楚僑"。

《讀詩偶拾（十一）》,《世界日報》5月31日第四版"明珠"。署名"楚僑"。

《懷舊録（十二）》,《世界日報》6月1日第四版"明珠"。署名"士蒼"。

《懷舊録（十四）》,《世界日報》6月4日第四版"明珠"。署名"士蒼"。此"十四"應是"十三"之誤。

《懷舊録（十四）》,《世界日報》6月7日第四版"明珠"。署名"士蒼"。

《讀詩偶拾（十五）上》,署名"楚僑"。《除夕懷人》,詩題下有兩小字,已成墨團,無從辨識。共四首:《懷成惕軒同年》《懷鄭方叔同年》《懷□□□》《懷任洪濟君》。署名"果庵"。《世界日報》6月10日第四版"明珠"。韋駿若《對田楚僑先生的點滴回憶》録《除夕懷人》三首:《懷成惕軒同年》,題同詩同;《懷鄭方教同》,題異詩同;《懷任洪濟君》,題同詩異。該文認爲上三詩作於"1944年前後"。

《讀詩偶拾（十五）下》,《世界日報》6月11日第四版"明珠"。署名"楚僑"。

《果庵隨筆之十:再釋中國文學欣賞舉隅》,《世界日報》6月13日第四版"明珠"。

《讀詩偶拾（十六）上》,《世界日報》6月14日第四版"明珠"。署名"楚僑"。

《讀詩偶拾（十六）下》,《世界日報》6月15日第四版"明珠"。署名"楚僑"。

《懷舊録（十五）》,《世界日報》6月16日第四版"明珠"。署名"士蒼"。

《讀詩偶拾（十七）》,《世界日報》6月20日第四版"明珠"。署名"楚僑"。

《讀詩偶拾（十八）上》,《世界日報》6月27日第四版"明珠"。署名"楚僑"。

《讀詩偶拾（十八）下》,《世界日報》6月28日第四版"明珠"。署名"楚僑"。

《懷舊録（十六）上》,《世界日報》6月29日第四版"明珠"。署名"士蒼"。

《懷舊録（十六）下》,《世界日報》6月30日第四版"明珠"。署名"士蒼"。

《讀詩偶拾（十九）》,《世界日報》7月1日第四版"明珠"。署名"楚僑"。是日報紙獨此版頁眉被誤排爲"七月十一日"，餘者皆作"七月一日"。

《懷舊録（十七）》,《世界日報》7月3日第四版"明珠"。署名"士蒼"。

《讀詩偶拾（二十）上》,《世界日報》7月4日第四版"明珠"。署名"楚僑"。

《讀詩偶拾（二十）中》,《世界日報》7月5日第四版"明珠"。署名"楚僑"。

《讀詩偶拾（二十）下》,《世界日報》7月6日第四版"明珠"。署名"楚僑"。

《讀詩偶拾（廿一）》,《世界日報》7月13日第四版"明珠"。署名"楚僑"。"廿一"原版作"一"，有誤。

《讀詩偶拾（廿一）續》,《世界日報》7月15日第四版"明珠"。署名"楚僑"。

《讀詩偶拾（廿二）》,《世界日報》7月16日第四版"明珠"。署名"楚僑"。

《讀詩偶拾（廿三）》,《世界日報》7月19日第四版"明珠"。署名"楚僑"。

《讀詩偶拾（廿四）上》,《世界日報》7月27日第四版"明珠"。署名"楚僑"。

《讀詩偶拾（廿四）中》,《世界日報》7月28日第四版"明珠"。署名"楚僑"。

《讀詩偶拾（廿四）下》,《世界日報》7月29日第四版"明珠"。署名"楚僑"。

《懷舊録（十八）上》,《世界日報》8月6日第四版"明珠"。署名"士蒼"。

《懷舊録（十八）下》,《世界日報》8月7日第四版"明珠"。署名"士蒼"。

《論梅聖俞悼亡詩（上）》,《世界日報》8月23日第四版"明珠"。署名"楚僑"。

《論梅聖俞悼亡詩（下）》,《世界日報》8月24日第四版"明珠"。署名"楚僑"。韋駿若《對田楚僑先生的點滴回憶》録其悼亡詩一首，具體寫作時間不詳。

《果庵隨筆之十八：閒話苦熱》,《世界日報》8月27日第四版"明珠"。

《寄惕軒同年南京借用潘伯鷹君懷伯建韻》："壯心寥落已無多，對酒思聞白下歌。藻譽清名輸故友，東塗西抹老阿婆。同盟望治吾方亂，外患初寧内若何，倘許相逢太平日，會當一舸送江波。"署名"果庵"。《果庵隨筆之十九》。《世界日報》8月30日第四版"明珠"。

《果庵隨筆之二十（上）》,《世界日報》9月1日第四版"明珠"。

《果庵隨筆之二十（下）》,《世界日報》9月2日第四版"明珠"。

致陳中凡信，抬頭爲"斠玄吾師尊鑒"，末署"門人田楚僑謹啟十月二十三日"。見姚柯夫編著《陳中凡年譜》，第58頁。

一九四七年

《與郭沫若先生論明妃曲書》,《書簡雜誌》第7期之"論學書簡"（第3—4頁），1月15日出版。署名"田楚僑"。該信抬頭爲"沫若先生有道"，末署"晚田楚僑再拜 三六年元月七日"。

3月29日，飲河渝社編《飲河》①世字第一期，在《世界日報》第四版面世。開篇即言："楚僑見和禮園詩卻寄二十韻春坪"。該期刊有（李）春坪《楚僑山青各示感時之作同作》、（楊）元佛《楚僑墮車傷足奉訊》，並有"河訊"一則云："田楚僑先生[擬]再撰義山《錦瑟》詩考證之作，雖未脫稿，而創獲頗多，皆極翔實。元遺山有'但恨無人作鄭箋'之歎，此文殆可彌其缺憾。特爲預告。"

《次韻答春坪並寄堯放及同游》《次均奉和楊元佛兄》，《世界日報》4月12日《飲河》第二期。署名"楚僑"。該期刊（許）伯建②《次春坪楚僑莞字韻兼呈堯放》。

《危樓》，《世界日報》4月26日第四版《飲河》第三期。署名"楚僑"。該期刊（柯）堯放《春坪楚僑贈會二十韻，有句及余，伯建復以和章見示，次酬一首》、（蔣）山青《次春坪楚僑倡酬二十韻》。

《春坪臨問，出示見和新作，戒勿浪傳，東歸之意，亦形言外。此原呈仲雲老韻奉和》，《世界日報》5月11日第四版《飲河》第四期。署名"楚僑"。

《四疊莞韻寫贈伯建並寄鷹公海上》，《世界日報》5月25日第四版《飲河》第五期（按：原版作第四期，排印有誤）。署名"楚僑"。該期刊有（張）聖奘《次春坪楚僑二十韻》。

《用伯建詩並寄鷹公守一，請爲轉□行老》《惕軒有詩見寄，次韻奉和》，《世界日報》6月8日第四版《飲河》第六期。署名"楚僑"。

《歎逝》，《京滬週刊》第1卷第22期之"飲河集"（第16頁），6月8日出版。署名"田楚僑果庵"。該刊發行人：孫宕越。總編輯：吳正。出版者：京滬週刊社（上海虬江路民德路口京滬鐵路管理局）。

《病中讀散原詩集憶伯沆師》，《世界日報》6月21日第四版《飲河》第七期。署名"楚僑"。

《病中雜述》四首，《世界日報》7月7日第四版《飲河》第八期。署名"楚僑"。該期"河訊（原版誤排爲'訊河'）"之（三）云："社友田楚僑先生，頃以采薪之假正擬輯校楊滄白先生部份遺詩，當續在本刊專欄刊布。"

《次韻再呈孤桐公並柬堯放》，《世界日報》7月23日第四版《飲河》第九期。署名"楚僑"。

《驕兒家樂》，《世界日報》8月11日第四版《飲河》第十期。署名"楚僑"。該期"河訊"云："田楚僑先生前因公折足，誤於庸醫，臥床數月，近經中央醫

---

① 據《中國新文學大系 1937—1949·史料·索引》（上海文藝出版社，1994年8月版），《飲河》有：①"飲河（世界日報·重慶）1-52　1948.? —1949.7.19　飲河渝社編輯。本刊歷任主編有柯堯放、李春坪、劉家駒、蔣山青、許伯建、田楚僑等。"②"飲河詩訊（和平日報·上海）週刊 1-5　1948.8.18—9.11"。③"飲河集（中央日報·重慶）新 1-4　1944.2.27—5.28　飲河社編輯"。其社址在重慶觀音岩張家花園三號。④"飲河集（時事新報·重慶）1-7　1944.6.15—10.3　飲河社編輯"（第1608頁）。又據王國華、李良政、劉迪明、皮鈞陶《回憶重慶〈世界日報〉》，《飲河》自十六期起，"推選田楚僑完全負責編輯，斷斷續續，出至第五十三期纔停止"。參照田楚僑《我的自傳》及筆者對《世界日報》的翻閱，當爲51期。

② 許伯建（1913—1997），重慶渝中區人。名廷植，別號蟬堪、阿植，補茅主人。

院骨科診治，漸臻康復。病中讀書不少，作詩亦多，可謂因病得益。不幸之幸也。"

《感事》，《世界日報》8 月 26 日第四版《飲河》第十一期。署名"楚僑"。該期"吟儔書簡"之一爲《汪辟疆先生與田楚僑》。

《次和堯放林園觀梅》，《世界日報》9 月 28 日第四版《飲河》第十二期。署名"楚僑"。

《送別春坪二首》，《世界日報》10 月 15 日第四版《飲河》第十三期。署名"楚僑"。"吟儔書簡"有二：《汪辟疆先生與楚僑》，"兄辟疆民國廿九年四月三日"；《成惕軒與楚僑》，"弟惕軒十月九日"。

《次春坪韻送行並寄泗英》，《世界日報》11 月 15 日第四版《飲河》第十四期。署名"楚僑"。該期刊有劉泗英《喜春坪至兼柬楚僑》。

《社集李氏園補作重陽》，《世界日報》11 月 30 日第四版《飲河》第十五期。署名"楚僑"。

《次韻奉酬鷓雛師》《次韻奉酬惕軒》，《世界日報》12 月 13 日第四版《飲河》第十六期。署名"楚僑"。該期刊有王存拙《奉塵果庵先生》、（姚）鷓雛《以詩代柬答楚僑[仁仲]》。另有《果庵筆記》，載該期《飲河·文錄》。

一九四八年

《社集秋禊李氏園二首》《果庵筆記：論悼亡詩》，《世界日報》1 月 3 日第四版《飲河》第十七期。署名"楚僑"。"編餘"云："此期田楚僑先生論悼亡詩一文，因作者曾以傷逝之作，傳誦一時，故言之精切如此。"

《重陽後社集並宴元佛伯祥（得事字）》《陪都紀功碑》，《世界日報》1 月 22 日第四版《飲河》第十八期。署名"楚僑"。"吟儔書簡"有二：（潘）伯鷹致果庵；楚僑復伯坪，"元月十六日"。

《丙子客中除夕》《次韻奉酬泗英元日之[什]》《果庵隨筆：論除夕詩》，《世界日報》2 月 15 日第四版《飲河》第十九期。署名"楚僑"。

《丁亥除夕》《拙□之日忽忽十年矣》《戊子春日酒醉林園，同堯放山青》《果庵隨筆（未完）》，《世界日報》3 月 4 日第四版《飲河》第二十期。署名"楚僑"。同期刊元佛《次韻□楚僑伯建》。

《次和惕軒台城晚眺》《亮翁姻丈將有南京之行，宴社友于紫薇館，得讀大鶴山人詞札暨冷紅簃填詞圖，[酒後]登山看桃花》《果庵隨筆》，《世界日報》3 月 28 日第四版《飲河》第二十一期。署名"楚僑"。

《吟詩》《紅岩冶春塵，亮翁姻丈》《高樓感春》《果庵隨筆：論煉字句》，《世界日報》4 月 16 日第四版《飲河》第二十二（按：原文作二十一，有誤）期。署名"楚僑"。

《喜雨（三十一年作）》《泗英航寄海藏樓集賦謝》《果庵隨筆：再論煉字煉句

（未完）》，《世界日報》4月30日第四版《飲河》第二十三期①。署名"楚僑"。

《愓軒書來，詩以答之（三十三年）》《堯放臥[病]，買宅未成，次韻奉慰》《果庵隨筆：再論煉字煉句（續）》，《世界日報》5月14日第四版《飲河》第廿四期。署名"楚僑"。

《清切與清新》，《京滬週刊》第2卷第20期之飲河社編"詩葉"（第12—13頁），5月23日出版。署名"田楚僑"。該刊發行兼總編輯：孫宕越。

《以詩代柬，奉答[懷]園（二十八年）》《果庵隨筆：再論煉字煉句》，《世界日報》5月26日第一版《飲河》第廿五期。署名"楚僑"。

《移居（用陶韻，十九年作）》《果庵隨筆：讀王荊公詩（一）》，《世界日報》6月17日第一版《飲河》第廿六期。署名"楚僑"。

《果庵隨筆：讀王荊公詩（二）》，《世界日報》6月30日第一版《飲河》第廿七期。署名"楚僑"。同期刊元佛《次韻酬楚僑見贈之作》。②

《懷念邠翁》《果庵隨筆：讀王荊公詩（三）》，《世界日報》9月7日第四版《飲河》廿九期。署名"楚僑"。此期刊頭下所標時間爲"民國卅七年八月一日"。③

《黃山谷詩論述評》，《京滬週刊》第2卷第44期之飲河社編"詩葉"（第6—7頁），11月7日出版。署名"田楚僑"。

《果庵隨筆：□□□□□我□》，《世界日報》12月12日第四版《飲河》卅二期。署名"楚僑"。

《山青以紀水厄詩見示感□》《果庵隨筆：介紹□□錄（上）》，《世界日報》12月30日第四版《飲河》卅三期。署名"楚僑"。

一九四九年

《果庵隨筆：介紹□□錄（下）》，《世界日報》1月27日《飲河》卅四期。署名"楚僑"。

《從歷史，看現在》，《世界日報》2月4日第二版"專論"。署名"世昌"。

《大學基本國文之商榷》《世界日報》2月5日第二版"專論"。署名"世昌"。

《新勸學篇》，《世界日報》2月7日第二版"專論"。署名"世昌"。

《談民主的風度》，《世界日報》2月12日第二版"專論"。署名"世昌"。

《本市的小學校長問題應該從速解決》《世界日報》2月21日第二版"來論"。署名"世昌"。

《再論大學基本國文——並答許固生先生》，《世界日報》2月22日第二版"來論"。署名"世昌"。

---

① 《飲河》自本期改版，雙開，中縫書"飲河詩頁　渝世字第二十三期　重慶世界日報印"。
② 重慶圖書館所提供的《世界日報》膠捲，自1948年9月1日至10月20日，僅勉強可見標題，文字大多一團墨黑，無法辨識，祇好從略。
③ 此期中縫文字作"飲河詩葉　飲河渝社主編　重慶世界日報印"。

《再論大學基本國文——並答許固生先生（續完）》,《世界日報》2 月 23 日第二版"來論"。署名"世昌"。

《安定西南之我見》,《世界日報》2 月 24 日第二版"人民公論"。署名"世昌"。

《英雄，武力，特務》,《世界日報》3 月 1 日第二版"專論"。署名"世昌"。

《張君實甫於新曆元日招□素飲河兩社同人宴集，平居分韻得稿字。座中聞陳匪石前輩談詞學源流，並承告以王伯沆師所著各稿多於生前焚去，身後殘存非其得意者，慨然□述並呈同座謝主人》（該詩其後有自注云：王伯沆師別署冬飲。其略見本期隨筆）、《感事》、《果庵隨筆：追記王伯沆師（上）》,《世界日報》3 月 1 日《飲河》卅五期①。署名"楚僑"。

《和平之障礙物》,《世界日報》3 月 6 日第二版"人民公論"。署名"世昌"。

《大家漲，看誰快》,《世界日報》3 月 8 日第二版"人民公論"。末署"果庵 三，六"。

《中國之華盛頓》,《世界日報》3 月 9 日第二版"專論"。署名"世昌"。

《郵費與鹽稅》,《世界日報》3 月 13 日第二版"人民公論"。末署"果庵 三，十"。

《爲中共設想》,《世界日報》3 月 15 日第二版"專論"。署名"世昌"。

《爲國民黨設想》,《世界日報》3 月 21 日第二版"來論"。署名"世昌"。

《從內閣說到總統》,《世界日報》3 月 23 日第二版"來論"。署名"世昌"。

《哀哉重慶號！哀哉重慶市！》,《世界日報》3 月 26 日第二版"來論"。署名"世昌"。

《梁武帝唐玄宗論》,《世界日報》3 月 29 日第二版"來論"。署名"世昌"。

《飲河》渝世字卅八期"河訊"之二云："成都刻半塘定稿，由龐石帚先生郵寄此間，社友庵□果庵各先後校讀兩次，中間並請詞學前輩陳匪石翁作最後之校正。社友果庵戲謂：'春雨樓頭夜校書'，亦亂世難得之清福。現已郵奉龐先生酌定矣。"《世界日報》4 月 3 日第四版。

《基本國文與基本英文》,《世界日報》4 月 7 日第二版並轉第三版"來論"。署名"士蒼"。

《再論英雄思想》,《世界日報》4 月 12 日第二版"來論"。署名"士蒼"。

《奉懷鷹公時從行老北上》,《世界日報》4 月 14 日第四版《飲河》四十期。署名"楚僑"。該期刊頭下仍署"四月十三日"，可視爲第四十期之續。其"河訊"末一則，言及楊滄白先生遺稿印行事。

《近于勤于爲文妄□所評騭，似頗瘦削，家人嘲之，賦此以自解也》,《世界日報》4 月 25 日第四版《飲河》四十二期。署名"楚僑"。

《感事》《果庵隨筆：介紹范伯子詩文集（一）》,《世界日報》4 月 26 日第四版。

---

① 該期中縫文字作"飲河詩葉 渝飲河社主編 重慶世界日報印"。

當是《飲河》四十二期（續）。署名“楚僑”。

《感事（聞和談破裂）》，《世界日報》5月4日第四版《飲河》四十三期。署名“楚僑”。

《紅岩[壽]錢竹汀並觀所藏書》《讀三國志吳志》《讀陸放翁絕句》《果庵隨筆：介紹范伯子詩文集（二）》，《世界日報》5月5日第四版。當是《飲河》四十三期（續）。署名“楚僑”。

《拿破崙述評（上）》，《世界日報》5月6日第二版“來論”。署名“士蒼”。

《拿破崙述評（中）》，《世界日報》5月7日第二版“來論”。署名“士蒼”。

《拿破崙述評（下）》，《世界日報》5月8日第二版“來論”。署名“士蒼”。

《漫談銀元標價》，《世界日報》5月13日第二版“來論”。署名“士蒼”。

《從沈同堯案談到豪門》，《世界日報》5 月 15 日第二版“來論”。署名“士蒼”。

《果庵隨筆：介紹范伯子詩文集（三）》，《世界日報》5月17日第四版《飲河》四十五期。署名“楚僑”。

《中央與民意》，《世界日報》5月20日第二版“來論”。署名“士蒼”。

《和難，戰亦不易》，《世界日報》5月22日第二版“來論”。署名“士蒼”。

《硬幣乎？紙幣乎？》，《世界日報》5月25日第二版“來論”。署名“士蒼”。

《官僚資本的新出路（上）》，《世界日報》6月4日第二版“來論”。署名“士蒼”。

《官僚資本的新出路（下）》，《世界日報》6月5日第二版“來論”。署名“士蒼”。

《懷天隱翁（三十二年除夕懷人，待□□時，翁已下世）》，《世界日報》6月7日第四版《飲河》四十七期。署名“楚僑”。

《果庵隨筆：介紹范伯子詩文集（四）》，《世界日報》6月8日第四版。當是《飲河》四十七期（續）。署名“楚僑”。

《國府遷渝雜感》，《世界日報》6月16日第二版“來論”。署名“士蒼”。

《果庵隨筆：介紹范伯子詩文集（五）》，《世界日報》6月18日第四版。當是《飲河》四十八期（續）。署名“楚僑”。

《本市立待解決的輔幣問題》《世界日報》6月21日第二版“來論”。署名“士蒼”。

《果庵隨筆：介紹范伯子詩文集（六）》，《世界日報》6月28日第四版。當是《飲河》四十九期（續）。署名“楚僑”。該文末署“卅八年六月廿六日稿”。

《選災的補救》，《世界日報》7月1日第二版“專論”。署名“士蒼”。

《爲虎謀肉，其可緩乎（上）》，《世界日報》7月4日第二版“來論”。署名“士蒼”。

《爲虎謀肉，其可緩乎（下）》,《世界日報》7月5日第二版"來論"。署名"士蒼"。

《次韻奉和鷹公社長香港兼塵行嚴先生》《奉和伯祥雨夜之什》,《世界日報》7月7日第四版《飲河》五十期。署名"楚僑"。

《果庵隨筆：介紹范伯子詩文集（七）》,《世界日報》7月8日第四版。當是《飲河》五十期（續）。署名"楚僑"。

《再論政府遷渝》,《世界日報》7月12日第二版"來論"。署名"士蒼"。

《喜讀容庵近作次韻奉和》《次韻寄春坪兄[海]上》,《世界日報》7月17日第四版《飲河》五十一期。署名"楚僑"。

《散兵游勇，如何處置？》,《世界日報》7月19第二版"人民公論"。署名"士蒼"。①

一九五〇年

上期，作《中國明日的詩歌》，未刊行。

一九五一年

6月21日，致函吳宓，並附詩四首。見吳宓7月15日日記。詩未錄。《吳宓日記續編1：1949~1953》，生活·讀書·新知三聯書店，2006年3月版，第174頁。

一九五二年

吳宓1月22日日記："又接田楚僑詩函，詩摘錄。"《吳宓日記續編1：1949~1953》，第284頁。

一九六一年

《論王安石的明妃曲》,《藝林叢錄》（第七編），商務印書館香港分館，9月出版。1975年4月重印。第193—197頁。署名"田楚僑"。莊昭選編《名家談文學（二）》收錄，商務印書館（香港）有限公司，2001年7月版，第123—128頁。

一九六二年

《六二年重九登高賦寄同游》《送兒返鄭州感賦》，見吳宓10月17日日記[附錄]田楚僑寄示其近詩二首,《吳宓日記續編5：1961~1962》，生活·讀書·新知三聯

---

① 《世界日報》1949年7月25日出版之後，即短時間停刊，至8月8日復刊。復刊之後，未見田楚僑用其常見的"楚僑""士蒼""世昌""果庵"爲名發表的文章。或許另有化名，如8月9日第二版"人民公論"有《白皮書的反響如何？》一文，署名"濟蒼"，疑即田楚僑，但無從確認。另外，章駿若《對田楚僑先生的點滴回憶》稱：《世界日報》社論《西南執政諸公拿話來說》亦爲田楚僑所作，但其餘社論多未署名，故難以辨別。

書店，2006 年 4 月版，第 450 頁。

一九六四年

是年 12 月 "于師專校"，寫有《我的自我檢查》，其中之二爲 "我的人生態
度及各種觀點"，包括：① 我的人生態度；② 我的藝術觀點；③ 我的教學思想；
④ 我的政治態度。頗可一觀。存田楚僑檔案。

一九六五年

9 月 29 日，致函吳宓。見吳宓 10 月 5 日日記。《吳宓日記續編 7：1965~1966》，
生活·讀書·新知三聯書店，2006 年 4 月版，第 241 頁。

詩三首，11 月 18 日作。有小序："乙巳重陽，正值星日，雨僧師函約來沙坪，
未到。少霞、伯建過我相候，並謁邦老，乃共游沙坪公園，邦老並賜小酌。近奉
雨僧師函示，謂將赴省政協會議，彌憶石帚師不置，感賦三絕句，以紀其事。"
見吳宓 11 月 20 日日記，有錄，並評曰："題冗、詩粗，不足觀也。"《吳宓日
記續編 7：1965 ~ 1966》，第 285—286 頁。

《論辛棄疾〈永遇樂詞北固亭懷古〉》，載香港《大公報·藝林》。見吳宓 12 月
21 日日記，未錄，有評語 "解釋不誤"。《吳宓日記續編 7：1965~1966》，第 311
頁。莊昭選編《名家談文學（二）》收錄，題作《試論辛棄疾的〈永遇樂〉》，第 151—
156 頁。

三　田楚僑的交游及相關記載

余永梁：《調楚僑》，《國學叢刊》第 2 卷第 4 期（第 134 頁），1926 年 8 月初
版發行。該期編輯者：（南京東南大學）國學研究會；發行者：（南京東南大學）
國學叢刊社。並有 "特別啟事"："本刊自下卷起，暫改爲不定期刊，視稿件豐
嗇，分期出版，約年刊一冊，仍由商務印書館印行"。

黃侃：《寄勤閑室日記》1932 年 12 月 13 號，"得田楚僑書"。《黃侃日記》，
中華書局，2007 年 7 月版，第 854 頁。

成惕軒：《次韻楚僑見懷》，《軍事與政治》第 6 卷第 4、5 期合刊之 "康廬近
稿"（第 73 頁），1944 年 6 月出版。該刊由軍事委員會政治部軍事與月刊社發行。
《果庵同年有詩見及次韻報之》，《考政學報》創刊號（第 98 頁），1944 年 9 月 9
日出版。該刊編輯者：中國考政學會；編輯委員會主任委員：周邦道；副主任委
員：成滌軒、薛銓曾；發行者：侯紹文；印刷者：後方勤務部政治部印刷所（江
北陳家館適中村十一號）；總經售處：中國文化服務社總社（重慶磁器街三十九
號）。刊頭爲戴傳賢題。《楚僑自渝州來書，告以拙作〈還都頌〉編入朝陽學院講
章，感賦一首》，《輔導通訊》第 16 期（第 58 頁），1947 年 12 月 31 日出版。該刊

編輯者與發行者：考試院人事處[院址：南京（五）試院路]；印刷者：和平日報印刷所。刊頭爲戴傳賢題。

陳中凡：致田楚僑。姚柯夫編著《陳中凡年譜》，1945 年，"與友人陸儼少、門人田楚僑、朱蘊華、陳子展等通書多封"（第 54 頁）。田楚僑對陳中凡的詩作也多有點評，如其《米珠歎》（作於一九四〇年冬），楚僑評："可作今樂府讀。"《希臘吟》（作於一九四一年春），田楚僑評："漢情歐思，格創語奇。"《德蘇戰起，倭廷連日閣議，國策莫決》（時爲一九四一年夏），楚僑評："捧珠槃而不定，情景宛肖。"參見陳中凡著、柯夫編《清暉集》，書目文獻出版社，1985 年 5 月版，第 18、17、20 頁。該書"清暉山館詩鈔"卷二"感舊集"錄《次韻酬楚僑》《疊陶韻答楚僑》《再疊陶韻酬楚僑》（第 51-52 頁）。

胡小石：《夏廬書簡——與田楚僑》，《書簡雜誌》半月刊第 6 期（第 3 頁），1946 年 12 月 25 日出版。該刊是"國內唯一研究書信的刊載書信文章的刊物"。其出版兼發行者：書簡雜誌社（重慶市中一路二一四號附一號）；編輯者：書簡雜誌社編輯部；印刷者：陪都印刷廠（重慶陝西路沙井街二十五號）；總經售：新典書局（重慶中正路二五〇號）。信末署"光煒再拜十一月九日"。

龐石帚：《龐石帚先生書柬——與田楚僑》，《書簡雜誌》第 8 期（第 3 頁），1947 年 2 月 10 日出版。信末署"弟俊再拜。一月二十三日燈下"。《世界日報》1949 年 3 月 12 日第四版《飲河》卅六期"吟儔書簡"有"龐石帚先生來函"，抬頭爲"楚僑學兄左右"，末署"龐俊再拜。二月十八日。"《養晴室遺集》（龐俊著，白敦仁纂輯，王大厚校理，巴蜀書社，2013 年 9 月版）錄有《答楚僑》，抬頭爲"楚僑先生執事"（上冊，第 284 頁）。龐石帚又曾應田楚僑之請，撰《南川處士韋先生墓表》。"韋先生"，名麟書，字聖祥。文中有"弟子田楚僑復徵其文於余"之句（上冊，第 213 頁）。

楊滄白：《楊滄白先生遺帖（簡田楚僑）》，《新重慶》第 1 卷第 2 期（第 63—64 頁），1947 年 4 月出版。該刊發行人：辜達岸；編輯人：蔣用宏；發行所：新重慶社（重慶市政府內）；印刷所：重慶市政府造產委員會印刷廠。本期爲"社會問題專輯"。信末署"七月十三日"。[①]

郭沫若：《覆田楚僑先生論〈明妃曲〉書》，《書簡雜誌》第 12 期（第 8 頁），1947 年 5 月 10 日出版。該期首篇爲《編輯部喬遷了給讀友第十二信》。其出版資訊新增：發行部：（一）重慶中山一路二一四號附一號本社，（二）上海東大名路七三七弄十五號；編輯部：上海迪化南路三九八號。信末署"弟郭沫若再拜 三月二十二日"。[②]

---

① 田楚僑曾受曾進委託，與許伯建一道，校訂肖厚潘手鈔楊滄白"邠齋詩"十二卷。
② 據陳淑寬《試論傳統詩詞的繼承和發展》，1951 年，作者"曾看到郭沫若在給田楚僑先生一封親筆回信中""鄭重聲明他在《文藝報》的某篇文章'並非提倡舊詩詞'"。這裏所謂的"某篇文章"，是指《論寫舊詩詞》（書信），1950 年 4 月 19 日作，載 1950 年 5 月《文藝報》第 2 卷第 4 期，初收入 1950 年 10 月天下圖書公司出版《論大衆文藝》（王亞平編）。《論寫舊詩詞》的受信人爲吳韻風。從這則史料來看，田楚僑與郭沫若的關係較爲親近而且持久。

吴宓:《吴宓日記續編》中有關田楚僑的記載甚多，如 1951 年 8 月 14 日、1951
年 11 月 27 日、1954 年 12 月 5 日、1956 年 12 月 16 日、1959 年 8 月 17 日、1959
年 8 月 27 日、1960 年 9 月 13 日、1960 年 10 月 30 日、1960 年 11 月 20 日、1962
年 8 月 13 日、1963 年 10 月 24 日、1965 年 9 月 13 日、1965 年 9 月 25 日、1966
年 2 月 13 日等。值得注意的是，1959 年 9 月 15 日，吴宓在日記中寫道："下午
寢息片時，而重慶師專校資料室職員鐘家源來，自陳爲故趙德勳之學生，銜趙弟
德華命，來此收檢勳之遺書。中有《吴宓詩集》一部，甚喜，蓋曾聞勳生前稱道
宓，擬從問詩學，云云。宓當推舉師專校内周邦式、朱樂之、田楚僑三先生，勸
鐘君從之學，勝於宓多多也。"（《吴宓日記續編 4：1959~1960》，第 168 頁）從
中可見吴宓對田楚僑的推許之意。

韋駿若:《對田楚僑先生的點滴回憶》，載《南川文史資料選輯》（第十輯），
中國人民政治協商會議四川省南川縣委員會文史資料委員會編印，1993 年 12 月，
第 83-87 頁。

陳宛茵:《在世界日報社工作半年的回顧》，載《巴縣文史資料》（第十一輯），
中國人民政治協商會議四川省巴縣委員會文史資料委員會編印，1994 年 12 月，第
22-26 頁。

姚鵷雛:《寄田楚僑》，《姚鵷雛文集：詩詞卷》，上海古籍出版社，2009 年 8
月版，第 126 頁。

附重慶市檔案館"民國檔案"存田楚僑檔案十六通名目：

1.田楚僑:《田楚僑發給姚民的畢業證明書》，1928 × × × ×，檔號：
0129000200009000306000。田楚僑時爲南川縣教育局長。

2.四川省立第二女子師範學校:《關於參加田楚僑演講婦女與文學的牌告》，
19300304，檔號：01300001000290000470000。告文："校長告：明日（星期三）
午後三至五時舉行周會，敦請田楚僑先生出席演講《婦女與文學》，届時仰各級學
生齊集大禮堂静聽。此告。中華民國十九年三月四日"。

3.四川省立第二女子師範學校:《關於録取田楚僑、饒則學、劉尚倫致□□□
的公函》，19301122，檔號：0130001001240000219000。

4.重慶市參議會:《關於田楚僑、徐祖濤等請派員解決馬王廟中心校與陝西旅
渝同鄉會防空洞庭湖石條糾紛案致重慶市政府的公函》，19470208，檔號：
0054-0001-00329-0100-134-000。

5.重慶市政府:《關於處理田楚僑與重慶市馬王廟中心國民學校發生房屋糾紛
致重慶市參議會的公函》，19470221，檔號：0054-0001-00350-0100-155-000。

6.重慶市政府、重慶市參議:《關於撥付田楚僑傷費醫藥費的呈、公函。附

醫療支出預算》，19470404，檔號：0054-0001-00290-0100-191-000。

7.重慶市參議會、市政府等：《關於撥付田楚僑醫藥費的呈、指令、訓令、公函、便簽。附：醫藥費支出預算書》19470405，檔號：0053-0019-02024-0000-087-000。

8.重慶市政府：《關於給田楚僑拔（撥）發醫藥費給財政局的訓令》，19470502，檔號：006400080153800001000000。

9.重慶市參議會、市政府：《關於撥付田楚僑傷病醫藥費的呈、訓令。附：追加支出預算書》，19471113，檔號：0053-0019-02024-0100-331-000。

10.重慶市政府：《關於給田楚僑報銷傷病醫藥費給財政局的訓令》，19471202，檔號：0064000801538000178001。

11.重慶市參議會：《關於重慶市參議會秘書田楚僑請假的證明書》，19480910，檔號：0054-0001-00254-0000-142-000。

12.重慶市審計處、市政府：《關於參議會秘書田楚僑特別辦公費的公函》，19490402，檔號：0053-0019-02089-0000-156-000。

13.重慶市參議會、市政府：《關於田楚僑比照簡任待遇核支薪俸及公費的公函》，19490413，檔號：0053-0019-02089-0000-149-000。

14.重慶市參議會：《關於派田楚僑爲救金分配委員會委員的函》，19490908，檔號：0054-0001-00315-0000-108-000。

15.重慶市參議會：《關於補發田楚僑市郊區公務乘車證給公共汽車管理處的函》，19491013，檔號：0054-0001-00258-0000-042-000。

16.王薪甯：《關於檢送王薪甯攥（纂）寫書籍田楚僑的函》，19××0526，檔號：0054-0001-00001-0000-012-000。抬頭爲"楚僑秘書兄勳鑒"，其時應在田楚僑任重慶市參議會秘書期間。

作者單位：重慶師範大學、重慶市抗戰文史研究基地

艾蕪八十二歲時的 "鄂行"

龔明德

中國現當代文學大家艾蕪在一九二五年至一九三一年，有過長達六年的 "南行"，即漂泊於我國雲南並再往南去到緊鄰雲南的國外如緬甸和馬來西亞等地漂泊的經歷，並產生了一部著名的經典短篇小說集《南行記》和一部經典散文集名著《漂泊雜記》；在一九五四年和一九五七年之間，有過陸續的 "歐行"，即前往當時的社會主義陣營的匈牙利、捷克斯洛伐克和蘇聯訪問的經歷，有一本散文特寫集《歐行記》出版。包括一九六一年和一九八一年艾蕪的第二次和第三次 "南行"，也都是關注中國現當代文學的人眾所周知的史實。但是，這位以 "南行" 聞名於世的作家，在共和國的 "新時期" 即二十世紀八十年代中期還有過一組長達六千字的 "鄂行記" 公開問世，與之對應也有過一次長達三千里的 "鄂行"，卻連專事艾蕪研究的人也不能完全瞭解甚至一無所知。八十二歲的艾蕪在 "鄂行" 結束一個多月後寫下的一組 "行記"《大江訪勝》，雖然夠不上他早期的《南行記》和《漂泊雜記》那樣幾乎篇篇都是經典性質的精品，但既不編入十卷本的《艾蕪文集》也不編入十九卷本的《艾蕪全集》，畢竟是有負於老作家的心血啊……

一 艾蕪 "鄂行"，專業領域或不知詳情或一無所知

艾蕪去世半年剛過，長期與艾蕪接觸並研讀艾蕪因而對艾蕪生平事迹相當熟悉的譚興國利用多種方便條件，編寫了《艾蕪生平與著作年表》。從該年表後的注文中得知，年表中一九八〇年前的內容 "經艾蕪同志作過仔細的校正"，這次的擴充修訂稿 "蒙艾蕪同志的夫人和戰友王蕾嘉同志大力支持和幫助"，表明這應該是一部權威可信的作家年表。該年表公開收在一九九九年四月由四川人民出版社印行的《沙汀艾蕪紀念文集》一書中。

譚興國編寫的《艾蕪生平與著作年表》在一九九六年項下，對艾蕪 "鄂行" 有過記載。連同怪怪的阿拉伯數字的機械使用都不做訂正，原文抄錄如下：

> 10 月 10 日—11 月 2 日，去武漢參加湖北作協組織的 "長江筆會"。歷時近 1 月，完成 1 篇三峽游記。

顯然，這裏的載錄文字表明，人們印象中對艾蕪生平創作瞭若指掌的譚興國並不知道艾蕪 "完成 1 篇三峽游記" 的文章是什麼標題、發表了沒有、如果發表

了刊於什麼地方、如果沒有發表的話手稿還在不在等相關問題。譚興國僅僅是模糊敘事地提示了一下，很可能是王蕾嘉口頭對譚興國講了這件事。

在湖北省內一所大學長期擔任中國現當代文學教研工作的王毅，是艾蕪研究領域的後起之秀，他二〇〇五年八月已在北京十月文藝出版社印行了三十五萬字的《艾蕪傳》，是規格不低、印製很講究的一套《中國現代作家傳記叢書》中的一種，不僅被"傳"之作家非名家大家不入，連寫"傳"之作者也是挑了又挑、選了又選，以確保進入叢書的每一本都經得歷史檢驗。進入這個叢書作者群體之一的韓石山就反復說過他爲這套傳記叢書寫的《徐志摩傳》，是著名作者寫出的傳記名著，絕非兒戲之言。《艾蕪傳》的作者王毅還與人合作寫了一本《艾蕪畫傳》，和王毅五年前的《艾蕪傳》一樣，在正文中仍然完全沒有提及八十二歲時的艾蕪"鄂行"近一月並有一篇六千字的"鄂行記"公開發表之事，在書後附錄的《艾蕪生平大事記》中，相對應的艾蕪"鄂行"時段乾脆全年空白，——對於一個爲以行走著名的作家立傳的專書來說，這個疏忽是不可原諒的重大失誤。

仍然是校址在湖北省內另一所更爲著名的大學列入"國家社會科學基金項目"和"武漢大學人文社會科學重大攻關專案"的一百萬字的《中國文學編年史》的"當代卷"，對艾蕪參加了的這次九省市作家多達近百人的文學活動，而且是公開出版了一部四十九人合集專書的大型文學活動，也是隻字未提。當然不是故意回避，而是編者史料功夫沒有做夠就急慌慌地要出"成果"、要"結項"以便及時領取科研獎金所致；不過，這也是現在的科研設項的不足之處，必須得在指定的時間內完成某一科研課題。

幾代艾蕪研究者，都把艾蕪與高爾基連在一起，說他們在"流浪"這一點上有相似的經歷，有一兩本寫艾蕪生平的專書就直呼艾蕪爲"流浪文豪"，是"中國的高爾基"。不知道蘇俄或如今的俄羅斯這一國家內的"比較文學"研究者有無把高爾基呼之爲"蘇俄的艾蕪"的。這種類比，還是少一些好，自己親自比附或他人代爲比附，都不是嚴謹的科研行爲。

艾蕪從二十多歲漂泊到雲南，甚至漂泊到緬甸和馬來西亞等，有著名的《南行記》和《漂泊雜記》兩部經典名著貢獻出來，在中國現代文學史上熠熠生輝、永放光芒！一九五〇年後的頭十多年，正值壯年的艾蕪仍雄心勃勃，再次"南行"，出產了薄薄的一本《南行記續篇》。再次"南行"不久，他又有一次"歐行"，留下比《南行記續篇》厚一些的大本《歐行記》。到了七十四歲時，艾蕪不服老，再來"第三次南行"，歷時近兩個月，寫出十四篇文章，兩年後結集爲《南行記新篇》在雲南人民出版社出版。

被譚興國模糊敘述、被王毅隻字不提的"鄂行記"，發生在一九八六年十月中旬。在艾蕪本人，這個行爲肯定不是他一時的衝動，他老人家要用事實向歷史宣告，他終生都在"行"的路途中：南行、再南行、第三次南行，歐行，生命的尾聲又來一次鄂行……

二 接到"鄂行"邀約，艾蕪立即"決定參加"

在艾蕪誕辰一百一十周年之際，四川文藝出版社和成都時代出版社聯合印行了十九卷本《艾蕪全集》，第十九卷收有艾蕪一九八六年的日記。就在這一年的九月二十六日的日記中，艾蕪寫道："湖北作協來電，約我參加長江筆會，我決定參加。"

艾蕪一接到"來電"就立即表態"決定參加"的這次文學活動，規模相當大，參加的人多達近百人。光這次活動的參加者提供了作品在書中發表了的就有四十九人。這次文學活動 的最初動因，據時任作協湖北分會黨組書記的洪洋回憶，是一九八五年十月在中國作家協會的一次工作會議上，陳登科和茹志鵑同洪洋談到在這文學發展面臨著很多新問題的時代，各省各地的作協各分會領導人和作家以及文學組織工作者之間，迫切需要互通聲息、互相學習、互相借鑒、互相激勵。這三位擔任作協分會領導人的作家還談到在新科技飛速發展的時代，作家們通過行萬里路可以不斷接觸新的物質生產力、新的社會風貌，保持和社會生活的緊密聯繫。隨後沿長江各省作家分會領導人經過多次磋商，決定首先在湖北舉行首屆長江作家筆會。這次首屆長江作家筆會的全稱較長，爲"長江九省市作協分會倡辦、作協湖北分會主辦的首屆長江作家筆會"。"九省市"即青海、雲南、四川、湖北、湖南、江西、安徽、江蘇、上海。其實，出席首次長江作家筆會的還有張光年、陳荒煤等北京作家，因爲有了定語"長江"，故沒有把北京計入。這次筆會閉幕前，已商定下一次的名稱中的"九省市"要改爲"十省市"，因爲要補上西藏自治區。還商定以後由各省輪流主辦，一直持續下去。可能諸如經費等問題不是輕易可以解決的，後來的省份沒有繼續辦下去，以致"首屆長江作家筆會"成爲了唯一的一次"長江作家筆會"。"長江作家筆會"，一般略爲"長江筆會"。

在"長江筆會"邀約的作家中，艾蕪是最年長的一位，他出生於一九〇四年六月二十日，這一年他接到筆會通知時，已過了八十二歲了。一般八十歲以上的人，別説他自己以爲老，連家裏人也多半不允許他單獨出遠門的。但艾蕪是個例外，你看他在日記中寫的，並沒有發生同老伴和孩子商量一下之類的囉囉嗦嗦，乾脆直截地自己就拿出了"我決定參加"的主意，真不愧是《南行記》的作者。

三 這次"鄂行"，艾蕪的具體行蹤

參照已經出版了的艾蕪當時的兩封書信和日記，還有由中國文聯出版公司一九八八年五月公開出版的"長江筆會"四十九人寫的文章合集專書《長江魂》，尤其是其中的艾蕪共六千字的一組文章《大江訪勝》以及該書中的其他相關記述，

整理出艾蕪這次 "鄂行" 的蹤迹，等相關檔案材料如 "長江筆會" 隨時印發的多期《簡報》到手後，再進行訂補擴充。

一九八六年十月八日

晚十一點到成都火車北站乘坐火車，先去重慶再乘坐航船去沿長江九省市作協分會倡辦、作協湖北分會主辦的首屆長江筆會舉行開幕式的湖北省武漢市。 "九省市" 即江蘇、四川、湖南、青海、雲南、安徽、湖北、江西和上海。因爲艾蕪乘坐的火車是北京始發開往重慶的過路車，故 "蓋的被鋪是剛剛下去的旅客用過了的，很不乾淨。好在很疲倦，睡就是了"。詳見艾蕪次日寫給妻子王蕾嘉的書信。

一九八六年十月九日

晨八點乘坐火車抵達重慶，受到重慶市文聯同行的接待，入住重慶人民賓館。上午由 "利九" 陪同，前往抗日戰爭後期曾住過好幾年的張家花園文協舊址，結果到處樓房林立， "找不到舊時痕迹了"。詳見艾蕪該日寫給妻子王蕾嘉的書信。

一九八六年十月十日至十四日

十日晚上十一點乘坐輪船，沿長江而下前往武漢出席作協九省市分會倡辦、作協湖北分會主辦的首屆長江筆會。十一日開船，夜宿萬縣。十二日早上五點開航，進入三峽，黃昏過葛洲壩，晚上抵達宜昌。自此始可夜航。十三日下午五點半到漢口，作協湖北分會主席駱文和作家徐遲到碼頭迎接。坐五十多分鐘的汽車到入住的武昌東湖賓館，與王群生同住一個房間。詳見艾蕪十七日寫給妻子王蕾嘉的書信和王群生《巴渝風情》一書中的《寧河陡岸， "懸棺" 藏秘》。

一九八六年十月十五日

上午出席在武漢洪山賓館二樓禮堂舉行的沿長江九省市作協分會倡辦、作協湖北分會主辦的首屆長江筆會開幕式，並講話。同時在開幕式上講話的還有張光年、陳荒煤、徐遲、陳登科和李喬等。下午游覽黃鶴樓， "隨即作了一首詩"。（此詩沒有編入《艾蕪全集》詩歌卷，僅僅保留在該日日記中。）曰： "昔日已乘黃鶴去，今日我來黃鶴樓。江山改革增錦繡，無邊春色湧心頭。" 參見湖北作家網上的洪洋《湖北文學活動中的吉光片羽》一文和艾蕪十七日寫給妻子王蕾嘉的書信。

一九八六年十月十六日

同參與筆會的人員一起觀賞了湖北省歌舞團和武漢舞劇院的專場演出，訪問了武漢鋼鐵公司現代化的熱軋廠與冷軋廠，聽取了國務院長江流域辦公室主任林一山關於長江流域開發包括正待動工的三峽大壩工程的宏偉規模、巨大效益內容的專題報告。參見雨時《情寄長江無人區》和時任作協湖北分會黨組書記的洪洋《湖北文學活動中的吉光片羽》。雨時文載一九八八年五月中國文聯出版公司印行的多人合集《長江魂》，洪洋文見湖北作家網。

一九八六年十月十七日

上午同參與筆會的人員一起游覽了東湖，覺得"水波清亮，空氣新鮮，是大城市裏少有的風景"。下午開討論會，艾蕪請假在所住賓館給妻子王蕾嘉寫信。詳見艾蕪該日寫給妻子王蕾嘉的書信。

一九八六年十月十八日

同參加筆會的人員一起乘坐"輕舟"號專輪自武漢啟航，逆江而上，凌晨五點船抵宜昌，參觀葛洲壩水利工程。艾蕪與雲南彝族作家李喬等被安排在船上一個房間，比艾蕪年幼五歲的李喬在觀賞長江沿江風光的同時，對艾蕪作了詳細采訪，詳見李喬《江上情》一文第二節《江上晤蕪老》，李文載一九八八年五月中國文聯出版公司印行的多人合集《長江魂》一書中。

一九八六年十月二十一日

船抵瞿塘口，參加筆會的人員除艾蕪外都上岸去觀看白帝城，艾蕪"獨自一個人留在游船上，欣賞瞿塘峽口的山水"，聯想到唐代詩人杜甫詩中寫及的"夔府"便是白帝城所在的今奉節縣，以及"傳說中諸葛亮擺的八卦陣圖也在這裏"。使艾蕪"深深懷念的"，是在這裏住了一年零九個月的杜甫，他一生寫了一千四百多首詩，其中四百三十七首是在夔府寫的。"可以看出三峽的風光，激起了他創作的多大熱情。"詳見艾蕪《大江訪勝》第一節《瞿塘峽口》，參見張光年《江漢行》組詩之四《登白帝城》。艾蕪此文和張光年詩均載一九八八年五月中國文聯出版公司印行的多人合集《長江魂》一書中。

一九八六年十月二十二日

乘坐的"輕舟"號游船"經過巫山，開到夔門。又由夔門，開回巫山夜宿，兩次見到了神女峰"，覺得以前雖"走過三峽好幾次了，都因旅客多，船上太擁擠，沒有見到巫峰上的神女"，這次乘坐的"輕舟"號是"觀看三峽風光最好的游船，可以盡情欣賞波光山色"，感到神女峰峰側那位"女郎的石頭形象，婀娜多姿，獨立雲天，似在盼望什麼人歸來似的"，認爲在高峰上塑造出這麼"一座美麗形象，值得贊賞"。聯想到宋玉寫及神女峰的《神女賦》《高唐賦》等，使中華民族的文學，更加豐富多彩。也想到現實主義詩人杜甫居住三峽一年多，也曾把神女寫入其詩章，等等。詳見艾蕪《大江訪勝》第二節《三峽》和張光年《江漢行》組詩之《望神女峰》，艾蕪的文章和張光年的詩均載一九八八年五月中國文聯出版公司印行的多人合集《長江魂》一書中。

一九八六年十月二十三日

早晨隨參加筆會的九十多人換乘裝有馬達的小船（共三隻小船，每船三十人許）游覽長江支流的大寧河即"小三峽"。中午在河邊沙灘上休息。詳見艾蕪《大江訪勝》第三節《大寧河小三峽》，艾蕪此文載一九八八年五月中國文聯出版公司印行的多人合集《長江魂》一書中。

一九八六年十月二十五日

乘船到秭歸，離開"輕舟"號開始陸地游覽。參觀新修的屈原紀念館和屈原銅像。離興山縣城不遠的寶坪村有王昭君紀念館和王昭君漢白玉雕像，但艾蕪未隨筆會去看王昭君紀念地，他"更爲關懷"的是此屈原童年生活過的香溪兩岸的自然景色如何培育了屈原的美感，從而助長了成年屈原想象豐富的夢幻神思。艾蕪嘆惜因天落小雨、路不好走而未去順香溪而上七里之遙的屈原誕生地參觀，"祇能望而興歎，不去了"。詳見艾蕪《大江訪勝》第四節《香溪，屈原、王昭君的故鄉》，參見張光年《江漢行》組詩之《屈原紀念館留字》。艾蕪此文和張光年此詩均載一九八八年五月中國文聯出版公司印行的多人合集《長江魂》一書中。

一九八六年十月二十六日

上午進入原始森林神農架保護區游覽，艾蕪感到"遠離紅塵世界，進入風景佳麗的仙境似的"，"不禁想起了《九歌》中的《山鬼》"，又想起杜甫詩句"臥病識山鬼，爲農知地形"，認爲"這種製造鬼神爲人治病除災的辦法，表現人類聰明的一面，而且由此產生了歌舞"。中午在紅坪鎮吃用汽車帶來的塑膠袋裝冷餐午飯，因爲此處深山內沒有居民。近黃昏時到達神農架自然保護區首府松柏鎮。

一九八六年十月二十七日

在松柏鎮開會，聽關於神農架的報告，艾蕪"感到祖國有這麼多的寶藏，引以爲榮"。詳見艾蕪《大江訪勝》一文第四節《神農架》，艾蕪此文載一九八八年五月中國文聯出版公司印行的多人合集《長江魂》一書中。

一九八六年十月二十八日

早餐後，與鄒荻帆、李喬和江曉天同乘二汽派來的一輛北京吉普，從神農架松柏鎮出發，艾蕪坐副駕駛位置上。途中，艾蕪注目觀賞兩旁山林景色，突發感歎："古人説，'萬綠叢中一點紅'，你們看，這是萬綠之中點點紅、片片紅呵！"詳見江曉天《鄂西漫游散記》，該文收入一九八八年五月中國文聯出版公司印行的多人合集《長江魂》一書中。

一九八六年十月三十一日

沿長江九省市作協分會倡辦、作協湖北分會主辦的首屆長江筆會於廠址設於湖北十堰的中國第二汽車製造廠閉幕後，艾蕪當天夜晚在十堰火車站與唐大同、胡笳以及出席長江筆會的青海作家、雲南作家同時乘坐河南鄭州直達重慶的火車，離開十堰前往重慶。參見次日艾蕪日記和張光年《首屆長江筆會記事》一詩的注②，張詩載一九八八年五月中國文聯出版公司印行的多人合集《長江魂》一書中。

一九八六年十一月一日

艾蕪一行乘坐的鄭州直達重慶的火車晨七時到四川渠縣，八點半抵重慶。老朋友王覺以及共同參加首屆長江筆會先艾蕪一天從十堰回到重慶的王群生、張世俊和周世國前來火車站接站，艾蕪等人被安排在重慶南岸南同招待所休息。下午四點半艾蕪等人出席重慶出版社社長沈世鳴在一家餐館的送別宴會，青海、雲南、成都和重慶本地的作家共兩桌。宴畢於下午六點過艾蕪、唐大同和胡笳乘坐重慶開往成都的火車離開重慶，三十四元一角錢一張的軟臥車票由重慶市文聯周世國提前代爲預購。詳見艾蕪該日日記。

四　艾蕪的《大江訪勝》，其文集全集均未收

收在四十九人合集的《長江魂》中的艾蕪六千字的一組"鄂行記"《大江訪勝》，篇末注明"一九八六年十二月二十日於成都"。即便推想一下，一個八十二歲高齡的人是不可能在一天內就寫出這麽六千字的文章來的。一查艾蕪日記，他爲這一組《大江訪勝》，真是費盡心思。在一九八六年十二月十八日的日記中，艾蕪寫道："開始寫小説。感到愉快，因爲文債都還清了。"這"文債"之一，當然應該包括甚至主要是爲"長江筆會"寫《大江訪勝》。

艾蕪日記中，寫及"鄂行記"《大江訪勝》的共有十二天，依時間順序逐一抄録。

一九八六年十一月十四日："打算寫長江三峽、小三峽、神農架、屈原、王昭君故里的游記。又看《三峽大觀》一書和其他資料。十堰的汽車製造廠和葛洲壩的水利工程，都是新的工業，那裏形成了新的城市，使我感到新建工業的必要。投資十一二億元，即可養活三四十萬人，多麽好，多麽重要。資金缺乏，可借外資，對外開放實爲必要。關於修三峽水利工程，我主張從緩，要花一二百億元，哪有這麽大一筆資金？即使有，也不要修三峽水庫，應用資金來發展工業和工業城市。黃河三門峽水利工程並不如大家所想的好，應加以研究。"

一九八六年十一月二十八日："上午讀杜甫在奉節寫的詩。"

一九八六年十一月二十九日："上午開始寫長江作家筆會的文章。涉及杜甫，因爲他寫過三峽，不能不談到他。"

一九八六年十二月一日："續寫游記。"

一九八六年十二月二日："續寫游記。"

一九八六年十二月五日："續寫游記。"

一九八六年十二月六日："續寫游記。"

一九八六年十二月八日："續寫長江流域游記。"

一九八六年十二月九日："續寫游記。"

一九八六年十二月十日："續寫游記。讀有關《楚辭》的書。"

一九八六年十二月十一日："續寫游記。今天寫完。讀有關《楚辭》的各種本子。"

一九八六年十二月十六日："修改關於三峽的游記。"

收在《長江魂》一書中的定稿《大江訪勝》末尾的寫作日期，其實是一九八六年十二月十七日到二十日的謄抄工作最後完畢的時間。沒有見到該文手稿，按艾蕪一貫的嚴謹作風，他多半會親自抄寫定稿，即便請人抄寫，他也要再細細校讀一遍的。

上面抄録的艾蕪一九八六年十一月十四日的日記很重要。這則日記是艾蕪的沉重的思考，要知道艾蕪在長江筆會開幕的當天下午，就聽取了國務院長江流域規劃辦公室主任林一山關於長江流域開發的專題報告，在這報告中林一山用充滿自信的生動而富於感染力的語言，描繪了正待動工的三峽大壩工程的宏偉規模和效益。艾蕪不僅在私人日記裏這麼寫，在公開發表的《大江記勝》最後一題《嶄新的城，十堰市》用了幾乎後一半的篇幅論述爲什麼他"贊成緩修"長江三峽水庫。除了日記中所寫，在文中他還回憶"五十年代已經接觸到"的有關議論，就是一旦發生戰争，"三峽水庫一遭敵人炸毀，下游各省人民，必然大遭浩劫"的嚴重問題。

艾蕪的"鄂行記"《大江訪勝》以《瞿塘峽口》《三峽》《大寧河小三峽》《香溪，屈原、王昭君的故鄉》《神農架》和《嶄新的城，十堰市》六個小題組成，以八十二歲高齡寫這麼一組談古説今的文章，真是一個大工程！艾蕪本人編選十卷本《艾蕪文集》爲何不收入這組六千字的嘔心瀝血之作？不見他的自述。但艾蕪去世二十多年了，後人編十九卷本《艾蕪全集》仍不收此篇，就説不過去了。全文收録艾蕪《大江訪勝》的《長江魂》在一九八八年五月由中國文聯出版公司印行了四千八百一十册，並非難覓之書。當然已經被驗證的事實，這套十九卷本《艾蕪全集》編得很不用功，連不少成都本地伸手可得之報刊上的重要文章都有一些沒有編入。或許艾蕪遺屬怕增加勞動成本，在人力、財力等方面都不敢多花費，如此就導致了不少作品無法找來編入《艾蕪全集》的後果。下面特將艾蕪這篇"鄂行記"《大江訪勝》全文抄録，供讀者一飽眼福。

大江訪勝
艾　蕪

瞿塘峽口

　　長江流域首屆作家筆會，在武漢召開，采取一面旅游，一面開會的特殊形式。除了在武漢游覽黃鶴樓，參觀鋼鐵廠，在宜昌又參觀葛洲壩水利工程而外，還租了游船沿江而上，飽覽三峽的雄姿秀色。第一天上岸看的是瞿塘峽口的白帝城，九省市的作家，約八九十人，都高高興興登臨去了。我卻獨自一個人留在旅游船上，欣賞瞿塘峽口的山水。這裏是個開闊的河谷，有秀麗的遠山，微抹藍色的霧靄，有山嶺壁立的夔門，高聳雲天；有斜坡的耕地，鋪滿青綠的農作物。還有人煙稠密的城市，城下停泊滿了大船小艇。這就是杜甫詩中稱之爲“夔府孤城落日斜”的夔府，即今天的奉節縣。如今一點也不孤，倒是從江邊到城裏的街市，約有上萬級的梯石，運貨送貨，不斷人上人下十分繁榮。城裏高樓建築越多了，正向城市現代化走去。

　　我搭船走過三峽，有好幾次了，都是隨水漂浮，不可能停留觀賞。現在我一個人在甲板上，可以盡情觀玩。小時讀過“灩澦大如馬，瞿塘不可下。灩澦大如牛，瞿塘不可留”這樣的民謠，該是這裏傳出的。灩澦堆我是見過的，就在夔門的口上，對航運危險極大，用炸藥炸掉了，是件大好事。又想起，傳說中諸葛亮擺的八陣圖也在這裏，如今無法尋找了，也不惋惜。使我深深懷念的，是在這裏住了一年零九個月的詩人杜甫，他一生寫了一千四百多首詩，其中四百三十七首是在夔府寫的。可以看出三峽的風光，激起了他創作的多大熱情。同時也可以看出他一生困頓，唯一使他感到安慰的，便是寫詩：

　　“陶冶性靈存底物，新詩改罷自長吟。熟知二謝將能事，頗學陰何苦用心。”
　　又引庾信來勉勵自己：
　　“庾信平生最蕭瑟，暮年詩賦動江關。”
　　由於這樣的心情，他在夔州一年多就寫了許多詩，收穫最大。關於杜甫描寫山川原野的詩篇，描寫出祖國的可愛，是能激發愛國的熱情的。我們在外國僑居過的人，一想起祖國，首先出現在頭腦裏的，便是自己曾經居住過的地方，或是一灣垂柳的河岸，一片開花發綠的田野，或是叢山峻嶺中的古木森森，繁星燦爛的湖濱涼亭。總之，愛國不是抽象的，是有壯麗的山川原野吸引我們游子的心的。
　　杜甫對夔州的裏西地方，游覽過，耕種過，欣賞過，是想安居下去的，但因有“不可久留豺虎亂”的困難處境，祇好出川東下。他離別的留戀心情，通過他的詩，還可以看見。"入舟翻不樂，解纜獨長籲。"不就現在眼前麼？我不禁想起八年抗日戰爭，十年"文化大革命"，作家也受夠了流離的苦難，真是不堪回首，於今能夠如此旅游，真是生活中一段最珍貴的時光。

三　峽

我們租的"輕舟"號，是觀看三峽風光最好的游船，可以盡情地欣賞波光山色。我走過三峽好幾次了，都因旅客多，船上太擁擠，沒有見到巫峰上的神女，祇覺得高峰插天，容易引起神秘的幻境而已。這次游船經過巫山，開到夔門。又由夔門，開回巫山夜宿，兩次見到了神女峰，峰側有一位女郎的石頭形象，婀娜多姿，獨立雲天，似在盼望什麼人歸來似的，這真像是一個大藝術家，在高峰上塑造出的一座美麗形象，值得贊賞。同時也容易勾引起夢幻，走入神話中的太虛幻境。令人忍不住要問：神女啊，你爲什麼不回到天上？你在等候什麼人嗎？看來你是熱愛紅塵世界，熱愛人生的。宋玉爲她寫了《神女賦》《高唐賦》，使中華民族的文學，更加豐富多彩。杜甫是個現實主義的詩人，但因在三峽住了一年多，又因讀了宋玉的辭賦，也把神女寫入詩章。

"東西兩岸坼，橫水注滄溟。碧色忽惆悵，風雷搜百靈。空中右白虎，赤節引娉婷。白雲帝季女，嘍雨鳳凰翎。襄王薄行迹，莫學令威丁。千秋一拭淚，夢覺有餘馨。"

杜甫還寫有懷念宋玉的詩：

"搖落深知宋玉悲，風流儒雅亦吾師。悵望千秋一灑淚，蕭條異代不同時。江山故宅空文藻，雲雨荒台宣夢思。最是夢官俱泯滅，舟人指點到今疑。"

關於屈原，杜甫的詩中，祇提到"羈離交屈宋""何得山有屈原宅"而沒有悼屈原的詩章，這是一個謎。後又讀到他贈別人的詩，"安危大臣在，何必淚長流。"這雖不是指屈原，但對屈原不無關係。杜甫另外的努力，是要用描畫山川，激起人民愛慕祖國的熱情，可以想見，因爲他在別的方面，使用不出他的力量。但我們後代的人，既要贊美杜甫，也要哀悼屈原，他們都是愛國的。祇因時代不同，愛國的方式也不同了。

大寧河小三峽

奉節轉來，船泊巫山，宿了一夜，第二天早上天尚未亮，便搭乘裝有馬達的三隻小船，（一船隻能坐三十多人）進入巫山下邊，長江支流的大寧河，游人稱之爲"小三峽"。大三峽是以各種高聳雲天的巨大岩石，現出層出不窮形象，而且是在峰迴路轉想不到的突然出現，令人驚奇。再加神女峰的點綴，自然會感到三峽的奇觀異色。可是讀了李白的詩：

"朝辭白帝彩雲間，千里江陵一日還，兩岸猿聲啼不住，輕舟已過萬重山。"

就會對今天的三峽不滿了，聽不到猿啼，也看不見猴群的影子。但是小三峽裏，兩岸絕壁長滿樹木藤蘿，就有枝搖葉動，群猴跳躍期間，發出驚喜的鳴聲。我們中午在河邊沙灘上休息，對岸山林裏，便送來這種猴子且鳴且跳的峽裏奇觀。

山嶺和三峽的峰巒一樣高，一樣險，祇是兩岸的距離更狹窄了。抬頭一看，一條窄窄的天空，淺藍如帶，再加滿布蔥蘢蒼勁的樹木，峽裏有些陰暗，但並不叫人憂鬱，倒是引起清新愉快的欣喜。水清亮極了，濺起銀白的水花，仿佛大寧河在歡笑迎人。幾天來都看見長江昏黃的江水，含有大量的泥沙，使人感到不快，到了小三峽，耳目爲之一清，心情爲之一爽，仿佛自己的精神都受了洗滌似的。有些沒有樹木的岩石，則露出各種顏色，像是現代派隨便塗抹的畫一樣，別有一種風趣。在岩石筆立的一面，依我們進去的方位來看，便算是我們游人的左邊，距水面有一兩丈高，在古棧道的遺迹，留了下來。木板木椿都不見了，祇有上下兩排人工開鑿的孔眼，四方的形狀，隨船的轉移，不斷地出現。這條棧道長一百二十公里。古代修這一棧道有何作用，尚難知悉。我不禁想起"一騎紅塵妃子笑，無人知是荔枝來。"可能四川瀘州產的荔枝，是從這條古棧道，送到漢中，再送長安去？

有的地方開闊一點，現出一片沙灘，就有畫家在寫生，正把山嶺樹林藤蘿繪入畫圖。這是值得畫的，希望他們的作品送到國內和海外去，讓人們欣賞中國有多麼美麗的山河，多麼好的自然寶藏。

香溪，屈原、王昭君的故鄉

到了秭歸，有一條叫作香溪的支流，由這裏流入長江；我們便離開"輕舟"號游船，開始陸地的游覽。香溪令人深爲注意的，是它的兩岸山村，出生過我國偉大的詩人屈原，及擔負和親重大任務的王昭君。在秭歸縣城新修有屈原紀念館，還建立有銅像。離興山縣城不遠的寶坪村，也有王昭君的紀念館，內蒙古自治區還送來了漢白玉雕刻的王昭君像使昭君村增添光采。這是我國各族人民重視古代歷史和文化很好的表現，是應該贊賞的。但我卻更爲關懷的，是香溪和它兩岸的自然景色，它培育了屈原童年時代的美感，助長了詩人想像豐富的夢幻神思。又天生一代的佳人，不是香溪的奇花異草，雲影波光，起了作用嗎？從秭歸到興山縣城，沿香溪有一條公路相通，一路可以看見綠色林中，有朱紅色的橘子，金黃色的廣柑出現。全國聞名的錦橙，臍橙，桃葉橙就出在這一帶地方。屈原寫過《桔頌》，贊美這種甜蜜的水果。又有年產百萬的野生獼猴桃，綠色的果肉，甜而微酸，極富營養，正大規模地製酒銷售。這難道不是青山綠水作出的貢獻麽？

香溪水色清亮，但水淺不能行船。兩岸山也高，但比較開闊，有大的斜坡，現出青綠的種植地面，點綴著綠樹人家。中途有鐵索橋横在溪上。對岸有山裏來的支流，流入香溪。據説，過了鐵索，沿著山裏來的小河，順流而上，約行七里多，就是屈原的誕生地。但因路不好走，又天落小雨，衹能望而興歎，不去了。但因看過巫山大寧河的景色，也可以想見，去那裏的小河和屈原的故里，是有怎樣山高水險，林蓊森森的吧。

“入叙浦餘儃佪兮，迷不知吾所如。深林杳以冥冥兮，猨狖之所居。山峻高以蔽日兮，下幽晦以多雨。霰雪紛其無垠兮，雲霏霏而承宇。”

儘管這不是描寫他的家鄉，而確有他童年時代家鄉的親切印

（注：此處原文缺失兩行）

由興山縣城，再沿香溪上游而行。不久就過王昭君的誕生地寶坪村，但因在香溪的對岸，衹能遠遠地望見。村後面是巍峨的大山，上覆蒼翠的森林。昭君村在山半腰，有紀念館和農家房屋，點綴其間。下面是層層的梯田。上昭君村得爬四百多個臺階。昨天上午九省市的作家都上昭君村參觀，我沒有去，一則天在落小雨，二則對於傳説中的昭君梳粧檯、照面井，這些遺迹，興趣不大，沒有去。這一天，在汽車裏，親自觀看，也就心滿意足了。我覺得人成長的自然環境，是誕生人培養人的重要因素，不能忽視。

過了昭君村，香溪兩岸的山更加高了，河面越發窄了，有如三峽一樣，前後左右，卻有山峰擋著，彷彿無路可通。和三峽不同的地方，是兩岸的山挨的更近，一層高一層的又長滿了綠樹青藤，少有光秃秃的石壁出現。還有更大的好處，可以坐著汽車，極爲舒適的游覽。香溪是水不大的河流，半邊流水，半邊高一點的地方，便藉以修建公路，直通原始森林神農架。香溪的水很能引起游人的興趣，有的地方像是不流動似的，静静地一灣綠水，使人感到古人説的青山綠水。有的地方，露出一片大小石頭，溪水便跳躍奔騰，激起白色的浪花，有如小河在嬉笑一樣。有的地方又有飛泉瀉下，如同在森林邊上，掛起銀白的水簾。更使人高興的，是利用山泉奔下的水力，修了好幾座水電站，有的還正在安裝機器。夜來在興山縣開會，聽到當地領導人介紹的情況。知道電力豐富，鼓勵人民用電凡一月用到二十度以上，收費一度八分。用不到二十度的收費一度兩角。還有，對旅游也大有好處，沒有水電站的建設，還要加一個，沒有林業的開發，也就沒有沿香溪而行，以至到原始森林神農架的公路。那就會象屈原、王昭君那些時代，一出門就遇到山攔水阻，以及森林的恐怖，感到行路難。再加山妖水怪的神話，湧進心頭，能不驚嚇嗎？我在汽車裏，坐在駕駛員的旁邊，毫無遮攔地觀看山水，一

面又想起曾經讀過的《離騷》《九歌》《九章》，那些神話和現實生活結合的文學。

神農架

　　公路離開香溪，進入森林密布的高山，見到了高大的鐵堅杉，這是宋代留下來的古樹，至今仍發出嫩綠的葉子，這纔使我們知道已經進入了原始森林神農架自然保護區了。據説，晴天有群猴出現。有些岩石上長著古老的松樹，現出植物爭生存的頑强形象，令人驚異。植物在這裏形成了王國，沿途濃綠的樹林，在這樣深秋時節，還沒有一片黃葉，形成鬱鬱蒼蒼的威嚴景色。但又有好些火紅似的楓樹參雜其間，有著萬綠叢中幾樹紅，或者一片紅的圖景，發出迷人的天然魅力，使人贊歎不已。到底是原始森林，一路上又不見人家，祇見高入雲天，布滿森林的奇峰異景，不斷出現，使人有遠離紅塵世界，進入風景佳麗的仙境似的。這裏是不能不產生神話那類的詩歌。我不禁想起了《九歌》中的《山鬼》。《山鬼》唱出這樣的詩句："余處幽篁兮終不見天"，"飲石泉兮蔭松柏"。這顯然是山間深林的一個神人。巫師爲人治病的時候，他便成爲迎神驅鬼的歌舞場面中重要的一角。杜甫在襄西作的詩，説"臥病識山鬼，爲農知地形。"看來杜甫生病，是請過巫師演出山鬼治病的表演的吧？

　　這種製造鬼神爲人治病除災的辦法，表現人類聰明的一面，而且由此產生了歌舞。但祇此就滿足了，一直愚昧下去是可悲的。歐美的物質文明，侵進來了，對於人類用手不能做到的事，機械能做到，而且發揮的力量，也是令人驚異的。在宜昌葛洲壩看見龐大的水力發電機。又在武昌看見武鋼一米七的薄板軋鋼機，初看都覺得有些嚇人，隨又感到，儘管可怖，有工程技術人員，還有很多的科學家在掌握它，控制它，就自然而然有了安全感。又如眼前走在神農架的原始森林中，沒有公路，沒有汽車，而是一個人在走，將會怎樣呢？第一是恐慌，恐慌！不能不大聲呼喊："現代化快點降臨啊。"

　　中午在紅坪鎮吃午飯，全是塑膠袋裝的冷餐，每人一包，還有啤酒桔子水，這些是我們用汽車帶來的，這裏沒什麼人家，祇是一些林業工作人員住在此地。紅坪因壁立的岩石多，顯出各種天然的畫面，又因岩石上奇松異柏多，號稱紅坪畫廊。我因在三峽、小三峽岩石看的太多了，沒有仔細去觀玩，祇感到旅途的新鮮美滿，應該舒適地坐下休息。

　　約莫挨近黃昏時，到了神農架自然保護區的首府松柏鎮。這個區，有工廠，有商店，有學校，有現代化的賓館，是個新建的小城市，在四圍山色中，顯得清新，有朝氣。公路上的大客車，標示出宜昌到神農架的大字，就是以松柏鎮爲終點站。來這裏旅游的人，還不多，十分清靜。是個休息的好地方。我們開會，聽了關於神農架的報告，感到祖國有這麼多的寶藏，引以爲榮。除林業而外，盛產藥材約一千八百多種。有的草藥名字叫的很好聽，什麼“頭頂一顆珠”，“江邊一碗水”，“文王一枝筆”等等，都是因形狀取的名子。

嶄新的城，十堰市

早上離開松柏鎮，中午到了房縣縣城。午飯後又上山進入森林，房縣和神農架自然保護區怎樣分界的弄不清楚，祇覺得高山森林不斷地出現在車窗外邊。祇是綠色森林中有黃金色的樹叢出現，逐漸加多起來，看來是朝山野的北面在走。下午還下了雪，把綠樹染成粉綠，又把楓葉樹染成粉紅。雪越下越大，就把千林萬樹點綴起無數銀白的花朵。有說不出的美麗。這是大自然優待我們作家，臨時增加的錦繡。

下了大山，雪停止了。不到黃昏的時候，汽車進入一座嶄新的城市。寬闊的大馬路兩旁，全是七八層高的樓房，現出淡藍、淡黃、淡紅的各種顏色，形成新鮮而又豐富多采的外觀。這是湖北省的北部山中的一顆明珠，名叫十堰市，我國第二汽車製造廠設在這裏，分廠三十多個，分布在長長山溝中，號稱萬里車城。我們從大自然的懷抱中出來，看見現代化的工業，呈現另一種奇異的景色，令人十分興奮。參觀各廠的設備，尤以總裝車間的情形，三分鐘可以完成完成一台大型汽車，不次於外國的汽車工廠。我一九八〇年四月，到日本的廣島，參觀過該地的松田汽車製造廠，看過他們的組裝情形，和我國第二汽車製造廠，沒有什麼不同的地方。

十堰市聽說原是一個小小的村鎮，典型的窮鄉僻壤。由於第二汽車製造廠的建立，修建了樓房，水上公園，圖書館和學校等，有三十多萬人在工作，令人深爲讚美。同時也解決了我這次在長江流域旅游一個重大問題。在武昌聽見過開發長江興修三峽水庫進行擴大水電工程的報告，也知道有人贊成，有人反對，我自己呢？不能不引起一個問題：贊成修嗎？還是反對？其實五十年代已經接觸到這個問題。當時認爲世界大戰難於避免，三峽水庫一遭敵人炸毀，下游各省人民，必然大遭浩劫。所以神女也就無法“當驚世界殊”了。今天大戰可以避免了，國家又到處缺少電力，再加葛洲壩水利工程的修建成功也鼓勵了人心。三峽水庫的修建便躍躍欲試了。游三峽，游大寧河的小三峽，知道沿江城市都要淹在水中，問題就嚴重了，這個問題似潮水時時湧進心中，不能止息。到了十堰市便一下有了答案。我國目前最重要的問題，是要把農村多餘的勞動力轉移到工業方面。而在工業方面正需要增添必要的工廠。比如汽車就在源源不斷進口，使人走在街上看見全是，或者大半是外國牌子的汽車，不叫人臉紅麼？進小部分外國汽車是可

以的，但全是外國貨，就不對了。我們還是要第三第四以至第五汽車製造廠。據
説：修建三峽水庫來發電，要花上千多個億。用這修建別的工業新城市，至少可
以出現五六個，解決當務之急的問題，我贊成緩修，這是十堰這個新城市給我的
啟示。

　　祖國，我親愛的祖國，前進吧，飛躍吧！人民，你的兒女，都在用鞭子抽打
自己，拉著你奔跑，決心趕上輝煌的時代，前途是美好的。

　　　　　　　　　　　　　　　　　　　作者單位：四川師範大學文學院

話説陽平觀

高光俊

一

陽平治這個名稱在彭州歷史上出現很早。傳說是太上老君傳給漢代張道陵的道書《太上三五正一盟威籙》的卷一提到："太上正一童子一將軍籙品第一，鎮治陽平，左平氣，祭酒屬金，在彭州九隴縣，應虛宿，立春正月節。"一般人認爲《太上三五正一盟威籙》一書是張道陵的著作，但又因提到唐代纔有的地名"彭州九隴縣"，不免讓人懷疑此書是唐人假托。可以肯定，至少唐代就有陽平治。唐到五代，多種史料中都提到陽平觀。

唐末杜光庭《墉城集仙錄》有云："（孫夫人）以沖帝永嘉元年乙酉到蜀居陽平化，煉金液九丹。依太一元君所授黃帝之法，積年丹成，變形飛化，無所不能。"

此書中又説："初夫人居化中遠近欽風，禮謁如市，旋以方調爐鼎，務在精嚴，人物諠闐，必慮褻瀆。遂於山趾化一泉，使禮奉之人先以其水盥沐，然後方詣道靖，號曰解穢水，至今存焉。"這種說法又有前蜀徐後的詩可證："殿嚴孫氏貌，碑暗系師名。"

杜光庭《洞天福地嶽瀆名山記》："陽平化，五行金，節寒露，上應角宿，甲子、甲寅、甲戌人屬，上化彭州九隴縣界四十里，下化新都界四里，翟仙業、張衡白日上升。"按：杜光庭作二十四化，不作治，是因爲避諱唐高宗李治之名而代用。杜光庭的著述中多次提到陽平化，這裏祇引用關係重要的。

《雲笈七籤》卷二十八"二十八治"部二十四治條下記載："第一陽平治，治在蜀郡彭州九隴縣。去成都一百八十里。道由羅江水兩岐山口入，水路四十里。治道東有龍門，拒守神水，二柏生其上。西南有大泉，決水歸東。治應角宿，貴人發之，治王始終。嗣師天師子也，諱衡，字靈真。爲人廣智，志節高亮，隱習仙業。漢孝靈帝徵爲郎中，不就。以光和二年正月十五日巳己於山升仙。立治碑一雙在門，名曰嗣師治也。"又《新編方輿勝覽》卷第五十四："金城山，在九隴縣西北五十里，即二十四化之一。《蜀中名勝記》之彭縣條下云：《五代史補》：蜀王衍與其太妃游青城山，遂至彭州陽平化。《志》云：今金城山之仙居觀，是其駐蹕所也。金城山形如城，上應角宿，即二十四化之陽平治矣。"

嘉慶《彭縣志》有多處對陽平觀的記錄：

卷五山川條：“陽平山，《一統志》：在彭縣西北。《唐書地理志》：九隴縣有陽平山。《五代史》：蜀王衍與其太妃游青城山，遂至彭州陽平化。《元統志》：金城即陽平化也。今金城山之仙居觀，是其駐蹕所也。金城山形如城，上應角宿，即二十四化之陽平治。”

卷十九寺觀條：“陽平觀，在縣西五十里。漢張道陵得道處。《七修類稿》云，天師印之篆文曰陽平治都功之印。按陽平治，二十四化之一，僞蜀王衍，嘗奉太后、太妃游此，有詩，見五代史補。”

卷末補遺：“孫夫人，張道陵之妻，同隱龍虎山，道行甚高。漢桓帝元嘉元年入蜀居陽平化，積年丹成，與道陵于雲臺山白日飛升。”

有上文推測，陽平治在彭州金城山，而“金城山”不像現在的地方，“金城山形如城”，似乎在今陽平觀以北今老君山，即明清兩代稱爲“定峰山”的地方。

需要指出的是，首先說陽平觀在今址太平寺的是光緒《彭縣志》。光緒《彭縣志》卷一：“東南曰陽平觀，山亦名金城山，長七里，有陽平觀，今改爲太平寺，即古陽平化。”光緒《彭縣志》指今老君山（原定峰山）爲彭闕，指天臺山爲古天彭山，都無實據，使得陽平治無處安放，祇好說陽平治即當時的太平寺。

歷來，吟詠陽平治或陽平觀的詩不少，最有名的是前蜀徐太后和徐太妃的詩。徐后《彭州陽平化》：

尋真游勝境，巡禮到陽平。水遠波瀾碧，山高氣象清。
殿嚴孫氏貌，碑暗系師名。夜月登壇醮，松風森磬聲。

徐妃詩《和題陽平化》：

雲浮翠輦屆陽平，直似驂鸞到上清。風起半崖聞虎嘯，雨來當面見龍行。
晚尋水澗聽松韻，夜上星壇看月明。長恐前身居此境，玉皇教向錦城生。

杜光庭詩《題仙居觀》也可能是詠陽平治的：

往歲真人朝玉皇，四真三代住繁陽。初開九鼎丹華熟，繼躡五雲天路長。
煙鎖翠嵐迷舊隱，池凝寒鏡貯秋光。時從白鹿岩前往，應許潛通不死鄉。

清代李調元《詠天彭詩》有一首《陽平觀》：

聞到陽平有遺迹，仙居觀已失金城。
當年只是尋花柳，今日松風恨未平。

二

現在的陽平觀地方，爲新興鎮光輝村境內，以前爲太平寺，傳說更古老的時候爲蜀王祠。這裏爲龍門山-天馬山-老君山餘脈，大體南北走向，前面是大道直通龍門山鎮，再往前是湔江東南流去，對岸通濟鎮，背面是楠竹林，山間有大道通磁峰鎮和都江堰。太平寺爲四方形，山門向東，殿宇兩重。在民國十五年還曾重修大雄寶殿，可見當時很興盛，房屋大約毀於中華人民共和國成立初至大躍進時期。太平寺南面山下爲建塔寺，是中華人民共和國成立前能海法師等人爲重建龍興寺舍利寶塔而在此建窯燒磚，到中華人民共和國成立時停工。這些磚在 1948 年前後建成龍興寺寶塔模型塔，剩餘的磚在附近偶爾還能看到。

20 世紀 90 年代初，中國道教協會會長傅圓天（簡陽人，幼年出家青城山）追本溯源，重建陽平治，得到海內外道教界人士的襄贊。1995 年 12 月，親帥弟子張明心、唐宗全、劉松飛等來原太平寺考察，並與當地政府宗教主管部門共商恢復陽平觀事宜。歷時十餘年，在各級政府主管部門、社會各界和海內外志士同仁的關心支持下，尤其傅圓天皈依弟子香港飛雁洞佛道社劉松飛主持攜弟子鼎立捐助，1996 年 8 月，開始了陽平觀的恢復重建工作。陽平觀規劃占地 200 畝，實際占地 110 畝。1996 年動土興建，2001 年，老君殿、五祖殿、天師殿、南極殿等建成。2002 年，由香港飛雁洞佛道社捐建的八卦亭破土動工，2004 年 10 月竣工。2004 年 11 月 23 日，在陽平觀舉行開光法會。前來參加法會的有省民宗教局局長、成都市統戰部部長何紹華、香港飛雁洞道長劉松飛等。

當時陽平觀的基本格局是，以八卦亭爲中心，北邊靠山的是天師殿，供奉天師張道陵；南邊是南極殿，供奉南極仙翁；西邊是老君殿，供奉太上老君李耳；東邊爲五祖殿，供奉道教全真派南五祖和北七真。五祖殿背靠山邊，向下直通山門。山下過小橋是巨大的漢白玉牌坊。西邊老君殿旁邊是側門，有水泥大路直通山下。

山門在陽平觀山下東邊，前面是湔江，彭白公路從門前過。山門前是一個不小的廣場，廣場中間豎著一座六柱漢白玉牌坊，高有五六米，寬十多米。牌坊每根都是漢白玉雕龍抱柱。門額雕雙龍戲牡丹，上書"陽平玄觀"，邊額刻龍鳳呈祥，右邊書"蜀靈聖境"，左邊書"函穀紫氣"。過了牌坊，是一花園，兩座橋並前後兩亭。前面橋上匾額爲"紫虛仙橋"，上款"太上道祖賜題香港飛雁洞敬造"，下款"戊寅夏，李樹榮書"。過了仙橋兩個亭子，就是長長的階梯，扶搖而上，中途轉折，旁石壁上書"道法自然"四字。左邊一個小小的房子，是爲土地祠。額書"福德祠"，對聯："福德留心根土靈地長，德行感化靈修在靈山。"過幾個階梯是靈官殿，供奉著王靈官、青龍、白虎三神，匾額"威靈神通"，對聯：

神無常依，惟德是輔；山不在高，有仙則名。

爲李啟明撰、李樹榮書。

再往上，就是五祖殿的後門。五祖殿供奉著全真派的"南五祖"，當是張伯端、石泰、薛道光、陳楠、白玉蟾五位宋代道教大師。"北七真"，即全真道創立者王重陽的七位嫡傳弟子：馬鈺（創全真道遇仙派）；譚處端（創全真道南無派）；劉處玄（創全真道隨山派）；邱處機（創全真道龍門派）；王處一（創全真道崳山派）；郝大通（創全真道華山派）；孫不二（創全真道清靜派）。簷柱上對聯：

> 授枕警盧生，榮華瞬息原空幻；
> 榴皮示沈氏，詩句渾成寓道幾。

還有：

> 道稟青陽，神符授鐘呂，開終南之捷徑；
> 仙居紫府，秘法繼白雲，傳全真之正宗。

都是李啟明撰、李樹榮書。

北殿和東殿之間是一照壁，上書《道德經》五千言全文。北面"天師殿"，供奉著張道陵天師。張天師手握"陽平治都功"印。塑像將"功"誤作"宮"了。天師殿對聯：

> 二十四治此爲中樞，率群流積德累工，共躋仙界；
> 千八百年傳承道統，總百派窮理盡性，並存異同。

> 九鼎丹成，開後世長生之學；
> 重玄派衍，啟當年先（當是仙）道之門。

> 符籙顯神通，掃除邪惡全民命；
> 零急征德性，鳴破陰陽見道根。

> 辟草萊（當作萊），興邦族，位列中央同尊帝；
> 陳籩豆，設蒸嘗，追維祖德共朝宗。

> 成道歷艱難，修己利人，得來九鼎大要；
> 守真益年命，精思煉志，允主三天法師。

也都是李啟明撰，李樹榮書。

另外一聯，是李啟明撰、熊北雁書：

> 弘道預弘人，願吾徒崇正黜邪，以弘人道；
> 愛教先愛國，率信善奉公守法，而愛國家。

還有一副無款：

> 道高龍虎伏，德重鬼神欽。

西北角爲一池塘，上有小橋假山，大概是放生池。西面是老君殿，供奉著太上老君李耳，對聯也是前人集自《道德經》：

> 一生二，二生三，三生萬物；
> 地法天，天法道，道法自然。

另外有二聯，是李啟明撰，李樹榮書：

四海同親，宗教自由隨信仰；

萬流共善，海嶠暌隔曷歸來。

古觀復陽平，喜萬國咸寧，天衷有牖；

眾生來海外，看八方共慶，瑞藹無邊。

南面爲南極殿。供奉的應當是南極仙翁，也就是南極星，人稱"老人星"，是象徵長壽的星宿。對聯：

祭拱北辰，天下雍熙同福壽；

星輝南極，人間瑞藹（當作靄）共升平。

爲李啟明撰、李樹榮書。

另有一聯，爲張權明書：

壽域光開，龜鶴之年可俟；

齋心常潔，蘋蘩之薦時申。

"八卦亭"雄踞四大殿的正中央，翹角飛簷，形態古樸，氣勢宏偉。高36米，代表道教三十六重天；亭高5層，代表道教金木水火土五行；寬41米。最上層爲"三清大殿"，第二層爲"正一宗門"，第三層爲"全真宗門"，第四層爲"正一全真宗門"，最下層爲"道祖宗亭"。據說這是象徵道教有史以來合久而分、分久而合的歷史趨勢。四川道教協會副秘書長胡文全指出，這是全球最大的道教八卦亭。

八卦亭建築精美，極盡雕繪之能事。底層"道祖宗亭"大門上是"道功果德行世三千積成修，教門千葉億萬民心德育養"。上款"太上老君道德天尊賜題"，下款"劉松飛恭泐"。進門正前方太上老君塑像兩邊是："千古留下文字化育群心照大地道德盡顯醒民心，古文內外盡參透天機之理這裏尋凡夫俗子登天庭"。左右兩邊外側："道德留世萬物滋養傳古後今人敬禮頌大地耀輝煌，道顯萬物物盡更生生育化民道德字句流傳千古化"。從第二層開始，繪有"老君八十一化"的連環畫式的圖畫，向人們展示傳說中的太上老君在歷朝歷代的八十一次顯化事迹。站到最高層，前面的小魚洞諸山以下如通濟場、天臺山、白鹿山，一直到獅子山、牛心山都盡收眼底。最上一層供三尊金身塑像，爲玉清、上清、太清三位天尊。門兩邊爲："天庭寶錄奉帝敕，庭園入境三清宮。"

天師殿后方上山是楠竹林，竹林邊上即是傅圓天道長的衣冠墓。傅圓天道長爲陽平觀的重光起著決定性的作用，今讓他的衣冠墓俯視陽平觀，當有深意存焉。墳墓主體用墨晶石雕刻而成，龍、獅、花卉、法器、房屋等雕刻圖案等工巧之極。頂上橫額"一代宗師"四個隸書大字。下面墓碑橫額"返樸歸真"四字，碑正中書“龍門正宗十九代傅公上圓下天大真人塚”十七字。大字右邊列門徒五十四人名號，左邊列徒孫六十人的名號。

墓碑聯：

> 律師度世，宗師與日月而不朽；方丈人天，教主共乾坤以長存。

> 嗣全真玉册揚碧洞，肇龍門金籙著丹台。

> 左右兩邊還有各一龕，各有碑記一篇，篇幅太長，不錄。右龕對聯是：

> 仙樂飄然猶龍嫡傳紹揚聖典；法音韻揚覺授玉籙廣播善緣。

左龕對聯是：

> 觀青城煙霞龍飛朝覲登天闕，聞陽平翠竹鶴鳴廣宣無上道。

衣冠墓四周白色花崗石欄板上刻著河圖、洛書、八卦、梅蘭菊竹等圖案，主要是陽平治以下二十四治的介紹，內容大概是摘錄自《雲笈七籤》。圍欄石柱上刻著二十八宿名號。

三

2008 年“5·12 汶川地震”，給建成沒多少年的陽平觀帶來滅頂之災。山門“陽平玄觀”牌坊寸寸斷裂，化成一堆白色廢墟。天師殿、五祖殿、南極殿、老君殿的屋頂全部垮塌，祇剩下半截，殘存的塑像雕繪也在接下來的日曬雨淋後逐漸壞掉。原李啟明先生撰、李樹榮書的對聯也部分毀壞。

受損比較輕微的是八卦亭。其主體部分未受多大破壞，祇下沉了十多厘米，但亭內是一片狼籍，直通亭子頂端的樓梯大部已垮塌，四周也有多處裂縫。八卦亭外兩座高達十余米的鑄造精美的香爐，地震後已被損毀。堅固的鑄鐵構件也經不起強大地震波的衝擊。據當時道觀住持鄭明果道長（傅圓天大師的弟子）和觀內的劉至玄道長介紹，此次地震造成道觀直接損失近 4 000 萬元，由於建築物損毀嚴重，全部恢復需數年時間。

幾年過去了。在觀內關外各界人士的努力下，陽平觀逐漸恢復了元氣。

現在已經重建了山門處的漢白玉牌坊。現在漢白玉牌坊與原牌坊大體相似，但題字已完全不同。牌坊正中額是“玄門通道”四個宋體字，右邊是“道法自然”，左邊是“懸壺濟世”。山邊“紫虛仙橋”等處的房屋及欄杆破損已經修復。

山上，西邊原老君殿劫後重光，不過改成了“鬥姆殿”。上層屋簷下是九龍盤繞的鍍金大匾，上書“鬥姆殿”。上款“彭州陽平觀”，下款“主持鄭明果、監管劉至玄，庚寅臘月初八立”。庚寅是公元 2010 年，看來這殿修復完成最早。鬥姆殿共三間，中間大殿供奉著先天鬥姆紫光金尊摩利大聖圓明道姆元尊，右邊是地母，左邊是西王母，廊柱上掛著原“四海同親”聯。左邊配殿供奉呂純陽祖師，門前掛著原"授枕警盧生"聯。右邊配殿供奉著張三豐祖師，廊柱上掛著原"古觀復陽平"聯。這三副對聯都是原李樹榮所書。

北邊天師殿也大體修復，重簷上懸掛著嶄新的"天師殿"匾額。上款"時在甲午正月"，下款是"晉人峪公胡林書"。正殿正中廊柱上掛著原刻"辟草萊"長聯，門柱上是"道高龍虎伏，德重鬼神欽"聯。廊柱上另外兩聯也是舊聯，分別是"成道歷艱難"聯和"弘道預弘人"聯。大殿中塑一手執劍、一手心握印的張天師。天師塑像後面是鍾馗塑像。天師像兩邊長聯是：

祖庭再造，九派歸宗，北南同尊天師道座，弘教愛民開創新紀；

大道重光，三清授德，中外共仰老子遺文，益民濟世祈禱和平。

上款是"時在甲午正月"，下款是"西蜀晉人胡林書"。

天師殿東配殿祀藥王孫思邈，西配殿祀慈航真人。

東殿原是"五祖殿"，現在已主體修復，正在準備裝修。已經改為"財神殿"，正殿塑著財神趙公明，趙公明塑像後是魁星塑像。

南殿原為"南極殿"，現在改為"三官殿"，也是僅有三尊塑像，尚無其他。這重殿供奉的是賜福天官、赦罪地官、解厄水官以及太乙救苦天尊。

從地震前後供奉的神像的不同，大可看出陽平觀前後主持人的宣教思路之差異。

天師殿東邊仍然是齋堂，堂前掛著一副七言對聯，全部是怪字，筆者一個字也不認識。牆上書寫著一副古對聯——"掃來竹葉烹茶葉，劈碎松根煮菜根"，也算有出家人的特色。

天師殿西邊屋簷下側躺著李啟明先生撰書《重建古陽平觀之碑》。李啟明先生是都江堰耆宿，現已作了古人。再往後是新建的龍門祖堂，大門緊閉，不知究竟。後面竹林裏，就是修葺過的傅圓天道長衣冠墓了。重修的衣冠墓，新修了長長的石階，石階最下邊內側欄板上刻著重建者陳明光等人的名諱，以及"天師首治，圓天重輝"等大字。衣冠墓前，立著以前李啟明先生撰書的《傅圓天大師衣冠墓表》和青城後裔了然子撰《重建傅圓天大真人墓記》。墓碑上也已經塗上了金色和綠色。

陽平觀的重建還任重而道遠，距實現傅圓天道長建立陽平觀道教學院的設想更有一段路要走。

作者單位：彭州市磁峰鎮花塔村

成都漆器的工藝特點與紋樣審美試探

唐　嫻

　　成都漆器是中國的五大漆器之一，它的製作技藝也是漢民族最早的漆藝之一。具有濃郁地方特色和獨特漢民族風格的成都漆器，不僅具有極高的審美價值，還是中華民族優秀的歷史文化遺產。成都漆器又稱之爲鹵漆，它開始於商周時期，興盛於戰國時代、漢唐時期，綿延發展於宋元明清時代，傳承於近現代，歷史悠久，文化價值頗高。其主要特點是精美華麗、光澤細潤、圖彩絢麗。成都漆藝對中國其他的漆藝流派的發展也產生了很大的影響。

　　成都漆器是我國傳統藝術中的瑰寶，是一種極具實用性的手工藝品，卻又不失藝術性。成都漆器的製作工藝十分繁複，製作過程需要細膩的心思，製作時間也比較久長，特別是以雕嵌填彩、雕填影花、雕錫絲光、拉刀針刻、隱花變塗等極具地域特色的製作技藝手法而聞名。[①]漆器就是用漆髹塗在各種器物的表面上所製成的，它的製作原料主要是天生生漆和實木，這個漆就是天然的大漆，大漆則是從漆樹上割取而來的天然汁液，主要構成成分是漆酚、漆酶、樹膠質及水分。四川自古就盛產生漆和朱砂，這也爲成都成爲我國著名的漆器產區奠定了基礎，同時結合當地特色使得成都漆器具有濃郁的地方特色和審美價值。

一　成都漆器的工藝特點

　　成都漆器歷史悠久，藝術價值極高，它的製作原料也非常考究，主要是使用土漆，"土漆"也就是天然大漆。蜀地自古就盛產生漆，而製作成都漆器需要選用上等的漆樹，采漆後通過特殊技術熬制而成，上等的漆器的製造當然也需要上等的原料。

　　漆器工藝的裝飾方法繁多，從古至今大大小小綜合起來也有四百多種，常用的製作方法也有五十多種，如金、銀、錫、鋁與漆的結合，蛋殼、螺鈿、玉石、寶石、玻璃、銅絲等材料的鑲嵌，以及暗花腐蝕、隱花、雕漆影花、皺漆變圖、雕填（雕嵌）、貼金銀箔、飛金、寶砂（紅、黃、蘭、綠等）、錫片隱花、錫片腐蝕、錫片撕筋、錫片彩色、錫片雕填、鋁板腐蝕、堆漆彩繪、雕板拍彩、絲網印、鑿刀陰陽刻漆、拉綫針刻、層次隱花、漆粉渾彩、印錦、研磨彩繪以及閃光粉、

---

① 孟祥玲、孫鵬昆：《流光溢彩的技艺——成都漆器》，哈尔濱理工大學碩士學位論文，2013 年。

螺鈿粉、蛋殼粉、各色石料粉、棕絲，等等。①但隨著時間的發展，成都漆器的製作技術也不斷革新。最早是西漢時期的針劃填金法、堆漆法製作方法；然後是唐代的鑲嵌法，也就是用貝殼裁切造型、上施綫雕並鑲嵌於漆面或者就是用金銀片鑲嵌的製作方法；到了明清時期，則是沿用至今的雕花填彩、雕錫絲光、拉刀針刻、隱花變塗等特色製作方法。到現代，成都漆器的製作方法經歷了革新與改進，主要是玉石鑲嵌、金漆彩繪、雕填戧金、刻灰潤彩、隱花變塗②等一系列精巧的製作工藝。現在的成都漆器除開以前的一些古老製作方法，主要採用的還是以下三種：雕花填彩、雕錫絲光和拉刀針刻。③雕花填彩是成都漆器最常用也是最擅長的一種技法，它最早出現在秦漢時期，後來發展成爲了漆器製作中的一種獨具特色的技術，複雜且精妙，也就是這樣精妙的技藝纔製出了精妙的成都漆器。這個技藝的“雕”的具體操作其實就是用雕填裝飾的漆器在製作漆胎上底漆時多上幾層，再把須要雕刻的裝飾圖拷貝在胎體上以陰刻的方式完成製作。在雕刻過程中須要工藝師們的雕法嫻熟、技術老練，再者使用的刻刀也必須鋒利，這樣纔能利落流暢地完成製作。“雕花”完成以後便是“填彩”，填彩所用的漆料是天然生漆加礦物顏料經特殊工藝煉製而成。把煉製好的彩漆倒入填漆的凹槽中，不斷重複，直至填平磨完，然後再進行清抛光處理，這道工序能使得漆器表面平滑如鏡、光亮絢麗。“雕錫絲光”這種技法是從漢代貼金、銀箔片和唐代金銀平脫的技術基礎上發展而來的，這是成都漆藝所獨有的一種漆器製作技藝。它的製作方法是在雕好的漆器紋樣上用特殊的工具戧花刻綫，這個技法要求行刀的角度與走向要恰當和適度，點、綫、面均衡地結合，這樣做出來的漆器綫條角度纔能體現出其空間與形體的審美。而“拉刀針刻”也是成都漆器製作的一種獨特技藝，最早出現在漢代，它的製作方法就是在已經推光的黑漆或者朱漆上一次成型地刻出花紋，並且是完全依靠綫條的粗細和疏密來組織畫面。④這個製作方法不僅要求工藝師在動刀之前要胸有成竹，在動刀的時候還必須嫻熟和準確，這對工藝師的要求非常之高。在經過這一系列繁複而精妙的工藝製作之後，成都漆器也開始散發出了它的藝術魅力。

二　成都漆器的紋樣形態

紋樣指的是紋飾圖案，通常是指施加在器物表面的裝飾與花紋。漆器的紋樣題材十分豐富，不同的時期、不同的地方、不同的民俗造成其紋樣的繁多性與差異性。不同種類的漆器紋樣不同，不同時期的漆器紋樣不同，不同功能的漆器紋樣不同，甚至同一時期的不同種類的漆器的紋樣也是不同的。成都歷史悠久，人

① 楊莉：《漆器裝飾技法的探索與創新》，《成都大學學報》2005 年第 1 期。
② 孟祥玲、孫鵬昆：《流光溢彩的技藝——成都漆器》，哈爾濱理工大學碩士學位論文，2013 年。
③ 孟祥玲、孫鵬昆：《流光溢彩的技藝——成都漆器》，哈爾濱理工大學碩士學位論文，2013 年。
④ 孟祥玲、孫鵬昆：《流光溢彩的技藝——成都漆器》，哈爾濱理工大學碩士學位論文，2013 年。

文民族繁多，文化底蘊深厚，各類文化交錯相融，因此成都漆器的紋樣種類繁多，按照其紋樣采用的題材内容來看，主要可以分爲幾何紋、植物紋、動物紋、自然景象紋以及人物故事紋等幾類。①

幾何紋樣是中國所有裝飾圖案中采用率最高的，它出現得也最早。因爲幾何紋樣簡單明晰，適用面廣且具有形式美感，所以使用率頗高。成都漆器的裝飾紋樣中運用了大量的幾何紋樣，具體看來主要包括圓點紋、圓圈紋、渦紋、直綫紋、弧紋、勾紋、方形紋、三角紋、菱形紋、鋸齒紋、十字紋、杯紋等②。成都漆器大量使用了幾何紋且多種多樣，運用手法靈活多變，把點、直綫、曲綫、圓形紋、波點紋、菱形紋組合起來，還選用一些紋樣交錯起來做裝飾帶，裝飾帶是作爲陪襯性的裝飾存在的，一般都比較窄，且所占位置不大，它起的作用就是提高畫面的層次感，這樣，漆器就不至祇是單純的正面都是同一類紋樣圖案這樣單調乏味，帶給人一種交疊錯落之感。多種圖案的組合使用加上裝飾帶的分割修飾，整個漆器的紋絡也就明朗起來，給人一種生動的感覺，漆器似乎也有了生命，變得靈活起來。

植物花卉圖案一直備受世界各地的裝飾藝術者的喜愛。因爲植物花卉圖案不僅蘊含了生命力和生長感，且其本身就具有相當的形式美。但是器物裝飾以植物花卉圖案爲主體裝飾的還是比較少的，植物紋樣大多是作爲襯托的附屬圖案出現在器物上。植物紋主要包括葉脈紋、卷草紋、花瓣紋、柿蒂紋、穗紋、山樹紋等。③植物紋在漆器裝飾紋樣中雖占的比例比較小，但它的作用與寓意卻是不可忽視的。草類紋出現在漆器上大都寓意著生命，帶給人們一種苗壯生長、生生不息之感。穗類花紋則主要是穀物等糧食作物的圖案，這類花紋則寓意著豐收與富實，體現出當時人民安居樂業、太平祥和的生活狀態，也代表了生命的張力與永恆不息。

比起植物花卉圖案，動物紋在成都漆器紋樣中出現的頻率就相對高很多了。漆器上的動物紋樣主要是兩類：一類是自然界中現實存在的動物紋樣，比如貓紋、魚紋、羊紋、鳥紋、蟬紋、虎紋、豹紋、龜紋等，但這些動物紋樣經常是通過寫實、抽象或者夸張的手法出現在漆器上，這些紋樣都是從現實生活中得來的，由此也看出了古人的觀察力與寫實能力；另一類則是現實世界的自然界中尚不存在的，或者是古書記載或者是神話傳説中的奇異神獸等動物紋樣，比如走龍紋、風紋、蟠螭紋、獸面紋等，④古人都愛好祈福，對一些古書和先輩傳下來的神獸懷有敬意，爲了祈禱人民安康、糧食豐收、生活太平，會經常供奉這一類神獸，所以也同樣會把它們作爲紋樣裝飾在平時用的器物上；另外，還有一些紋樣雖是從動物紋抽象與簡化而成，但幾乎已經脫離了其動物的原型，演變成了幾何符號，如

① 劉小路：《成都漆器藝術研究》，西南交通大學博士論文，2013年，第81頁。
② 劉小路：《成都漆器藝術研究》，西南交通大學博士論文，2013年，第81頁。
③ 劉小路：《成都漆器藝術研究》，西南交通大學博士論文，2013年，第86頁。
④ 劉小路：《成都漆器藝術研究》，西南交通大學博士論文，2013年，第84頁。

竊曲紋、變形龍紋及變形鳥頭紋等。[①]成都漆器喜愛選用這些通過寫意或變形了的動物紋來裝飾，這類紋樣富於造型、另類新奇，由此也可見古人强大的想象力與創造力。

自然景象紋樣主要是指根據自然界中的景物及現象繪製而成的紋樣，在中國古代，這類紋樣是器物裝飾采用得最多的表現題材。成都漆器也使用了很多這類紋樣，主要有雲紋、雷紋、渦紋、波浪紋、水波紋、水滴紋、太陽光紋等。[②]在成都漆器的紋樣圖案裏，雲紋占了很大比例。除開大量使用雲紋外，同時還將其與動物紋相結合，組成不同的新紋樣。除了雲樣圖案被廣泛采用外，其他自然景象則運用得比較少，大多衹作爲漆器裝飾的輔助紋樣。

、而人物故事紋則運用得更加少，含此類紋樣的器物爲數不多。成都漆器中的此類紋樣主要內容有狩獵活動、貴族生活、歷史故事以及神仙故事等。[③]故事中的人物被刻畫得活靈活現，這些人物故事紋樣充分體現了漆器工藝師們高超的構圖能力和繪畫技藝。

三 成都漆器紋樣的審美特性

成都漆器的紋樣圖案豐富繁多，裝飾手法和裝飾藝術水準也獨具特色，十分具有代表性，無疑是中國漆器藝術中的精華與典範。它的造型通常精煉簡潔，但紋飾卻形色各異，美輪美奐，將簡單與精美相結合，紋飾之美與器物之用高度配合統一。不僅是結構還有形態上都體現出其獨特的審美價值與形式美感，還達到了豐富美妙的視覺效果與極高的藝術價值。

（一）點的運用

點是構圖中最小的單位，它看似可有可無，小到令人忘卻，卻在紋樣圖案的構成中起著至關重要的作用。成都漆器靈活運用點狀紋，把漆器上其他紋飾交錯留下的空白處用點狀去裝飾，更是增添了一種細小的靈動之感。再把點狀與綫形或帶狀條狀的裝飾圖案結合起來，就又形成了另外一種紋樣。看似細小又不起眼的點，卻有著如此大的作用。成都漆器把點與其他紋樣恰當結合和靈活運用，使漆器更具了活力和藝術審美。

（二）綫的表達

綫是比點更大的一個單位。綫條是紋樣圖案構成的一個重要因素，對於漆器的造型裝飾也起了很重要的作用。在成都漆器中，綫條所呈現出來的節奏感和韻律感也給漆器增添了活力與靈氣。綫條作爲輪廓、形狀、骨骼和情感的聯絡綫，

---

① 陳振裕：《中國古代漆器造型紋飾》，湖北美術出版社 1991 年版，第 6 頁。
② 劉小路：《成都漆器藝術研究》，西南交通大學博士論文，2013 年，第 88 頁。
③ 劉小路：《成都漆器藝術研究》，西南交通大學博士論文，2013 年，第 90 頁。

在紋飾中起著主要的支撐作用。木器爲木料所制，難免稍顯木訥與滯澀，而流動的綫條加上五彩的漆色恰好給漆器帶去生氣。綫條作爲紋樣的主要構成手段，不單單是作爲構成形象的媒介，其自己本身就具有獨立的審美價值。在成都漆器的紋樣中，綫條不僅是作爲塑形和造型之用，其內含的精神與力量也賦予了漆器以情感，自由、律動、鮮活而富有的生命力，剛柔並濟，充分展現了漆器這個工藝品獨具的工藝特色。

（三）紋樣的繪畫性

器物的紋樣圖案本來就會受到造型與裝飾的束縛，雖不如錦繡織物等紋樣圖案衆多繁複，但其依然與繪畫有著共通性，把當時的繪畫構圖風格與成都漆器造型與技藝特點結合起來，使其富於繪畫藝術審美。成都漆器采用了多種中國畫的繪畫技法，比如水墨畫和綫描技法和沒骨寫意畫法。這些技法都充分體現出了蜀地漆藝工藝師們的深厚繪畫功底。成都漆器還體現了中國繪畫寫意之風與寫實之功，在漆畫繪製時緊緊抓住事物的特點，用寫意的手法來表現人物體態動作及山巒雲氣，粗獷練達、自然灑脫，並且抓住人物的表情和動作，用生動的方式去塑造，[①]所以成都漆器是與繪畫互相交融貫通的。

結　語

成都漆器有著獨特的製作技法與地方特色，它的技藝特點與其所蘊含的文化審美都體現出了漆匠人精巧的手藝與智慧。任何藝術都有著自己特有的表達方式和表現形式，成都漆器通過漆與木器的完美結合，通過獨特工藝的裝飾，形成了自己獨特的裝飾語言和鮮明的藝術風格，也給人們描繪出了一個不同的視覺藝術世界。漆器藝術隨著時間的發展不斷地更新，而它的生命也在於傳承與發揚。依附於漆器上的形、色、飾與質、美、善，也傳達出了其高尚的藝術品格和審美追求，因此，成都漆器至今仍蓬勃發展著，這一蘊含豐富藝術審美與文化內涵的藝術必將迎來更加輝煌的未來。

作者單位：西南民族大學文學與新聞傳播學院

---

① 劉小路：《紋的識讀：成都漆器紋飾的審美特質》，《藝術百家》2013 年第 2 期，第 214-216 頁。

“藏羌彝走廊”概念的產生、發展及其研究綜述

趙　瓊

　　中國西南地區奔騰著三條由北向南的大河（怒江、瀾滄江、金沙江）流域，是一個溝通南北交通、人群往來、物品交流的天然通道。大山與河流深谷的切割，創造了豐富、多元的景觀環境和多樣的植物群、動物區，爲該區域彙聚衆多民族形成多彩多姿的歷史和文化提供重要的自然條件。世代繁衍、生息於斯的各民族，在漫長的歷史進程中，創造了豐富的文化遺產。一些民族，曾經在這一地域輝煌，如西夏、吐谷渾等，後來在族群戰爭中，被併入蒙古、吐蕃，而消失於歷史舞臺；一些民族，從產生起，就在這一地域活躍，如藏族、彝族、羌族等，至今仍舊發揮了重要的作用。該地豐富的物種資源、壯麗的自然景觀、多元的民族文化，吸引了自然、社會、人文科學界的各路學者，以至於很早就有學者稱呼此地爲“民族走廊”。

　　這一民族走廊，後來以該地聚居的藏、羌、彝等主要民族來命名，該領域凝聚著國內外諸多人文學科專家學者畢生的研究成果，涵蓋了歷史學、社會學、人類（民族）學、語言學、文學、文字學、宗教學、民俗學等諸多方面，成爲了學術界研究的“富礦”。展望未來，這一走廊的研究、發展將在繼承前人研究的基礎上，依靠交叉學科的理論、方法繼續探索，並在爭議中不斷深化。

一　概念的提出及其爭議

　　1978 年中國著名的人類學家費孝通在北京全國政協民族組會議上提出“藏彝走廊”這一個概念。費孝通認爲氐、羌、戎在中國歷史的發展中起到重要的作用。而且提出“藏彝走廊”的範圍應該是：北至甘肅，南至西藏察隅、珞瑜。以康定爲中心，向東、向南大致即能劃出走廊的輪廓。[①]1981 年 12 月，在北京中央民族學院（現中央民族大學）民族研究所的座談會上，費孝通在《民族社會學調查的嘗試》中再次強調“藏彝走廊”的概念，並指出其對西南地區民族社會學的研究具有重要價值。此次費孝通將走廊範圍界定爲“西邊從甘肅南下到雲南西陲的走

[①] 費孝通：《關於我國民族的識別問題》，《民族研究文集》，民族出版社 1988 年版，第 158-187 頁。

廊"。①費孝通先生對這個問題一共有過五次闡述。在第四次闡述中他以珞瑜地區的阿帕達尼人爲例，將走廊的地理範圍擴大至"甘肅至喜馬拉雅山南"。最後一次是在 2003 年給 "藏彝走廊歷史與文化研討會"的信函中再次闡述。費先生當時提出這個概念的主要背景是當時我國民族學研究沒有完全打破省區界限，而且也沒有形成多學科的綜合研究，沒有形成宏觀的概念。因此，有必要從更加廣闊的視角和綜合研究的層面，來進一步解決這個問題。②

　　針對這一概念一直存在很大爭議。其一，藏彝走廊是民族走廊學説中的一種，主要指橫斷山脈地區。一些學者認爲應使用地理學概念命名，因爲他們認爲使用"藏""彝"爲"民族走廊"命名容易被簡單理解爲僅有"藏""彝"兩個具體民族而產生誤解，會使區域內的其他諸多民族（族群）被忽視。其二，對於藏彝走廊的地理範圍具體在哪裏，包括哪些區域，尚無統一意見。橫斷山脈和六江流域是藏彝走廊的主要區域，但橫斷山脈與六江流域並非全部在走廊中。有研究者認爲藏彝走廊的北緣應該包括青海的果洛、玉樹兩個自治州，有的還提出應該包括甘肅的甘南州和隴南地區在內，其東南是否到達滇東北大關河流域？其東緣是否應該包括龍門山脈？其南緣究竟止於何處，是否祇到大理州北部？ 對這些都有不同看法，尚未形成較爲統一的意見。

二　"藏羌彝走廊"的發展狀況

　　"藏彝走廊"概念提出後不久，西南地區的許多學者便展開了大規模的民族調查。主要針對六江流域（岷江、大渡河、雅礱江、金沙江、瀾滄江、怒江）。所涉及的學科衆多，包括歷史學、民族學、考古學、語言學、宗教學等多個領域。由"藏彝走廊"的概念到"藏羌彝走廊"需要解決的是羌人在走廊中的地位和作用而非羌族。除此之外，羌人的遷徙、演變以及其與藏彝等民族的關係等方向的研究既需要追尋其歷史又要著眼於現狀。

　　唐代以前該區域的羌人、氐人頻繁遷移奠定了走廊大致的文化基礎。宋元時期羌人仍然是分布廣泛的重要族群；羌人和唐代以後逐漸形成的"藏""彝"族群相互交往、共同生活，一起創造了該區域的歷史文化。而且近年來語言學的研究中藏緬語族"羌語支"的確立，使羌語與走廊中現有其他民族語言的關聯性也得到了顯示。藏語支、彝語支、羌語支這三大語支的族群語言構成了該區域主要的語言特徵。

　　此外，藏彝走廊並不是僅指藏彝兩個語支的藏緬語族民族的地方，其中還有

---

① 費孝通：《關於我國民族的識别問題》，《民族研究文集》，民族出版社 1988 年版，第 178-179 頁。
② 李紹明：《藏彝走廊研究中的幾個問題》，《中華文化論壇》2005 年第 4 期，第 5 頁。

羌語支的民族以及一些苗瑤、壯侗語族的其他民族也在這裏活動。而藏彝兩個語族支民族也絕非僅在這條走廊中，有許多已超出了這個界限。這二者的關係如何處理？涉及藏彝走廊的界定，這都有待研究。

最後，從地理位置來看，現今羌族地區位於走廊的最北端地處山勢及河谷形成的開口。屬於走廊南下的起始位置。從地理位置上看，羌人的位置正處於走廊範圍之中。

結合以上所述，"藏羌彝走廊"的概念更爲準確，這一概念的擴大使得這一空間的文化要素變得更加複雜，也帶來更多需要深入研究的問題。

三 "藏羌彝走廊"的地理範圍及羌人所處的地位和作用

（一）地理範圍

"藏羌彝走廊"爲民族學概念，具體指歷史上以藏彝族等各民族（族群）的先民爲主體形成的縱貫我國西北至西南地區的民族遷徙天然通道區。對其地理範圍的界定尚存爭議，但是目前主流觀點是：其地理範圍大體起自我國西北甘青地區黃河上游的青海玉樹州、果洛州、甘南州和隴南市西北部，南至滇西高原怒江、瀾滄江、元江上游流域的怒江州、大理州、寶山市北部和楚雄州；東至川西高原岷江上游和涪江上游的阿壩州，成都、德陽、綿陽、廣元四市西部，樂山市西南部，涼山州、攀枝花市；西至西藏東部金沙江和怒江上游的昌都市察隅縣。藏彝走廊衹是一種歷史時期的地理空間範圍，適用於民族學研究歷史上該區域民族歷史文化，而並非當代民族區域的概念①。

"藏彝走廊"之所以深化爲"藏羌彝走廊"，學界已對此進行多方討論研究。認爲羌人的文化遠早於藏彝族群；而在歷史長河的演進中藏、羌、彝長期互動，形成了十分緊密的聯繫，三個主要民族在民族走廊數千年的發展中處於主導地位。而羌人的發展更是其中重要的組成部分。

（二）羌人的歷史地位

古時青康藏大高原的地理條件最適合於人類生存和發展，最適於原始狩獵和畜牧。這些條件使它成爲亞洲原始文化發源的地區，成爲人類生殖繁衍的地區②。任乃強認爲，羌族牧業文化的誕生早於中原農業文化，並用史證加以論證。李紹明認爲："學術界一般認爲古代的羌人應與現今漢藏語系藏緬語族的各民族有著族源上的聯繫。因此，研究藏緬語族的各民族的文化，必須瞭解羌族文化。"③費孝

---

① 徐學書：《"藏羌彝走廊"相關概念的提出及其範圍的界定》，《西南民族大學學報》2016年第7期，第10頁。
② 任乃強：《羌文化——中華文化的又一根》，《中華文化論壇》1995年第2期，第48頁。
③ 李紹明：《神聖與親和——中國羌族釋比文化調查研究》序，民族出版社2010年版，第9頁。

通也認爲，羌族是個給各個民族輸血的民族。羌是在中國甲骨文中唯一的一個標示族屬的符號，古羌語是遠古中國夏、商、周、先秦的背景語言，歷經數千年直到今天。在一定意義上，"羌語是中國人理解秦、巴、蜀、藏、彝地區文化歷史的鑰匙"①。

（三）藏族與羌人的關係

據《史記·西南夷列傳》稱："自冉駹以東北，君長以什數，白馬最。"②《後漢書·西羌傳》稱：秦獻公時，羌人的一支由今青海河湟地區向南遷徙，"或爲白馬種，廣漢羌是也。"③今藏族的先民是吐蕃，羌人是吐蕃的重要組成部分。《舊唐書·吐蕃上》："吐蕃，在長安之西八千里，本漢西羌之地也。"④《新唐書·吐蕃上》："吐蕃本西羌屬，蓋百有五十種，散處河、湟、江、岷間。有發羌、唐旄等，然未始與中國通。居析支水西。祖曰鶻提勃悉野，健武多智，稍並諸羌，據其地。"⑤由此可見發羌、唐旄等出自犛牛羌，其後演變今之藏族。換言之，古羌人是藏族先民的重要來源之一⑥。

（四）彝族與羌人的關係

彝族出自於越嶲羌的犛牛種。今彝族主要聚居區即爲越嶲羌主要的活動範圍。漢代以越嶲羌故地邛都設越嶲郡、筰都建沈黎郡。《史記》卷一《五帝本紀》之《索隱》引《水經》曰："水出旄牛徼外，東南至故關爲若水，南過邛都。"⑦《史記》之《貨殖列傳》亦云："巴蜀……西近邛筰，筰馬、旄牛。"⑧又《後漢書》卷八六《南蠻西南夷》謂："沈黎郡。至天漢四年，並蜀爲西部，置兩都尉，一居旄牛，主徼外夷，一居青衣，主漢人"⑨。《水經注》之《江水注》道：漢武帝以筰都爲沈黎郡，"理旄牛道，天漢四年置都尉，主外羌，在邛崍山表，自蜀西度邛、筰，其道至險"⑩。旄牛道，其城址是清代雅州府青溪縣的南部。青溪縣乃是今四川漢源縣，也是筰都故地，旄牛羌人活動的中心區域。以此而論，今四川彝族是由今青海河湟地區南遷的羌人，與漢時越嶲郡、沈黎郡的其他一些部落融合而形成。今雲貴川交界處的彝族，則是由烏蠻發展而來。李紹明認爲，今雲

---

① 張曦、黃成龍等：《持顫扶危——羌族文化災復重建省思》，中央民族大學出版社 2009 年版，第 102 頁。
② [漢]司馬遷：《史記》卷 116《西南夷列傳》，中華書局 1959 年版，第 2991 頁。
③ [南朝宋]範曄：《後漢書》卷 87《西羌傳》，中華書局 1965 年版，第 2876 頁。
④ [後晉]劉昫：《舊唐書》卷 196《吐蕃上》，中華書局 1975 年版，第 5219 頁。
⑤ [宋]歐陽修：《新唐書》卷 216《吐蕃上》，中華書局 1975 年版，第 6071 頁。
⑥ 葉健：《從"藏彝走廊"到"藏羌彝走廊"》，《玉溪師範學院學報》2014 年第 5 期，第 3 頁。
⑦ [漢]司馬遷：《史記》卷 1《五帝本紀》，中華書局 1959 年版，第 11 頁。
⑧ [漢]司馬遷：《史記》卷 129《貨殖列傳》，中華書局 1959 年版，第 3261 頁。
⑨ [南朝宋]範曄：《後漢書》卷 86《南蠻西南夷列傳》，中華書局 1965 年版，第 2854 頁。
⑩ 《水經注》卷 33《江水注》，中華書局 2009 年版，第 518 頁，陳橋驛譯注。

貴川交界的烏蠻是秦漢時期的叟人演化而來[1]。方國瑜也認爲，邛都與滇池曲靖地區的彝族是叟人的遺裔[2]。

綜上可見，羌人在這條民族走廊上有著極其重要的地位。歷史上羌人與諸多民族都有交流與互動。可以説沒有羌人的民族走廊是不全面的，因此“藏羌彝”走廊的歷史是在這一地區活動的衆多民族共同創造的。其中，起到主導作用的是藏羌彝這三大主體民族。

四　目前研究概況

21 世紀以來，藏羌彝走廊逐漸成爲國內民族學、民族史及語言學等諸多領域研究的重點。這一走廊上民族繁多、支系複雜、民族原生文化保留較好，因其多樣性、獨特性和複雜性交織的特點，得到相關學術界的持續關注和繼續研究。

（一）考古學上的研究現狀

“藏羌彝走廊”的考古發掘工作不夠充分。現在岷江、大渡河流域的古文化遺址情況大體上比較清楚，雅礱江、金沙江也有一些相關發掘與研究，但遠遠不夠。至於瀾滄江、怒江的就更少。這條走廊中的考古學工作僅在岷江、大渡河流域較有成績。但關鍵是缺環甚多，不成系統[3]。許多問題尚未研究，因此“藏羌彝走廊”考古工作仍有很大研究空間。

（二）民族史的研究現狀

目前，在民族史研究上學術界一般認爲，藏羌彝走廊的古代民族主要與古代的氐羌戎系民族有關，但有的學者認爲不一定如此。有人認爲除了氐羌戎系的民族外，還有夷系的民族（非指現在彝語支民族先民）[4]。近來研究者多有新的認識。例如霍巍提出除一些氐羌戎系的民族外還有胡系的民族的存在[5]。這些新的觀點值得深入探討，主要是確定夷系和胡系民族屬於哪一民族，他們與現在走廊中的民族有無族源上的聯繫。此外，歷史上走廊中還有壯侗、苗瑤語族的一些民族活動，如古代的濮人、邛人、僚人等，他們活動的主要範圍爲何，在走廊中所處的地位如何，在同藏羌彝等民族的互動中受到何種影響，等等，都是值得深入研究的重要問題。

（三）民族語言的研究現狀

在“藏羌彝走廊”研究中，少數民族語言的調查研究尤爲突出。20 世紀 50 年

---

① 李紹明：《藏彝走廊民族歷史文化》，民族出版社 2008 年版，第 21 頁。
② 方國瑜：《彝族史稿》，四川民族出版社 1984 年版，第 21 頁。
③ 李紹明：《藏彝走廊研究中的幾個問題》，《中華文化論壇》2005 年第 4 期，第 6 頁。
④ 蒙默：《試論漢代西南民族中的“夷”與“羌”》，《歷史研究》1985 年第 1 期。
⑤ 石碩主編：《藏彝走廊：歷史與文化》，四川人民出版社 2005 年版，第 272-299 頁。

代起，我國的語言學家貢獻較大。改革開放後，則是國外學者的研究上十分活躍。近年來，日本學者的研究較爲突出，如白川靜、松岡正子等。

目前的研究主要集中於民族語言的系屬等問題。如：走廊東緣存在著非藏語、彝語、羌語的 11 種語言。講這些語言的居民，多者人數達 10 餘萬，少者人數在數千至 2 萬人之間。目前學術界對走廊中的小語種的看法分歧很大。比如嘉絨語屬藏語支還是羌語支，納木依語究竟屬羌語支還是彝語支，爾龔語究竟是一種獨立語言還是嘉絨語的一個方言，等等。對這些小語種的調查研究仍需要加深。

（四）文化產業發展現狀

20 世紀七八十年代，費孝通先生提出的"藏彝走廊"民族學概念引起起學界熱議。此概念也成爲當時研究該領域的重要代名詞，後繼者憑藉文化產業這個切入點，串聯"藏羌彝文化產業走廊"這一概念。四川省"十二五"文化改革發展規劃中，推動川西民族文化產業發展區的藏羌彝文化產業走廊建設成爲了打造全省文化產業特色發展區的工作重點之一。這就意味著，全省範圍內將全面開展實施一系列的重大文化產業項目，打造推廣一系列的地方特色品牌，出臺相關扶持政策來繁榮文化市場和加大投入力度來培育市場主體。[①]如今，已把學術概念變成實施規劃，把歷史地理概念拓展延伸到社會經濟文化領域。羌彝文化產業走廊建設是推進肩負生態屏障建設使命的"不開發地區"發展的重大創新性舉措，除此之外，在國家出臺《藏羌彝文化產業走廊總體規劃》後，科學研究的重點應是:如何卓有成效地實施《藏羌彝文化產業走廊總體規劃》，推動藏羌彝文化產業走廊建設在充分依靠科技進步與科技、文化融合創新基礎上科學發展。在《藏羌彝文化產業走廊地區文化科技資源開發研究》[②]一文中對此進行了翔實的闡述。

（五）近年來的研究情況

2012 年第 3 期的《西北民族研究》刊載了中央民族大學民族學與社會學張曦的一篇文章，即《藏羌彝走廊的研究路徑》。文章主要論述了"藏羌彝走廊"地理範圍、考古、和語言學研究等相關問題及現在的研究途徑。其主要集中於民族學和語言學途徑以及跨學科途徑的論述。同年 12 月，張曦在《藏羌彝走廊與"毒藥貓"》一文中，將"殘存概念"作爲研究藏羌彝走廊歷史、文化、族群互動的切入點，在重新建構了殘存概念以後，以羌族"毒藥貓"爲分析物件，並聯繫藏彝

---

① 陳卓威、王雅妹:《多元文化視閾下"藏羌彝文化產業走廊"的影視文化特色研究》,《新聞界》2013 年第 20 期，第 38-41 頁。

② 何翼揚、文興吾:《藏羌彝文化產業走廊地區文化科技資源開發研究》,《中華文化論壇》2015年第 9 期，第 100-104 頁。

走廊中諸多與之類似的現象,論述藏羌彝走廊中雜糅著藏族、羌族、彝族以及其他民族或支系民族所體現出的不同生計方式以及不同文化,呈現出了五彩繽紛的文化世界①。2013 年,著名民族學家李星星《再論民族走廊:兼談"巫山—武陵走廊"》一文中詳細闡述費孝通與李紹明兩位學者對民族走廊的觀點,以及他個人對民族走廊的認識。四川大學中國藏學研究所教授石碩在 2014 年第 1 期的《民族研究》上發表了一篇題爲《藏彝走廊歷史上的民族流動》的文章,闡述了歷史上這一地區民族流動的五大趨勢。其主要在宏觀角度上通過對該區域內的歷史上民族流動和遷移方向的研究,以期解決走廊中的民族面貌與格局的形成過程問題,以便進一步深入研究走廊中民族演變過程等諸多問題。2015 年,四川省社會科學院文學所研究員邢飛從"藏羌彝走廊"的神話交流的角度,探尋由神話這個紐帶,使其文化產生象徵體,以此來挖掘"藏羌彝"走廊中還有更多的這種象徵符號。2016 年,李昊原的《藏羌彝文化產業融入"一帶一路"發展的思路》一文,闡釋在目前時代潮流下,需要運用"一帶一路"新的視野、新的空間、新的方法、新的途徑、新的價值,去彰顯藏羌彝文化產業走廊的特色和魅力。②

五　結　語

"藏羌彝走廊"這一概念不僅在民族學研究中廣泛使用,而且也適用於語言學、美學等他學科。

第一,在宏觀上費先生提出中華民族聚居地區是由六大板塊和三大走廊構成的格局,其中板塊是指北部草原區、東北高山森林區、青藏高原、雲貴高原、沿海區、中原區。走廊是指西北民族走廊、藏彝走廊、南嶺走廊。板塊是以走廊相聯結的。其中涉及民族學、民族史、民族關係、語言學等諸多學科的內容,既需要宏觀把握板塊之間的聯繫,又要深入細緻地研究走廊中的歷史變遷,任務艱巨但卻有著十分重要的學術意義。第二,對走廊的深入研究可以更好地瞭解該區域主要民族的歷史變遷,也可以將原來孤立片面地研究單個民族轉向綜合宏觀地研究多民族間的互動。第三,從"藏彝走廊"到"藏羌彝走廊"不僅是民族學概念的深化,在這一探討與研究過程中不斷發覺新視角。以此拓寬我國文化歷史與民族志,以及人類學視野,從而爲新的歷史研究打開新篇章。第四,該概念是文化產業發展的重要途徑:爲落實《國家"十二五"時期文化改革發展規劃綱要》實施重大文化產業專案、發展特色文化產業等戰略部署,加快建設具備引領示範效應的特色文化產業帶,進一步促進西部地區、民族地區特色文化產業發展,把文

---

① 張曦:《藏羌彝走廊與"毒藥貓"》,《阿壩師範高等專科學校學報》2012 年第 4 期,第 15 頁。
② 李昊原:《藏羌彝文化產業融入"一帶一路"發展的思路》,《黨政研究》2016 年第 2 期。

化產業培育成爲區域經濟支柱性產業，保護文化生態，傳承民族文化，增强國家認同，促進民族團結，文化部、財政部共同制定了《藏羌彝文化產業走廊總體規劃》①。

　　總之，就當下而言，"藏羌彝走廊"學説不衹是研究絲綢之路的必要著眼點之一，同時也是新形態下，"一帶一路"經濟發展戰略將帶動藏羌彝走廊文化產業的大發展。因此，民族走廊學説的發展既表現出重要的學術意義，也突出其重要的現實價值。

　　　　　　　　　　　　　　　作者單位：四川師範大學歷史文化學院

---

① 《藏羌彝特色文化產業揚帆起航》，《中國文化報》，2014-04-23，第 001 版，記者蘇丹丹。

董淩鋒：中國近代思想史上的宋育仁及其文化貢獻

鐘永新

【人物簡介】董淩鋒，山西偏關水泉人，出生於 1980 年。1998 年至 2008 年，先後就讀於山西師範大學、內蒙古大學、中國人民大學，依次獲得歷史學教育專業學士學位、中國近現代史專業碩士學位、中國近現代史專業博士學位。現爲中國人民解放軍出版社圖書編輯。研究方向主要爲中國近代思想文化史，在《天府新論》《寧夏社會科學》《蘭州學刊》《中國編輯》等期刊上發表多篇學術論文。研究宋育仁十餘年，發表多篇研究宋育仁的文章，出版學術專著《宋育仁維新思想研究》（北京燕山出版社 2016 年版），主編大型歷史文獻叢書《宋育仁文集》（共 14 冊，國家圖書館出版社 2016 年版）。

【閱讀提示】

◆我讀研時有一次翻閱《中國近代史詞典》，無意中看到一個名爲 "宋育仁" 的詞條，其中所記述的宋育仁先生堪稱傳奇的不凡經歷深深地吸引了我，於是初步判斷宋育仁是個值得研究的歷史人物。

◆維新強國是宋育仁大半生爲之奮鬥的夢想，他依次扮演了早期維新派、戊戌維新派、清末立憲派三種角色，其追求維新之路與近代中國維新運動相伴隨。

◆宋育仁的著述不僅是研究宋育仁的第一手資料，而且對於近代中國思想文化史研究、近代人物研究乃至晚清民國史的研究都大有裨益，同時也是一部珍貴的歷史文獻。

◆晚年宋育仁雖然主要從事學術、文化、教育工作，但他從沒有放棄對時局的關注和對國家及民族命運的擔憂，可以說，密切關注時局、身懷憂國憂民之心是宋育仁從青年到晚年一以貫之的高貴品質。

◆研究宋育仁要放寬視野，宣導跨學科研究，同時要促進宋育仁研究的全國化、國際化，進一步擴大宋育仁研究的影響力，直至建立 "宋育仁學"。

宋育仁是個值得深入研究的歷史人物

鐘永新：董先生，您好！宋育仁被譽爲四川歷史上 "睜眼看世界" 第一人，是近代四川（含今重慶市）維新運動宣導者。2016 年您的學術著作《宋育仁維新思想研究》和選編整理的《宋育仁文集》先後正式出版，爲推動宋育仁研究做出了重要貢獻，首先請問您是如何步入歷史研究之路，進而開展宋育仁研究的？

董淩鋒：2016 年出版的這兩部書，其中《宋育仁維新思想研究》是在我博士學位論文的基礎上，經過不斷充實修改完成，它是我接受正規學術訓練以及開展宋育仁研究以來的階段性總結；《宋育仁文集》從申報選題到正式出版則歷時近 8 年，是一部由我選編整理的主要輯錄宋育仁著述的大型文獻叢書，它是散藏於各地的自民國以來刊行的多種宋育仁著述版本首次匯總式結集，是迄今爲止收錄宋育仁著述最多的一部影印文獻。

說起我步入歷史研究之路的緣由，這主要與我的教育背景有關。1998 年，我考入山西師範大學歷史系就讀本科，大學四年的學習培養了我對歷史學的興趣。2002 年大學畢業，我隨即考入內蒙古大學歷史系中國近現代史專業讀研，入學第一節課上，導師就以范文瀾先生的話"板凳要坐十年冷，文章不寫一句空"教導我，從那時起，我便牢記范老的這句治學名言，將它作爲我治學恪守的學術信條，研究生階段的學習把我領進歷史研究的門檻，使我學會了歷史學研究的基本治學門徑。而真正意義上步入歷史研究之路是在我讀博時期，2005 年碩士畢業，我考入中國人民大學清史研究所繼續攻讀博士學位，這所著名學術機構擁有一流的師資力量、圖書資源、學術環境，讓我大開眼界。讀博期間，我參與了導師主持的課題，閱讀了大量學術書籍，聆聽了多場名家講座，另外，近兩年撰寫博士學位論文的經歷，更讓我充分感受到研究歷史的苦與樂。

我從 2003 年開始宋育仁研究到現在，已經過去 13 年了。當初選取宋育仁作爲研究課題，與我偏好近代歷史人物的個人學術興趣不無關係，當然與宋育仁研究結緣也有一定的偶然性。

記得 2003 年冬，導師讓我考慮碩士學位論文選題，於是我去學校圖書館查閱資料，期望從中獲得靈感。就在我翻閱陳旭麓先生主編的《中國近代史詞典》時，無意中翻到一個名爲"宋育仁"的詞條，辭條中所記述的堪稱傳奇的宋育仁先生的不凡人生經歷深深地吸引了我，於是初步判斷宋育仁是個值得研究的歷史人物。隨即，我查閱了相關的學術史資料，得知宋育仁研究方面的成果很少，接著我徵求了導師牛老師的意見，最終，我把"維新運動期間宋育仁的思想研究"確定爲碩士學位論文題目，從此我對宋育仁的研究正式展開。

在撰寫博士論文階段，我結合自身學術興趣，延續了碩士研究生期間開始的宋育仁研究，以"宋育仁維新思想研究"作爲博士學位論文選題，撰寫完成 10 萬字的博士學位論文。畢業工作後，我雖然不在研究崗位，但我沒有放棄對宋育仁的關注和研究，工作之餘，相繼發表《宋育仁的吏治思想簡論》《宋育仁的邊疆思想》《宋育仁銀行思想簡論》《宋育仁公司思想初探》等文章，並在博士學位論文的基礎上，增補近 15 萬字的內容，出版專著《宋育仁維新思想研究》一書，還克服諸多困難選編出版大型歷史文獻《宋育仁文集》十四冊。

圖 1　宋育仁像

圖 2　宋育仁故居遺址遠眺
（今四川自貢市沿灘區仙市鎮大岩凼倒石橋，2009 年，鐘永新攝）

宋育仁何以成爲中國近代維新思想家

鐘永新：在《宋育仁維新思想研究》一書中，您從近代中國的歷史大背景下進行考察，並將宋育仁和同時代的思想家進行研究比較，請問您認爲宋育仁思想體現在哪些方面？其形成的時代背景有哪些？主要有哪些思想特點？

董淩鋒：宋育仁先生作爲中國近代思想家已經得到學術界的認同，宋先生的思想體系博大精深，我對宋育仁思想沒有進行過全面研究，不敢對其思想體系妄加評論，從涉足宋育仁研究以來，我的研究主要以宋育仁的維新思想爲主，下面我主要圍繞較爲熟悉的宋育仁維新思想，談幾點粗淺認識。

維新强國是近代中國部分進步人士在面對日益衰微的國勢時所選擇的一種救國方案，其中宋育仁便是此救國方案的積極主張者之一。維新强國是他大半生爲之奮鬥的夢想，爲此他依次扮演了早期維新派、戊戌維新派、清末立憲派三種角色，其追求維新之路與近代中國維新運動史相伴隨。爲實現維新强國之夢，宋育仁不僅扮演了"坐而言"的維新思想家的角色，大量著書立說，積極建構宏大的維新思想理論體系，其維新思想內涵豐富，涵蓋政治、經濟、教育、軍事等諸多領域，而且充當了"起而行"的維新實踐家的角色，身體力行，積極參與維新，辦實業、創報刊、建學會、譯西學等，其維新實踐活動亦形式多樣。

宋育仁政治方面的維新思想即政治思想，主要包括變革思想、吏治思想、議會思想、地方自治思想，其政治思想的內涵主要是：① 抨擊洋務派的和頑固派的弊病，極力呼籲維新變法；② 揭露君主專制體制下官僚制度的諸多弊端，大力主張整頓吏治；③ 主張效仿西方設立議院，實行議院制度，並對如何設立議院提出了自己構想的方案；④ 對西方地方自治思想也進行了介紹。

經濟方面，在宋育仁維新思想體系中，其經濟方面的維新思想即經濟思想所占比例最大、內容最多、篇幅最長，這表現出他對經濟問題的濃厚興趣和高度關注。宋育仁不僅撰寫了大量論及經濟問題的著述，如他在 1905 年寫成的《經世財政學》，是當時爲數甚少的經濟、財政學方面的專著，引領了時代進步的潮流，而且多次上書清廷，要求改革當時不合理的經濟制度。此外，他還從事過許多和經濟相關的工作。歸納宋育仁的經濟思想主要包括貨幣思想、工商思想、稅制思想、銀行思想、公司思想、交通思想等，他深刻地認識到發展經濟對於强國富民、抵禦列强的極端重要性，對晚清以來不合理的經濟制度和經濟政策，如工商制度、金融制度、稅務政策等予以嚴厲批評，並大力提倡向西方學習，主張發展民族工商業、整頓稅制、鑄造金幣、設立銀行、發展交通等。

軍事方面，宋育仁提出以西方軍事制度爲樣本，通過改革兵制、創辦軍事學堂等舉措來培養近代軍事人才。

教育方面，宋育仁抨擊了科舉制度的弊端，主張改革科舉制度務虛不務實的弊端，主張興辦新式學堂，並認爲學堂的教學內容要中西並舉。

作爲生活在近代中國的歷史人物，宋育仁不可避免地受到中國近代整體歷史環境的影響，他的維新思想是近代中國社會變遷的產物，其形成與發展必然會受到他所生存時代的影響，促使宋育仁維新思想形成的時代背景主要有幾方面：

其一，日益嚴峻的民族危機。近代中國，中華民族遭遇到前所未有的來自外部的挑戰，列强侵略不斷加深，國家時局逐漸惡化，由此而導致民族危機日益嚴峻，這是促使包括宋育仁在内的維新志士們維新思想產生的重要外在原因之一。

其二，尊經書院的求學經歷。1876 年至 1879 年，宋育仁就讀於成都尊經書院，這段不平凡的經歷使浸淫其中的他既受到書院講求實用的整體環境的熏陶，也受到書院傑出師友張之洞、王闓運、廖平、吳之英、楊鋭等影響。

其三，出使西方的特殊經歷。1894 年，宋育仁以駐英、法、意、比四國二等參贊官的身份出使歐洲，常駐倫敦。出使西方的經歷是他人生中一段極爲重要的特殊歷程，其間，他利用外交官的特殊身份，認真考察了以英國爲主的西方政治、經濟、教育、軍事等情況，通過比較中西，他更加感受到中國的落後貧弱；另外，在他出國時，正逢中日甲午戰爭之際，身處異域的他籌劃了"借洋款、募西兵、襲長崎"的"潛師"計劃，雖然借籌之計最終未能實施，但通過此事他對清政府腐敗無能的本質和國家積貧積弱的國情認識得更加深刻，這也使宋育仁的維新之心更爲迫切。

其四，甲午後民族資本主義的發展。甲午戰爭後，民族資本主義的快速發展爲維新運動的開展奠定了物質和思想基礎，不斷壯大的民族資產階級迫切要求挣脱帝國主義和封建主義的雙重桎梏，宋育仁雖然不屬於民族資產階級，但他順應時代潮流，呼籲維新，反映出民族資產階級的要求。

人都是時代的產物，每一個人的思想言行都會被打上深深的時代烙印，正如黑格爾所説："沒有人能超越他的時代，正如沒有人能超越他的皮膚一樣。"宋育仁作爲一位生活在近代中國的歷史人物，他的思想注定要受到近代中國時代特點的影響，既有近代人物所具有的共性，也有其自身獨特之處。同時，既有進步與不凡處，也存有一定的局限性。我認爲，宋育仁的思想主要有以下幾個特點：

其一，西學中源、崇古尊儒。宋育仁雖然主張維新變法，向西方學習，但在對待西學和中學的問題上，主要持"西學中源"觀，他認爲西學的源頭在中國古代，表現出對中國古代的極大推崇。"西學中源"觀是晚清思想界認知中西文化關係的主流觀點，王韜、鄭觀應、康有爲、梁啟超、劉師培等都秉持這種文化觀。宣揚"西學中源"對於宋育仁宣導維新是一把雙刃劍，一方面有利於他激發國人的愛國熱忱及號召人們對維新變法的支持，減少傳播西學、學習西方的阻力；另一方面過度宣揚"中學西源"影響到他學習西學的態度以及維新思想的深度和廣度，過度的"西學中源"觀成爲宋育仁在民國年間思想日趨保守的潛在"推進劑"。此外，宋育仁提出"復古改制"的主張，一方面是他出於減少宣揚維新阻力的策略，另一方面，也與他所秉持的"西學中源"文化觀和過度崇古心理有關，在他看來，西學、西制、西藝等西方文明均源自中國古代，《周禮》尤備，因此，學習西方，維新變法，正是拿回原本屬於中國的東西，正如他在其宣揚維新的名著《時務論》所説的"外國富强之故，乃隱合於聖人經術之用。則言舊時之策者，孰又愈復古乎？"宋育仁對儒學和孔教也過度尊崇，這導致他在從事維新實踐活動時，背負沉重的思想包袱，對儒學的迷戀成爲阻礙他在維新道路上前進的羈絆。宋育仁背負傳統思想包袱與主張維新矛盾的局限性，反映了近代中國知識分子在尋求救國道路上面對中西文化時的迷惘與困惑，這不僅反映了他們個人思想的局限性，更反映了整個時代的局限性。

其二，關注經濟、追求富强。宋育仁對經濟問題用力尤多，思考尤勤，爲同時代言經濟者中的佼佼者。他對經濟問題的關注做到了構建理論與實踐躬行的結合。一方面，宋育仁在經濟方面立言頗多，撰寫了大量經濟方面的著述，既對西方經濟狀況做了介紹，也剖析了晚清中國經濟領域中所面臨的棘手問題，並對症下藥提出解決之道，内容涉及農業、工商業、幣制、銀行、交通、稅制等諸多經濟領域，抓住了當時中國社會亟待解決的經濟問題，體現出他對經濟問題關注視野的廣闊。另一方面，他從事經濟工作的經歷極爲豐富，從維新運動期間主持四川商務事宜到20世紀初受聘輾轉各省主持財政工作、主管貨幣局（廠）以及稅局等。能像宋育仁這樣在經濟方面做到知行合一、理論和實踐均取得較大成就的維新志士，近代史上爲數甚少。

圖3　成都宋育仁紀念館"東山草堂"及宋育仁墓
（2008年，鐘永新攝，草堂已毁於火災）

其三，憂患意識、經世觀念。强烈的憂患意識是宋育仁維新思想產生的重要推動力之一，憂患意識貫穿在宋育仁維新思想的各方面。其文多爲感時憤事、憂國憂民之作，可見他的憂患意識既是對古代知識分子優良傳統的繼承，又是對近代社會現實的真實反映，其憂患意識主要表現在憂邊疆危機、憂民生日艱、憂利權外溢三個方面。宋育仁還具有濃厚的經世致用觀念，在經世觀念的指引下，他對現實問題尤爲關注，對於亟待解決的問題表現出高度關切之心，比如他在《時務論》中，針對當時中國在政治、經濟、軍事、教育、法律、交通等領域中存在的問題進行深刻分析，提出解決辦法。清末新政期間，宋育仁專門寫出《經世財政學》一書，從書名即可看出他心懷經世致用之志，書中對當時中國社會在經濟領域亟須解決的問題進行詳細梳理。宋育仁在繼承鴉片戰爭前魏源、林則徐等經世觀念的同時，以博采古今中西之法來尋求解決現實問題的策略，從而推動了經世思想在近代中國內涵的豐富。

爲宋育仁研究提供文獻支撐

鐘永新：經您多年艱辛搜集，再與國家圖書館出版社通力合作，使得《宋育仁文集》14 冊順利出版，此可謂民國時期《問琴閣叢書》印行以來，宋育仁著作多種版本的首次彙集，能否介紹一下該書整理出版的緣起及簡要經歷，其間有無難以忘懷的往事？

董淩鋒：宋育仁一生勤於著述，筆耕不輟，可謂著作等身，由於宋育仁治學範圍極廣，因此他的著述包羅萬象、門類龐雜，涵蓋經學、小學、詩詞，時論、財政、史學、書牘等諸多門類。可惜的是，宋育仁的著述亡佚者甚多，即便存世的宋育仁著述收藏地也很不集中，而是分散收藏於全國各地圖書館，查閱使用極其不便。

十幾年前我在撰寫碩士學位論文《維新運動期間宋育仁思想研究》時，在內蒙古大學讀書的我，爲了搜集撰寫論文所必需的第一手史料，即宋育仁在維新運動期間撰寫的著述，自費去北京的國家圖書館、北京大學圖書館、中國人民大學圖書館查閱史料，其間因駐地偏遠而不得不一大早擠公交、路邊吃便飯，因圖書館收藏的宋育仁著述無法復印，又不得不逐詞逐句抄寫，查閱史料的過程讓我深感宋育仁著述的收藏地過於分散，極其不利於宋育仁相關研究的開展。

著述是著者思想的體現，宋育仁的著述不僅是研究宋育仁的第一手資料，而且對於近代中國思想文化史研究、近代人物研究乃至晚清民國史的研究都大有裨益，同時也是一部珍貴的歷史文獻，具有極高的版本、文獻價值。有感於此，我暗下決心：要盡力搜集整理宋育仁著述，等待日後有機會將宋育仁的著作結集出版。隨後我在撰寫博士學位論文的過程中，再次飽受四處查閱、抄錄宋育仁著述的勞苦，身心備受折磨，整理出版宋育仁著述的決心也隨之更加堅定。出於早日整理出版宋育仁著述的迫切心理，2008 年後半年，我博士畢業後一走上工作崗位，就向國家圖書館出版社遞上了初擬名爲"宋育仁文集"的選題項目。

從 2008 年 10 月向國家圖書館出版社報送選題到 2016 年 8 月正式出版，《宋育仁文集》的整理出版經歷了近 8 年漫長而曲折的過程。其間，由於出版社負責該選題的編輯工作調動或其他原因，選題先後經手的編輯多達 4 位。實際上，《宋育仁文集》的出版選題在我報送國家圖書館出版社之後，很快就得到了出版社同意立項出版的批復，而且其中擬收錄的大多數文獻的名錄在我申報選題時就已基本確定，出版週期之所以漫長，除與出版社頻繁更換該選題的責任編輯有關外，還與書中擬收錄文獻的內容獲取難度較大有關，由於文獻散藏於各地圖書館，且文獻性質均爲古籍，有的甚至是善本，圖書館根本不允許復印或借閱，我意識到，僅靠我個人的能力很難把擬收錄的文獻都收集齊，於是，我主動提出與國家圖書館出版社合作收集文獻，對於那些我個人無法獲取的宋育仁著述，由國家圖書館出版社出面，與我提供的文獻收藏館溝通，拍照獲取文獻。在出版過程中，我主要負責撰寫文集序言，擬定編選原則，確定書中收錄文獻的具體名錄和所收錄文獻的排序，提供文獻的收藏地以及部分文獻的電子版，審讀書稿全部內容等；國家圖書館出版社方面主要負責根據我提供的文獻收藏地，拍攝那些靠個人力量難以獲取的文獻。因此這套書是我與國家圖書館出版社合作成功的產物，國家圖書館出版社編輯做出的貢獻也是應該肯定的。

另外，出版過程中，有些細節問題也經過反復地斟酌、權衡，纔最終確定下來。如關於對文集中收錄的文獻是否進行句讀及添加注釋，最初我想將收錄的宋育仁文獻添加標點，爲一些不易懂的字詞加上注釋，以便讀者理解，但後來還是本著尊重歷史、尊重作品最初的形態，原汁原味反映宋育仁著述的原貌，以影印方式出版，在正文中不添加任何注釋，祇在序言中對宋育仁的生平和文集的編選原則做簡要説明；又如關於文集中對於一些影響較大的內容基本相同但版本不同的著述是否全部收錄的問題，如《時務論》《采風記》這樣爲宋育仁贏得良好聲譽、令他聞名於士林的名著，爲了凸顯這兩部文獻的重要價值以及體現各種不同版本的重要價值，爲版本學研究者提供資料，最後決定將能找到的這兩部著作的各種版本全部收錄。

談到令我最難以忘懷的往事莫過於 2014 年下半年我差一點準備放棄選題。從 2008 年下半年選題批復以來，我一直在爲文集的出版做前期的準備工作，心中充滿著對早日出版文集的憧憬，然而令我感到迷惘和失望的是，出版社方面負責此選題的編輯像走馬燈似的接連換人，到 2014 年下半年，負責文集的編輯已換成第四任，當時我正忙於學術著作《宋育仁維新思想研究》的撰寫，再加上本職工作也很忙，所以對《宋育仁文集》的選題無暇顧及，而此時我對出版方國家圖書館出版社也有點失去信心，於是萌生想要放棄《宋育仁文集》選題的想法。當我抱著極度失望的心情，和文集的第四任編輯進行聯繫，想問清對方究竟能否出版該專案，想知道是否還有一綫希望，如對方還繼續拖遝不重視，我就準備説放棄該選題了，令我感到驚喜的是，責編張慧霞回復説出版社已經啟動該項目，對這個項目很重視，她的回答重新燃起我對文集出版的希望，在接下來的近兩年時間，我們通力協作，克服很多困難，終於在 2016 年 8 月將 14 卷《宋育仁文集》出版面世，想來如果沒有之前堅持不懈的執著努力，文集的出版幾乎是不可能的。

圖 4 　《宋育仁文集》書影，國家圖書館出版社 2016 年 8 月版

從青年到晚年一以貫之的高貴品質

鐘永新：您在宋育仁研究領域先後撰寫發表了《維新運動期間宋育仁經濟思想研究》《宋育仁的邊疆思想》《宋育仁工商思想探析》等學術論文，成果很多，同時提出晚年的宋育仁並未消極落伍，而是積極參與時事活動和國學教育、史志纂修等，那麼請問如何客觀評價認識宋育仁？宋育仁值得學習與傳承的文化學術精神有哪些？

董凌鋒：我發表的研究宋育仁的學術論文有的是在讀博期間撰寫，如《維新運動期間宋育仁經濟思想研究》《維新運動期間宋育仁政治思想研究》，有的則是我在工作後利用業餘時間所寫，如《宋育仁的邊疆思想》《宋育仁的吏治思想簡論》《宋育仁銀行思想簡論》《宋育仁公司思想探析》等，這些文章是我涉足宋育仁研究領域以來的思考所得，主要以宋育仁的思想爲研究物件，純屬一己之見，其中的不足之處或錯漏一定不少，真誠希望各位專家學者斧正。

對於晚年宋育仁的認識，據我所見關於宋育仁的文章或著作，多數認爲晚年宋育仁退隱成都，除在學術文化方面有所成就外，對時事及尤其政事不聞不問，過著隱士般的生活，這種看法是對晚年宋育仁的誤讀。事實上，晚年宋育仁雖不贊成民主共和制度，民國初年的他甚至成爲保皇論支持者，在政治主張方面的確逆歷史進步潮流而行，但他從未失去對時局的積極關注和與外界的主動聯繫，一直心懷一顆赤誠的愛國之心，不斷地抨擊時弊，爲民請命，嚴厲聲討民國年間的黑暗時局和流毒社會的種種不正之風，其鬥士風範依然如故。如宋育仁於 1922 年至 1924 年期間在《國學月刊》中發表的大量文章就有不少爲抨擊黑暗時局之作。1923 年宋育仁寫下猶如戰鬥檄文般的《代國民請願書》，其中他以代民請願的口吻，對民國政局的黑暗面予以嚴厲斥責，希望統治者能整頓弊政，扭轉乾坤，以救民於水火之中，表現出對時局的高度關注和憂國憂民的情懷。因此，晚年的宋育仁雖然主要從事學術、文化、教育工作，但他從沒有放棄對時局的關注和國家民族命運的擔憂，可以說，密切關注時局、身懷憂國憂民之心是宋育仁從青年到晚年一以貫之的高貴品質。

對歷史人物進行評價是令歷史研究者十分棘手的難題，同樣，對宋育仁的評價也是研究宋育仁要面對的難題之一。我十分贊同陳寅恪先生所講的，對歷史人物進行評價時，不應該以今情測古意，過分苛求古人，對其求全責備，而應當報以“瞭解之同情”的態度，要結合歷史人物所處的時代對其進行評價。亦正如馮友蘭先生所講，“歷史學家知人論世，對於歷史人物的評價應該著重在超過他的前人之處，不應該糾纏在他不及後人之處。歷史的發展日新月異，特別在近代尤爲迅速，前人不及後人又何待言”。因此，在評價認識宋育仁這個問題上，我儘量做到客觀、中立，力求接近於歷史真實。

宋育仁生活在“數千年未有之大變局”的近代中國，面對日益惡化的民族危機，在探尋強國富國的道路上展開艱辛的探索，一生扮演多種角色，宋育仁扮演的多種角色證明他是中國近代史上芸芸眾生中的少數傑出人物之一。

首先以其扮演的維新派的角色而論。宋育仁大半生寄希望於以維新來實現強國之夢，扮演了維新思想家和維新實踐家的雙重角色，一方面，他建構了宏大的維新思想體系，這不失爲近代中國思想史的一筆寶貴精神財富；另一方面，他身先士卒，積極投身維新實踐，如在維新運動期間，他扮演了巴蜀地區維新運動領袖的角色，主持尊經書院，創辦《渝報》《蜀學報》，興建工商實業，無愧於“四川和重慶報業鼻祖”及“川渝民族工商業創始人”的角色。

其次以其扮演的傳播西學、匯通中西的文化使者角色而論。宋育仁積極傳播西學，介紹西方文明，維新運動期間，他親自爲孟德斯鳩的《法意》作注，寫成《法意鈔案》一書，還撰寫多部傳播西學的著作，如《經世財政學》《宋芸子先生政法講義》等；出使英國期間，宋育仁積極考察西方政治、經濟、軍事等方面的情況，並與當地漢學名家如理雅各、麥克斯·穆勒等多有交往，充當了中西文化交流使者的角色。

再以其扮演的傳統文化素養深厚的國學大家的角色而言。宋育仁學貫中西，既以西方爲師，主張師法西洋，維新自強，又熱衷傳統文化，對以儒學爲核心的傳統文化有著深厚的造詣，撰有大量論述經學、小學、古典詩詞等傳統文化方面的著作，稱其爲“國學大家”並不爲過。

最後以其所扮演的愛國者角色而言。他一生始終胸懷強烈的愛國心，對祖國的赤誠之愛是激發他苦苦尋求救國良方的內在精神動力，甲午期間，身在倫敦的宋育仁居然以超凡的勇氣大膽謀劃潛師襲倭，可謂驚天地、泣鬼神。

不過宋育仁對傳統文化的過度尊崇和迷戀，也導致他對西學學習的深度不夠徹底，他對儒學及孔教的信奉導致他篤行封建倫理道德和綱常名教，宋育仁的這些局限性既受他個人不足之處的限制，也受時代、階級等多種因素的制約。

　　坦白地説，要準確概括宋育仁值得學習和傳承的文化學術精神的内涵比較困難，這要建立在對宋育仁一生有全面、客觀、準確的把握和對體現他文化學術精神的著述有全面、系統、深入研究的基礎上，就我熟悉的宋育仁維新思想的内涵來看，其中所反映的宋育仁的文化學術精神，主要體現在：

　　其一，博采衆長、爲我所用。維新強國是宋育仁大半生的追求，要維新就必須要向西方學習，而要向西方學習，就必須要開闊的胸襟和過人的遠見，在面對是否學習西方的晚清時期，不少人堅持祖宗之法不可變，堅持中優西劣的論調，而宋育仁卻能大力宣導學習西方，維新強國，這種博采天下所長爲我用的氣度，順應了歷史前進的潮流，儘管在面對中西學時，他秉持西學中源的文化觀，但畢竟還是主張向西方學習，這比起盲目排外的頑固派以及學習西方主要局限於器物層面的洋務派來説，進步了許多。另外，宋育仁著書立説時大量運用西學，他的名著《經世財政學》就運用西方經濟學理論分析中國經濟問題，是當時爲數甚少的財政學專著。他還以西學爲武器，維護國家利權，1905 年，他在與美使精琦關於幣制自主的争論上，以西方經濟學理論駁斥對方，最終獲勝，粉碎了美國企圖把控中國幣制的野心。

　　其二，尊崇儒學，熱愛傳統。宋育仁提倡學習西方，並非宣導全盤西化，他自幼接受以儒學爲核心的傳統文化的熏陶，傳統文化對他的影響可謂深入骨髓。在他留存後世的著述中，涉及傳統學問的著述所占比例很大，其中有不少爲經學方面的著述，如宋育仁專門撰寫了四部解釋《孝經》的著作，即《説孝經》《孝經講義》《孝經正義》《孝經衍義》，這些著作對今天弘揚孝道也大有神益。此外，在當今重視國學、重視傳統，宣導文化自信的時代背景下，宋育仁大量關於國學的著述亦值得今人深入研究，其中所蘊含的豐富思想也值得借鑒。

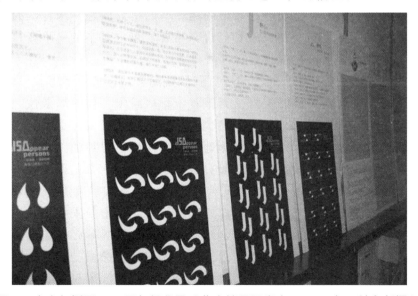

圖 5　宋育仁誕辰 150 周年紀念展（北京讀易洞書房，2008 年，鐘永新攝）

研究宋育仁要放寬視野走向國際

鐘永新：目前宋育仁研究方興未艾，宋育仁已從“消失者”成爲日益受到重視的中國近代思想家，請問您對以後的研究方向和如何深化研究有何建議？

董淩鋒：迄今爲止，宋育仁作爲一個歷史人物，在其去世後經歷了幾乎隱沒於歷史、多年來不受重視到逐漸進入公衆、學者們視野的軌跡，而且越來越受到關注，相關研究成果不斷增多。我在對宋育仁關注和研究的十多年來，見證了宋育仁研究領域的變化。關於宋育仁研究領域的現狀，可參閱拙著《宋育仁維新思想研究》（北京燕山出版社 2016 年版），其中有詳細介紹。

2003 年我撰寫碩士學位論文時，僅有寥寥幾篇研究和論及宋育仁的文章問世。迄今爲止，連同我撰寫的《宋育仁維新思想研究》在內，已有三部宋育仁專著出版；收錄宋育仁著述的文集則有兩部，一部爲我編選的《宋育仁文集》，另一部是四川大學王東傑教授主編的《中國近代思想家文集•宋育仁卷》；專門研究宋育仁的學術論文和通俗文章也有數十篇發表。

雖然宋育仁先生受關注度日益提高，宋育仁研究領域呈現出日益繁榮的景象，但是已有關於宋育仁的研究成果與宋育仁宏大的思想體系、豐富的著述以及不凡的人生仍然不相匹配，期待品質更精、數量更多的宋育仁論著問世。就我個人而言，今後對於宋育仁的研究方向主要擬從兩個方面開展：

其一，沿著宋育仁維新思想研究繼續深入。宋育仁的維新思想體系博大精深，內涵極其豐富，我在專著《宋育仁維新思想研究》中主要探討了宋育仁的政治思想和經濟思想，但對宋育仁維新思想的其他方面，如教育思想、軍事思想、文化思想等還沒有展開研究，以後我會爭取逐一進行探討。

其二，通過研讀宋育仁的著述發現問題，進而研究問題。宋育仁的著述是宋育仁思想的集中體現，也是研究宋育仁最爲重要、最爲基本的一手資料，通過認真研讀兩部宋育仁著述，在解讀史料方面再下功夫。

對於如何深化拓展宋育仁研究領域，我談幾點看法，僅供參考。

其一，研究宋育仁要放寬視野，克服就宋育仁論宋育仁的局限性。宋育仁是近代歷史人物，一定要結合他所處的時代進行研究，而且要注重與同時期人物的分析比較，祇有通過比較，纔能更深刻地認識到宋育仁思想的獨特性，進而體現研究宋育仁的價值所在。現在已有的研究成果還缺乏將宋育仁與近代其他人物的比較研究，研究視野有待拓展，多數研究宋育仁的論著較多聚焦於宋育仁本身。

其二，對宋育仁的研究，要大力宣導跨學科研究。由於宋育仁一生扮演了多種角色，人生經歷頗具傳奇色彩，涉足政界、商界、學界等多個領域，而且宋育仁豐富的著述涵蓋文學、經濟、政治、法律等諸多學科領域，因此，應該提倡對宋育仁進行跨學科研究，歷史學、經濟學、文學、哲學等學科的學者都可以從宋育仁身上找到很好的切入點。適當時機可以組織規模較大的跨學科的宋育仁研究學術會議，以拓寬宋育仁研究領域，改變現在宋育仁研究主要局限在史學工作者中的困局。

其三，要促進宋育仁研究的全國化、國際化，進一步擴大宋育仁研究的影響力，直至建立"宋育仁學"。目前研究宋育仁的學者和學術機構多數在四川，也就是宋育仁的故鄉，全國範圍內研究宋育仁的學者並不多，宋育仁研究的影響力相對有限。以後有機會可以組織全國性的甚至國際性的宋育仁研究學術研討會，以此擴大宋育仁及宋育仁研究的影響力，讓宋育仁研究的影響力走向全國，走向世界，甚至可以由權威學術機構出面建立"宋育仁學"，以此作爲旗幟促進宋育仁研究的真正深化發展。

【訪談手記】學問之道貴乎堅持，2017 年初有緣結識研究宋育仁十餘年，傾心搜編完成《宋育仁文集》14 册出版的董淩鋒博士，並約請訪談其研究的學術因緣與心路歷程，深爲董先生勤學不輟、堅忍不拔的精神所感懷，茲整理完成，以期有助於宋育仁留存下來的珍貴思想文化遺產有益當世也。

作者單位：北京立身國學教育編輯部

莫斯卡《格薩爾王傳》石刻藝術價值及其數字化保護

陳歷衛

　　歷史上，格薩爾文化的核心區域在今青海省的果洛州和玉樹州，四川的甘孜州和西藏昌都地區，而甘孜州是《格薩爾王傳》流傳最爲廣泛的地區。在康區，不僅有格薩爾文化主體《格薩爾王傳》的説唱本和説唱藝人，還有格薩爾文化系列衍生藝術品，如打箭爐的 11 幅格薩爾唐卡組畫[①]與德格更慶寺的格薩爾巨幅唐卡、德格阿須草原上格薩爾廟中的壁畫[②]、德格印經院院藏格薩爾騎征木刻印版[③]、德格格薩爾藏戲面具[④]和莫斯卡與石渠的格薩爾石刻[⑤]等。位於丹巴縣丹東鄉莫斯卡村的《格薩爾王傳》嶺國人物石刻，是迄今爲止所發現的規模最大、數量最多、題材最廣泛的石刻群。格學專家降邊嘉措先生認爲，在長期實行政教合一的藏族社會裏，無論在思想文化還是意識形態領域裏，神權都占據著統治地位，而"格薩（斯）爾》人物形象的出現，打破了菩薩和神佛在藏族石刻藝術領域一統天下的地位，使來自人民群衆中的英雄人物、人民群衆自己創造的藝術形象在藏族傳統的石刻藝術中，占據一席重要地位，而且居然還與菩薩和神佛'平起平坐'"。因此，"這套《格薩（斯）爾》人物石刻的發掘，還填補了藏族石刻藝術中一個

---

① 石泰安：《西藏史詩和説唱藝人》，中國藏學出版社 2005 年版，第 104-105 頁。據書中所載，學界普遍認同的、最具代表性的格薩爾繪畫，是出自康定明正土司（打箭爐土司）官邸的 11 幅格薩爾組畫，與吉美博物館藏本的繪畫內容與風格非常相似。第一幅：開場白、英雄的誕生、早期的功業。第二幅：分配領地的勇士及其宗或城堡。第三幅：英雄前七年的功業。第四幅：覺如 8～9 歲時的功業。第五幅：英雄 12 歲之前的功業和捕獲格薩爾賽馬。第六幅：覺如 13 歲時即位稱王，各種業績和遠征北魔。第七幅：霍爾人入侵嶺地，格薩爾在魔鬼之地嚴陣以待。第八幅：珠牡被劫往霍爾。第九幅：與霍爾人奮戰。第十幅：赴漢地旅行。第十一幅：與霍爾人戰爭的新情節，其中涉及珠牡；格薩爾地獄救母。

② 羅布江村等：《琉璃刻卷——丹巴莫斯卡〈格薩爾王傳〉嶺國人物石刻譜系》，四川民族出版社 2003 年版，第 48 頁。該畫內容極爲豐富，表現了穆布董族的歷史、嶺國 30 員大將、80 名英雄、威爾瑪十三保護神，格薩爾的十三個妃子等。

③ 羅布江村等：《琉璃刻卷——丹巴莫斯卡〈格薩爾王傳〉嶺國人物石刻譜系》，四川民族出版社 2003 年版，第 50 頁。

④ 羅布江村等：《琉璃刻卷——丹巴莫斯卡〈格薩爾王傳〉嶺國人物石刻譜系》，四川民族出版社 2003 年版，第 50 頁。德格竹慶寺是格薩爾藏戲的發祥地，據查，該寺格薩爾藏戲的面具達六七十具之多，主要有格薩爾王、嶺國三十員大將、嶺國七位女士、十三威爾瑪戰神以及嶺國其他護法神。德格的腰日寺，現珍藏有 10 幅格薩爾面具，其中有 5 幅爲金屬鍍金面具。

⑤ 崗·堅贊才讓：《格薩爾石刻藝術的調查與思考》，《西藏研究》2006 年第 3 期。據該文稿，石渠巴格瑪尼牆中有 5 尊格薩爾王石刻造像，其中 2 尊係 17 世紀巴格瑪尼牆初建時期的珍貴藝術作品，具有較高的文物價值和藝術價值。在這些石刻造像中精選出的、最具特色和有代表性的一幅石板刻畫，是用一塊菱形的原色石料刻畫的。石板高 27 釐米、寬 15 釐米、厚 2 釐米，石板正面有邊綫，中央是格薩爾王騎著神馬的刻像，下方是吉祥寶圖案。

重要空白，即：增加了世俗文化的内容"[①]。由此可知，莫斯卡《格薩爾王傳》的板體石刻具有極其重要的歷史意義和現實意義，應該得到很好的傳播與積極的保護，在此，我們有必要先瞭解格薩爾石刻發生的歷史緣起。

一　莫斯卡《格薩爾王傳》石刻的產生、分布與價值

（一）石刻的產生

藏族文化的歷史分期是涇渭分明的，一般分作三個時期：原始信仰、苯教文化、藏傳佛教文化。原始信仰（圖騰崇拜、動物崇拜、山神崇拜、祖先崇拜）自苯教興起之後，多納入苯教之中，苯教主要有"三界觀念""卵生世界""王權神授""靈魂傳繼"和"二元論"思想等，作爲觀念流行最盛的是佛教的四聖諦、六道輪回、中觀應成派的緣起性空等學説。藏傳佛教雖然宗派林立，但在其行持方面，都強調嚴格遵守戒律，並通過分布密集的寺院、龐大的僧侶隊伍、法會、轉經、朝佛等形式，極大限度地宣傳佛教思想，致使藏族的宗教信仰社會化、生活化。人們不僅誦經，也通過刻經和刻像來達成崇佛的至上功德，而其文學藝術的主體是頌揚神佛、闡明佛理。那麼，以謳歌普羅大眾的英雄形象，表現人們對現實生活的熱烈嚮往的俗世文化題材——《格薩爾王傳》的嶺國英雄系列石刻，又是如何在這樣一個神權社會裏面產生的呢？這要從寧瑪教派説起。

寧瑪派是藏傳佛教各派中世俗性最強的一個支派，康區並不是寧瑪派的發祥地，但寧瑪派在康區的傳播和發展堪稱藏區之首。該教派從組織和類型上分兩種："第一種，其教徒是剃度的出家人，住在寺廟進行正規的宗教活動。還有一種是被稱做'阿巴'或'宦'的一類，他們既在寺廟念經做法事專門從事宗教活動，又娶妻生子並從事日常生產勞動。"[②]阿巴們既是佛教傳承者，又是生產勞動者，他們既爲百姓繼嗣取名，主持新居入住、婚喪嫁娶等儀式，也在田間、牧場爲百姓説唱格薩爾。康區著名的寧瑪派高僧貢珠·雲丹嘉措、局·米旁嘉央郎傑嘉措、青則·益西多吉等歷代學者的著作中都曾多次提及格薩爾。

據《丹巴縣志》所載，莫斯卡《格薩爾王傳》人物石刻是從青則·益西多吉開始的，他是青海斑馬縣寧瑪派寺廟智欽寺的高僧，37 歲時來到莫斯卡，並在當年主持修建了金龍寺。"金龍寺爲縣境西北莫斯卡牧區寺廟，距縣城 80 公里。清乾隆五十年（公元 1786 年）由青海省果洛州籍紅教活佛青則·益西多吉主持修建。"[③]寺廟竣工之後，青則·益西多吉主持鐫刻了 40 幅石刻，格薩爾與愛妃珠牡的石刻置於金龍寺大殿頂層，其餘 30 員大將的石刻分別放置於大殿的 30 根柱頭旁。這是莫斯卡最早的一批《格薩爾王傳》人物石刻作品，距今 224 年之久。大約在距

---

① 降邊嘉措：《獻給格薩爾千周年紀念的一份厚禮——談丹巴莫斯卡〈格薩爾〉嶺國石刻發掘整理的重大意義》，《西南民族大學學報》（人文社科版）2003 年第 6 期。

② 東主才讓：《寧瑪派"密咒師"》，《中國藏學》2005 年第 2 期。

③ 丹巴縣志編纂委員會：《丹巴縣志·民族·宗教》，民族出版社 1996 年版，第 143 頁。

今 170 多年之後，青則·益西多吉再次主持刻製了 109 幅嶺國人物石刻。最後一批石刻，是在上個世紀末葉完成的，數量超過 300 幅。

（二）石刻的分布

據羅布江村《琉璃石刻》描述，三期《格薩爾王傳》石刻分布在六個不同的地方：金龍寺大殿頂層、格薩爾喇空、卡斯甲都格薩爾塔、吉尼溝青麥格真神山、曲登溝巴紮格熱神山、甲拉溝甲拉勒神山，其具體分布情況如下表所示。

位置	數量	時間	宗教人數	嶺國人數	舊石刻	新石刻	彩繪
金龍寺大殿頂層	40	距今 224 年	0	40	3	37（1992 年，各吐）	新石刻爲彩繪
格薩爾喇空	109	距今 170 多年	＞40	＜70	69	40（1997 年，澤仁鄧珠）	加彩繪
格薩爾塔	83	不詳	31	52	不詳	不詳（1994 年，各吐）	彩繪，褪色嚴重
青麥格真神山	80	不詳	33	47	不詳	不詳（1995 年，各吐）	彩繪，色澤鮮豔
巴紮格熱神山	120	據傳爲喇空石刻同期	不詳	不詳	40	80（1991 年，各吐）	彩繪
甲拉勒神山	60 多	距今 24 年	不詳	不詳	0	60 多（1993 年，各吐）	彩繪

除以上六處之外，還有一些散存於牧民家中，具體資料尚無統計。有的是舊石刻，在"文化大革命"期間，牧民將其放在"人"字屋面藏了起來；有的是新石刻，被牧民安放在民居的突出位置以朝拜。據羅布江村估計，全村共有 600 幅左右（在筆者今年四月底的采訪中，據傳超過 1 000 幅），純屬嶺國人物石刻有 400 幅左右。如此規模和數量的格薩爾專題石刻群，在整個藏區是首屈一指的。綜觀其石刻譜系、石刻技法、地域特色以及與格薩爾文本的忠實性，我們可探尋其文化價值、藝術價值和宗教價值。

（三）石刻的價值

1. 文化價值

衆所周知，藏文化體系的石刻一般分爲六字真言，佛、菩薩、神祇像和經文 3 種，多以瑪尼堆、摩崖或巨石方式出現。而莫斯卡《格薩爾王傳》嶺國人物石刻卻敢於衝破宗教思想的桎梏，不去尋求虛無縹緲的來世，而是執著於現實生活的美好，有著强烈的生活氣息，這在藏族石刻藝術發展的歷史上，無論是在思想上還是在藝術形象與內容表達上，都具有里程碑式的意義。可以説，它表現了兩百多年來藏族人民的思想狀態，填補了俗世文化的空白。

2. 藝術價值

首先，在題材上，是以《格薩爾王傳》中的格薩爾王、格薩爾衆親屬和嶺國將領爲主體的刻畫，畫中對每一位人物的相貌、姿態、表情、特徵都按照《格薩爾王傳》進行藝術定位來描刻，包括他們各自手握的武器與騎征的戰馬——一幅幅栩栩如生、征戰沙場的英雄畫面，一一呈現在世人面前，表現出藏族人民對英雄崇拜的世俗信仰和民間情趣。

其次，在雕刻技法上，一是就地取材，選用不規則的多邊形石片，以其匠心達成人物與板體的有機組合，二者互爲配搭，相得益彰。二是雕刻中主要采用了藏族美術創作中以綫造型、以綫寫意的綫刻技法，從人物面部造型與表情上可觀其細膩之至：輕重、鈍挫、抑揚、張弛與剛柔的把握極爲準確，從而刻畫出或喜、或怒、或慈祥、或剛毅的人物性情。三是淺浮雕與綫刻技法的協調配合運用十分得體，凸顯出石刻的立體感。

最後，在審美上，以填塗、補空的彩繪方式在渲染主題的同時，使畫作更加精緻完美。填塗是指在已刻就的作品上重新按繪畫作品的要求進行色彩繪畫設計，使其色彩搭配度與著色精細度達到所求的境界。補空是指在石刻空白面上塗上色彩以做背景，補上草地、山川、白雲、雪山等裝飾圖案，如嶺國總管絨查察根騎征石刻下方的群山與花草，達絨部落首領晁同騎征石刻中的懸崖陡壁，格薩爾母親果薩拉姆背景圖中的雪山、松樹、草地和牛羊等。

3. 宗教價值

從上面石刻分布圖中可以看出，大約有三分之一的石刻是關於佛、菩薩、神和神山，以及諸如貝若紮那、隆欽讓江巴、局·米旁等高僧大德的圖像。代表著古代藏族文化最高成就的英雄史詩《格薩爾》，既有反映雪域文化本質特徵的民間文化特色，也有與之相對立的、在歷史中一直占據主導地位的僧侶貴族文化，在字裏行間還能讀到原始信仰、苯教文化、藏傳佛教的相關内容，甚至可以看到三者之間時而獨立、時而排斥、時而滲透所形成的特色雪域文化。在莫斯卡，人們將嶺國英雄石刻與衆佛、菩薩、神與神山石刻一起供奉於經堂、大殿和神山之上，既是宗教世俗化的表現，也是英雄神化、宗教化的表現，即讓宗教生活化，更貼近人們的日常生活，也讓英雄神聖化，成爲人們生活的楷模。

綜上所述，莫斯卡《格薩爾王傳》人物石刻既具有打破聖俗隔閡的文化價值與宗教價值，起到教化人民的作用，也具有藏族傳統石刻藝術的精湛技藝與傳承價值，那麼，無論時間遠近，它都具有與時俱進的現代化保存的必要性。

二　莫斯卡《格薩爾王傳》石刻藝術的數字化保護

數字化保護在現代技術高度發展的今天，已經廣泛地運用於各類文化遺產中，當這些文化遺產以數位化方式真實、完整地存儲於電腦網絡，實現真三維數位存檔之後，對其的保護修復、復原以及考古研究和文化交流便變得十分方便了。針對莫斯卡《格薩爾王傳》石刻藝術以綫刻技法爲主、淺浮雕雕刻爲輔的特點，本著低成本、高效率、易操作的文化遺產數位化保護原則，本文擬采用建立虛擬三維石刻造像數位博物館的形式進行保護，具體實施以下列三個步驟展開。

（一）數字化圖像資訊收集

在這一環節中，首先要準備好一台專業攝影機，攝影師必須嚴格按照標準攝影操作規範，以特定的角度，結合其敏銳的光綫分析能力，及時調整好光圈數值和曝光度，努力保持造像原本的色彩和結構資訊。對於《格薩爾王傳》嶺國人物石刻藝術以綫刻和淺浮雕爲主要技法的特點，拍攝中，宜采用全景式和矩形式拍攝。

其次，設計製作一套攝影平臺，將一個個嶺國人物板體石刻置於最佳位置和角度，進行 360 度的全景式拍攝和平面矩形式拍攝，使攝影過程中能更好地控制誤差，保證圖像資訊的精確度，從而提高工作效率。

最後，以拍攝過程中建立的嶺國英雄人物石刻的色卡資訊爲依據，對數位圖像資訊進行篩選，並對誤差較大者進行補拍。通過系列操作，獲取和校準數位圖像資訊的精准度之後，進入《格薩爾王傳》人物石刻三維數字化建模的第二個階段。

（二）三維數字化建模

在第二環節中，主要是利用電腦的強大運算處理能力，對獲得的三維點雲數字資訊或二維數位圖像資訊進行自動計算處理，從而建立起《格薩爾王傳》石刻藝術模型。這種三維數字化建模方式在我國古文物的保護運用中最爲廣泛，如虛擬紫禁城、敦煌石窟、秦始皇兵馬俑、龍門石窟、雲岡石窟等均采用了三維數位化建模的保護方式。這種虛擬建模方式，可以供人們綫上觀賞各種文物。

值得一提的是，歐特克公司有一款新開發的專門針對建立三維模型的免費雲計算三維建模軟件工具，可以用於捕捉雕塑或考古三維建模。此軟件是將一定數量且不同角度的數字圖像通過電腦桌面工具埠聯網，再上傳到歐特克雲處理器中，它在捕獲數字圖像的紋理結構之後，自動進行強大的資料雲計算，建構出數位圖像中的三維模型。這是一款用時短、效果逼真的智慧化建模軟件，再現出來的作品還可以經過科學技術與藝術技巧的結合進行數字藝術再創作，以期達到文物藝術作品保護的要求。

最後，可利用美國北卡羅納州逆向工程軟件公司的逆向工程軟件 Geomagic 對所建立的《格薩爾王傳》石刻模型進行三維模型精確檢測，以便對模型中的缺陷進行及時修補。

（三）三維模型虛擬貼圖

在第三個環節中，需要對已建立的《格薩爾王傳》石刻三維模型的表層進行紋理覆蓋，即紋理貼圖或紋理映射。通過紋理貼圖處理後，這些三維石刻模型會更加細緻和真實。因爲，在紋理貼圖之前，首先要經過石刻造像圖像紋理的處理，可以修復表面破損，選擇最佳色澤匹配度，盡可能保證實物圖像的視覺效果。當然，前提是需要有格薩爾板體石刻行業藝術家的配合，利用他們積累的板體石刻知識經驗和對藝術圖案中顏料成分的識別和運用研究，再綜合利用色彩學知識與影像處理，結合人工智慧技術，實現《格薩爾王傳》人物板體石刻藝術品的虛擬修復。

石刻造像經過虛擬修復之後，便可進行紋理貼圖。首先需製作貼圖坐標，一般采用專業的 3ds max（三維模型製作軟件）來製作貼圖坐標，使其達到貼圖的精准度。在具體操作中，第一步，打開材質編輯器，選擇貼圖命令中的拾取點陣圖材質，找出造像模型貼圖檔。第二步，選中石刻造像模型，給予材質命令，然後選擇平面貼圖方式（因爲嶺國人物石刻主要是綫刻和淺浮雕技法製作），進行正面和側面的展示。第三步，根據坐標顯示，可以對參數進行微調，直到材質的位置與模型完全重合，這樣便實現了石刻造像三維模型的虛擬貼圖。

經過虛擬貼圖而製作完成的石刻造像三維模型，可以完整地再現《格薩爾王傳》嶺國人物石刻造像實體所具有的結構和藝術效果，達到三維數位模型永久保存的目的。製作完成以後，這些嶺國英雄人物石刻便可作爲數位博物館再現的主體模型虛擬作品，通過網絡進行綫上展示，實現國內外文物資訊共用和便捷的網絡參觀交流活動，爲保護修復、考古研究和開發利用等提供準確的數位化素材，從而實現真正意義上的莫斯卡《格薩爾王傳》嶺國英雄人物石刻造像的數字化保護，弘揚民族文化精神，傳承民族文化藝術。

作者單位：西華大學教務處

大衛-妮爾《嶺·格薩爾超人的一生》英譯本特色解析

吳結評　曾　英

　　法國東方學家、藏學家、探險家亞歷山大·大衛-妮爾（Alexandra David-Neel，1868—1969）於 1868 年 10 月 24 日出生於法國巴黎郊區的聖曼德。她從小懷揣遠足旅行的探險之夢，長大後足迹遍布亞、非、歐三大洲，曾五次偕藏族義子庸登喇嘛（the Lama Yongden, 1899—1955）入藏探險，分別於 1912 年 4 月 15 日和 1916 年 7 月 16 日在噶倫堡和日喀則見過西藏政教最高代表十三世達賴喇嘛和班禪喇嘛。1921 年 9 月初，她和義子到達玉樹（當地人稱"結古"），有幸遇見一位《格薩爾》史詩的説唱藝人，他自稱是詩歌中主要人物之一的德謙賢巴（藏語"bde-chen-byams-pa"，妮爾英譯"Dikchen Shenpa"）的化身，經義子庸登的引薦，藝人在其住所用康巴方言爲他們私下吟誦了《格薩爾》史詩達六個多星期，一天兩次，一次 3 小時。他們邊聽邊記，然後對照藝人提供的原稿和幾個手抄本，以及 1839 年施密特的德文本和 1905 年弗蘭克的拉達克版本，最後形成了一部他們合作編寫的著作《嶺·格薩爾超人的一生》（*The Superhuman Life of Gesar of Ling*）。該書於 1931 年在巴黎出版法文版，1933 年在倫敦出版英文版（1959 年再版），1978 年在紐約再版（2004 年重新再版），1981 年又由香巴拉出版社在波士頓出版。本文將基於波士頓英文版本，從史詩的主題、史詩的結構、史詩的傳奇效應三個方面來探討該文本的幾大特色。

一　史詩的主題

　　與世界各地古老的民族史詩一樣，《格薩爾》是從漫長的原始社會過渡到奴隸社會時期，在部落內部與部落之間的衝突與兼併的征戰中，提煉出以關係到整個民族興亡的重大事件爲題材，以英雄格薩爾爲中心，綜合藏族古老的神話傳説、民間故事及歌謠、諺語等許多民間文學的藝術成果，將其演變爲長篇巨制的英雄史詩。不同的是，除了歌頌戰爭中英雄的豐功偉績這個重大主題之外，《格薩爾》在整個故事脈絡和分部故事中將宗教衝突這個主題以特別顯要的方式穿插其中，與故事情節糅合在一起，形成珠聯璧合的完整故事。而大衛-妮爾的《嶺·格薩爾超人的一生》更是與衆不同，開宗明義，點明主題：Origin of the demons, the destruction of the whom forms the theme of the Gesar Epic—The Bodhisattva, the pious mother, and the impious daughter.[①][魔鬼的起源與毀滅構成格薩爾史詩的主題，即三界之中的菩薩、虔誠的母親和褻瀆的女兒。]（文中出現的中文翻譯皆由本文作者譯出——筆者注）那麼，此三者何許人也？何以構成史詩第二大主題？

　　大衛-妮爾自述其著作爲"有權可稱爲正式版本之權威版本，因爲西康本不僅在英雄故里，而且在拉薩及至整個西藏皆被視爲權威"[②]，而"說唱藝人的唱詞和手抄本常有細節之差異，每遇其不同，我都力求復原廣爲接受的那一種"[③]。然而，筆者查閱了拉達克本、貴德分章本、民和三川本，以及當代學人如降邊嘉措的《藏族文化寶典格薩爾王全傳》，皆未發現妮爾夫人文本中關於這三者的故事，該故事内容大致如下：

　　　　從前，一個菩薩遍布其施，功德圓滿後退隱山林，在身無長物、無衣蔽體的情況下，以身軀布施於饑餓的野獸、螻蟻，最後在一個黃昏離去。其時，一道神奇之光照亮菩薩曾坐修的樹下，然後移至森林之頂，騰躍升空，飛逝於印度——菩薩將在那個國度再生爲佛，轉於大法輪，普渡衆生於苦海。

　　　　那時，在菩薩棲身的附近，住著一對母女。母親目睹菩薩涅槃，瞬間頓悟，於是發下宏願，要去印度聆聽即將爲佛的菩薩傳經講法。回家之後，她告訴女兒要拋棄牛羊，變賣頭飾、項鍊等作盤纏。可是，女兒沒有擺脱對塵世財物的迷戀，經母親多次啟發，也未喚醒其心中的良知。於是，母親獨自一人踏上旅程，歷盡千辛萬苦，到達印度，最後，由護法神引導，她的靈魂從軀殼解脱，沿著光明大道飛速升騰，掠過浩空，去到那幸福無邊的樂土。

　　　　母親離開幾年之後，女兒生下三個兒子。後來，一種神秘的惡運無情地追趕著她，先是牛羊一再遭受瘟疫，無一倖免，然後家產遭偷盜、毀滅，僅剩餘產也被債主拿走。在她和孩子陷於疾病之時，無人伸出援助之手，她抑制不住心頭的憎恨，無休止地咒罵他人的自私自利、冷酷無情。臨死之際，她願她和她的兒子再生爲有錢有勢的君王，去消滅佛教和那些崇奉的人！他們死後，靈魂在巴都游蕩六十年而未能進入樂土或煉獄，卻再生於人間。母親化作三個化身同時轉世，成了庫爾三兄弟——霍爾部落的三帳王，三個兒子從大到小依次轉世爲北國盧贊王、西國薩丹王和南國的辛諦王。[④]

　　① David-Neel, Alexandra. The Superhuman Life of Gesar of Ling，Boston: Shambhala Publications, Inc., 1981: 48.
　　② David-Neel, Alexandra. The Superhuman Life of Gesar of Ling，Boston: Shambhala Publications, Inc., 1981: 14.
　　③ David-Neel, Alexandra. The Superhuman Life of Gesar of Ling，Boston: Shambhala Publications, Inc., 1981: 46.
　　④ David-Neel, Alexandra. The Superhuman Life of Gesar of Ling，Boston: Shambhala Publications, Inc., 1981: 48-55.

　　故事中，那個隱身於山林的菩薩捨身無己，大慈大悲，涅槃中轉世爲活佛，受其感悟，隨他而去的老婦人也被超度到幸福的樂土。而貪念塵世財富的年輕婦人，屢遭不幸卻不思悔改，無休無止地憎恨與咒罵，不知道"享樂的私欲使其相互傾軋而致無人能有可資保證的幸福"。相反，她認爲"自己的全部不幸皆因拒與母親同行拜佛，並因其缺乏對佛的熱情和尊重而遭到佛的報復，如此誤判，衍生出她對教主與教義的無窮憎恨"①，發誓來生將對抗佛教，直至消滅殆盡。面對這般邪惡的願望，身居桑多帕里的蓮花生大師急忙召請其兩位夫人，飛抵那座荒涼之山，去挖眼、掏心、取一束頭髮和部分指甲與皮膚碎片，以便將其置於法術圈中。可是，在歸途中她們遇到陣陣大風而丟落了所取之物，使他們的靈魂游蕩，最後轉世成爲惡魔。爲此，蓮花生大師召集群神聚會，三次占卜之後確定了去人間降魔的人選——白梵天王的小兒子：推巴噶瓦。大師對他説：Son of gods,　the mo has pointed to you; therefore to you falls the task of conquering the enemies of the Religion and of humanity. You must incarnate on earth and fight against the demon-kings.②[天神之子，占卜指定了你，因而重任落在了你的肩上——征服宗教和人類的敵人，你必須下凡人間，與魔王戰鬥。]這個故事編於史詩之前的《序幕一》和《序幕二》之中，一方面服務於故事情節結構，講述史詩中戰爭爆發的原因，爲英雄格薩爾樹立起四方征戰的對手，構築起《格薩爾》英雄史詩主體部分的四大戰役：魔嶺大戰——盧贊王與格薩爾王，霍嶺大戰——三帳王與格薩爾王，薑嶺大戰——薩丹王與格薩爾王部落聯盟，門嶺大戰——辛諦王與格薩爾王部落聯盟。另一方面服務於佛教與魔教之間的衝突，闡明戰爭雙方的敵我關係與善惡力量，在戰爭中，格薩爾將四大魔王一一打敗，表明代表正義力量的佛教必將戰勝代表邪惡力量的魔教勢力，由此，史詩統一在英雄禮贊與正義征戰的兩個主題之中。

二　史詩的結構

　　一般來講，《格薩爾》史詩包括三個內容：天界遣使下凡，世間英雄征戰，地獄英雄救妻母。妮爾夫人編輯的文本一共 14 章，主要包括推巴噶瓦化身人間，晁同叔叔迫害其身，歷經磨難長大成人，賽馬獲勝奪王冠，四方征戰勝魔王。依據文本主題，在結束了與四大魔王的征戰之後，餘下的戰爭與偉大的使命無關，這就是爲什麼文本特別增加了兩個序幕的原因：第一序幕主要講述爲何惡婦與兒子滿懷仇恨轉世爲人間惡魔，第二序幕主要講述蓮花生身世以及針對惡魔的轉世而選派推巴噶瓦下凡人間去征服惡魔的故事。

---

① David-Neel, Alexandra. The Superhuman Life of Gesar of Ling, Boston: Shambhala Publications, Inc., 1981: 53.

② David-Neel, Alexandra. The Superhuman Life of Gesar of Ling, Boston: Shambhala Publications, Inc., 1981: 56.

在每一個分章部本中，中心唱段一般包含三個內容：① 開頭，包括相關神靈的讚頌和人物的自我介紹；② 主要內容，也就是唱詞的核心；③ 結尾，一般爲祝願詞和祈禱詞。① 妮爾夫人認爲，開頭與結尾都包含了太長太多的無關主題的佛教哲理，"爲避免本書卷軼浩繁，我祇好删除這些在西藏喇嘛著述中比比皆是的哲理"②。這一删，删掉了《格薩爾》兩個重要而精彩的部分，帶出兩個重大的問題：第一，神靈的讚頌，人物出場時的自我介紹以及祝願詞和祈禱詞，他們既是史詩無法缺省的完整內容，也是藏族民間傳統藝術中由來已久的宗教崇拜的表達和歌謠與諺語的精華；第二，他們既使史詩中固有的散韻結合的文體變成了單一的叙事散文，又使這些頌詞、箴言中的隱喻、排比等藝術修飾手法消失，由此而失去了人物鮮明的形象、諺語中言簡意賅的哲理、修辭中語詞的音韻、節奏給予讀者强烈的樂感。高爾基曾説："諺語和歌曲總是簡短的，然而在它們裏面都包含著可以寫出整部書的思想和感情。"③

這也許是妮爾夫人爲西方讀者設想而做的編排，同時，爲了讓讀者對此有所瞭解，全書中她也保留了幾段，其中人物出場有 4 段，箴言有 5 段，祝願詞 1 段，以下舉兩例爲示：

"Listen to me", the boy said to her. "If you do not know me, I shall tell you who I am."

"On my father's side I am related to Kurkar, King of Hor, and belong, as he does, to the line of the Hachen Hor. My mother is of the race of black demons and the cousin of Lutzen, Monarch of the North. I, myself, am really the demon with nine heads come to destroy China and India. Do not oppose me, because I think of devouring you."④

["聽我説，"孩子對她説，"如果你不認識我，我就來告訴你我是誰。""我的父輩與霍爾白帳王同宗，同屬哈謙霍爾血統。我的母親係黑魔一族，與北國魔主的表兄同系。我本人呢，是不折不扣的九頭魔王，來此祇爲滅掉中原和印度。你不得反抗，因爲我想一口吞了你。"]

That among the mountains, some be not high and others low;

That among men, some be not mighty and others deprived of power;

That some abound not in riches whilst others lack them;

That the highlands be not undulating（literally: to have neither valleys nor heights）;

---

① 平措：《〈格薩爾〉的宗教文化研究》，西藏人民出版社 2009 年版，第 5 頁。
② David-Neel, Alexandra. The Superhuman Life of Gesar of Ling, Boston: Shambhala Publications, Inc., 1981: 14.
③ [蘇]高爾基：《高爾基文學書簡》（下），人民文學出版社 1965 年版，第 59 頁。
④ David-Neel, Alexandra. The Superhuman Life of Gesar of Ling, Boston: Shambhala Publications, Inc., 1981: 79.

That the plains be not uniformly flat.

That all beings be happy!

[願山山嶺嶺不高不低，願人人在世不卑不亢，願富者不吝其財，窮者不斷其炊，願高原平坦無深谷，願平原不平有起伏，願芸芸衆生皆幸福！]

Dugmo replied:

If in the highlands there were no mountains and valleys， the herds would find no shelter;

If the plains were not entirely flat，it would be bad for cultivation;

If men were equal， all as chiefs， things would go wrong（literally: that would not do"）;

My happiness prevail in Tibet!

[珠牡答道：倘若高原無嶺谷，牧人哪有避身處，倘若平原不平坦，農人何以做耕種，倘若貴賤無等差，黑白顛倒事事錯。]

聽完愛妃珠牡的質疑，格薩爾解釋説：You have not understood me. My words have been uttered too soon. I shall come back to repeat them.[1][你未了悟我話語，皆因此話説太早，待我重返人間時，此話重述意義顯。]

英雄最後的話語意義深遠，他的重任不僅是征戰魔王，而且要重治人間秩序：讓世上泯滅差等，沒有高低、貴賤、貧富之分，人人豐衣足食、幸福快樂。

三　史詩的傳奇效應

平措先生認爲，長期以來，藏族人民有著"見佛就拜、見塔和瑪尼堆就轉、見活佛就頂禮、見寺廟就朝拜"[2]的民間信仰，這也是妮爾夫人在書中提到過的"活生生的信仰"吧。《格薩爾》史詩是在藏族漫長的歷史長河中，在藏族特有的三個宗教文化發展（拜物教或自然宗教、苯教、藏傳佛教）的社會環境和實踐中，逐漸被創造和完善的文學作品，所以，作品必然會呈現苯佛宗教文化的諸多形式。作爲宗教與文學水乳交融的作品，在這樣一個全民信教的社會中，其廣泛的流傳是可想而知的。在傳播過程中，大衆不僅接收史詩所宣揚的真、善、美而受到教育，而且英雄不畏強暴、爲民斬妖除魔的精神給予人們極大的鼓舞力量。所有這一切，在西藏人民的日常生活中都有著充分的體現。這裏，我們舉史詩説唱藝人的傳奇故事和藏族人民生活中的故事來説明。

① David-Neel, Alexandra. The Superhuman Life of Gesar of Ling, Boston: Shambhala Publications, Inc., 1981: 264.
② 平措：《〈格薩爾〉的宗教文化研究》，西藏人民出版社 2009 年版，第 23-24 頁。

降邊嘉措先生在書中提過："一些藝人自稱是格薩爾大王手下某個人物的轉世。如青海省著名藝人昂仁，他自己說會講幾十部之多。……他説……他是米瓊卡德的化身，他講的那些事情，都是前世親身經歷過的，一閉上眼，就會在腦海裏出現。在《格薩爾》裏，米瓊卡德是個能言善辯的機智人物。昂仁以米瓊卡德的化身自詡，認爲米瓊卡德的靈魂依附在他身上了，因此他也擁有米瓊卡德那樣的智慧和知識。"[1]

無獨有偶，當妮爾和義子庸登旅行到達玉樹時，遇到了一個説唱藝人，自稱是詩歌中主要人物之一的德謙賢巴的化身，他夸耀説：He visited the deified Hero, whose kinsman and, consecutively, enemy and ally he had been in one of his previous lives, the story of which is recounted in the poem.[2][在他的一次前世生活中，他拜見了神聖的英雄和他的親屬，接下來又會見了他的敵人和盟友，而這些在他說唱時加在了他的故事中。]

此外，和其他一些目不識丁的説唱藝人一樣，爲了集中思想，他總是會要一大張白紙，在整個吟誦的過程中目不轉睛地盯著，聲稱他能看見他所歌詠的文句會出現在那紙上。

有一天，妮爾夫人送給這位"德謙賢巴"一朵漢人做的漂亮紙花，令她意想不到的是，他以嚴肅的口吻對她説：In your name I will offer this flower to the King. [以你的名義，我要將這朵花獻給大王。]幾天過後，他拿來一朵藍色的花，莊嚴地説：The King sends you this in order to thank you for your offerings.[3][大王送你這朵花，感謝你對他的獻禮。]

周圍的人們聞訊趕來，向它頂禮膜拜，因爲這是神聖的格薩爾大王送來的花。這朵神奇的藍色鮮花，出現在土地冰凍，群山厚雪覆蓋，零下 25° C 的玉樹河谷地區。

另一件神奇的事情是，這位藝人預言班禪喇嘛要離開日喀則去西藏以外的北方居住，確切的時間是在兩年半之後。結果，兩年半以後，班禪喇嘛經由北部荒原逃亡，在中原尋求庇護，從此居留在蒙古和北京。

英雄格薩爾不僅在藏族人民的心裏代表著善良、勇敢、正義，給予他們鼓勵與力量，而且在他們的日常生活中佑護著他們。在妮爾夫人長達 39 頁的《導言》中，還記叙了這樣一件事情：

---

① 降邊嘉措：《走進格薩爾》，四川民族出版社 2003 年版，第 241 頁。
② David-Neel, Alexandra. The Superhuman Life of Gesar of Ling, Boston: Shambhala Publications, Inc., 1981: 18.
③ David-Neel, Alexandra. The Superhuman Life of Gesar of Ling, Boston: Shambhala Publications, Inc., 1981: 41.

In the desert where the plundering tribes of Gologs camp, I happened to come across some travelers who sang as they rode, and, upon my questioning them, they told me that they were singing fragments from the story of Gesar. It appeared they expected as a result of these songs to be animated by an invincible strength that would permit them to overpower the brigands, should the latter attack them. A few miracles are also related: some pious singers passed invisible among enemies who were lying in wait either to rob or to kill them; others who were being carried away by the current while crossing a river felt themselves seized by a supernatural lasso and hauled to the shore.[1]

[以搶劫爲生的果洛部落在這個沙漠安營紮寨，就在這兒，我們遇見了騎在馬背上邊走邊唱的幾位行者，當我向他們問話時，他們正唱著《格薩爾》的故事片段。很顯然，他們期望歌曲會在冥冥中產生一種力量，激起一種活力，使他們一旦遭受土匪的襲擊時能夠戰勝對方。還出現過幾件與此相關的奇迹：幾個虔誠的説唱藝人從企圖搶劫和殺害他們的伏擊圈中通過而未被他們發現，其餘選擇渡河而過的人，在快被激流沖走時，感覺到自身被一種無形的套索拉上了河岸。

由此，我們可以理解：

It therefore follows that among the laity of the land of Kham (the Hero's compatriots), his Epic is read, sung, and listened to with a respect equal to that which is shown to the Buddhist Sacred Writings.[2]

[史詩在康地的善男信女（英雄的同胞）中吟唱、歌詠，傾聽時帶著敬意，就像聆聽神聖的佛教經文一樣。]

對於上述神奇的藝人和信徒所遇的奇迹，妮爾夫人認爲，對那些一演唱就陷於一種神靈附體的藝人和那些信徒的虔誠信仰進行嚴格的評論，是一種不恭的行爲。因爲：as soon as criticism appears, faith disappears.[批判一經出現，信仰立馬告退。]

與諸多口傳與筆録的文本相比，大衛-妮爾的《嶺·格薩爾超人的一生》還是與他們有著許多的共性：如基本一致的英雄戰勝惡魔的主題，大致相同的故事結構，以及貫穿全篇的濃郁的宗教色彩。儘管她删去了分章故事中幾乎所有的頌歌、箴言與祝詞，但苯教與佛教的宗教文化仍然表現在字裏行間，如苯教中的靈魂、靈物、圖騰、戰神崇拜和殺生血祭、焚香煨桑、夢喻、占卜、巫術等，佛教中的神的萬能説、靈魂轉世説、因果報應説、化身説、幻化説、天堂與地獄説（本文

---

① David-Neel, Alexandra. The Superhuman Life of Gesar of Ling, Boston: Shambhala Publications, Inc., 1981: 18.

② David-Neel, Alexandra. The Superhuman Life of Gesar of Ling, Boston: Shambhala Publications, Inc., 1981: 19.

"史詩的主題"一節裏，幾乎涵蓋了以上佛教學説），等等。

　　不同的是，作者以其自身獨特的視角，從文化人類學視角對藏區口傳史詩進行翻譯和描述，在西方多次再版，其流傳之廣、影響之深、反響之强烈，使西方藏學在西方學術界占據了一席重要地位，而其西譯本（法譯、英譯等）成爲了《格薩爾》域外傳播與研究的一個重要里程碑。此外，她對於藏地藝人與信徒的描寫，更多地激起西方讀者對西藏這個極富異域色彩的地方的好奇心與嚮往之情，從二十世紀初葉至中葉，掀起了一陣陣"西藏熱潮"。

作者單位：西華大學人文學院

黃州的蘇軾與蘇軾的黃州

——在黃州紀念蘇軾誕辰 980 周年學術報告會上的講話

潘殊閑
二〇一六年十二月二十二日

尊敬的涂會長、各位領導、各位專家、各位來賓：

大家上午好！

980 年前的冬天（臘月十九），蘇軾誕生在長江上游的西蜀眉州；936 年前的春天（二月一日），蘇軾來到長江中游的黃州；915 年前的季夏（六月二十八），蘇軾病逝於長江下游的常州。長江被稱爲中國的"巨龍"，眉州是龍首，黃州是龍身，常州是龍尾，這三地蜿蜒構成了一條生命的橫綫，自然也就是生命的一條長河。生養他的眉州作爲龍首固然重要，生命終點的常州作爲龍尾也有相當的意義。但若梳理蘇軾坎壈的一生，作爲龍身的黃州無疑具有舉足輕重的地位。黃州之與蘇軾以及蘇軾之與黃州，至少有以下六個方面堪稱改變了蘇軾、改變了黃州、改變了中國。

第一，黃州開啓了蘇軾貶謫人生的序幕。烏台詩案之前，蘇軾的人生總體而言是比較順利的。蘇軾因才因詩而得名，也因才因詩而罹禍。烏台詩案就是這種小人妒忌英傑的結果。劫後餘生的蘇軾於元豐二年（1079）十二月庚申（二十六日），責授水部員外郎、黃州團練副史、本州安置，不得簽書公事。因爲神宗皇帝的眷顧，蘇軾從那些惡犬咆哮的圍攻中"撿回"了一條性命。由此，黃州成了蘇軾療救心靈創痛的棲息地。至元豐七年（1084）正月，蘇軾得到神宗移汝州團練副史手劄，接著又開始了十年地方—中央—地方的爲官旅程。從紹聖元年（1094）閏四月起，蘇軾罷定州，責知英州，六月，旋即詔謫惠州直至後來的海南儋州。這一路就沒有消停。縱覽蘇軾的一生，顯然黃州之謫是蘇軾貶謫人生的序幕。但是，達觀的蘇軾卻認爲是其平生值得驕傲的"功業"，而黃州、惠州、儋州，恰好又構成蘇軾生命的縱綫。無論是橫向的眉州、黃州、常州，還是縱向的黃州、惠州、儋州，黃州都是連接點。這縱橫的交叉，顯現了蘇軾潮起潮落的人生曲綫與軌迹，而黃州作爲貶謫之城的開啓，於蘇軾而言，自然別有一番悠長的意味。所以，蘇軾反話正說，謂之"功業"，耐人尋味。

第二，黃州讓蘇軾成爲了蘇東坡。蘇軾之號"東坡"，有人說是受白居易的影響（如《容齋隨筆・三筆》卷五《東坡慕樂天》及《二老堂詩話・東坡立名》等），因爲白居易任忠州（今重慶市忠縣）刺史時，公務之余，常率童僕於忠州城的東坡植樹："持錢買花樹，城東坡上栽""東坡春向暮，樹木今何如。"(《東坡種花二首》,《白氏長慶集》卷六)"朝上東坡步，夕上東坡步。東坡何所愛，愛此新成樹。"(《步東坡》,《白氏長慶集》卷十一)"三年留滯在江城，草樹禽魚盡有情。何處殷勤重回首，東坡桃李種新成。"(《別種東坡花樹兩絕》之一,《白氏長慶集》卷十八)必須強調的是，白居易在忠州與蘇軾在黃州是兩種截然不同的境遇與心情。白居易於忠州東坡植樹是怡情山水，蘇軾則實爲現實所迫。蘇軾在《東坡八首並序》中有一段自述："余至黃州二年，日以困匱。故人馬正卿哀余乏食，爲於郡中請故營地數十畝，使得躬耕其中。地既久荒爲茨棘瓦礫之場，而歲又大旱，墾辟之勞，筋力殆盡。釋末而歎，乃作是詩，自湣其憊，庶幾來歲之入以忘其勞焉。"可見，蘇軾是得於友人的憐憫，開墾已經荒蕪的兵營，爲的是企盼"來歲之入"，以解"困匱"。蘇軾苦中作樂，遂以"東坡"自號，對此，蘇轍在其《亡兄子瞻端明墓誌銘》中説得很清楚："公幅巾芒屩，與田父野老相從溪谷之間，築室於東坡，自號'東坡居士'。"這裏所築之室即"雪堂"。可見，蘇軾於黃州躬耕的"東坡"，以及由此而形成的東坡形象、東坡精神與東坡文化，使"東坡"成了蘇軾最有影響、最爲人稱道、最響亮的名號，也是他的一種文化"符號"，而他其他的那些名號，則成爲陪襯。蘇軾之"東坡"與白居易之"東坡"，應屬於一種巧合。如果蘇軾愛白居易之"東坡"，他在黃州之前就應矚目致意，可是，我們翻檢蘇軾全集沒有找到這樣的證據。而於黃州城東受賜的這片荒地，是蘇軾從逆境中崛起的物質基礎與根據地，誠爲"福地"，故蘇軾沒有黃州之旅，就不會有我們今天津津樂道的"蘇東坡"。

第三，黃州改變了中國的文學版圖。黃州歷史雖然悠久，但在蘇軾到來之前，其文學創作一直寂然無聞。是黃州優美的自然風光與人文底蘊，加上蘇軾人生重大挫折之後的深刻穎悟，改變了蘇軾的文風、文路、文品、文味與文質，這種脫胎換骨般的蝶變，使蘇軾的文學創造力、創新力勃然爆發，從此不可收拾。對此，其弟蘇轍曾這樣慨歎："(蘇軾)嘗謂轍曰：'吾視今世學者，獨子可與我上下耳。'既而謫居於黃，杜門深居，馳騁翰墨，其文一變，如川之方至，而轍瞠然不能及矣。"(《亡兄子瞻端明墓誌銘》)蘇軾在黃州創作了數百首詩詞文賦等作品，其中，堪稱中國文學史上的經典之作有一大批。這些經典作品，奠定了蘇軾作爲文學巨擘的歷史地位，也讓黃州從昔日湮沒無聞的小州，一變而爲中國文學的重鎮。這種改變，完全改寫了中國的文學地理分布，重繪了中國的文學版圖。

第四，黃州豐富了中國思想史。蘇軾生長的西蜀地區，長期以來儒釋道三教並行，甚至，釋道二教勃然雄立，分外有市場。但對蘇軾而言，科舉仕進之路無疑是其最正確的人生選擇。因此，在遭受黃州之貶以前，蘇軾的思想底色自然是以儒家爲主。但烏臺詩案的驚魂以及黃州的蹇促困頓，讓他身處人生的低谷，而反思人生的天空。他出入於佛老，沉潛於莊禪。因爲被疏遠，因爲被廢棄，他的空餘時間多起來，正如他在給文潞公的信中説："到黃州無所用心，輒復覃思於《易》《論語》，端居深念，若有所得。遂因先子之學，作《易傳》九卷，又自以意作《論語説》五卷。"（《黄州上文潞公書》）惜《論語説》已經亡佚，但《東坡易傳》尚存。需要强調的是，蘇軾的這些學術著作，雖然最後是在海南改定的，但自黄州貶謫之後，即著手這些著述的思考與撰寫，所以，黄州是激揚蘇軾學術思想的一個主戰場。其實，黄州豐富中國思想史的地方還不僅限於蘇軾的這些學術著作，蘇軾那些寫於黄州的詩詞文賦，有不少蘊含了豐富的哲理與深邃的思想，是活的思想淵源與精神富礦，如《前赤壁賦》、《後赤壁賦》、《念奴嬌·赤壁懷古》《臨江仙》（夜飲東坡醒復醉）、《雪堂記》、《記承天寺夜游》、《琴詩》等。

第五，黄州增勝了中國文化史。蘇軾是一個性格暢達、愛好多樣、情趣豐富、生活多彩的文人。在黄州，儘管蘇軾處於人生低潮，生活窘迫，但他善於苦中作樂，樂中添彩。在這裏，他釀酒、烹飪、作點、玩石、論琴、談禪、品書、賞畫、養生、製硯、營造……種種創意與發明，種種經典與佳話，使其在中國文化史上卓然挺立，黄州也因此爲中國文化史濃墨重彩地畫上了一筆，一躍而成爲中國文化名城。蘇軾的上述涉獵與建樹，每一個都是中國文化史上的亮點與高峰，而這無疑是蘇軾留給黄州，當然也是留給世界的不可估量的文化遺產。

第六，黄州樹立了後世失意文人的審美範型。貶謫是中國官場政治生活的特殊而有意義的事件。在蘇軾貶謫黄州之前，文人受貶，伴隨的基本上是怨憤、憂懼、難以自適甚至難以自拔。但當貶謫之箭射中蘇軾並定格在黄州的時候，這種貶謫文人的"常態"開始出現了逆轉。毋庸諱言的是，剛到黄州的蘇軾，也有過憤怒、有過哀傷甚至絕望，但蘇軾曠達的性格、絕世的才情、博通的智識、寬廣的愛好，使他在痛苦、絕望中發現生命、生活與生產的無限意趣，於是，他躬耕東坡，築室雪堂，他吟唱道："夢中了了醉中醒。只淵明，是前生。走遍人間，依舊卻躬耕。昨夜東坡春雨足，烏鵲喜，報新晴。//雪堂西畔暗泉鳴。北山傾，小溪橫。南望亭邱，孤秀聳曾城。都是斜川當日境，吾老矣，寄餘齡。"（《江城子》）這樣的隨緣自適，必然使他樂山水，友漁樵，俯仰天地之間，寄情萬物之表，徹底放下，徹底回歸。不妨來聽蘇軾的自語："寓居官亭，俯迫大江，幾席之下，雲濤接天，扁舟草履，放浪山水間……此味甚佳，生來未嘗有此適。"（《與王慶源》）這種山水自適的增持，更來源於他對莊禪智慧的體悟。黄州之前，蘇軾雖已有深厚佛性修養，但畢竟沒有遭受人生的重大打擊，而烏台詩案的驟變以及黄州之貶的苦厄，使他有了透徹之"悟"，他感歎道："心困萬緣空，身安一床足。"（《安國寺浴》）他"笑勞生一夢"（《醉蓬萊》），因此，"蝸角虛名，蠅頭微利，算來著甚幹忙。事皆前定，誰弱又誰強。且趁閑身未老，盡放我，些子疎狂。百年里，渾教是醉，三萬六千場"（《滿庭芳》）。因爲悟空，所以，他能心無掛礙，專心靜養，正所謂"齋居養氣，自覺神凝身輕"（《答寶月禪師》）。這樣的心緒與心境，還有什麼挫折、冤屈不能面對、不能承受呢？所以，黄州之後，那些群小掌權之後，希冀讓蘇軾愈貶愈遠、老死蠻荒的企圖沒有得逞。蘇軾沒有牽掛，一句"回首向來蕭瑟處，也無風雨也無晴"（《獨覺》）的自白，著實會讓那些心懷鬼胎的人大大地失望。蘇軾在貶謫中升華了人生，超越了磨難，第一次在失意的人生中最完美、最真切、最生動地展現了東坡居士的形象，其超越自我的審美化生活範型，爲後世失意文人提供了借鏡。

黃州之與蘇軾和蘇軾之與黃州，還有很多值得梳理總結的內容，但僅從上述六個方面亦足以見出黃州在東坡文化史上的獨特地位與影響。2013 年在中國蘇軾研究會第十八屆年會的理事會上，涂普生會長向與會理事報告了黃岡市打造中國東坡文化名城的構想，當時就讓我心生敬佩。這次受中國蘇軾研究會委托，前來黃岡，向各位爲蘇軾 980 周年誕辰舉行學術紀念活動的領導、專家、學者和來賓表示熱烈的祝賀與由衷的感謝！黃岡在蘇軾的一生中，扮演了極爲重要的角色。黃岡人民在蘇軾遭受人生打擊，處於生命低潮的時期，不離不棄，給予了蘇軾人間的溫暖與溫情，對此，蘇軾記掛在心，他說："黃州山水清遠，土風厚善，其民寡求而不爭，其士靜而文，樸而不陋，雖閭巷小民，知尊愛賢者。"（《書韓魏公黃州詩後》）今天黃岡要打造中國東坡文化名城，從蘇軾在黃岡期間所得到的禮遇以及蘇軾在黃岡留下的衆多文化遺產，再到今天的黃岡市委市政府和市民對蘇軾的尊崇與厚待，"中國東坡文化名城"的桂冠，實至名歸。

今天，我們正走在重塑中華文化自信的路上，像蘇軾這樣"人間不可無一，難能有二"（林語堂語）的曠世奇才，有著"說不全""說不完""說不透"（王水照語）的永恆魅力，正是我們增強民族文化自信的力量源泉。最近，四川省決定實施四川歷史名人傳承創新發展工程，首批四川歷史名人毫無疑問包括蘇軾。顯然，蘇軾是當之無愧的。

各位領導、各位專家、各位來賓，今天我們在千年世界文化英雄蘇東坡誕辰980 周年的前夕，聚會東坡曾經生活了四年有餘的黃岡，共話東坡精神，共傳東坡文化，相信在蘇軾研究史上一定會留下莊重的一筆，也會爲我們優秀傳統文化的傳承與民族精神家園的重建起到積極的催化作用。

預祝本次學術報告會取得圓滿成功！

謝謝大家！

中華孔子學會·蜀學研究會在成都揭牌成立

2017 年 4 月 28 日，"'蜀學·湘學與儒學'學術研討會"在成都舉行。本次會議由中華孔子學會、湖南大學、四川大學、《巴蜀全書》編纂組主辦，來自海內外的 100 余位專家學者齊聚一堂，圍繞會議主題展開研討。

蜀學是發生在巴蜀大地的社會文化與學術思想體系，是中華文化的重要組成部分。本次會議期間，中華孔子學會·蜀學研究會在成都揭牌成立。

研討會開幕式上，四川大學副校長晏世經教授，中共四川省委宣傳部副部長向寶雲先生，中華孔子學會會長、北京大學王中江教授，湖南大學岳麓書院院長肖永明教授先後講話和致辭。開幕式由中華孔子學會副會長、四川大學國際儒學研究院院長、古籍研究所所長舒大剛教授主持。

蜀學歷史悠久，大家輩出，爲充分繼承巴蜀先賢之遺志，發掘弘揚巴蜀文化之精髓，推動儒學的創造性轉化和創新性發展，經中華孔子學會研究決定，成立中華孔子學會·蜀學研究會。中華孔子學會副會長、北京師範大學教授李景林宣讀成立及任文件。中華孔子學會副會長、《巴蜀全書》總編纂舒大剛教授任中華孔子學會·蜀學研究會會長，中國社會科學院哲學研究所研究員陳靜等任副會長。

王中江、向寶雲、晏世經、舒大剛共同为"中華孔子學會·蜀學研究會"揭牌。全國儒學社團聯席會議秘書長、浙江省儒學學會執行會長、浙江省社科院吳光研究員，四川省朱熹研究會會長、四川師範大學蔡方鹿教授，湖南大學岳麓書院院長肖永明教授，中華孔子學會·董仲舒研究會會長、上海交通大學余治平教授等先後致辭。中華孔子學會·蜀學研究會會長舒大剛發言，表示本會旨在"紹先哲，起蜀學；明體用，啟新知"，將聯合國內外有志於繼承和弘揚巴蜀文化、巴蜀學術的有識之士，整理蜀學文獻，研究巴蜀學術，進而發揚以儒學爲主幹的中華優秀傳統文化。

西華大學四川省人民政府文史研究館蜀學研究中心向中華孔子學會·蜀學研究會的成立發去賀信。

蜀學研究中心致中華孔子學會‧蜀學研究會成立的賀信

中華孔子學會‧蜀學研究會：

欣聞"蜀學‧湘學與儒學學術研討會"在成都隆重召開並成立中華孔子學會‧蜀學研究會，西華大學四川省人民政府文史研究館蜀學研究中心謹向大會的召開及研究會的成立表示熱烈的祝賀！

孔子是中華民族的萬世師表，是中華文化的形象代言。中華孔子學會作爲影響卓遠的全國性民間學術團體，長期致力於孔子、儒家思想和中華優秀傳統文化的研究與弘傳，爲中華文明與世界文明的交流互鑒做出了重要貢獻。

蜀學是蜀中學術文化的總稱，她與其他地域學術文化一起共同構成了多元一體的中華文化，長久地輝映在歷史的星空。120 年前，四川一批爲紹述中華文化、挽救國家危亡的仁人志士發起成立了蜀學會。蜀學會以繼承巴蜀學術、弘揚儒家倫理、宣傳變法爲宗旨，對近代中國學術文化乃至社會變革產生了重要影響。今天，我們正處在實現中華民族偉大復興的重要階段，繼承與弘揚中華優秀傳統文化是民族復興的要義之一，相信中華孔子學會‧蜀學研究會的成立，在着力推動蜀學的創造性轉化與創新性發展方面一定能發揮積極的作用。

西華大學四川省人民政府文史研究館蜀學研究中心成立於 2003 年，她以《蜀學》集刊爲紐帶，團結海內外蜀學研究專家學者，共同致力於巴蜀文獻、巴蜀學人、巴蜀思想與巴蜀文化的研究。今天，中華孔子學會‧蜀學研究會也在大家的關注下成立了。研究中心與研究會雖稱名不同，但志趣無異。熱切期待中心與貴會之間加強交流與合作，爲巴蜀往聖承繼遺澤，爲巴蜀後世開鑿新空，爲中華文明和世界文明貢獻我們的光與熱。

預祝大會及相關學術活動取得圓滿成功！

西華大學四川省人民政府文史研究館蜀學研究中心
2017 年 4 月 28 日

稿 約

　　《蜀學》是西華大學四川省人民政府文史研究館蜀學研究中心創辦的學術刊物，由西華大學、四川省人民政府文史研究館聯合主辦，一年兩輯，由西南交通大學出版社出版，誠邀海內外學者賜稿。

　　一、徵稿選題

　　關於蜀學理論、蜀學思想、蜀學史、蜀中學者以及蜀學文獻等方面的研究。

　　二、文稿要求

　　1. 遵守學術道德，文責自負。

　　2. 未曾公開發表，具有一定的學術原創性。

　　3. 使用規範的繁體漢字。

　　4. 來稿需提供內容提要和關鍵字（不需英文翻譯），可加課題項目名稱，注釋一律采用當頁腳注，每頁單獨編號。腳注用小五宋體，包括文獻作者、文獻題名、卷數或期刊名、出版單位及出版年或期刊的年（卷、期）、起止頁碼，用帶圓圈的阿拉伯數字序號標注。例：

　　① 孫硯方：《都江堰水利詞典》，科學出版社 2004 年版，第 54-55 頁。

　　② 馮廣宏：《創立一門新蜀學——都江堰學》，《西華大學學報》（哲學社會科學版）2005 年第 4 期，第 15-19 頁。

　　5. 來稿字數以 8000～30000 字爲宜，學術價值高者不受篇幅限制。

　　6. 來稿請務必詳細注明作者的姓名、單位、職稱、學歷和聯繫方式（電話、電子信箱、通訊地址等）。大作一經刊出，即酌付稿酬，並寄樣刊兩本。

　　三、本刊對來稿有刪改權，若不同意刪改者請於來稿上注明。

　　四、投稿方式

　　紙質稿件郵寄：四川省成都市郫都區紅光大道西華大學四川省人民政府文史研究館蜀學研究中心　王學東（收）。郵編：610039。

　　電子郵件：191615760@qq.com；shuxue2003@126.com；1214745829@qq.com。

　　聯繫電話：（028）87722129；13036667781（王學東）。

五、特别说明

1. 本刊不收取任何版面費和審稿費。

2. 本刊已加入《中國期刊網》。作者著作權與使用費與本刊報酬一次性付給。若作者不同意將文章編入上述版、網，請在來稿中聲明。

西華大學四川省人民政府文史研究館蜀學研究中心

《蜀學》編輯部